D1662641

STARK

REALSCHULE

Abschluss-Prüfungs-
aufgaben mit Lösungen

2001

Mathematik · Deutsch
Englisch · Rechnungswesen

Wahlpflichtfächergruppe II/III
Bayern
1997–2000

STARK

Die Jahrgänge ab 1998 wurden nach den Regeln der neuen Rechtschreibung abgefasst.

ISBN: 3-89449-064-0

© 1980 by Stark Verlagsgesellschaft mbH · D-85318 Freising · Postfach 1852 · Tel. (08161) 1790
21. ergänzte Auflage 2000

Inhalt

Termine 2001

Abschlussprüfungsaufgaben Mathematik II/III

Abschlussprüfung 1997
Aufgabengruppe A 97-1
Aufgabengruppe B 97-12

Abschlussprüfung 1998
Aufgabengruppe A 98-1
Aufgabengruppe B 98-10

Abschlussprüfung 1999
Aufgabengruppe A 99-1
Aufgabengruppe B 99-10

Abschlussprüfung 2000
Aufgabengruppe A 2000-1
Aufgabengruppe B 2000-9

Abschlussprüfungsaufgaben Deutsch

Abschlussprüfung 1997 mit Lösungen 97-1
Abschlussprüfung 1998 mit Lösungen 98-1
Abschlussprüfung 1999 mit Lösungen 99-1
Abschlussprüfung 2000 mit Lösungen 2000-1

Abschlussprüfungsaufgaben Englisch

Abschlussprüfung 1997
Aufgabe A: Steven Spielberg – How It All Began 97-1
Aufgabe B: Six Cents an Hour 97-9

Abschlussprüfung 1998
Aufgabe A: The Mystery About UFOs 98-1
Aufgabe B: The Iceberg Comes 98-11
Listening Comprehension 98-23

Abschlussprüfung 1999
On the Way to a New Millennium. 99-1
Listening Comprehension 99-12

Abschlussprüfung 2000
Going Home 2000-1
Listening Comprehension 2000-11

Fortsetzung nächste Seite

Abschlussprüfungsaufgaben Rechnungswesen

Abschlussprüfung 1997

Aufgabengruppe A 97-1
Aufgabengruppe B 97-16

Abschlussprüfung 1998

Aufgabengruppe A 98-1
Aufgabengruppe B 98-21

Abschlussprüfung 1999

Aufgabengruppe A 99-1
Aufgabengruppe B 99-20

Abschlussprüfung 2000

Aufgabengruppe A 2000-1
Aufgabengruppe B 2000-16

Jeweils im Herbst erscheinen die neuen Ausgaben
der Abschlussprüfungsaufgaben mit Lösungen.

Lösung der Aufgaben:

Mathematik:	1997: Realschullehrerin Barbara Porsch; 1998: Redaktion; 1999–2000: Institutsrektor Alois Einhauser, Studiendirektor Dietmar Steiner
Englisch:	Realschullehrerin Gabriele Achhammer
Rechnungswesen:	Realschulkonrektor Josef Nerl
Deutsch:	Realschullehrerinnen Gabriele Achhammer und Friederike Gebhardt

Termine 2001

Einige Termine (z. B. für die mündlichen Prüfungen) werden von der Schule festgelegt, bitte in die Liste entsprechend eintragen!

ART DES TERMINS	TERMIN
Bekanntgabe der Jahresfortgangsnoten Meldung zu möglichen mündlichen Prüfungen in Nichtprüfungsfächern	. . . . Uhr
mündliche Prüfungen in Nichtprüfungsfächern zur Neufestsetzung der Jahresfortgangsnote	. . . . Uhr

Schriftliche Abschlussprüfungen:

andere Fremdsprachen	Do	21. 6. 2001	8.30–10.30 Uhr
Deutsch	Fr	22. 6. 2001	8.00–12.00 Uhr
Mathematik I und II	Mo	25. 6. 2001	8.30–11.00 Uhr
Englisch	Di	26. 6. 2001	8.30–12.00 Uhr
Rechnungswesen bzw. Physik	Mi	27. 6. 2001	8.30–10.30 Uhr
Profilfach Gruppe III bzw. Französisch	Do	28. 6. 2001	8.30–10.00 Uhr*

Bekanntgabe der schriftlichen Prüfungsnoten   . . . .

Meldung zur mündlichen Prüfung in Prüfungsfächern   . . . .

Mündliche Prüfung in Prüfungsfächern   . . . .

mögliche Beurlaubung der Abschlussschüler   . . . .

Entlassung der Abschlussschüler mit Zeugnisverteilung . . . .

* Sozialwesen 8.30–10.30 Uhr, Französisch 8.30–11.00 Uhr

1.0 Gegeben sei die Parabel p mit dem Scheitel S($-2 \mid -1$) und die Gerade g mit
$y = 0{,}5x + 6$ ($G = \mathbb{R} \times \mathbb{R}$). Die Parabel p verläuft auch durch den Punkt
P($1 \mid 3{,}5$) und wird von der Geraden g in den Punkten A und Q geschnitten.

1.1 Ermitteln Sie die Gleichung der Parabel p und berechnen Sie die Koordinaten
der Schnittpunkte A und Q.
[Teilergebnisse: $y = 0{,}5x^2 + 2x + 1$; A($-5 \mid 3{,}5$)]   4

1.2 Zeichnen Sie die Gerade g und die Parabel p in ein Koordinatensystem. Erstellen Sie
zum Zeichnen der Parabel eine Wertetabelle für $x \in [-6; 2]$ in Schritten von $\Delta x = 1$.
Für die Zeichnung: Längeneinheit 1 cm; $-6 \le x \le 9$; $-2 \le y \le 8$ 3

1.3 Die Punkte $B_n(x \mid 0{,}5x^2 + 2x + 1)$ auf der Parabel p und die Punkte
$D_n(x \mid 0{,}5x + 6)$ auf der Geraden g haben dieselbe Abszisse x. Für $-5 < x < 2$ mit
$x \in \mathbb{R}$ erhält man Drachenvierecke $AB_nC_nD_n$ mit B_nD_n als jeweiliger Symmetrieachse und ein Dreieck AC_0D_0, die den Eckpunkt A gemeinsam haben.
Zeichnen Sie die Drachenvierecke $AB_1C_1D_1$ für $x = -3$ und $AB_2C_2D_2$ für
$x = 1{,}5$ sowie das Dreieck AC_0D_0 in das Koordinatensystem zu 1.2 ein.   3

1.4 In einem der Drachenvierecke $AB_nC_nD_n$ sind die Diagonalen $[AC_n]$ und $[B_nD_n]$
gleich lang. Berechnen Sie den zugehörigen Wert für x.
[Teilergebnis: $\overline{AC_n}(x) = (2x + 10)\,LE$]   4

1.5 Die Winkel C_nAD_n sind maßgleich. Berechnen Sie das gemeinsame Maß φ auf
zwei Stellen nach dem Komma gerundet.   1

1.6 Unter den Drachenvierecken $AB_nC_nD_n$ gibt es eine Raute $AB_3C_3D_3$.
Ermitteln Sie im Koordinatensystem zu 1.2 die Raute zunächst zeichnerisch.
Berechnen Sie sodann die Koordinaten des Eckpunktes D_3.   3

   18

2.0 In der Schifffahrt werden zur Kennzeichnung des
Fahrwassers Schwimmkörper aus Stahlblech, so
genannte Bojen, verwendet. Die nebenstehende Skizze
zeigt einen Axialschnitt ABCDEF einer Boje. Sie hat
die Form eines Rotationskörpers mit der Rotationsachse AD und ist aus zwei kegelförmigen Teilen und
einem zylinderförmigen Teil zusammengesetzt. Es
gelten folgen Maße:

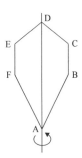

$\overline{AD} = 3{,}50$ m; $\overline{AB} = \overline{AF} = 2{,}00$ m; $\overline{BC} = \overline{FE} = 1{,}00$ m
und $\sphericalangle\, BAF = 54°$

2.1 Zeichnen Sie den Axialschnitt ABCDEF der Boje, wobei einer Länge von 1 m in der Zeichnung 3 cm entsprechen sollen.
Berechnen Sie sodann den Durchmesser $\overline{FB}$ der Boje auf Zentimeter gerundet.
[Teilergebnis: $\overline{FB} = 1,82$ m]

3

2.2 Berechnen Sie das Maß φ des Winkels EDC sowie das Volumen der Boje in Kubikmeter. (Auf zwei Stellen nach dem Komma runden.)
[Teilergebnis: φ = 103,30°]

5

2.3 Der obere kegelförmige Teil der Boje mit der Spitze D und der zylinderförmige Teil erhalten einen Leuchtanstrich.
Berechnen Sie den Flächeninhalt der zu streichenden Fläche in Quadratmeter. (Auf zwei Stellen nach dem Komma runden.)

3

2.4 Im Inneren der Boje werden 3,20 m lange Streben eingeschweißt, die vom Punkt A zum Mantel des oberen Kegels verlaufen. Der Befestigungspunkt P einer solchen Strebe [AP] liegt auf [CD]. Zeichnen Sie [AP] in den Axialschnitt zu 2.1 ein. Berechnen Sie sodann die Entfernung des Befestigungspunktes P von der Kegelspitze D.
(Auf zwei Stellen nach dem Komma runden.)

<u>4</u>

15

3.1 Das Rechteck PQRS mit $\overline{PQ} = 11$ cm und $\overline{QR} = 6,5$ cm ist gegeben.
Zeichnen Sie das Rechteck PQRS mit der Diagonale [QS] und berechnen Sie sodann das Maß ε des Winkels PSQ sowie die Länge der Diagonale [QS] jeweils auf zwei Stellen nach dem Komma gerundet.
[Teilergebnis: ε = 59,42°]

2

3.2 Auf der Diagonale [QS] liegen Punkte T_n mit $\overline{ST_n} = x$ cm ($x \in \mathbb{R}^+$).
Für den Punkt T_1 gilt: $\sphericalangle\, ST_1P = 75°$. Tragen Sie T_1 sowie die Stecken [PT_1] und [T_1R] in die Zeichnung zu 3.1 ein.
Berechnen Sie sodann den zu T_1 gehörenden Wert für x und die Streckenlänge
$\overline{T_1R}$. (Auf zwei Stellen nach dem Komma runden.)
[Teilergebnis: x = 4,81]

3

3.3 Ein Kreis um R berührt die Diagonale [QS] im Punkt T_2 und schneidet die Strecke [T_1R] im Punkt U. Zeichnen Sie den Kreisbogen $\overset{\frown}{UT_2}$ in die Zeichnung zu 3.1 ein.
Berechnen Sie den zu T_2 gehörenden Wert für x sowie den Flächeninhalt A der Figur, die vom Kreisbogen $\overset{\frown}{UT_2}$ sowie den Strecken [UT_1] und [T_1T_2] begrenzt wird. (Auf zwei Stellen nach dem Komma runden.)

5

3.4 Zeigen Sie rechnerisch, dass der Flächeninhalt A(x) der Vierecke PT_nRS wie folgt in Abhängigkeit von x dargestellt werden kann: A(x) = 5,60x cm^2.
Der Flächeninhalt des Vierecks PT_3RS beträgt 30 % vom Flächeninhalt des Vierecks $PQRT_3$. Berechnen Sie den zu T_3 gehörenden Wert für x.
(Auf zwei Stellen nach dem Komma runden.)

<u>4</u>

14

47

Lösung

1.0 Gegeben: Parabel p mit Scheitel $S(-2 \mid -1)$ und durch Punkt $P(1 \mid 3,5)$;

Gerade $g \triangleq y = 0,5x + 6$

1.1 Um die Gleichung der Parabel p zu ermittelt, werden Scheitel S und Punkt P eingesetzt:

$x_s = -2$; $y_s = -1$; $x = 1$; $y = 3,5$

in $\quad y = a(x - x_s)^2 + y_s$: $\qquad$ (allgemeine Scheitelform)

$3,5 = a(1 + 2)^2 - 1$

$3,5 = 9a - 1 \qquad \mid +1$

$9a = 4,5$

$a = 0,5$

$$\Rightarrow p \triangleq y = 0,5(x + 2)^2 - 1$$
$$\underline{\underline{y = 0,5x^2 + 2x + 1}}$$

Die Koordinaten der Schnittpunkte A und Q von Parabel p und Gerade g erhält man mithilfe eines Gleichungssystems:

$$\begin{array}{ll} y = 0,5x^2 + 2x + 1 & \text{(Gleichung der Parabel p)} \\ \wedge \quad y = 0,5x + 6 & \text{(Gleichung der Geraden g)} \end{array}$$

$$\begin{array}{ll} 0,5x^2 + 2x + 1 = 0,5x + 6 & (1) \\ \wedge \qquad\qquad\quad y = 0,5x + 6 & (2) \end{array}$$

Lösen der Gleichung (1):

$0,5x^2 + 2x + 1 = 0,5x + 6 \qquad \mid -0,5x - 6$

$0,5x^2 + 1,5x - 5 = 0$

$a = 0,5$; $\;b = 1,5$; $\;c = -5$ in $\;x_{1/2} = \dfrac{-b \pm \sqrt{b^2 - 4ac}}{2 \cdot a}$

$$x_{1/2} = \frac{-1,5 \pm \sqrt{1,5^2 - 4 \cdot 0,5 \cdot (-5)}}{2 \cdot 0,5}$$

$$x_{1/2} = -1,5 \pm 3,5$$

$$x_1 = 2; \quad x_2 = -5 \qquad \underline{\underline{\mathbb{L} = \{-5; 2\}}}$$

Diese beiden Lösungen stellen die x-Koordinaten der Schnittpunkte dar. Um ihre y-Koordinaten zu bekommen, setzt man die beiden x-Werte in die Geradengleichung ein:

$x = 2 \quad$ in $\;y = 0,5x + 6$:

$\qquad y = 7 \qquad\qquad\qquad \Rightarrow \underline{\underline{Q(2 \mid 7)}}$

$x = -5 \quad$ in $\;y = 0,5x + 6$:

$\qquad y = 3,5 \qquad\qquad\qquad \Rightarrow \underline{\underline{A(-5 \mid 3,5)}}$

1.2 Wertetabelle:

x	-6	-5	-4	-3	-2	-1	0	1	2
$y = 0{,}5x^2 + 2x + 1$	7	$3{,}5$	1	$-0{,}5$	-1	$-0{,}5$	1	$3{,}5$	7

Zeichnung:

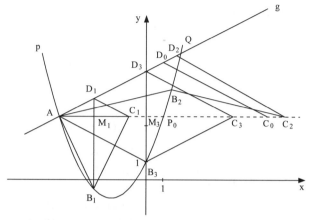

1.3 Anmerkung zur Zeichnung:

Das Dreieck AC_0D_0 entsteht dann, wenn der Punkt B auf der Geraden AC_n liegt; d. h. es handelt sich hierbei um ein zum Dreieck entartetes Drachenviereck. Liegen die Punkte B_n unterhalb von AC_n, dann entstehen konvexe Drachenvierecke, wenn sie oberhalb liegen, dann erhält man konkave Drachenvierecke.

Zeichnung siehe bei 1.2.

1.4 Es soll gelten:

$$\overline{AC_n} = \overline{B_n D_n}$$

$$\overline{AC_n} = 2 \cdot \overline{AM_n} \qquad \text{M_n hat jeweils dieselbe x-Koordinate wie B_n und D_n}$$

und ist Mittelpunkt von $[AC_n]$

$$\overline{AC_n} = 2 \cdot (x - (-5))\,\text{cm}$$

$$\overline{AC_n} = 2(x + 5)\,\text{cm}$$

$$\overline{AC_n} = (2x + 10)\,\text{cm}$$

$$\overline{B_n D_n} = (y_{D_n} - y_{B_n})\,\text{cm}$$

$$\overline{B_n D_n} = (0{,}5x + 6 - (0{,}5x^2 + 2x + 1))\,\text{cm}$$

$$\overline{B_n D_n} = (0{,}5x + 6 - 0{,}5x^2 - 2x - 1)\,\text{cm}$$

$$\overline{B_n D_n} = (-0{,}5x^2 - 1{,}5x + 5)\,\text{cm}$$

$$(2x + 10)\,\text{cm} = (-0{,}5x^2 - 1{,}5x + 5)\,\text{cm}$$
$$-0{,}5x^2 - 3{,}5x - 5 = 0$$

$$a = -0{,}5; \quad b = -3{,}5; \quad c = -5 \quad \text{in} \quad x_{1/2} = \frac{-b \pm \sqrt{b^2 - 4ac}}{2 \cdot a}$$

$$x_{1/2} = \frac{3{,}5 \pm \sqrt{3{,}5^2 - 4 \cdot (-0{,}5) \cdot (-5)}}{2 \cdot (-0{,}5)}$$

$$x_{1/2} = \frac{3{,}5 \pm 1{,}5}{-1}$$

$$(x_1 = -5 \notin \mathbb{G}); \quad x_2 = -2 \qquad \mathbb{L} = \{-2\}$$

1.5 Alle Punkte C_n liegen auf einer Parallelen zur x-Achse; alle Punkte D_n liegen auf der Geraden g. Also gilt für das Maß φ des Winkels $\sphericalangle\, C_n A D_n$:

$$\tan\varphi = m \qquad \text{(m: Steigung der Geraden g)}$$
$$\tan\varphi = 0{,}5$$
$$\varphi = 26{,}57°$$

1.6 Die Raute $AB_3C_3D_3$ entsteht aus Symmetriegründen genau dann, wenn das Teildreieck AB_3D_3 gleichschenklig ist und AC_n als Symmetrieachse hat.

Zeichnung siehe bei 1.2

Das Drachenviereck ist dann eine Raute, wenn gilt:

$$\overline{B_3M_3} = \overline{M_3D_3}$$
$$(y_{M_3} - y_{B_3})\,\text{cm} = (y_{D_3} - y_{M_3})\,\text{cm} \qquad y_{M_3} = y_A = 3{,}5$$
$$B_3 \in p \Rightarrow y_{B_3} = 0{,}5x^2 + 2x + 1$$
$$D_3 \in g \Rightarrow y_{D_3} = 0{,}5x + 6$$

$$(3{,}5 - 0{,}5x^2 - 2x - 1)\,\text{cm} = (0{,}5x + 6 - 3{,}5)\,\text{cm}$$
$$-0{,}5x^2 - 2x + 2{,}5 = 0{,}5x + 2{,}5 \quad |-0{,}5x - 2{,}5$$
$$-0{,}5x^2 - 2{,}5x = 0$$
$$x(-0{,}5x - 2{,}5) = 0$$

$$x = 0 \quad \vee -0{,}5x - 2{,}5 = 0$$
$$x = 0 \quad \vee -0{,}5x = 2{,}5$$
$$x = 0 \;(\vee x = -5 \notin \mathbb{G}) \qquad \mathbb{L} = \{0\}$$

$$x = 0 \quad \text{in} \quad y = 0{,}5x + 6:$$
$$y = 0{,}5 \cdot 0 + 6$$
$$y = 6 \qquad \Rightarrow D_3(0\,|\,6)$$

2.0   Gegeben: $\overline{AD} = 3{,}50$ m; $\overline{AB} = \overline{AF} = 2{,}00$ m; $\overline{BC} = \overline{FE} = 1{,}00$ m; $\sphericalangle$ BAF $= 54°$.

2.1   **Axialschnitt:** (1 m der wahren Länge entspricht 1,5 cm in der Zeichnung):

Um den Durchmesser $\overline{FB}$ der Boje zu berechnen, gibt es zwei Möglichkeiten:

1. Möglichkeit:

Ansatz im rechtwinkligen Dreieck ABM_1:

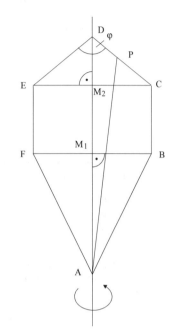

$$\overline{FB} = 2 \cdot \overline{M_1B}$$

$$\sin \frac{\sphericalangle \text{ BAF}}{2} = \frac{\overline{M_1B}}{\overline{AB}} \quad | \cdot \overline{AB}$$

$$\overline{M_1B} = \sin \frac{\sphericalangle \text{ BAF}}{2} \cdot \overline{AB}$$

$$\overline{M_1B} = \sin 27° \cdot 2{,}00 \text{ m}$$

$$\overline{M_1B} = 91 \text{ cm}$$

$$\overline{FB} = 2 \cdot 91 \text{ cm}$$

$$\overline{FB} = 182 \text{ cm} \quad \text{oder} \quad \overline{FB} = 1{,}82 \text{ m}$$

2. Möglichkeit:

Kosinussatz im Dreieck ABF:

$$\overline{FB}^2 = \overline{AB}^2 + \overline{AF}^2 - 2 \cdot \overline{AB} \cdot \overline{AF} \cdot \cos \sphericalangle \text{ BAF}$$

$$\overline{FB} = \sqrt{\overline{AB}^2 + \overline{AF}^2 - 2 \cdot \overline{AB} \cdot \overline{AF} \cdot \cos \sphericalangle \text{ BAF}}$$

$$\overline{FB} = \sqrt{(2{,}00 \text{ m})^2 + (2{,}00 \text{ m})^2 - 2 \cdot 2{,}00 \text{ m} \cdot 2{,}00 \text{ m} \cdot \cos 54°}$$

$$\overline{FB} = 1{,}82 \text{ m}$$

2.2   Für den gesuchten Winkel φ gilt (siehe Zeichnung):

$$\tan \frac{\varphi}{2} = \frac{\overline{EM_2}}{\overline{M_2D}}$$

$$\overline{EM_2} = \overline{MB} = 0{,}91 \text{ m} \qquad (\text{vgl.2.1})$$

$$\overline{M_2D} = \overline{AD} - \overline{M_1M_2} - \overline{AM_1}$$

$$\overline{AM_1} = \sqrt{\overline{AB}^2 - \overline{M_1B}^2}$$

$$\overline{AM_1} = \sqrt{(2{,}00 \text{ m})^2 - (0{,}91 \text{ m})^2}$$

$$\overline{AM_1} = 1{,}78 \text{ m}$$

$$\overline{M_2D} = 3{,}50 \text{ m} - 1{,}00 \text{ m} - 1{,}78 \text{ m}$$

$$\overline{M_2D} = 0{,}72 \text{ m}$$

$$\tan\frac{\varphi}{2} = \frac{0,91\,\text{m}}{0,72\,\text{m}}$$

$$\frac{\varphi}{2} = 51,65° \qquad\qquad \Rightarrow \varphi = 103,30°$$

Für das Volumen der Boje gilt folgende Beziehung:

$$V = V_1 + V_2 \qquad\qquad V_1: \text{Volumen des Zylinders}$$
$$V_2: \text{Volumen des Doppelkegels}$$

$$V_1 = \overline{M_1B}^2 \cdot \pi \cdot \overline{M_1M_2}$$

$$V_1 = (0,91\,\text{m})^2 \cdot \pi \cdot 1,00\,\text{m}$$

$$V_1 = 2,60\,\text{m}^3$$

$$V_2 = \frac{1}{3}\overline{M_1B}^2 \cdot \pi \cdot (\overline{AM_1} + \overline{M_2D})$$

$$\overline{AM_1} + \overline{M_2D} = \overline{AD} - \overline{M_1M_2}$$

$$\overline{AM_1} + \overline{M_2D} = 3,50\,\text{m} - 1,00\,\text{m}$$

$$\overline{AM_1} + \overline{M_2D} = 2,50\,\text{m}$$

$$V_2 = \frac{1}{3}(0,91\,\text{m})^2 \cdot \pi \cdot 2,50\,\text{m}$$

$$V_2 = 2,17\,\text{m}^3$$

$$V = 2,60\,\text{m}^3 + 2,17\,\text{m}^3$$

$$V = 4,77\,\text{m}^3$$

2.3 Die Fläche, die einen Leuchtanstrich bekommt, soll berechnet werden:

$$A = M^0 + M^* \qquad\qquad M^0: \text{Mantelfläche des zylinderförmigen Teils}$$
$$M^*: \text{Mantelfläche des kegelförmigen Teils mit Spitze D}$$

$$M^0 = 2 \cdot \overline{M_1B} \cdot \overline{M_1M_2} \cdot \pi$$

$$M^0 = 2 \cdot 0,91\,\text{m} \cdot 1,00\,\text{m} \cdot \pi$$

$$M^0 = 5,72\,\text{m}^2$$

$$M^* = \overline{M_1B} \cdot \pi \cdot \overline{ED}$$

$$\overline{ED} = \sqrt{\overline{EM_2}^2 + \overline{M_2D}^2}$$

$$\overline{ED} = \sqrt{(0,91\,\text{m})^2 + (0,72\,\text{m})^2}$$

$$\overline{ED} = 1,16\,\text{m}$$

$$M^* = 0,91\,\text{m} \cdot \pi \cdot 1,16\,\text{m}$$

$$M^* = 3,32\,\text{m}^2$$

$$A = 5,72\,\text{m}^2 + 3,32\,\text{m}^2$$

$$A = 9,04\,\text{m}^2$$

2.4 Den gesuchten Punkt P erhält man in der Zeichnung, wenn man um A einen Kreisbogen mit dem Radius 9,6 cm zeichnet, der die Strecke [CD] im Punkt P schneidet (siehe bei 2.1).

Zur Berechnung von $\overline{DP}$ wendet man den Kosinussatz an:

$$\overline{AP}^2 = \overline{DP}^2 + \overline{AD}^2 - 2 \cdot \overline{DP} \cdot \overline{AD} \cdot \cos \frac{\varphi}{2}$$

Für die gesuchte Streckenlänge schreiben wir:

$$\overline{DP} = xm$$

alle anderen Streckenlängen sind bekannt.

$$(3,20 \text{ m})^2 = (xm)^2 + (3,50 \text{ m})^2 - 2 \cdot xm \cdot 3,50 \text{ m} \cdot \cos 51,65°$$

$$10,24 \text{ m}^2 = (x^2 + 12,25 - 4,34x) \text{ m}^2$$

$$10,24 = x^2 - 4,34x + 12,25 \qquad |-10,24$$

$$x^2 - 4,34x + 2,01 = 0$$

$a = 1; \quad b = -4,34; \quad c = 2,01 \quad$ in $\quad x_{1/2} = \dfrac{-b \pm \sqrt{b^2 - 4ac}}{2 \cdot a}$

$$x_{1/2} = \frac{4,34 \pm \sqrt{4,34^2 - 4 \cdot 1 \cdot 2,01}}{2 \cdot 1}$$

$$x_{1/2} = \frac{4,34 \pm 3,29}{2}$$

$$(x_1 = 3,82); \quad x_2 = 0,53$$

Die Lösung $x_1 = 3,82$ kommt nicht in Frage, weil P auf [DC] liegt und genauso lang ist wie [ED], nämlich 1,16 m

$$\Rightarrow \overline{DP} = 0,53 \text{ m}$$

3.1 Vom Rechteck PQRS sind bekannt: $\overline{PQ} = 11$ cm und $\overline{QR} = 6.5$ cm.

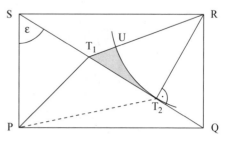

$$\tan\varepsilon = \frac{\overline{PQ}}{\overline{PS}}$$

$$\tan\varepsilon = \frac{11 \text{ cm}}{6,5 \text{ cm}}$$

$$\varepsilon = 59,42°$$

$$\overline{QS} = \sqrt{\overline{PQ}^2 + \overline{PS}^2}$$

$$\overline{QS} = \sqrt{(11 \text{ cm})^2 + (6,5 \text{ cm})^2}$$

$$\overline{QS} = 12,78 \text{ cm}$$

3.2 $\sphericalangle\, T_1PS = 180° - \varepsilon - \sphericalangle\, ST_1P$

$\sphericalangle\, T_1PS = 180° - 59{,}42° - 75°$

$\underline{\sphericalangle\, T_1PS = 45{,}58°}$

Zeichnung der Strecke $[PT_1]$ siehe bei 3.1

$\overline{ST_1} = x_1$ cm

Anwendung des Sinussatzes im Dreieck PT_1S:

$$\frac{x_1 \text{ cm}}{\sin \sphericalangle\, T_1PS} = \frac{\overline{PS}}{\sin \sphericalangle\, ST_1P} \qquad |\cdot \sin \sphericalangle\, T_1PS$$

$$x_1 \text{ cm} = \frac{\overline{PS}}{\sin \sphericalangle\, ST_1P} \cdot \sin \sphericalangle\, T_1PS$$

$$x_1 \text{ cm} = \frac{6{,}5 \text{ cm}}{\sin 75°} \cdot \sin 45{,}58°$$

$$x_1 \text{ cm} = 4{,}81 \text{ cm} \qquad\qquad \Rightarrow \underline{\underline{x_1 = 4{,}81}}$$

Anwendung des Kosinussatzes im Dreieck T_1RS:

$$\overline{T_1R}^2 = \overline{T_1S}^2 + \overline{SR}^2 - 2\cdot \overline{T_1S}\cdot \overline{SR}\cdot \cos \sphericalangle\, T_1SR$$

$$\overline{T_1R} = \sqrt{\overline{T_1S}^2 + \overline{SR}^2 - 2\cdot \overline{T_1S}\cdot \overline{SR}\cdot \cos \sphericalangle\, T_1SR}$$

$$\sphericalangle\, T_1SR = 90° - \varepsilon$$

$$\sphericalangle\, T_1SR = 90° - 59{,}42°$$

$$\sphericalangle\, T_1SR = 30{,}58°$$

$$\overline{T_1R} = \sqrt{(4{,}81 \text{ cm})^2 + (11 \text{ cm})^2 - 2\cdot 4{,}81 \text{ cm}\cdot 11 \text{ cm}\cdot \cos 30{,}58°}$$

$$\underline{\underline{\overline{T_1R} = 7{,}28 \text{ cm}}}$$

3.3 Zeichnung des Kreisbogens: siehe bei 3.1
(Anmerkung: Der Punkt T_2 ist der Fußpunkt des Lotes von R auf $[QS]$).

$\overline{ST_2} = x_2$ cm

$$\cos \sphericalangle\, QSR = \frac{\overline{ST_2}}{\overline{SR}} \qquad (\Delta\, T_2RS \text{ ist bei } T_2 \text{ rechtwinklig})$$

$$\overline{ST_2} = \cos \sphericalangle\, QSR \cdot \overline{SR}$$

$$\overline{ST_2} = \cos 30{,}58° \cdot 11 \text{ cm}$$

$$\overline{ST_2} = 9{,}47 \text{ cm} \qquad\qquad \Rightarrow \underline{\underline{x_2 = 9{,}47}}$$

Die Fläche, deren Flächeninhalt A gesucht wird, ist in 3.1 schraffiert dargestellt.

$A = A_1 - A_s$ A_1: Flächeninhalt des Dreiecks T_1T_2R

                               A_s: Sektorfläche UT_2R

$$A_1 = \frac{1}{2} \cdot \overline{T_1T_2} \cdot \overline{RT_2}$$

$$\overline{T_1T_2} = \overline{ST_2} - \overline{ST_1} = (x_2 - x_1)\,cm$$

$$\overline{T_1T_2} = (9,47 - 4,81)\,cm$$

$$\overline{T_1T_2} = 4,66\,cm$$

$$\tan \sphericalangle\, QSR = \frac{\overline{RT_2}}{\overline{ST_2}}$$

$$\overline{RT_2} = \tan \sphericalangle\, QSR \cdot \overline{ST_2}$$

$$\overline{RT_2} = \tan 30,58° \cdot 9,47\,cm$$

$$\overline{RT_2} = 5,60\,cm$$

$$A_1 = \frac{1}{2} \cdot 4,66\,cm \cdot 5,60\,cm$$

$$A_1 = 13,05\,cm^2$$

$$A_s = \frac{\sphericalangle\, T_1RT_2}{360°} \cdot \overline{RT_2}^2 \cdot \pi$$

$$\tan \sphericalangle\, T_1RT_2 = \frac{\overline{T_1T_2}}{\overline{RT_2}}$$

$$\tan \sphericalangle\, T_1RT_2 = \frac{4,66\,cm}{5,60\,cm}$$

$$\sphericalangle\, T_1RT_2 = 39,77°$$

$$A_s = \frac{39,77°}{360°} \cdot (5,60\,cm)^2 \cdot \pi$$

$$A_s = 10,88\,cm^2$$

$$A = 13,05\,cm^2 - 10,88\,cm^2$$

$$A = 2,17\,cm^2$$

3.4 Jedes Viereck PT_nRS besteht aus den beiden Teildreiecken ΔPT_nS und ΔT_nRS; deshalb gilt für den Flächeninhalt A:

$A = A_1 + A_2$ A_1: Flächeninhalt von ΔPT_nS
    A_2: Flächeninhalt von ΔT_nRS

$$A_1 = \frac{1}{2} \cdot \overline{SP} \cdot \overline{ST_n} \cdot \sin\varepsilon$$

$$A_1(x) = \frac{1}{2} \cdot 6{,}5\,cm \cdot x\,cm \cdot \sin 59{,}42°$$

$$\underline{A_1(x) = 2{,}80x\ cm^2}$$

$$A_2 = \frac{1}{2} \cdot \overline{SR} \cdot \overline{ST_n} \cdot \sin(90°-\varepsilon)$$

$$A_2(x) = \frac{1}{2} \cdot 11\,cm \cdot x\,cm \cdot \sin 30{,}58°$$

$$\underline{A_2(x) = 2{,}80x\ cm^2}$$

$$A(x) = 2{,}80x\ cm^2 + 2{,}80x\ cm^2$$

$$\underline{\underline{A(x) = 5{,}60x\ cm^2}}$$

Für den gesuchten Punkt T_3 soll gelten:

$$\frac{A(x)}{A(PQRT_3)} = 0{,}3 \ (= 30\,\%)$$

$A(PQRT_n) = A_R - A(x)$ A_R: Flächeninhalt des Rechtecks

$$A(PQRT_n) = 6{,}5\,cm \cdot 11\,cm - 5{,}60x\ cm^2$$

$$A(PQRT_n) = (71{,}5 - 5{,}60x)\ cm^2$$

$$\frac{5{,}60x\ cm^2}{(71{,}5 - 5{,}60x)\ cm^2} = 0{,}3$$

$$5{,}60x\ cm^2 = 0{,}3(71{,}5 - 5{,}60x)\ cm^2$$

$5{,}60x = 21{,}45 - 1{,}68x$ $|+1{,}68x$

$7{,}28x = 21{,}45$ $|:7{,}28$

$x = 2{,}95$

$$\underline{\underline{\mathbb{L} = \{2{,}95\}}}$$

1.0 Gegeben sind für $\mathbb{G} = \mathbb{R} \times \mathbb{R}$ die Parabel p_1 mit $y = 0,25x^2 - 3,5x + 14$ und die Parabel p_2 mit $y = x^2 - 16x + 69$. Die Punkte $B(2 \mid -1)$ und $C(8 \mid 2)$ liegen auf der Geraden g mit der Gleichung $y = 0,5x - 2$ ($\mathbb{G} = \mathbb{R} \times \mathbb{R}$).

1.1 Zeigen Sie durch Rechnung, dass die Gerade g die Parabel p_1 im Punkt C berührt.   3

1.2 Zeichnen Sie die Gerade g und die Parabeln p_1 und p_2 in ein Koordinatensystem.
Berechnen Sie dazu die Koordinaten des Scheitelpunktes S der Parabel p_2 und erstellen Sie zum Zeichnen der Parabel p_1 eine Wertetabelle mit $x \in [2; 11]$ in Schritten von $\Delta x = 1$.
Für die Zeichnung: Längeneinheit 1 cm; $-1 \le x \le 12$; $-2 \le y \le 12$ 4

1.3 Für $1 \le x < 5$ sind die Punkte $A_n(x \mid 0,25x^2 - 3,5x + 14)$ auf der Parabel p_1 zusammen mit den Punkten D_n auf der Parabel p_2 Eckpunkte von Vierecken A_nBCD_n. Die Abszisse der Punkte D_n ist stets doppelt so groß wie die Abszisse x der Punkte A_n.
Zeichnen Sie das Viereck A_1BCD_1 für $x = 3$ und das Viereck A_2BCD_2 für $x = 4$ in das Koordinatensystem zu 1.2 ein.
Berechnen Sie das Maß ε des Winkels A_2D_2C im Viereck A_nBCD_2 auf zwei Stellen nach dem Komma gerundet.   3

1.4 Zeigen Sie durch Rechnung, dass für die Koordinaten der Punkte D_n in Abhängigkeit von der Abszisse x der Punkte A_n gilt: $D_n(2x \mid 4x^2 - 32x + 69)$.   1

1.5 Es gibt zwei Vierecke A_3BCD_3 und A_4BCD_4 mit $[A_3D_3] \parallel [BC]$ beziehungsweise $[A_4D_4] \parallel [BC]$. Berechnen Sie die zugehörigen Werte für x.   <u>5</u>
   16

2.0 Zum Bau eines Drachens geht man von einem Drachenviereck ABCD mit BD als Symmetrieachse aus. Die Diagonalen des Drachenvierecks schneiden sich im Punkt M, und es gilt: $\overline{AB} = 110$ cm, $\overline{AD} = 65$ cm und $\overline{BD} = 140$ cm.

2.1 Zeichnen Sie das Drachenviereck ABCD im Maßstab 1 : 10 und berechnen Sie das Maß δ des Winkels ADC auf zwei Stellen nach dem Komma gerundet.
[Teilergebnis: $\delta = 99,78°$]   3

2.2 Der Eckpunkt D ist der Mittelpunkt eines Kreises k, der durch M verläuft. Der Kreis k schneidet [DA] im Punkt R und [DC] im Punkt S.
Zeichnen Sie den Bogen $\overset{\frown}{RS}$ des Kreises k in die Zeichnung zu 2.1 ein.   1

2.3 Der Drachen soll mit Stoff bespannt werden. Dazu werden die Leisten [BR] und [BS] eingebaut.
Zeichnen Sie [BR] und [BS] in die Zeichnung zu 2.1 ein und berechnen Sie den Radius $\overline{DM}$ des Kreises k, die Länge des Bogens $\overset{\frown}{RS}$ und die Leistenlänge $\overline{BR}$ jeweils auf Millimeter genau.
[Teilergebnis: $\overline{DM} = 41,9$ cm]   3

2.4 Der von dem Bogen $\overset{\frown}{RS}$ und den Leisten [BR] und [BS] begrenzte Teil des Drachens wird mit gelbem Stoff bespannt, der Rest des Drachens mit grünem Stoff.
Berechnen Sie den Inhalt A in Quadratdezimeter des Flächenstücks, das mit gelbem Stoff bespannt wird. (Auf zwei Stellen nach dem Komma runden.)
[Ergebnis: A = 29,57 dm^2]   4

2.5 Wieviel Prozent der Drachenfläche verbleiben für die Bespannung mit grünem Stoff? (Auf zwei Stellen nach dem Komma runden.)   4
   15

3.0 Die Pyramide EFGHS hat das Rechteck EFGH mit den Seitenlängen
$\overline{EF}$ = 7 cm und $\overline{FG}$ = 9 cm als Grundfläche. Die Spitze S der Pyramide liegt senkrecht über dem Punkt H in 8 cm Höhe über der Grundfläche.

3.1 Zeichnen Sie ein Schrägbild der Pyramide EFGHS. Dabei soll [HG] auf der Schrägbildachse liegen.
Für die Zeichnung: $q = \frac{1}{2}$; $\omega = 45°$ 2

3.2 Berechnen Sie die Länge der Seitenkante [GS] und sodann die Oberfläche A der Pyramide EFGHS. (Auf zwei Stellen nach dem Komma runden.)
[Teilergebnis: $\overline{GS}$ = 10,63 cm]   4

3.3 Die Punkte S_n liegen auf [HS] in x cm Entfernung von S. Es gilt 0 < x < 8 und x ∈ IR. Die Punkte S_n sind die Spitzen von neuen Pyramiden $EFG_nH_nS_n$. Die Punkte G_n erhält man durch Verlängerung von [HG] über G hinaus um 2x cm, die Punkte H_n durch Verlängerung von [HG] über H hinaus um 2x cm.
Zeichnen Sie für x = 2 die Pyramide $EFG_1H_1S_1$ in das Schrägbild zu 3.1 ein.   1

3.4 Bestätigen Sie durch Rechnung, dass für das Volumen V(x) der Pyramiden $EFG_nH_nS_n$ in Abhängigkeit von x gilt: V(x) = $(-6x^2 + 27x + 168)$ cm^3.   2

3.5 Die Pyramide $EFG_2H_2S_2$ hat das größtmögliche Volumen V_{max}. Berechnen Sie den zugehörigen Wert für x und V_{max}.   2

3.6 In der Pyramide $EFG_3H_3S_3$ hat der Winkel H_3G_3F das Maß 65°.
Berechnen Sie den zugehörigen Wert für x auf zwei Stellen nach dem Komma gerundet.
Welchen prozentualen Anteil hat das Volumen der Pyramide EFGHS am Volumen der Pyramide $EFG_3H_3S_3$. (Auf zwei Stellen nach dem Komma runden.)   5
   16
   47

Lösung

1.0 Gegeben sind zwei Parabeln $\quad p_1 \stackrel{\triangle}{=} y = 0{,}25x^2 - 3{,}5x + 14$

$\qquad\qquad\qquad$ und $\quad p_2 \stackrel{\triangle}{=} y = x^2 - 16x + 69$

sowie die Gerade $g \stackrel{\triangle}{=} y = 0{,}5x - 2$ und $B(2\,|-1)$, $C(8\,|\,2)$

1.1 Die Gleichungen von p_1 und g werden in ein Gleichungssystem geschrieben:

$$
\begin{array}{ll}
\quad y = 0{,}25x^2 - 3{,}5x + 14 & \text{(Gleichung der Parabel } p_1) \\
\wedge \quad y = 0{,}5x - 2 & \text{(Gleichung der Geraden g)} \\
\hline
\quad 0{,}25x^2 - 3{,}5x + 14 = 0{,}5x - 2 & (1) \\
\wedge \qquad\qquad\qquad\quad y = 0{,}5x - 2 & (2)
\end{array}
$$

Lösen der Gleichung (1):

$$0{,}25x^2 - 3{,}5x + 14 = 0{,}5x - 2 \qquad |-0{,}5x + 2$$
$$0{,}25x^2 - 4x + 16 = 0$$

$a = 0{,}25; \quad b = -4; \quad c = 16 \quad$ in $\quad x_{1/2} = \dfrac{-b \pm \sqrt{b^2 - 4ac}}{2 \cdot a}$

$$x_{1/2} = \frac{4 \pm \sqrt{4^2 - 4 \cdot 0{,}25 \cdot 16}}{2 \cdot 0{,}25}$$

$$x_{1/2} = \frac{4 \pm \sqrt{0}}{0{,}5}$$

Da die Diskriminante den Wert 0 hat, berührt die Gerade die Parabel nur in einem Punkt. Für seine x-Koordinate gilt:

$$x_1 = x_2 = 8$$
$$x = 8 \quad \text{in} \quad y = 0{,}5x - 2:$$
$$y = 2 \qquad\qquad\qquad \Rightarrow \underline{\underline{C(8\,|\,2)}} \quad \text{ist der Berührpunkt.}$$

1.2 Scheitelbestimmung:

$$y = x^2 - 16x + 69 \qquad\qquad \text{(nach oben geöffnete Normalparabel)}$$
$$y = (x^2 - 2 \cdot x \cdot 8 + 8^2) - 64 + 69$$
$$y = (x - 8)^2 + 5 \qquad\qquad \Rightarrow \underline{\underline{S(8\,|\,5)}}$$

Wertetabelle:

x	2	3	4	5	6	7	8	9	10	11
$y = 0{,}25x^2 - 3{,}5x + 14$	8	5,75	4	2,75	2	1,75	2	2,75	4	5,75

Zeichnung:

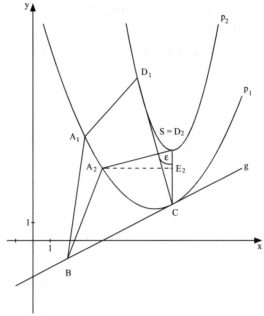

1.3 x-Koordinate von A_1 : 3 $\Rightarrow$ x-Koordinate von D_1 : 6
x-Koordinate von A_2 : 4 $\Rightarrow$ x-Koordinate von D_2 : 8

Zeichnung der Vierecke A_1BCD_1 und A_2BCD_2 siehe bei 1.2.

Berechnung des Winkels ε:

$$\tan \varepsilon = \frac{\overline{A_2E_2}}{\overline{E_2D_2}}$$

$$\overline{A_2E_2} = (x_{D_2} - x_{A_2})\,cm \qquad \overline{E_2D_2} = (y_{D_2} - y_{A_2})\,cm$$

$$\overline{A_2E_2} = (8-4)\,cm \qquad \overline{E_2D_2} = (5-4)\,cm$$

$$\overline{A_2E_2} = 4\,cm \qquad \overline{E_2D_2} = 1\,cm$$

$$\tan \varepsilon = \frac{4\,cm}{1\,cm}$$

$$\underline{\underline{\varepsilon = 75,96°}}$$

1.4 Die Punkte D_n liegen auf der Parabel p_2; also gilt für ihre Koordinaten:

$D_n(x' \mid x'^2 - 16x' + 69)$

Die x-Koordinate der Punkte D_n ist doppelt so groß wie die x-Koordinate der Punkte A_n: $x' = 2x$. Einsetzen:

$D_n (2x' \mid (2x)^2 - 16 \cdot (2x) + 69)$

$\underline{\underline{D_n (2x \mid 4x^2 - 32x + 69)}}$

1.5 Die beiden gesuchten Vierecke A_3BCD_3 und A_4BCD_4 entstehen dann, wenn die Steigung m_1 der Geraden A_nD_n mit der Steigung m der Geraden g übereinstimmt:

$$m_1 = 0,5$$

$$\frac{y_{D_n} - y_{A_n}}{x_{D_n} - x_{A_n}} = 0,5$$

$$\frac{4x^2 - 32x + 69 - (0,25x^2 - 3,5x + 14)}{2x - x} = 0,5$$

$$\frac{4x^2 - 32x + 69 - 0,25x^2 + 3,5x - 14}{x} = 0,5 \qquad | \cdot x$$

$$3,75x^2 - 28,5x + 55 = 0,5x \qquad | -0,5x$$

$$3,75x^2 - 29x + 55 = 0$$

$a = 3,75; \quad b = -29; \quad c = 55 \quad$ in $\quad x_{1/2} = \dfrac{-b \pm \sqrt{b^2 - 4ac}}{2 \cdot a}$

$$x_{1/2} = \frac{29 \pm \sqrt{29^2 - 4 \cdot 3,75 \cdot 55}}{2 \cdot 3,75}$$

$$x_{1/2} = \frac{29 \pm 4}{7,5}$$

$$x_1 = 4,4; \quad x_2 = \frac{10}{3} \qquad \underline{\underline{\mathbb{L} = \left\{ \frac{10}{3} ; 4,4 \right\}}}$$

2.0 Von einem Drachenviereck sind folgende Maße bekannt:

$\overline{AB} = 110$ cm; $\overline{AD} = 65$ cm; $\overline{BD} = 140$ cm.

2.1 **Zeichnung** (Maßstab 1: 10)

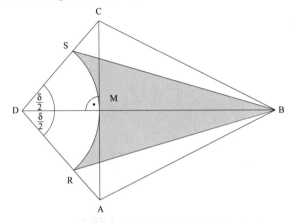

Berechnung des Winkels d mit dem Kosinussatz:

$$\overline{AB}^2 = \overline{AD}^2 + \overline{DB}^2 - 2 \cdot \overline{AD} \cdot \overline{DB} \cdot \cos\frac{\delta}{2}$$

$$\cos\frac{\delta}{2} = \frac{\overline{AD}^2 + \overline{DB}^2 - \overline{AB}^2}{2 \cdot \overline{AD} \cdot \overline{DB}}$$

$$\cos\frac{\delta}{2} = \frac{(65\ \text{cm})^2 + (140\ \text{cm})^2 - (110\ \text{cm})^2}{2 \cdot 65\ \text{cm} \cdot 140\ \text{cm}}$$

$$\frac{\delta}{2} = 49{,}89° \qquad | \cdot 2$$

$$\underline{\underline{\delta = 99{,}78°}}$$

2.2 Einzeichnen des Kreisbogens $\overset{\frown}{RS}$ siehe bei 2.1.

2.3 Einzeichnen der Strecken [BR] und [BS] siehe bei 2.1.

Berechnung von $\overline{DM}$ im rechtwinkligen Dreieck AMD:

$$\cos\frac{\delta}{2} = \frac{\overline{DM}}{\overline{AD}} \qquad |\cdot \overline{AD}$$

$$\overline{DM} = \cos\frac{\delta}{2}\cdot \overline{AD}$$

$$\overline{DM} = \cos 49{,}89°\cdot 65\ \text{cm}$$

$$\underline{\underline{\overline{DM} = 41{,}9\ \text{cm}}}$$

Bogenlänge $\overarc{RS}$:

$$\overarc{RS} = \frac{\delta}{360°}\cdot 2\overline{DM}\cdot \pi$$

$$\overline{RS} = \frac{99{,}78°}{360°}\cdot 2\cdot 41{,}9\ \text{cm}\cdot \pi$$

$$\underline{\underline{\overline{RS} = 73\ \text{cm}}}$$

Leistenlänge $\overline{BR}$: Anwendung des Kosinussatzes im Dreieck RBD:

$$\overline{BR}^2 = \overline{BD}^2 + \overline{DR}^2 - 2\cdot \overline{BD}\cdot \overline{DR}\cdot \cos\frac{\delta}{2}$$

$$\overline{BR} = \sqrt{\overline{BD}^2 + \overline{DR}^2 - 2\cdot \overline{BD}\cdot \overline{DR}\cdot \cos\frac{\delta}{2}}$$

$$\overline{BR} = \sqrt{(140\ \text{cm})^2 + (41{,}9\ \text{cm})^2 - 2\cdot 140\ \text{cm}\cdot 41{,}9\ \text{cm}\cdot \cos 49{,}89°}$$

$$\underline{\underline{\overline{BR} = 117{,}5\ \text{cm}}}$$

2.4 $A_1 = A(RBSD) - A_{Sektor}$ A_1: mit gelbem Stoff bespannte Fläche

$$A(RBSD) = 2 \cdot A(RBD)$$

$$A(RBSD) = 2 \cdot \frac{1}{2} \cdot \overline{DR} \cdot \overline{BD} \cdot \sin \frac{\delta}{2}$$

$$A(RBSD) = 2 \cdot \frac{1}{2} \cdot 41{,}9 \text{ cm} \cdot 140 \text{ cm} \cdot \sin 49{,}89°$$

$$A(RBSD) = 44{,}86 \text{ dm}^2$$

$$A_{Sektor} = \frac{\delta}{360°} \cdot \overline{DM}^2 \cdot \pi$$

$$A_{Sektor} = \frac{99{,}78°}{360°} \cdot (41{,}9 \text{ cm})^2 \cdot \pi$$

$$A_{Sektor} = 15{,}29 \text{ dm}^2$$

$$A_1 = 44{,}86 \text{ dm}^2 - 15{,}29 \text{ dm}^2$$

$$\underline{\underline{A_1 = 29{,}57 \text{ dm}^2}}$$

2.5   Für die Berechnung des prozentualen Anteils p verwendet man folgenden Ansatz:

$$p = \frac{A - A_1}{A} \cdot 100 \%$$ A: Fläche des gesamten Drachens

$$A = 2 \cdot A(ABD)$$

$$A = 2 \cdot \frac{1}{2} \cdot \overline{DA} \cdot \overline{DB} \cdot \sin \frac{\delta}{2}$$

$$A = 2 \cdot \frac{1}{2} \cdot 65 \text{ cm} \cdot 140 \text{ cm} \cdot \sin 49{,}89°$$

$$A = 69{,}6 \text{ dm}^2$$

$$p = \frac{69{,}6 \text{ dm}^2 - 29{,}57 \text{ dm}^2}{69{,}6 \text{ dm}^2} \cdot 100 \%$$

$$\underline{\underline{p = 57{,}51 \%}}$$

3.0 Die Grundfläche einer Pyramide EFGHS ist das Rechteck EFGH mit $\overline{EF} = 7$ cm und $\overline{FG} = 9$ cm; für die Höhe gilt: $\overline{HS} = 8$ cm.

3.1 **Schrägbild:**

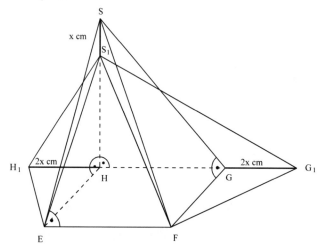

3.2 $\overline{GS}$ wird mit dem Satz des Pythagoras berechnet:

$$\overline{GS}^2 = \overline{GH}^2 + \overline{HS}^2$$

$$\overline{GS} = \sqrt{\overline{GH}^2 + \overline{HS}^2}$$

$$\overline{GS} = \sqrt{(7\ \text{cm})^2 + (8\ \text{cm})^2}$$

$$\underline{\underline{\overline{GS} = 10{,}63\ \text{cm}}}$$

Die Oberfläche A erhält man folgendermaßen:

$$A = A(EFGH) + A(EFS) + A(FGS) + A(HGS) + A(EHS)$$

$$A(EFGH) = \overline{EF} \cdot \overline{EH}$$

$$A(EFGH) = 7\ \text{cm} \cdot 9\ \text{cm}$$

$$\underline{A(EFGH) = 63\ \text{cm}^2}$$

$$A(EFS) = \frac{1}{2} \cdot \overline{EF} \cdot \overline{ES}$$

$$\overline{ES}^2 = \overline{EH}^2 + \overline{HS}^2$$

$$\overline{ES} = \sqrt{\overline{EH}^2 + \overline{HS}^2}$$

$$\overline{ES} = \sqrt{(9\ \text{cm})^2 + (8\ \text{cm})^2}$$

$$\overline{ES} = 12{,}04\ \text{cm}$$

$$A(EFS) = \frac{1}{2} \cdot 7\ \text{cm} \cdot 12{,}04\ \text{cm}$$

$$\underline{A(EFS) = 42{,}14\ \text{cm}^2}$$

$$A(FGS) = \frac{1}{2} \cdot \overline{FG} \cdot \overline{GS}$$

$$A(FGS) = \frac{1}{2} \cdot 9\ \text{cm} \cdot 10{,}63\ \text{cm}$$

$$\underline{A(FGS) = 47{,}84\ \text{cm}^2}$$

$$A(HGS) = \frac{1}{2} \cdot \overline{HG} \cdot \overline{HS}$$

$$A(HGS) = \frac{1}{2} \cdot 7\ \text{cm} \cdot 8\ \text{cm}$$

$$\underline{A(HGS) = 28\ \text{cm}^2}$$

$$A(EHS) = \frac{1}{2} \cdot \overline{EH} \cdot \overline{HS}$$

$$A(EHS) = \frac{1}{2} \cdot 9\ \text{cm} \cdot 8\ \text{cm}$$

$$\underline{A(EHS) = 36\ \text{cm}^2}$$

$$A = 63\ \text{cm}^2 + 42{,}14\ \text{cm}^2 + 47{,}84\ \text{cm}^2 + 28\ \text{cm}^2 + 36\ \text{cm}^2$$

$$\underline{\underline{A = 216{,}98\ \text{cm}^2}}$$

3.3   Einzeichnen der neuen Pyramide $EFG_1H_1S_1$ siehe bei 3.1.

3.4 $\quad V = \dfrac{1}{3} G \cdot h$

$\quad\quad G = \dfrac{1}{2} \cdot (\overline{EF} + \overline{G_1 H_1}) \cdot \overline{FG}$ (Es handelt sich um ein Trapez.)

$\quad\quad G = \dfrac{1}{2} \cdot (7\,\text{cm} + 7\,\text{cm} + 2x\,\text{cm} + 2x\,\text{cm}) \cdot 9\,\text{cm}$

$\quad\quad G = \dfrac{1}{2}(14 + 4x)\,\text{cm} \cdot 9\,\text{cm}$

$\quad\quad G = (7 + 2x) \cdot 9\,\text{cm}^2$

$\quad\quad G = (63 + 18x)\,\text{cm}^2$

$\quad\quad h = (8 - x)\,\text{cm}$

$\quad V(x) = \dfrac{1}{3}(63 + 18x)\,\text{cm}^2 \cdot (8 - x)\,\text{cm}$

$\quad V(x) = (21 + 6x)(8 - x)\,\text{cm}^3$

$\quad V(x) = (168 - 21x + 48x - 6x^2)\,\text{cm}^3$

$\quad \underline{\underline{V(x) = (-6x^2 + 27x + 168)\,\text{cm}^3}}$

3.5 $\quad V(x) = z\,\text{cm}^2$

$\quad\quad z = -6x^2 + 27x + 168$

$\quad\quad z = -6(x^2 - 4{,}5x - 28)$

$\quad\quad z = -6[(x^2 - 2 \cdot x \cdot 2{,}25 + 2{,}25^2) - 5{,}07 - 28]$

$\quad\quad z = -6[(x - 2{,}25)^2 - 33{,}07]$

$\quad\quad z = -6(x - 2{,}25)^2 + 198{,}42$

Für $x = 2{,}25$ erhält man $V_{max} = 198{,}42\,\text{cm}^3$.

3.6 Die Dreiecke FG_nG sind alle beim Punkt G rechtwinklig. Daher kann folgender Ansatz gemacht werden:

$\quad \tan \sphericalangle H_3 G_3 F = \dfrac{\overline{FG}}{\overline{GG_3}}$ $\quad | \cdot \overline{GG_3} ; \; : \tan \sphericalangle H_3 G_3 F$

$\quad\quad \overline{GG_3} = \dfrac{\overline{FG}}{\tan \sphericalangle H_3 G_3 F}$

$\quad\quad \overline{GG_3} = \dfrac{9\,\text{cm}}{\tan 65°}$

$\quad\quad \overline{GG_3} = 4{,}20\,\text{cm}$

$\quad\quad \overline{GG_3} = 2x\,\text{cm}$ $\quad\quad \Rightarrow \underline{\underline{x = 2{,}10}}$

Für die Berechnung des prozentualen Anteils p verwendet man folgenden Ansatz:

$$p = \frac{V(EFGHS)}{V(EFG_3H_3S_3)} \cdot 100\,\%$$

V(EFGHS) erhält man, wenn man $x = 0$ in V(x) einsetzt:

$V(0) = (-6 \cdot 0^2 + 27 \cdot 0 + 168)\ cm^3$

$V(0) = 168\ cm^3$

$V(EFG_3H_3S_3)$ erhält man, wenn man $x = 2,10$ in V(x) einsetzt:

$V(2,10) = (-6 \cdot 2,10^2 + 27 \cdot 2,10 + 168)\ cm^3$

$V(2,10) = 198,24\ cm^3$

$$p = \frac{168\ cm^3}{198,24\ cm^3} \cdot 100\,\%$$

$\underline{\underline{p = 84,75\,\%}}$

1.0 Zwischen den Endpunkten $A(0 \mid 0)$ und $C(6 \mid 6)$ liegen auf der Strecke [AC]
die Diagonalenschnittpunkte M_n von Drachenvierecken AB_nCD_n mit AC als
gemeinsamer Symmetrieachse. Die Eckpunkte $D_n(x \mid x^2 + 2)$ liegen auf der
Parabel p mit der Gleichung $y = x^2 + 2$ ($\mathbb{G} = \mathbb{R} \times \mathbb{R}$).

1.1 Zeichnen Sie die Parabel p sowie die Drachenvierecke AB_1CD_1 für $x = -0,5$
und AB_2CD_2 für $x = 2$ jeweils mit ihren Diagonalen in ein Koordinatensystem
ein.
Für die Zeichnung: Längeneinheit 1 cm; $-4 \le x \le 7$; $-1 \le y \le 7$ 2

1.2 Ermitteln Sie rechnerisch die Gleichung der Geraden B_1D_1 und zeigen Sie
sodann durch Rechnung, dass die Gerade B_1D_1 Tangente an die Parabel p ist.
[Teilergebnis: B_1D_1 mit $y = -x + 1,75$]   4

1.3 Berechnen Sie die Koordinaten des Diagonalenschnittpunktes M_1 des Drachenvierecks AB_1CD_1 und bestimmen Sie sodann das Intervall für die Maßzahlen
der Streckenlängen $\overline{AM_n}$ (Intervallgrenzen auf zwei Stellen nach dem Komma
gerundet).
[Teilergebnis: $M_1(0,875 \mid 0,875)$]   3

1.4 Bestätigen Sie rechnerisch, dass für die Abszisse x der Punkte $D_n(x \mid x^2 + 2)$ gilt:
$-3,70 < x < 2,70$.   3

1.5 Bestimmen Sie rechnerisch den Flächeninhalt $A(x)$ der Drachenvierecke
AB_nCD_n in Abhängigkeit von der Abszisse x der Punkte D_n.
Unter den Drachenvierecken AB_nCD_n besitzt das Drachenviereck AB_0CD_0 den
kleinstmöglichen Flächeninhalt A_{min}. Berechnen Sie den zugehörigen Wert für x
und geben Sie A_{min} an.
[Teilergebnis: $A(x) = (6x^2 - 6x + 12)$ FE]   3

1.6 Das Drachenviereck AB_3CD_3 hat den Flächeninhalt 48 FE. Berechnen Sie die
Koordinaten des Eckpunktes D_3 und sodann das Maß des Winkels B_3AD_3.
(Auf zwei Stellen nach dem Komma runden.)   4
                                                    ——
                                                    19

2.0 Gegeben ist das Dreieck ABC mit $\overline{AB} = 8$ cm, $\overline{BC} = 7$ cm und $\overline{AC} = 13,5$ cm.

2.1 Zeichnen Sie das Dreieck ABC und berechnen Sie das Maß α des Winkels BAC
auf zwei Stellen nach dem Komma gerundet.
[Teilergebnis: $\alpha = 24,05°$]   2

2.2 Die Punkte P_n auf der Seite [AB] mit $\overline{AP_n} = x$ cm sind für $x \le 8$ und $x \in \mathbb{R}^+$
zusammen mit den Punkten Q_n auf [BC] und R_n auf [AC] die Eckpunkte von
Dreiecken $P_nQ_nR_n$. Dabei gilt: $[R_nP_n] \perp [AB]$ und $[R_nQ_n] \parallel [AB]$.
Zeichnen Sie das Dreieck $P_1Q_1R_1$ für $x = 6$ in die Zeichnung zu 2.1 ein.   1

2.3 Stellen Sie die Seitenlängen $\overline{R_nP_n}(x)$ und $\overline{R_nQ_n}(x)$ jeweils in Abhängigkeit von x dar. Berechnen Sie sodann den Wert für x, sodass das zugehörige Dreieck $P_0Q_0R_0$ gleichschenklig ist. (Auf zwei Stellen nach dem Komma runden.)
[Teilergebnis: $\overline{R_nP_n}(x) = 0{,}45x$ cm; $\overline{R_nQ_n}(x) = (-0{,}65x + 8)$ cm]   5

2.4 Zeichnen Sie den Umkreis des Dreiecks $P_1Q_1R_1$ mit dem Mittelpunkt M_1 in die Zeichnung zu 2.1 ein und berechnen Sie den Radius r des Umkreises auf zwei Stellen nach dem Komma gerundet. Berechnen Sie sodann den Flächeninhalt der Figur, die durch die Strecken $[R_1A]$, $[AP_1]$ und den Bogen $\overset{\frown}{R_1P_1}$ begrenzt wird. (Auf zwei Stellen nach dem Komma runden.)
[Teilergebnis: r = 2,45 cm]   7

2.5 Berechnen Sie den Wert für x, sodass der Winkel $R_2Q_2P_2$ das Maß α hat. $\dfrac{2}{17}$

3.0 Die nebenstehende Skizze zeigt einen Axialschnitt PQRST des füllbaren Teils eines Trinkglases. Dieser Teil hat die Form eines Rotationskörpers und ist aus einem kegelförmigen und einem zylinderförmigen Teil zusammengesetzt. Die Kegelhöhe beträgt 4 cm, die Zylinderhöhe 8 cm und der Zylinderdurchmesser 7 cm.

3.1 Zeichnen Sie den Axialschnitt PQRST und berechnen Sie das Maß ϵ des Öffnungswinkels TSR des kegelförmigen Teils auf zwei Stellen nach dem Komma gerundet.
[Teilergebnis: $\epsilon = 82{,}37°$]   2

3.2 Das Trinkglas wird bis 3 cm unter den Rand mit Apfelsaft gefüllt. Ermitteln Sie durch Rechnung, zu wie viel Prozent seines Fassungsvermögens das Trinkglas gefüllt ist. (Auf zwei Stellen nach dem Komma runden.)   3

3.3 Eine Kühlkugel mit dem Durchmesser d = 4 cm, die im Saft zu Boden sinkt, wird in das Glas gegeben.
Zeichnen Sie in den Axialschnitt zu 3.1 den Axialschnitt der Kugel mit dem Mittelpunkt M ein. Berechnen Sie sodann, um welche Höhe h^* der Flüssigkeitsspiegel steigt. (Auf zwei Stellen nach dem Komma runden.)   3

3.4 Berechnen Sie, wie hoch die Flüssigkeit über dem höchsten Punkt der Kugel steht. (Auf zwei Stellen nach dem Komma runden.) $\dfrac{3}{17}$

$\dfrac{}{47}$

Lösung

1.1 Einzeichnen der Parabel p mit der Gleichung $y = x^2 + 2$ (nach oben geöffnete Normalparabel mit dem Scheitel $S(0 \mid 2)$).

Zeichnen der Drachenvierecke AB_1CD_1 und AB_2CD_2:
- AC mit $A(0 \mid 0)$ und $C(6 \mid 6)$ ist Symmetrieachse
- D_1 hat die x-Koordinate $-0,5$ und liegt auf der Parabel p, also $D_1(-0,5 \mid 2,25)$
- durch Spiegelung von D_1 an AC erhält man B_1
- D_2 hat die x-Koordinate 2 und liegt auf der Parabel p, also $D_1(2 \mid 6)$
- durch Spiegelung von D_2 an AC erhält man B_2

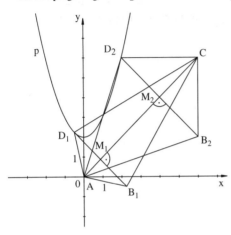

1.2 Geradengleichung von B_1D_1:
Die Gerade AC verläuft durch die Punkte $A(0 \mid 0)$ und $C(6 \mid 6)$, sie ist die Winkelhalbierende des I. und III. Quadranten.
Gleichung von AC: $y = x$ $(\mathbb{G} = \mathbb{R} \times \mathbb{R})$.
B_1D_1 verläuft durch $D_1(-0,5 \mid 2,25)$ und senkrecht zu AC, hat also die Steigung -1.
B_1D_1:
$$y = -1 \cdot (x + 0,5) + 2,25$$
$$\Leftrightarrow \quad \underline{\underline{y = -x + 1,75}} \qquad (\mathbb{G} = \mathbb{R} \times \mathbb{R})$$

Zu zeigen: B_1D_1 berührt die Parabel p in genau einem Punkt.
$p \cap B_1D_1$:
$$x^2 + 2 = -x + 1,75 \qquad | +x - 1,75 \quad \mathbb{G} = \mathbb{R}$$
$$\Leftrightarrow \quad x^2 + x + 0,25 = 0$$

$a = 1; b = 1; c = 0,25$ in $\quad D = b^2 - 4 \cdot a \cdot c$
$$D = 1^2 - 4 \cdot 1 \cdot 0,25$$
$$\underline{\underline{D = 0}}$$

B_1D_1 ist Tangente an p.

1.3 M_1 ist der Schnittpunkt der Geraden AC und B_1D_1.

$AC \cap B_1D_1$:

$$\left| \begin{array}{l} y = x \\ \wedge \quad y = -x + 1,75 \end{array} \right.$$

$\Rightarrow \qquad x = -x + 1,75 \qquad |+x$

$\Leftrightarrow \qquad 2x = 1,75 \qquad |:2$

$\Leftrightarrow \qquad x = 0,875$

$\Rightarrow \qquad y = 0,875 \qquad \mathbb{L} = \{(0,875 | 0,875)\} \qquad \underline{\underline{M_1(0,875 | 0,875)}}$

Die Diagonalenschnittpunkte M_n liegen auf $[M_1C[$, für die Maßzahlen der Streckenlängen $\overline{AM_n}$ gilt:

$$\overrightarrow{AM_1} = \begin{pmatrix} 0,875 \\ 0,875 \end{pmatrix}$$

$$|\overrightarrow{AM_1}| = \sqrt{0,875^2 + 0,875^2}$$

$$|\overrightarrow{AM_1}| = 1,24$$

$$\overrightarrow{AC} = \begin{pmatrix} 6 \\ 6 \end{pmatrix}$$

$$|\overrightarrow{AC}| = \sqrt{6^2 + 6^2}$$

$$|\overrightarrow{AC}| = 8,49$$

Intervall: $\underline{\underline{[1,24 ; 8,49[}}$

1.4 Die Punkte D_n liegen auf dem Parabelbogen zwischen den Schnittpunkten der Senkrechten zu AC durch den Punkt C mit der Parabel p.

Senkrechte zu AC durch den Punkt C(6 | 6):

$\qquad y = -1 \cdot (x - 6) + 6$

$\Leftrightarrow \quad y = -x + 12 \qquad\qquad\qquad\qquad\qquad \mathbb{G} = \mathbb{R} \times \mathbb{R}$

$p \cap AC: \ x^2 + 2 \qquad = -x + 12 \qquad |+x - 12 \qquad \mathbb{G} = \mathbb{R}$

$\Leftrightarrow \quad x^2 + x - 10 = 0$

$a = 1; b = 1; c = -10$ in $\quad x_{1/2} = \dfrac{-b \pm \sqrt{b^2 - 4 \cdot a \cdot c}}{2a}$

$$\Leftrightarrow \quad x_{1/2} = \frac{-1 \pm \sqrt{1^2 - 4 \cdot 1 \cdot (-10)}}{2 \cdot 1}$$

$$\Leftrightarrow \quad x_{1/2} = \frac{-1 \pm \sqrt{41}}{2}$$

$$\Leftrightarrow \quad x = -3,70 \ \vee \ x = 2,70 \qquad \underline{\underline{\mathbb{L} = \{-3,70 ; 2,70\}}}$$

Für die Abszisse x der Punkte D_n gilt: $-3,70 < x < 2,70; x \in \mathbb{R}$

1.5 Der Flächeninhalt der Drachenvierecke AB_nCD_n ist jeweils doppelt so groß wie der Flächeninhalt der Dreiecke ACD_n.

$$\overrightarrow{AC} = \begin{pmatrix} 6 \\ 6 \end{pmatrix}; \quad \overrightarrow{AD_n} = \begin{pmatrix} x \\ x^2 + 2 \end{pmatrix}; \qquad -3{,}70 < x < 2{,}70; \ x \in \mathbb{R}$$

$$A(x) = 2 \cdot \frac{1}{2} \cdot \begin{vmatrix} 6 & x \\ 6 & x^2 + 2 \end{vmatrix} \text{FE}$$

$$\underline{\underline{A(x) = (6x^2 - 6x + 12) \text{ FE}}}$$

Extremwertbestimmung:

$A(x) = 6 \cdot (x^2 - x + 2) \text{ FE}$	ausklammern
$A(x) = 6 \cdot (x^2 - 2 \cdot 0{,}5x + 0{,}5^2 - 0{,}25 + 2) \text{ FE}$	quadr. ergänzen
$A(x) = 6 \cdot [(x - 0{,}5)^2 + 1{,}75] \text{ FE}$	
$A(x) = [6 \cdot (x - 0{,}5)^2 + 10{,}5] \text{ FE}$	ausmultiplizieren

$$\underline{\underline{A_{min} = 10{,}5 \text{ FE für } x = 0{,}5}}$$

1.6 $\quad 6x^2 - 6x + 12 = 48 \qquad \big| -48 \qquad\qquad -3{,}70 < x < 2{,}70; \ x \in \mathbb{R}$

$\Leftrightarrow \quad 6x^2 - 6x - 36 = 0 \qquad \big| : 6$

$\Leftrightarrow \quad x^2 - x - 6 = 0$

$$a = 1; b = -1; c = -6 \quad \text{in} \quad x_{1/2} = \frac{-b \pm \sqrt{b^2 - 4 \cdot a \cdot c}}{2a}$$

$$\Leftrightarrow \quad x_{1/2} = \frac{1 \pm \sqrt{(-1)^2 - 4 \cdot 1 \cdot (-6)}}{2 \cdot 1}$$

$$\Leftrightarrow \quad x_{1/2} = \frac{1 \pm \sqrt{25}}{2}$$

$$\Leftrightarrow \quad x = -2 \, (\vee \ x = 3 \notin \mathbb{G}) \quad \mathbb{L} = \{-2\} \quad \underline{\underline{D_3(-2 \,|\, 6)}}$$

Berechnung des Winkels B_3AD_3:

$\varphi = \sphericalangle \ (\text{y-Achse}, OD_3)$

$\tan \varphi = \dfrac{2}{6};$

$\varphi = 18{,}43°$

$\sphericalangle \ B_3AD_3 = 90° + 2 \cdot 18{,}43°$

$\underline{\underline{\sphericalangle \ B_3AD_3 = 126{,}86°}}$

(anderer Weg: Berechnung von $\overline{OD_3}, \overline{OB_3}$ und $\overline{B_3D_3}$; Kosinussatz)

2.1 Zeichnen des Dreiecks ABC:

– Zeichnen der Strecke [AB] mit $\overline{AB} = 8\,\text{cm}$

– $k_1(A; r = 13,5\,\text{cm}) \cap k_2(B; r = 7\,\text{cm}) = \{C; C'\}$ (bei C' falscher Umlaufsinn)

$a = 7\,\text{cm}; b = 13,5\,\text{cm}; c = 8\,\text{cm}$ in $a^2 = b^2 + c^2 - 2 \cdot b \cdot c \cdot \cos\alpha$

Für die Maßzahlen gilt:

$$7^2 = 8^2 + 13,5^2 - 2 \cdot 8 \cdot 13,5 \cdot \cos\alpha \quad \bigm| -7^2 + 2 \cdot 8 \cdot 13,5 \cdot \cos\alpha \quad \alpha \in\ ]10°;\ 180°[$$
$$\Leftrightarrow\ 2 \cdot 8 \cdot 13,5 \cdot \cos\alpha = 8^2 + 13,5^2 - 7^2 \quad \bigm| : (2 \cdot 8 \cdot 13,5)$$
$$\Leftrightarrow \qquad\qquad \cos\alpha = \frac{8^2 + 13,5^2 - 7^2}{2 \cdot 8 \cdot 13,5}$$
$$\underline{\underline{\alpha = 24,05°}}$$

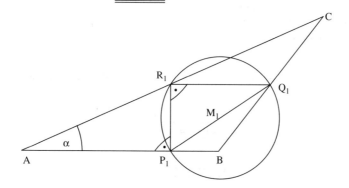

2.2 Einzeichnen des Dreiecks $P_1Q_1R_1$ (mit $\overline{AP_1} = 6\,\text{cm}$)

2.3 $\overline{R_nP_n}(x)$ in Abhängigkeit von x:

$$\tan\alpha = \frac{\overline{R_nP_n}}{\overline{AP_n}}$$

$$\overline{R_nP_n} = \overline{AP_n} \cdot \tan\alpha$$

$$\underline{\underline{\overline{R_nP_n}(x) = 0,45 \cdot x\ \text{cm}}} \quad x \le 8;\ x \in \mathbb{R}$$

$\overline{R_nQ_n}(x)$ in Abhängigkeit von x:

$$\cos 24,05° = \frac{x\ \text{cm}}{\overline{AR_n}(x)}$$

$$\overline{AR_n}(x) = \frac{x\ \text{cm}}{\cos 24,05°}$$

$$\overline{AR_n}(x) = 1,10 \cdot x\ \text{cm};$$

$$\overline{CR_n} = \overline{AC} - \overline{AR_n}$$

$$\overline{CR_n}(x) = (13,5 - 1,10x)\, cm$$

$$\frac{\overline{R_nQ_n}(x)}{8\, cm} = \frac{(13,5 - 1,10\, x)}{13,5\, cm} \qquad |\cdot 8\, cm \qquad \text{Vierstreckensatz}$$

$$\overline{R_nQ_n}(x) = (-0,65x + 8)\, cm$$

Im gleichschenkligen Dreieck müssen die Schenkellängen $\overline{R_nP_n}$ und $\overline{R_nQ_n}$ gleich sein.

$$0,45x = -0,65x + 8 \qquad |+0,65x \qquad x \le 8;\, x \in \mathbb{R}^+$$
$$\Leftrightarrow \quad 1,1x = 8 \qquad\qquad |:1,1$$
$$\Leftrightarrow \quad\quad x = 7,27 \qquad\qquad\qquad \underline{\underline{\mathbb{L} = \{7,27\}}}$$

2.4 Das Dreieck $P_1Q_1R_1$ ist rechtwinklig bei R_1. Der Umkreismittelpunkt M_1 ist der Mittelpunkt der Strecke $[P_1Q_1]$.
Einzeichnen des Umkreises des Dreiecks $P_1Q_1R_1$

$$\overline{R_1P_1} = 0,45 \cdot 6\, cm$$
$$\underline{\underline{\overline{R_1P_1} = 2,70\, cm}}$$

$$\overline{R_1Q_1} = (-0,65 \cdot 6 + 8)\, cm$$
$$\underline{\underline{\overline{R_1Q_1} = 4,10\, cm}}$$

Im Dreieck $P_1R_1Q_1$ gilt:

$$(2r)^2 = \overline{R_1P_1}^2 + \overline{P_1Q_1}^2 \quad \text{(Satz des Pythagoras)}$$

$$r = \frac{\sqrt{2,70^2 + 4,10^2}}{2}\, cm$$

$$\underline{\underline{r = 2,45\, cm}}$$

$$\sphericalangle R_1M_1P_1 = \varepsilon \qquad \varepsilon \in\,]0°;\, 180°[$$

$$\overline{R_1P_1}^2 = r^2 + r^2 - 2 \cdot r \cdot r \cdot \cos\varepsilon \qquad \text{Kosinussatz im Dreieck } P_1M_1R_1$$

$$\cos\varepsilon = \frac{2,45^2 + 2,45^2 - 2,70^2}{2 \cdot 2,45 \cdot 2,45}$$

$$\underline{\underline{\varepsilon = 66,87°}}$$

$$A = A_{\triangle AP_1R_1} + A_{\triangle M_1R_1P_1} - A_{\text{Sektor } M_1R_1P_1}$$

$$A_{\triangle AP_1R_1} = \frac{1}{2} \cdot 6 \cdot 2,70\, cm^2$$

$$\underline{\underline{A_{\triangle AP_1R_1} = 8,10\, cm^2}}$$

$$A_{\Delta M_1 R_1 P_1} = \frac{1}{2} \cdot 2{,}45^2 \cdot \sin 66{,}87° \ \text{cm}^2$$

$$\underline{A_{\Delta M_1 R_1 P_1} = 2{,}76 \ \text{cm}^2}$$

$$A_{\text{Sektor } M_1 R_1 P_1} = \frac{66{,}87°}{360°} \cdot 2{,}45^2 \cdot \pi \ \text{cm}^2$$

$$\underline{A_{\text{Sektor } M_1 R_1 P_1} = 3{,}50 \ \text{cm}^2}$$

$$A = (8{,}10 + 2{,}76 - 3{,}50) \ \text{cm}^2$$

$$A = 7{,}36 \ \text{cm}^2$$

2.5 $\sphericalangle \ R_2 Q_2 P_2 = \alpha \Rightarrow$ Das Viereck $AP_2Q_2R_2$ ist ein Parallelogramm $\Rightarrow \overline{R_2 Q_2} = \overline{AP_2}$

$$\begin{array}{lll} & -0{,}65x + 8 = x & \big| +0{,}65x \qquad x \le 8; \ x \in \mathbb{R}^+ \\ \Leftrightarrow & 1{,}65x = 8 & \big| :1{,}65 \\ \Leftrightarrow & x = 4{,}85 & \qquad \underline{\underline{\mathbb{L} = \{4{,}85\}}} \end{array}$$

oder:

$$\tan 24{,}05° = \frac{0{,}45x}{-0{,}65x + 8}$$

$$\Leftrightarrow \quad 0{,}45 = \frac{0{,}45x}{-0{,}65x + 8} \quad \big| : 0{,}45$$

$$\Leftrightarrow \quad 1 = \frac{x}{-0{,}65x + 8} \quad \big| \cdot (-0{,}65x + 8)$$

$$\Leftrightarrow \quad -0{,}65x + 8 = x \ \ldots$$

3.1

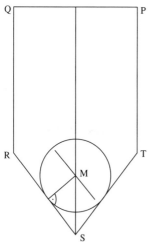

$$\tan \frac{\varepsilon}{2} = \frac{3{,}5 \ \text{cm}}{4 \ \text{cm}}$$

$$\underline{\underline{\varepsilon = 82{,}37°}}$$

Zeichnen des Axialschnitts PQRST

Zylinderradius: r = 3,5 cm   Zylinderhöhe: h = 8 cm

Kegelradius: r = 3,5 cm   Kegelhöhe: h = 4 cm

3.2 Gesamtvolumen:

$$V_{Gesamt} = V_{Kegel} + V_{Zylinder}$$

$$V_{Gesamt} = \left[\frac{1}{3} \cdot 3,5^2 \cdot \pi \cdot 4 + 3,5^2 \cdot \pi \cdot 8 \right] cm^3$$

$$V_{Gesamt} = (51,31 + 307,88) \, cm^3$$

$$\underline{V_{Gesamt} = 359,19 \, cm^3}$$

Volumen des Safts:

$$V_{Saft} = V_{Gesamt} - V_{leer}$$

$$V_{Saft} = (359,19 - 3,5^2 \cdot \pi \cdot 3) \, cm^3$$

$$\underline{V_{Saft} = 243,74 \, cm^3}$$

prozentualer Anteil:

$$\frac{243,74 \, cm^3}{359,19 \, cm^3} \cdot 100 \, \% = \underline{\underline{67,86 \, \%}}$$

3.3 Einzeichnen des Axialschnitts der Kugel:
Der Radius der Kugel beträgt 2 cm. Der Mittelpunkt M ist der Schnittpunkt der Parallelen zur Seite [RS] (durch den Axialschnitt) mit der Symmetrieachse.

$$V_{Kugel} = \frac{4}{3} \cdot (2 \, cm)^3 \cdot \pi$$

$$V_{Kugel} = 33,51 \, cm^3$$

Die Füllung des Glases nimmt um das Volumen der Kugel zu.

$$33,51 \, m^3 = 3,5^2 \cdot \pi \cdot h^*$$

$$h^* = \frac{33,51 \, cm^3}{(3,5 \, cm)^2 \cdot \pi}$$

$$\underline{\underline{h^* = 0,87 \, cm}}$$

3.4 $\sin \dfrac{82,37°}{2} = \dfrac{2 \, cm}{\overline{MS}}$

$$\overline{MS} = \frac{2 \, cm}{\sin \frac{82,37°}{2}}$$

$$\overline{MS} = 3,04 \, cm$$

Höhe der Flüssigkeit über den höchsten Punkt der Kugel:

$$h = h_{Saft} + h^* - \overline{MS} - r_{Kugel}$$

$$h = (4 + 5 + 0,87 - 3,04 - 2) \, cm$$

$$\underline{\underline{h = 4,83 \, cm}}$$

1.0 Die Parabel p hat eine Gleichung der Form $y = ax^2 + bx + c$ für $\mathbb{G} = \mathbb{R} \times \mathbb{R}$,
a, b, c $\in \mathbb{R}$ und a $\neq$ 0. Sie verläuft durch den Punkt Q(1 | 7,25) und hat den
Scheitelpunkt S(4 | 5). Die Gerade g hat die Gleichung $y = 0,5x + 1$
($\mathbb{G} = \mathbb{R} \times \mathbb{R}$).

1.1 Ermitteln Sie rechnerisch die Gleichung der Parabel p. Erstellen Sie für die
Parabel p eine Wertetabelle für x $\in$ [0; 8] in Schritten von $\Delta x = 1$ und zeichnen
Sie die Parabel p und die Gerade g in ein Koordinatensystem.
Für die Zeichnung: Längeneinheit 1 cm; $-1 \leq x \leq 10$; $-1 \leq y \leq 10$
[Teilergebnis: p mit $y = 0,25x^2 - 2x + 9$]   5

1.2 Die Punkte $A_n(x | 0)$ auf der x-Achse und die Punkte $C_n(x | 0,25x^2 - 2x + 9)$ auf
der Parabel p haben jeweils dieselbe Abszisse x. Für x > -5 sind sie zusammen
mit den Punkten B_n auf der Geraden g und den Punkten D_n die Eckpunkte von
Vierecken $A_nB_nC_nD_n$. Dabei ist die Abszisse der Punkte B_n stets um 3 größer
als die Abszisse x der Punkte A_n und es gilt: $\overline{D_nB_n} = 4$ LE und $[D_nB_n] \perp [A_nC_n]$.
Zeichnen Sie das Viereck $A_1B_1C_1D_1$ für x = 3 zusammen mit seinen Diagonalen
in das Koordinatensystem zu 1.1 ein und geben Sie die Koordinaten der Punkte
B_n in Abhängigkeit von der Abszisse x der Punkte A_n an.
[Teilergebnis: $B_n(x + 3 | 0,5x + 2,5)$]   2

1.3 Bestimmen Sie durch Rechnung den Flächeninhalt A(x) der Vierecke $A_nB_nC_nD_n$
in Abhängigkeit von der Abszisse x der Punkte A_n.
[Ergebnis: $A(x) = (0,5x^2 - 4x + 18)$ FE]   2

1.4 Die Vierecke $A_2B_2C_2D_2$ und $A_3B_3C_3D_3$ haben einen um 40 % größeren Flächeninhalt als das Viereck $A_0B_0C_0D_0$ mit dem kleinstmöglichen Flächeninhalt A_{min}.
Berechnen Sie die x-Koordinaten der Punkte A_2 und A_3 auf zwei Stellen nach
dem Komma gerundet.   5

1.5 Unter den Vierecken $A_nB_nC_nD_n$ gibt es zwei Drachenvierecke $A_4B_4C_4D_4$ und
$A_5B_5C_5D_5$. Berechnen Sie die x-Koordinaten der Punkte A_4 und A_5 auf zwei
Stellen nach dem Komma gerundet.   4
                                                                                       ——
                                                                                       18

2.0 Auf ein Holzbrett ist ein Dreieck ABC mit den Seitenlängen $\overline{AB}$ = 16 cm,
$\overline{BC}$ = 18 cm und $\overline{AC}$ = 28 cm gezeichnet. Im Eckpunkt C steckt ein Nagel.

2.1 Zeichnen Sie das Dreieck ABC im Maßstab 1 : 2 und berechnen Sie das Maß γ
des Winkels ACB auf zwei Stellen nach dem Komma gerundet.
[Teilergebnis: $\gamma = 32,30°$]   2

2.2 Eine 18 cm lange Schnur wird um den Nagel in C gespannt, sodass das eine Schnurende auf der Seite [AC] und das andere Schnurende auf der Seite [BC] liegt.

Die beiden Schnurenden legen jeweils auf der Seite [AC] die Punkte E_n und auf der Seite [BC] die zugehörigen Punkte F_n fest.

Zeichnen Sie die Punkte E_1 und F_1 in die Zeichnung zu 2.1 ein, wenn die Schnur so gespannt ist, dass die Strecke [E_1C] doppelt so lang wie die Strecke [CF_1] ist.

Berechnen Sie sodann die Entfernung $\overline{E_1F_1}$ der Schnurenden auf zwei Stellen nach dem Komma gerundet. 3

2.3 Der Kreis k_1 um C mit dem Radius $\overline{CE_1}$ schneidet die Seite [BC] im Punkt G_1.

Der Kreis k_2 um F_1 mit dem Radius $\overline{F_1G_1}$ schneidet die Seite [AC] im Punkt H_1.

Zeichnen Sie die Kreisbögen $\overset{\frown}{E_1G_1}$ und $\overset{\frown}{H_1G_1}$ in die Zeichnung zu 2.1 ein und berechnen Sie sodann den Flächeninhalt der Figur, die von der Strecke [H_1E_1], dem Bogen $\overset{\frown}{E_1G_1}$ und dem Bogen $\overset{\frown}{H_1G_1}$ begrenzt wird. (Auf zwei Stellen nach dem Komma runden.) 5

2.4 Die Schnur lässt sich von E_2 über C nach F_2 so spannen, dass das Dreieck E_2F_2C bei F_2 rechtwinklig ist. Berechnen Sie die Länge $\overline{E_2C}$.

(Auf zwei Stellen nach dem Komma runden.) <u>3</u>

13

3.0 Das Rechteck ABCD mit $\overline{AB}$ = 8 cm, $\overline{BC}$ = 6 cm ist die Grundfläche einer Pyramide ABCDS. Der Mittelpunkt F der Seite [AD] ist der Fußpunkt der Pyramidenhöhe [FS] mit $\overline{FS}$ = 7 cm. Der Punkt E ist der Mittelpunkt der Seite [BC].

3.1 Zeichnen Sie ein Schrägbild der Pyramide ABCDS, wobei [DC] auf der Schrägbildachse liegen soll.

Für die Zeichnung: q = $\frac{1}{2}$; $\omega = 45°$

Berechnen Sie das Maß γ des Winkels SEF und die Länge der Strecke [SE] jeweils auf zwei Stellen nach dem Komma gerundet.

[Teilergebnis: $\gamma = 41,19°$] 3

3.2 Auf [SE] liegen Punkte P_n mit $\overline{EP_n}$ = x cm (x < 10,63; x $\in$ $\mathbb{R}^+$). Sie sind die Spitzen neuer Pyramiden $ABCDP_n$. Zeichnen Sie die Pyramide $ABCDP_1$ für x = 3 in das Schrägbild zu 3.1 ein und berechnen Sie das Volumen der Pyramide $ABCDP_1$. (Auf zwei Stellen nach dem Komma runden.) 3

3.3 Für den Punkt P_2 hat der Winkel EFP_2 das Maß 70°. Berechnen Sie den zugehörigen Wert für x und sodann den Flächeninhalt der Seitenfläche DAP_2. (Auf zwei Stellen nach dem Komma runden.)

[Teilergebnis: x = 8,06] 4

3.4 Stellen Sie die Streckenlängen $\overline{BP_n}(x)$, $\overline{FP_n}(x)$, und $\overline{AP_n}(x)$ jeweils in Abhängigkeit von x dar. Bei der Pyramide $ABCDP_3$ ist die Seitenkante $[AP_3]$ doppelt so lang wie die Seitenkante $[BP_3]$. Berechnen Sie den zugehörigen Wert für x. (Auf zwei Stellen nach dem Komma runden.)

[Teilergebnis: $\overline{FP_n}(x) = \sqrt{x^2 - 12{,}04x + 64}$ cm]

6

16

47

Lösungen

1.1 Der Scheitelpunkt der Parabel p ist S(4 | 5), die Parabel p hat also eine Gleichung der Form:

$$y = a \cdot (x - 4)^2 + 5 \qquad \mathbb{G} = \mathbb{R} \times \mathbb{R} \; ; \; a \in \mathbb{R} \setminus \{0\}$$

Die Parabel p verläuft durch den Punkt Q(1 | 7,25).
$Q \in p$:

$$7,25 = a \cdot (1 - 4)^2 + 5 \qquad \mathbb{G} = \mathbb{R} \setminus \{0\}$$
$$\Leftrightarrow \quad a = 0,25 \qquad\qquad \underline{\mathbb{L} = \{0,25\}}$$

Gleichung der Parabel p:

$$y = 0,25 \cdot (x - 4)^2 + 5$$
$$\Leftrightarrow \quad \underline{\underline{y = 0,25x^2 - 2x + 9}}$$

x	0	1	2	3	4	5	6	7	8
$0,25x^2 - 2x + 9$	9	7,25	6	5,25	5	5,25	6	7,25	9

Einzeichnen der Parabel p und der Geraden g

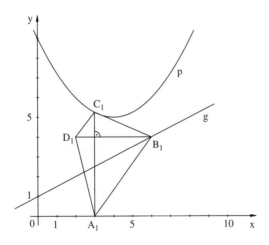

M 98-13

1.2 Einzeichnen des Vierecks $A_1B_1C_1D_1$
- $A_1(3 \mid 0)$; C_1 hat ebenfalls die x-Koordinate 3 und liegt auf der Parabel p.
- Die Abszisse von B_1 ist um 3 größer, also 6 und B_1 liegt auf g.
- D_1 und B_1 haben dieselbe y-Koordinate und $\overline{D_nB_n} = 4$ LE.

Koordinaten der Punkte B_n in Abhängigkeit der Abszisse x der Punkte A_n:

$B_n (x + 3 \mid 0,5 \times (x + 3) + 1$

$\underline{\underline{B_n (x + 3 \mid 0,5x + 2,5)}}$

1.3 Die Vierecke können jeweils in zwei Dreiecke ($A_nB_nC_n$ und $A_nC_nD_n$) zerlegt werden.
Die Länge der Grundlinie ist $\overline{A_nC_n}$ und die Höhen betragen 3 LE bzw. 1 LE.

$A_{Viereck} = 0,5 \cdot \overline{A_nC_n} \cdot 3\,LE + 0,5 \cdot \overline{A_nC_n} \cdot 1\,LE$

$A_{Viereck} = 0,5 \cdot \overline{A_nC_n} \cdot (3\,LE + 1\,LE)$

$A_{Viereck} = 0,5 \cdot \overline{A_nC_n} \cdot 4\,LE$

$A(x) = 0,5 \cdot (0,25x^2 - 2x + 9) \cdot 4\,FE$ $\qquad x > -5; x \in \mathbb{R}$

$\underline{\underline{A(x) = (0,5x^2 - 4x + 18)\,FE}}$

1.4 $A(x) = (0,5x^2 - 4x + 18)\,FE$

$A(x) = 0,5 \cdot (x^2 - 8x + 36)\,FE$ $\qquad$ ausklammern

$A(x) = 0,5 \cdot (x^2 - 2 \cdot 4x + 4^2 - 16 + 36)\,FE$ $\qquad$ quadr. ergänzen

$A(x) = 0,5 \cdot [(x - 4)^2 + 20]\,FE$

$A(x) = [0,5 \cdot (x - 4)^2 + 10]\,FE$ $\qquad$ ausmultiplizieren

$\underline{\underline{A_{min} = 10\,FE}}$

$A_{vergrößert} = 10\,FE \cdot \dfrac{140}{100}$

$\underline{\underline{A_{vergrößert} = 14\,FE}}$

Für die Maßzahlen gilt:

$\qquad\qquad 14 = 0,5x^2 - 4x + 18 \qquad |-14 \qquad x > -5; x \in \mathbb{R}$

$\Leftrightarrow 0,5x^2 - 4x + 4 = 0 \qquad\qquad |:0,5$

$\Leftrightarrow \quad x^2 - 8x + 8 = 0$

$a = 1; b = -8; c = 8$ in $x_{1,2} = \dfrac{-b \pm \sqrt{b^2 - 4 \cdot a \cdot c}}{2a}$

$\qquad\qquad \Leftrightarrow x_{1/2} = \dfrac{8 \pm \sqrt{(-8)^2 - 4 \cdot 1 \cdot 8}}{2 \cdot 1}$

$\qquad\qquad \Leftrightarrow x_{1/2} = \dfrac{8 \pm \sqrt{32}}{2}$

$\qquad\qquad \Leftrightarrow \quad x = 1,17 \lor x = 6,83 \qquad \underline{\underline{\mathbb{L} = \{1,17;\ 6,83\}}}$

1.5 Es liegt ein Drachenviereck vor, wenn D_nB_n Symmetrieachse ist, also wenn:

$$y_B = \frac{1}{2} y_C$$

$$0,5x + 2,5 = \frac{1}{2} \cdot (0,25x^2 - 2x + 9) \qquad x > -5; \ x \in \mathbb{R}$$

$$\Leftrightarrow \quad 0,25x^2 - 3x + 4 = 0$$

$a = 0,25; \ b = -3; \ c = 4$ in $x_{1/2} = \dfrac{-b \pm \sqrt{b^2 - 4 \cdot a \cdot c}}{2a}$

$$\Leftrightarrow x_{1/2} = \frac{3 \pm \sqrt{(-3)^2 - 4 \cdot 0,25 \cdot 4}}{2 \cdot 0,25}$$

$$\Leftrightarrow x_{1/2} = \frac{3 \pm \sqrt{5}}{0,5}$$

$$\Leftrightarrow \quad x = 1,53 \quad \vee \quad x = 10,47 \qquad \underline{\underline{\mathbb{L} = \{1,53; 10,47\}}}$$

2.1 Zeichnen des Dreiecks ABC im Maßstab 1 : 2:
– [AB] zeichnen, mit der Länge

$16\,\text{cm} \cdot \dfrac{1}{2}$

– Kreis um A mit dem Radius $28\,\text{cm} \cdot \dfrac{1}{2}$

geschnitten mit

– Kreis um B mit dem Radius $18\,\text{cm} \cdot \dfrac{1}{2}$

ergibt die Schnittpunkte C (und C')

$$16^2 = 18^2 + 28^2 - 2 \cdot 18 \cdot 28 \cdot \cos\gamma$$

$$\cos\gamma = \frac{18^2 + 28^2 - 16^2}{2 \cdot 18 \cdot 28}$$

$$\underline{\underline{\gamma = 32,30°}}$$

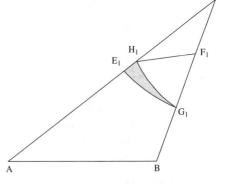

2.2 $\overline{E_1C} = \dfrac{2}{3} \cdot 18\,\text{cm}$

$\overline{E_1C} = 12\,\text{cm}$

$\overline{CF_1} = 6\,\text{cm}$

Einzeichnen der Punkte E_1 und F_1:

$$\overline{E_1F_1}^2 = \overline{E_1C}^2 + \overline{CF_1}^2 - 2 \cdot \overline{E_1C} \cdot \overline{CF_1} \cdot \cos\gamma$$

$$\overline{E_1F_1} = \sqrt{12^2 + 6^2 - 2 \cdot 12 \cdot 6 \cdot \cos 32,30°}\ \text{cm}$$

$$\underline{\underline{\overline{E_1F_1} = 7,63\,\text{cm}}}$$

M 98-15

2.3   Einzeichnen der Kreisbögen $\widehat{E_1G_1}$ und $\widehat{H_1G_1}$:

$$A = A_{\text{Sektor } CE_1G_1} - A_{\text{Sektor } F_1H_1G_1} - A_{\Delta\, CH_1F_1}$$

$$A_{\text{Sektor } CE_1G_1} = \frac{32{,}30°}{360°} \cdot (12\text{ cm})^2 \cdot \pi$$

$$\underline{A_{\text{Sektor } CE_1G_1} = 40{,}59\text{ cm}^2}$$

◁ $F_1H_1C = 32{,}30°$ (da ΔH_1F_1C gleichschenklig)
◁ $H_1F_1G_1 = 2 \cdot 32{,}30°$ (Außenwinkelsatz)
◁ $H_1F_1G_1 = 64{,}60°$

$$A_{\text{Sektor } F_1H_1G_1} = \frac{64{,}60°}{360°} \cdot (6\text{ cm})^2\,\pi$$

$$\underline{A_{\text{Sektor } F_1H_1G_1} = 20{,}29\text{ cm}^2}$$

$$\overline{F_1H_1} = \overline{F_1C} = 6\text{ cm}$$

$$A_{\Delta\, CH_1F_1} = \frac{1}{2} \cdot (6\text{ cm})^2 \cdot \sin\,(180° - 64{,}60°)$$

$$\underline{A_{\Delta\, CH_1F_1} = 16{,}26\text{ cm}^2}$$

$$A = (40{,}59 - 20{,}29 - 16{,}26)\text{ cm}^2$$

$$\underline{\underline{A = 4{,}04\text{ cm}^2}}$$

2.4 $\cos 32{,}30° = \dfrac{\overline{F_2C}}{\overline{E_2C}}$

$$\overline{E_2C} = x\text{ cm}$$
$$\overline{F_2C} = (18 - x)\text{ cm}$$

$$\cos 32{,}30° = \frac{(18-x)\text{ cm}}{x\text{ cm}} \qquad x < 18;\ x \in \mathbb{R}^+$$

$$\begin{aligned}
& 0{,}85x = 18 - x \quad \big|\, +x \\
\Leftrightarrow\quad & 1{,}85x = 18 \qquad \big|\, :1{,}85 \\
\Leftrightarrow\quad & \phantom{1{,}85}x = 9{,}73 \qquad\qquad\qquad \mathbb{L} = \{9{,}73\}\quad \underline{\underline{\overline{E_2C} = 9{,}73\text{ cm}}}
\end{aligned}$$

3.1

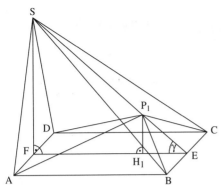

Zeichnen der Pyramide ABCDS:

$$\tan \gamma = \frac{7 \text{ cm}}{8 \text{ cm}}$$

$$\underline{\underline{\gamma = 41,19°}} \qquad\qquad \gamma \in \;]0°; 90°[$$

$$\overline{SE}^2 = (7 \text{ cm})^2 + (8 \text{ cm})^2$$

$$\overline{SE} \;\; = \sqrt{7^2 + 8^2} \text{ cm}$$

$$\underline{\underline{\overline{SE} \;\; = 10,63 \text{ cm}}}$$

3.2   Einzeichnen der Pyramide $ABCDP_1$ mit $\overline{EP_1} = 3 \text{ cm}$

$$\sin 41,19° = \frac{\overline{HP_1}}{3 \text{ cm}}$$

$$\overline{HP_1} = 3 \cdot \sin 41,19° \text{ cm}$$

$$\overline{HP_1} = 1,98 \text{ cm}$$

$$V = \frac{1}{3} \cdot 8 \;\; \text{cm} \cdot 6 \;\; \text{cm} \cdot 1,98 \;\; \text{cm}$$

$$\underline{\underline{V = 31,68 \;\; \text{cm}^3}}$$

3.3 $\quad \dfrac{x \text{ cm}}{\sin 70°} = \dfrac{8 \text{ cm}}{\sin (180° - (70° + 41,19°))} \qquad x < 10,63°; \ x \in \mathbb{R}^+$

$\quad \Leftrightarrow \quad x = \dfrac{8 \cdot \sin 70°}{\sin 111,19°}$

$\quad \Leftrightarrow \quad x = 8,06 \qquad\qquad\qquad\qquad\qquad \mathbb{L} = \{8,06\}$

$\dfrac{\overline{FP_2}}{\sin 41,19°} = \dfrac{8,06 \text{ cm}}{\sin 70°}$

$\qquad \overline{FP_2} = \dfrac{8,06 \text{ cm} \cdot \sin 41,19°}{\sin 70°}$

$\qquad \overline{FP_2} = 5,65 \text{ cm}$

$A_{\Delta DAP_2} = \dfrac{1}{2} \cdot 6 \text{ cm} \cdot 5,65 \text{ cm}$

$A_{\Delta DAP_2} = 16,95 \text{ cm}^2$

3.4 $\quad \overline{BP_n}^2 \quad = \overline{BE}^2 + \overline{EP_n}^2$

$\quad \overline{BP_n}(x) = \sqrt{3^2 + x^2} \text{ cm} \qquad\qquad x < 10,63; \ x \in \mathbb{R}^+$

$\overline{FP_n}^2 \quad = \overline{FE}^2 + \overline{EP_n}^2 - 2 \cdot \overline{FE} \cdot \overline{EP_n} \cdot \cos \gamma$

$\overline{FP_n}(x) = \sqrt{8^2 + x^2 - 2 \cdot 8 \cdot x \cdot \cos 41,19°} \text{ cm}$

$\overline{FP_n}(x) = \sqrt{x^2 - 12,04x + 64} \text{ cm}$

$\overline{AP_n}^2 \quad = \overline{AF}^2 + \overline{FP_n}^2$

$\overline{AP_n}(x) = \sqrt{3^2 + x^2 - 12,04x + 64} \text{ cm}$

$\overline{AP_n}(x) = \sqrt{x^2 - 12,04x + 73} \text{ cm}$

$\overline{AP_3} \quad = 2 \cdot \overline{BP_3}$

$\qquad \sqrt{x^2 - 12,04x + 73} = 2 \cdot \sqrt{9 + x^2} \qquad x < 10,63; \ x \in \mathbb{R}^+$

$\Leftrightarrow \sqrt{x^2 - 12,04x + 73} = \sqrt{4 \cdot (9 + x^2)}$

Aus der Wurzeldefinition folgt:

$$x^2 - 12{,}04x + 73 = 4 \cdot (9 + x^2)$$

$$\Leftrightarrow \quad x^2 - 12{,}04x + 73 = 36 + 4x^2 \qquad \left| -x^2 + 12{,}04x - 73 \right.$$

$$\Leftrightarrow \quad 3x^2 + 12{,}04x - 37 = 0$$

$a = 3; \; b = 12{,}04; \; c = -37 \;$ in $\; x_{1/2} = \dfrac{-b \pm \sqrt{b^2 - 4 \cdot a \cdot c}}{2a}$

$$\Leftrightarrow x_{1/2} = \frac{-12{,}04 \pm \sqrt{12{,}04^2 - 4 \cdot 3 \cdot (-37)}}{2 \cdot 3}$$

$$\Leftrightarrow x_{1/2} = \frac{-12{,}04 \pm \sqrt{588{,}96}}{6}$$

$$\Leftrightarrow \quad x = 2{,}04 \quad (\vee \;\; x = -6{,}05) \qquad \underline{\underline{\mathbb{L} = \{2{,}04\}}}$$

1.0 Durch Parallelverschiebung der Parabel p_0 mit der Gleichung $y = -0,25x^2$ erhält man die Parabel p mit dem Scheitelpunkt $S(4 \mid 2,5)$.
Die Gerade g hat die Gleichung $y = -x + 7,5$ ($\mathbb{G} = \mathbb{R} \times \mathbb{R}$).

1.1 Zeigen Sie durch Rechnung, dass die Parabel p die Gleichung $y = -0,25x^2 + 2x - 1,5$ hat. Bestätigen Sie sodann rechnerisch, dass die Gerade g eine Tangente an die Parabel p ist.   4

1.2 Zeichnen Sie die Gerade g und die Parabel p in ein Koordinatensystem. Erstellen Sie dazu für die Parabel p eine Wertetabelle für $x \in [-1; 9]$ in Schritten von $\Delta x = 1$.
Für die Zeichnung: Längeneinheit 1 cm; $-2 \le x \le 10$; $-5 \le y \le 9$ 3

1.3 Punkte $A_n(x \mid -0,25x^2 + 2x - 1,5)$ auf der Parabel p und der Punkt $C(6 \mid 1,5)$ auf der Parabel p sind Eckpunkte von rechtwinkligen Dreiecken A_nB_nC mit den Hypotenusen $[A_nC]$. Die Katheten $[A_nB_n]$ sind parallel zur x-Achse. Zeichnen Sie die Dreiecke A_1B_1C für $x = -1$ und A_2B_2C für $x = 0,5$ in das Koordinatensystem zu 1.2 ein.
Geben Sie sodann den Bereich für x an, so dass man Dreiecke A_nB_nC erhält.   2

1.4 Der Eckpunkt B_3 des Dreiecks A_3B_3C liegt auf der x-Achse. Berechnen Sie den Flächeninhalt des Dreiecks A_3B_3C.
(Auf zwei Stellen nach dem Komma runden.)   3

1.5 Der Winkel B_4A_4C im Dreieck A_4B_4C hat das Maß $\alpha = 36°$. Berechnen Sie den zugehörigen Wert für x. (Auf zwei Stellen nach dem Komma runden.) $\underline{4}$
   16

2.0 Die nebenstehende Skizze zeigt ein Grundstück PQRS, das an zwei Seiten von Straßen begrenzt wird und für einen Parkplatz vorgesehen ist. Es gelten folgende Maße:
$\sphericalangle PSR = 68°$; $\sphericalangle QPS = 90°$;
$\overline{SP} = 135$ m; $\overline{PQ} = 52$ m; $\overline{SR} = 95$ m.

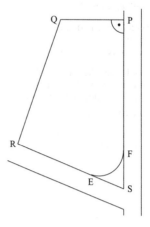

2.1 Zeichnen Sie das Parkplatzgrundstück PQRS im Maßstab 1 : 1000.   1

2.2 Berechnen Sie die Längen der Strecken [PR] und [QR] sowie das Maß φ des Winkels RQP.
(Auf eine Stelle nach dem Komma runden.)
[Teilergebnisse:
$PR = 132,8$ m; $QR = 105,8$ m]   5

2.3 Für eine bessere Straßenführung soll das Grundstück mit dem Kreisbogen $\overset{\frown}{EF}$ abgerundet werden. Der Mittelpunkt M des Kreisbogens $\overset{\frown}{EF}$ hat von den beiden angrenzenden Straßenrändern [SP] und [SR] den Abstand $\overline{MF} = \overline{ME} = 20$ m. Zeichnen Sie den Bogen $\overset{\frown}{EF}$ in die Zeichnung von 2.1 ein. Berechnen Sie sodann die Länge des Kreisbogens $\overset{\frown}{EF}$ auf eine Stelle nach dem Komma gerundet. 3

2.4 Durch die neue Straßenführung wird vom Grundstück PQRS ein Teilstück abgetrennt. Berechnen Sie den Flächeninhalt A dieses Teilstücks. (Auf eine Stelle nach dem Komma runden.) 4

2.5 Berechnen Sie, um wie viel Prozent das ursprüngliche Grundstück PQRS durch die neue Straßenführung kleiner wird. (Auf eine Stelle nach dem Komma runden.) $\underline{\quad 3}$ 16

3.0 In dem gleichschenkligen Dreieck ABC mit der Basislänge $\overline{AB} = 10$ cm und mit $\sphericalangle$ACB=50° verläuft die Strecke [DE] parallel zur Strecke [AB].
Für die Mittelpunkte M und M_1 der Strecken [AB] bzw. [DE] gilt: $\overline{MM_1} = 2$ cm.
Dem Dreieck EDC wird wie in der nebenstehenden Skizze ein Halbkreis mit dem Mittelpunkt M_1 einbeschrieben.

3.1 Zeichnen Sie das Dreieck ABC mit der Strecke [DE] und dem Halbkreis. Berechnen Sie sodann die Länge der Strecke [MC] auf zwei Stellen nach dem Komma gerundet. [Teilergebnis: $\overline{MC} = 10{,}72$ cm] 3

3.2 Berechnen Sie den Radius r_1 des Halbkreises auf zwei Stellen nach dem Komma gerundet. [Ergebnis: $r_1 = 3{,}69$ cm] 2

3.3 Das Trapez ABDE und der Halbkreis rotieren um MC als Rotationsachse. Berechnen Sie das Volumen des entstehenden Rotationskörpers. (Auf zwei Stellen nach dem Komma runden.) [Teilergebnis: $\overline{EM_1} = 4{,}07$ cm] 4

3.4 Berechnen Sie die Oberfläche des Rotationskörpers aus 3.3. (Auf zwei Stellen nach dem Komma runden.) $\underline{\quad 6}$ 15 47

Lösung

1.1 Gleichung der Parabel p in Scheitelform:

$$y = -0,25(x - 4)^2 + 2,5 \qquad\qquad \mathbb{G} = \mathbb{R} \times \mathbb{R}$$
$$\Leftrightarrow \quad y = -0,25(x^2 - 8x + 16) + 2,5$$
$$\Leftrightarrow \quad y = -0,25x^2 + 2x - 1,5$$

Überprüfung, ob g Tangente an p ist:

$$p \cap g: \quad -0,25x^2 + 2x - 1,5 = -x + 7,5 \qquad\qquad \mathbb{G} = \mathbb{R}$$
$$\Leftrightarrow \quad\quad -0,25x^2 + 3x - 9 = 0$$
$$D = 3^2 - 4 \cdot (-0,25) \cdot (-9)$$
$$\underline{D = 0} \qquad\qquad \text{g ist Tangente an p.}$$

1.2

x	−1	0	1	2	3	4	5	6	7	8	9
$-0,25x^2 + 2x - 1,5$	−3,75	−1,5	0,25	1,5	2,25	2,5	2,25	1,5	0,25	−1,5	−3,75

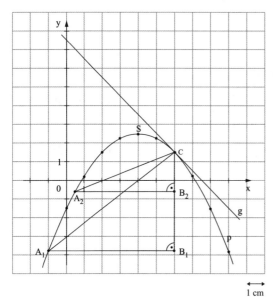

1 cm

Einzeichnen der Parabel p und der Geraden g.

1.3 Einzeichnen der Dreiecke A_1B_1C und A_2B_2C:
$[A_nC]$ sind die Hypotenusen der rechtwinkligen Dreiecke, die Dreiecke sind rechtwinklig bei B_n.
Die Katheten $[A_nB_n]$ sind parallel zur x-Achse, die Katheten $[B_nC_n]$ sind also parallel zur y-Achse. B_n hat also jeweils die gleiche y-Koordinate wie A_n und die gleiche y-Koordinate wie C.
Es gilt also:

$A_1(-1 \mid -3,75) \in p$	$B_1(6 \mid -3,75)$	$C(6 \mid 1,5)$
$A_2(0,5 \mid -0,5625) \in p$	$B_2(6 \mid -0,5625)$	$C(6 \mid 1,5)$

M 99-3

Damit es Dreiecke A_nB_nC (mit richtigem Umlaufsinn) gibt, muss A_n links von C liegen und die y-Koordinate von A_n muss kleiner als 1,5 sein. Daraus folgt:
$x < 2; x \in \mathbb{R}$

1.4 B_3 liegt auf der x-Achse, also auch A_3. A_3 hat also die y-Koordinate 0:

$$-0,25x^2 + 2x - 1,5 = 0 \qquad\qquad x < 2; x \in \mathbb{R}$$
$$\Leftrightarrow \qquad\qquad x = 0,84 \,(\vee\, x = 7,16) \qquad \mathbb{L} = \{0,84\}$$

(Die x-Koordinate von A_3 ist also 0,84)

$$\overline{A_3B_3} = (6 - 0,84)\,\mathrm{LE}$$

$$\overline{A_3B_3} = 5,16\,\mathrm{LE}$$

$$\overline{B_3C_3} = (1,5 - 0)\,\mathrm{LE} \in$$

$$\overline{B_3C_3} = 1,5\,\mathrm{LE}$$

$$A = \frac{1}{2} \cdot 5,16 \cdot 1,5\,\mathrm{FE}$$

$$\underline{A = 3,87\,\mathrm{FE}}$$

1.5 $\overrightarrow{A_nC} = \begin{pmatrix} 6 - x \\ 1,5 - (-0,25x^2 + 2x - 1,5) \end{pmatrix}$

$$\tan 36° = \frac{0,25x^2 - 2x + 3}{6 - x} \qquad\qquad x < 2; x \in \mathbb{R}$$
$$\Leftrightarrow \qquad 0,73 \cdot (6 - x) = 0,25x^2 - 2 + 3$$
$$\Leftrightarrow \quad 0,25x^2 - 1,27x - 1,38 = 0$$
$$\Leftrightarrow \qquad\qquad \underline{x = -0,92} \quad (\vee\, x = 6) \qquad\qquad \mathbb{L} = \{-0,92\}$$

2.1 Zeichnen des Vierecks PQRS im Maßstab 1 : 1 000
(also für 10 m in Wirklichkeit 1 cm in der Zeichnung)

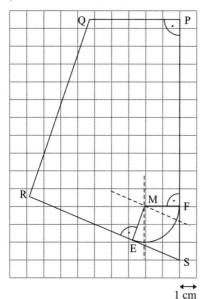

$\longleftrightarrow$
1 cm

(Zeichnung ist nicht im
Maßstab 1 : 1 000)

2.2 Im Dreieck RSP gilt:

$$\overline{PR}^2 = \overline{SR}^2 + \overline{SP}^2 - 2 \cdot \overline{SR} \cdot \overline{SP} \cdot \cos 68°$$

$$\overline{PR} = \sqrt{95^2 + 135^2 - 2 \cdot 95 \cdot 135 \cdot \cos 68°}\ m$$

$$\overline{PR} = 132,8\,m$$

$$\sphericalangle RPS = \varepsilon \qquad\qquad\qquad\qquad 0° < \varepsilon < 112°$$

$$\frac{\sin \varepsilon}{95\,m} = \frac{\sin 68°}{132,8\,m}$$

$$\Leftrightarrow \quad \sin \varepsilon = \frac{\sin 68°}{132,8\,m} \cdot 95\,m$$

$$\Leftrightarrow \quad \varepsilon = 41,5° \quad (\vee \quad \varepsilon = 138,5°)$$

$$\sphericalangle QPR = 90° - 41,5°$$

$$\sphericalangle QPR = 48,5°$$

Im Dreieck RPQ gilt:

$$\overline{QR}^2 = \overline{PQ}^2 + \overline{PR}^2 - 2 \cdot \overline{PQ} \cdot \overline{PR} \cdot \cos 48,5°$$

$$\overline{QR} = \sqrt{52^2 + 132,8^2 - 2 \cdot 52 \cdot 132,8 \cdot \cos 48,5°}\ m$$

$$\overline{QR} = 105,8\,m$$

Im Dreieck RPQ gilt:

$$\overline{PR}^2 = \overline{PQ}^2 + \overline{QR}^2 - 2 \cdot \overline{PQ} \cdot \overline{RQ} \cdot \cos\varphi$$

$$\cos\varphi = \frac{52^2 + 105,8^2 - 132,8^2}{2 \cdot 52 \cdot 105,8}$$

$$\underline{\varphi = 109,9°} \qquad\qquad 0° < \varphi < 131,5°$$

2.3 Der Mittelpunkt M des Kreisbogens hat zu [SP] und zu [SR] jeweils den Abstand 20 m (also in der Zeichnung 2 cm). (Zeichnen der Parallelen zu [SP] und [SR] im Abstand von 2 cm, der Schnittpunkt ist M)

Einzeichnen des Bogens $\overset{\frown}{EF}$

$$\sphericalangle EMF = 360° - 90° - 90° - 68°$$
$$\sphericalangle EMF = 112°$$

Länge des Kreisbogens:

$$\overset{\frown}{EF} = \frac{112°}{360°} \cdot 2 \cdot \pi \cdot 20\,\text{m}$$

$$\underline{\overset{\frown}{EF} = 39,1\,\text{m}}$$

2.4 $A = A_{ESFM} - A_{Sektor\ MEF}$

Berechnung von A_{ESFM}

Im Dreieck SFM gilt:

$$\tan\frac{68°}{2} = \frac{\overline{FM}}{\overline{FS}}$$

$$\overline{FS} = \frac{20\,\text{m}}{\tan 34°}$$

$$\overline{FS} = 29,7\,\text{m}$$

$$A_{ESFM} = 2 \cdot \frac{1}{2} \cdot 20 \cdot 29,7\,\text{m}^2$$

$$A_{ESFM} = 594,0\,\text{m}^2$$

Berechnung von $A_{Sektor\ MEF}$

$$A_{Sektor\ MEF} = \frac{112°}{360°} \cdot \pi \cdot (20\,\text{m})^2$$

$$A_{Sektor\ MEF} = 391,0\,\text{m}^2$$

$$A = A_{ESFM} - A_{Sektor\ MEF}$$

$$\underline{A = 203,0\,\text{m}^2}$$

2.5 $A_{PQRS} = \frac{1}{2} \cdot 52 \text{ m} \cdot 132,8 \text{ m} \cdot \sin 48,5° + \frac{1}{2} \cdot 95 \text{ m} \cdot 135 \text{ m} \cdot \sin 68°$

$A_{PQRS} = 8\,531,6 \text{ m}^2$

$\dfrac{203,0 \text{ m}^2}{8\,531,6 \text{ m}^2} \cdot 100\,\% = 2,4\,\%$

3.1 Zeichnen des Dreiecks ABC
(Basislänge 10 cm,
Basiswinkel $(180° - 50°) : 2 = 65°$),
der Strecke [DE] und des Halbkreises

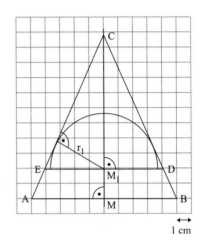

$$\tan 25° = \frac{\overline{MB}}{\overline{MC}}$$

$$\overline{MC} = \frac{5 \text{cm}}{\tan 25°}$$

$$\overline{MC} = 10,72 \text{cm}$$

3.2 $\sin 25° = \dfrac{r_1}{\overline{CM_1}}$

$r_1 = (10,72 - 2) \text{cm} \cdot \sin 25°$

$r_1 = 3,69 \text{cm}$

$\longleftrightarrow$
1 cm

3.3 $V = V_{\text{großer Kegel ABC}} - V_{\text{kleiner Kegel EDC}} + V_{\text{Halbkugel}}$

$V_{\text{großer Kegel ABC}} = \frac{1}{3} \cdot \pi \cdot (5 \text{cm})^2 \cdot 10,72 \text{cm}$

$V_{\text{großer Kegel ABC}} = 280,65 \text{cm}^3$

$\tan 25° = \dfrac{\overline{EM_1}}{\overline{CM_1}}$

$\overline{EM_1} = 8,72 \text{cm} \cdot \tan 25°$

$\overline{EM_1} = 4,07 \text{cm}$

$V_{\text{kleiner Kegel EDC}} = \frac{1}{3} \cdot \pi \cdot (4,07 \text{cm})^2 \cdot 8,72 \text{cm}$

$V_{\text{kleiner Kegel EDC}} = 151,26 \text{cm}^3$

$V_{\text{Halbkugel}} = \frac{2}{3} \cdot \pi \cdot (3,69 \text{cm})^3$

$V_{\text{Halbkugel}} = 105,23 \text{cm}^3$

$V = V_{\text{großer Kegel ABC}} - V_{\text{kleiner Kegel EDC}} + V_{\text{Halbkugel}}$

$V = 234,62 \text{cm}^3$

3.4 $A_O = A_{O\ (großer\ Kegel)} - A_{Mantel\ (kleiner\ Kegel)} + A_{Kreisring} + A_{Halbkugel}$

$$\sin 25° = \frac{\overline{AM}}{\overline{AC}}$$

$$\overline{AC} = \frac{5\,cm}{\sin 25°}$$

$$\overline{AC} = 11,83\,cm$$

$A_{O\ (großer\ Kegel)} = \pi \cdot 5\,cm \cdot (5\,cm + 11,83\,cm)$

$A_{O\ (großer\ Kegel)} = 264,37\,cm^2$

$$\cos 25° = \frac{\overline{CM_1}}{\overline{CE}}$$

$$\overline{CE} = \frac{8,72}{\cos 25°}\,cm$$

$$\overline{CE} = 9,62\,cm$$

$A_{Mantel\ (kleiner\ Kegel)} = \pi \cdot 4,07\,cm \cdot 9,62\,cm$

$A_{Mantel\ (kleiner\ Kegel)} = 123,00\,cm^2$

$A_{Kreisring} = \pi \cdot (4,07\,cm)^2 - \pi \cdot (3,69\,cm)^2$

$A_{Kreisring} = 9,26\,cm^2$

$V_{Halbkugel} = \frac{1}{3} \cdot 4 \cdot \pi \cdot (3,69\,cm)^2$

$V_{Halbkugel} = 85,55\,cm^2$

$A_O = A_{O\ (großer\ Kegel)} - A_{Mantel\ (kleiner\ Kegel)} + A_{Kreisring} + A_{Halbkugel}$

$\underline{A_O = 236,18\,cm^2}$

1.0 Die Parabel p mit einer Gleichung der Form $y = 0{,}25x^2 + bx + c$ für $G = \mathbb{R} \times \mathbb{R}$ und $b, c \in \mathbb{R}$ verläuft durch die Punkte $R(0 \mid 2)$ und $T(10 \mid 7)$.
Die Gerade g hat die Gleichung $y = 0{,}5x + 2$ ($G = \mathbb{R} \times \mathbb{R}$).

1.1 Zeigen Sie rechnerisch, dass die Parabel p die Gleichung $y = 0{,}25x^2 - 2x + 2$ hat. Erstellen Sie für die Parabel p eine Wertetabelle für $x \in [-1; 10]$ in Schritten von $\Delta x = 1$ und zeichnen Sie die Parabel p und die Gerade g in ein Koordinatensystem.
Für die Zeichnung: Längeneinheit 1 cm; $-2 \le x \le 11$; $-3 \le y \le 8$ 4

1.2 Die Punkte A_n auf der Geraden g und B_n auf der Parabel p haben jeweils dieselbe Abszisse x. Für $0 < x < 10$ sind sie zusammen mit den Punkten C_n auf der Geraden g die Eckpunkte von Dreiecken $A_nB_nC_n$, wobei stets $\overline{A_nC_n} = 3$ LE gilt.
Zeichnen Sie das Dreieck $A_1B_1C_1$ für $x = 1$ und das Dreieck $A_2B_2C_2$ für $x = 5{,}5$ in das Koordinatensystem zu 1.1 ein.
Die Winkel $B_nA_nC_n$ haben stets das gleiche Maß α. Zeigen Sie durch Rechnung (auf zwei Stellen nach dem Komma gerundet), dass $\alpha = 116{,}57°$ gilt.   2

1.3 Stellen Sie die Streckenlänge $\overline{A_nB_n}(x)$ in Abhängigkeit von der Abszisse x der Punkte A_n dar. Die Dreiecke $A_3B_3C_3$ und $A_4B_4C_4$ sind gleichschenklig mit $[B_3C_3]$ bzw. $[B_4C_4]$ als Basis. Berechnen Sie die x-Koordinaten der Punkte A_3 und A_4 auf zwei Stellen nach dem Komma gerundet.
[Teilergebnis: $\overline{A_nB_n}(x) = (-0{,}25x^2 + 2{,}5x)$ LE]   4

1.4 Die Punkte F_n sind jeweils die Fußpunkte der Lote von den Punkten C_n auf die zugehörige Gerade A_nB_n. Zeichnen Sie die Lotstrecken $[C_1F_1]$ und $[C_2F_2]$ in die Zeichnung zu 1.1 ein. Zeigen Sie rechnerisch (auf zwei Stellen nach dem Komma gerundet), dass stets $\overline{C_nF_n} = 2{,}68$ LE gilt.   3

1.5 Bestimmen Sie den Flächeninhalt $A(x)$ der Dreiecke $A_nB_nC_n$ in Abhängigkeit von der Abszisse x der Punkte A_n.
Unter den Dreiecken $A_nB_nC_n$ besitzt das Dreieck $A_0B_0C_0$ den größtmöglichen Flächeninhalt A_{max}. Berechnen Sie den zugehörigen Wert für x und geben Sie A_{max} an.
[Teilergebnis: $A(x) = (-0{,}335x^2 + 3{,}35x)$ FE] $\dfrac{4}{17}$

2.0 Die nebenstehende Skizze zeigt den Grundriss eines neuen Freizeitbeckens im Kurbad. Das Viereck ABCD ist ein gleichschenkliges Trapez mit der Symmetrieachse EF, der Kreisbogen $\overset{\frown}{AB}$ hat den Punkt E als Kreismittelpunkt.

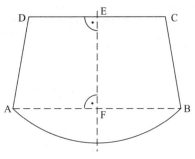

Es gelten folgende Maße:

$\overline{AB} = 15{,}0$ m ;

$\overline{EF} = 8{,}0$ m und

$\sphericalangle ADC = 100°$.

2.1 Zeichnen Sie den Grundriss des Freizeitbeckens im Maßstab 1 : 100. Berechnen Sie sodann den Radius $\overline{EA}$ des Kreisbogens $\overset{\frown}{AB}$ und das Maß ε des Winkels AEF auf eine Stelle nach dem Komma gerundet.

[Teilergebnisse: $\overline{EA} = 11{,}0$ m; $ε = 43{,}2°$] 3

2.2 Berechnen Sie den Umfang des Beckens. (Auf eine Stelle nach dem Komma runden.)

[Teilergebnis: $\overline{DE} = 6{,}1$ cm] 5

2.3 Am Schnittpunkt M der Diagonalen [BD] mit der Strecke [AE] soll die Düse einer Wasserfontäne angebracht werden. Das Wasser aus der Fontäne trifft in einem Bereich auf, der durch den Kreis k mit dem Mittelpunkt M und dem Radius $\overline{ME}$ begrenzt wird.
Zeichnen Sie den Punkt M und den Kreis k in die Zeichnung zu 2.1 ein. Berechnen Sie sodann den Radius $\overline{ME}$. (Auf eine Stelle nach dem Komma runden.)

[Teilergebnis: $\overline{ME} = 3{,}2$ m] 4

2.4 Berechnen Sie den Flächeninhalt des Bereichs außerhalb des Beckens, der von der Fontäne besprizt wird. (Auf eine Stelle nach dem Komma runden.) 3
—
15

3.0 In dem Drachenviereck ABCD hat die Diagonale [AC], die auf der Symmetrieachse liegt, die Länge 10 cm und die Diagonale [BD] die Länge 8 cm. Die Diagonalen schneiden sich im Punkt M mit $\overline{AM} = 3$ cm. Das Drachenviereck ABCD ist die Grundfläche einer Pyramide ABCDS, deren Spitze S senkrecht über dem Eckpunkt A mit $\overline{AS} = 9$ cm liegt.

3.1 Zeichnen Sie ein Schrägbild der Pyramide ABCDS, wobei [AC] auf der Schrägbildachse liegen soll. Berechnen Sie sodann das Maß γ des Winkels SCA sowie die Länge der Strecke [CS] auf zwei Stellen nach dem Komma gerundet.

Für die Zeichnung: $q = \frac{1}{2}$; $ω = 45°$

[Teilergebnis: $γ = 41{,}99°$] 4

3.2 Die Punkte P_n auf der Seitenkante [CS] sind jeweils zusammen mit den Punkten B und D die Eckpunkte von gleichschenkligen Dreiecken BDP_n.
Es gilt: $\overline{CP_n} = x$ cm $(x \in [0; 13{,}45])$.
Zeichnen Sie das Dreieck BDP_1 mit $\sphericalangle CMP_1 = 70°$ in das Schrägbild zu 3.1 ein und berechnen Sie den zugehörigen Wert für x auf zwei Stellen nach dem Komma gerundet.
[Teilergebnis: x = 7,09]   3

3.3 Berechnen Sie das Volumen der Pyramide $BCDP_1$. (Auf zwei Stellen nach dem Komma runden.)   2

3.4 Der Flächeninhalt des Dreiecks BDP_2 beträgt 80 % des Flächeninhalts der Pyramidengrundfläche ABCD. Berechnen Sie den zugehörigen Wert für x.
(Auf zwei Stellen nach dem Komma runden.) $\underline{6}$

$\underline{15}$

47

Lösung

1.1 $R(0\,|\,2) \in p:$ | $2 = 0,25 \cdot 0^2 + b \cdot 0 + c$ $\qquad (b\,|\,c) \in \mathbb{R} \times \mathbb{R}$
$\quad\ \ T(10\,|\,7) \in p:$ | $\wedge \quad 7 = 0,25 \cdot 10^2 + b \cdot 10 + c$

$\Leftrightarrow$ | $\quad c = 2$
| $\wedge \quad 7 = 25 + 10 \cdot b + 2$

$\Leftrightarrow$ | $\quad c = 2$
| $\wedge \quad b = -2$

$\qquad \mathbb{L} = \{(-2\,|\,2)\}$ $\qquad\qquad\qquad\qquad$ p mit $y = 0,25x^2 - 2x + 2$

x	–1	0	1	2	3	4	5	6	7	8	9	10
$0,25x^2 - 2x + 2$	4,25	2	0,25	–1	–1,75	–2	–1,75	–1	0,25	2	4,25	7

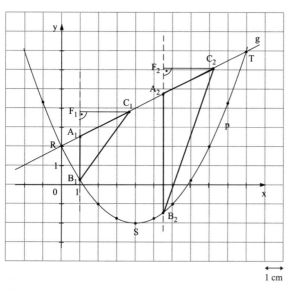

1 cm

Einzeichnen der Parabel p und der Geraden g

1.2 Einzeichnen der Dreiecke $A_1B_1C_1$ und $A_2B_2C_2$
(Es gilt: $A_n \in g$, $B_n \in p$, $[A_nB_n]$ ist parallel zur y-Achse, $\overline{A_nC_n} = 3$ LE)

Steigungswinkel der Geraden g: α'

$\tan\alpha' = 0,5$ $\qquad\qquad\qquad\qquad 0° < \alpha' < 90°$
$\quad \alpha' = 26,57°$
$\quad \alpha = 26,57° + 90°$
$\quad \alpha = 116,57°$

1.3 $\overline{A_nB_n}(x) = [0{,}5x + 2 - (0{,}25x^2 - 2x + 2)]\,LE \quad 0 < x < 10; x \in \mathbb{R}$

$\overline{A_nB_n}(x) = (-0{,}25x^2 + 2{,}5x)\,LE$

$[B_3C_3]$ bzw. $[B_4C_4]$ ist Basis der gleichschenkligen Dreiecke. Es gilt also:

$\overline{A_3B_3} = \overline{A_3C_3} = 3\,LE$ bzw.

$\overline{A_4B_4} = \overline{A_4C_4} = 3\,LE$

$\qquad -0{,}25x^2 + 2{,}5x = 3 \qquad\qquad\qquad 0 < x < 10; x \in \mathbb{R}$

$\Leftrightarrow \quad -0{,}25x^2 + 2{,}5x - 3 = 0$

$\Leftrightarrow \qquad\qquad\quad x = 1{,}39 \ \lor \ \underline{x = 8{,}61} \qquad \mathbb{L} = \{1{,}39;\ 8{,}61\}$

1.4 Einzeichnen der Lotstrecken $[C_1F_1]$ und $[C_2F_2]$

In den Dreiecken $A_nC_nF_n$ gilt:

$$\sin(180° - 116{,}57°) = \frac{\overline{C_nF_n}}{3\,LE}$$

$$\overline{C_nF_n} = 3\,LE \cdot \sin 63{,}43°$$

$$\overline{C_nF_n} = 2{,}68\,LE$$

1.5 $\qquad A = \dfrac{1}{2} \cdot \overline{A_nB_n} \cdot \overline{C_nF_n}$

$A(x) = \dfrac{1}{2} \cdot (-0{,}25x^2 + 2{,}5x) \cdot 2{,}68\,FE \qquad\qquad 0 < x < 10; x \in \mathbb{R}$

$A(x) = (-0{,}335x^2 + 3{,}35x)\,FE$

$A(x) = [-0{,}335 \cdot (x^2 + 10x)]\,FE \qquad\qquad$ ausklammern

$A(x) = [-0{,}335 \cdot (x^2 + 2 \cdot 5x + 5^2 - 25)]\,FE \qquad$ quadratisch ergänzen

$A(x) = [-0{,}335(x - 5)^2 + 8{,}375]\,FE \qquad\qquad$ ausmultiplizieren

$A_{max} = 8{,}375\,FE$ für $x = 5$

2.1 Zeichnen des Grundrisses im Maßstab $1 : 100$
(also für 1 m in Wirklichkeit 1 cm in der Zeichnung)

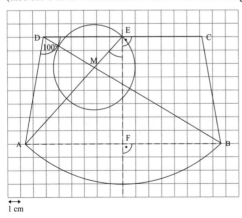

$\overset{\longleftrightarrow}{}$
1 cm

(Zeichnung ist nicht im
Maßstab $1 : 100$)

M 99-13

Im Dreieck AFE gilt:

$$\overline{AE}^2 = \overline{AF}^2 + \overline{EE}^2$$

$$\overline{AE} = \sqrt{7,5^2 + 8,0^2}\ m$$

$$\overline{AE} = 11,0\,m$$

$$\tan\varepsilon = \frac{7,5\,m}{8,0\,m}$$

$$\underline{\varepsilon = 43,2°}$$

2.2 Im Dreieck AED gilt:

$$\frac{\overline{AD}}{\sin(90° - 43,2°)} = \frac{\overline{AE}}{\sin100°}$$

$$\overline{AD} = \frac{11,0\,m}{\sin100°} \cdot \sin46,8°$$

$$\overline{AD} = 8,1\,m$$

Im Dreieck AED gilt:

$$\frac{\overline{DE}}{\sin(180° - 100° - 46,8°)} = \frac{\overline{AE}}{\sin100°}$$

$$\overline{DE} = \frac{11,0\,m}{\sin100°} \cdot \sin33,2°$$

$$\overline{DE} = 6,1\,m$$

$$u = 2 \cdot 6,1\,m + 2 \cdot 8,1\,m + \frac{2 \cdot 43,2°}{180°} \cdot \pi \cdot 11,0\,m$$

$$\underline{u = 45,0\,m}$$

2.3 Einzeichnen des Kreises k

Mit $\overline{ME} = x\ m$ und $x \in \mathbb{R}^+$ gilt:

$$\frac{x}{6,1} = \frac{11,0 - x}{15,0}$$

$$\Leftrightarrow \quad 15,0 \cdot x = 6,1 \cdot (11,0 - x)$$

$$\Leftrightarrow \quad 15,0 \cdot x = 67,1 - 6,1 \cdot x \qquad |+6,1x$$

$$\Leftrightarrow \quad 21,1x = 67,1$$

$$\Leftrightarrow \quad \underline{x = 3,2}$$

$$\mathbb{L} = \{3,2\}$$

$$\overline{ME} = 3,2\,m$$

(oder: im Dreieck ABD mit Kosinussatz $\overline{BD}$ berechnen; mit Kosinussatz ∢ADB; sodann ∢BDC; im Dreieck DME mit Kosinussatz ME bestimmen)

2.4 $\quad A_{Sektor} = \dfrac{2 \cdot 43,2°}{360°} \cdot \pi \cdot (3,2\,\text{m})^2$

$\quad\quad A_{Sektor} = 7,7\,\text{m}^2$

$\quad\quad A_\Delta = \dfrac{1}{2} \cdot (3,2\,\text{m})^2 \cdot \sin 86,4°$

$\quad\quad A_\Delta = 5,2\,\text{m}^2$

$\quad\quad A = A_{Sektor} - A_\Delta$

$\quad\quad \underline{A = 2,6\,\text{m}^2}$

3.1

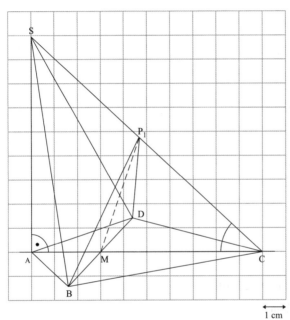

Zeichnen des Schrägbildes der Pyramide ABCDS

Im Dreieck ACS gilt:

$\quad\quad \tan\gamma = \dfrac{9\,\text{cm}}{10\,\text{cm}}$ $\quad\quad\quad\quad \gamma \in \,]0°; 90°[$

$\quad\quad \gamma = 41,99°$

Im Dreieck ACS gilt:

$\quad\quad \overline{CS}^2 = \overline{AS}^2 + \overline{AC}^2$

$\quad\quad \overline{CS} = \sqrt{9^2 + 10^2}\ \text{cm}$

$\quad\quad \underline{\overline{CS} = 13,45\,\text{cm}}$

3.2 Einzeichnen des Dreiecks BDP_1

Im Dreieck MCP_1 gilt:

$$\frac{P_1C}{\sin 70°} = \frac{\overline{MC}}{\sin(180° - 70° - 41{,}99°)}$$

$$\frac{x}{\sin 70°} = \frac{10 - 3}{\sin 68{,}01°} \qquad x \in [0; 13{,}45]$$

$$\Leftrightarrow \quad x = \frac{7 \cdot \sin 70°}{\sin 68{,}01°}$$

$$\Leftrightarrow \quad \underline{x = 7{,}09} \qquad\qquad \mathbb{L} = \{7{,}09\}$$

3.3 $\sin 41{,}99° = \dfrac{h}{\overline{CP_1}}$

$h = 7{,}09\ \text{cm} \cdot \sin 41{,}99°$

$h = 4{,}74\ \text{cm}$

$V = \dfrac{1}{3} \cdot \dfrac{1}{2} \cdot 8 \cdot 7 \cdot 4{,}74\ \text{cm}^3$

$\underline{V = 44{,}24\ \text{cm}^3}$

3.4 $A_{ABCD} = \dfrac{1}{2} \cdot 10 \cdot 8\ \text{cm}^2$

$A_{ABCD} = 40\ \text{cm}^2$

80 % der Grundfläche:

$A_{80} = \dfrac{80}{100} \cdot 40\ \text{cm}^2$

$A_{80} = 32\ \text{cm}^2$

Berechnung von $\overline{MP_2}$ im Dreieck BDP_2:

$\dfrac{1}{2} \cdot 8\ \text{cm} \cdot \overline{MP_2} = 32\ \text{cm}^2$

$\overline{MP_2} = 8\ \text{cm}$

Im Dreieck BDP_2 gilt:

$$\overline{MP_2}^2 = \overline{CP_2}^2 + \overline{CM}^2 - 2 \cdot \overline{CP_2} \cdot \overline{CM} \cdot \cos 41{,}99°$$

$$8^2 = 7^2 + x^2 - 2 \cdot x \cdot 7 \cdot \cos 41{,}99° \qquad x \in [0; 13{,}45]$$

$$\Leftrightarrow \quad x^2 - 10{,}41x - 15 = 0$$

$$\Leftrightarrow \quad (x = -1{,}28 \quad \vee) \quad \underline{x = 11{,}69} \qquad\qquad \mathbb{L} = \{11{,}69\}$$

1.0 Die Parabel p hat die Gleichung $y = -0,5x^2 + x + 5,5$ und die Gerade g hat die Gleichung $y = -\frac{1}{6}x - 2,5$; es gilt $\mathbb{G} = \mathbb{R} \times \mathbb{R}$.
Der Punkt $A(-3|-2)$ ist einer der beiden Schnittpunkte der Parabel p mit der Geraden g.

1.1 Erstellen Sie für die Parabel p eine Wertetabelle für $x \in [-3; 5]$ in Schritten von $\Delta x = 1$. Zeichnen Sie den Punkt A, die Parabel p und die Gerade g in ein Koordinatensystem.
Für die Zeichnung: Längeneinheit 1 cm: $-6 \leq x \leq 6; -4 \leq y \leq 7$ 3

1.2 Die Punkte $B_n(x|-\frac{1}{6}x - 2,5)$ auf der Geraden g und die Punkte $D_n(x|-0,5x^2 + x + 5,5)$ auf der Parabel p haben jeweils dieselbe Abszisse x. Zusammen mit den Punkten A und $C(4|1,5)$ auf der Parabel p sind sie für $-3 < x < 4$ die Eckpunkte von Vierecken AB_nCD_n. Zeichnen Sie die Vierecke AB_1CD_1 für $x = -1$ und AB_2CD_2 für $x = 2$ in das Koordinatensystem zu 1.1 ein. Die Winkel D_nB_nA haben stets das gleiche Maß ε. Berechnen Sie ε auf zwei Stellen nach dem Komma gerundet.
[Teilergebnis: $\varepsilon = 80,54\,°$]   3

1.3 Im Viereck AB_3CD_3 hat der Winkel CB_3A das Maß $\beta = 90\,°$. Zeichnen Sie das Viereck AB_3CD_3 in das Koordinatensystem zu 1.1 ein, und berechnen Sie die x-Koordinate des Punktes B_3 auf zwei Stellen nach dem Komma gerundet.   4

1.4 In den Vierecken AB_4CD_4 und AB_5CD_5 sind beide Diagonalen jeweils gleich lang. Berechnen Sie die x-Koordinaten der Eckpunkte B_4 und B_5. (Auf zwei Stellen nach dem Komma runden.) $\frac{5}{15}$

2.0 Die nebenstehende Skizze zeigt ein Grundstück EFGH, auf dem ein Openairkonzert stattfinden soll. Es gelten folgende Maße:

$\overline{EF} = 130$ cm;
$\sphericalangle FEH = 90°$;
$\overline{EH} = 85$ m;
$\overline{HG} = 95$ m;
$\sphericalangle GEH = 40°$.

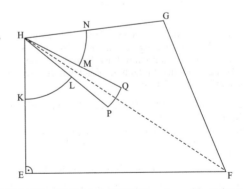

2.1 Zeichnen Sie das Grundstück EFGH im Maßstab 1:1 000. Berechnen Sie sodann das Maß β des Winkels EHG.
(Auf eine Stelle nach dem Komma runden.)
[Teilergebnis: $\beta = 104,9°$]   4

2.2 Das Grundstück soll für die Veranstaltung umzäunt werden. Berechnen Sie den Umfang des Grundstücks EFGH. (Auf ganze Meter runden.)   4

2.3 Die Bühnenfläche für die Musikgruppen setzt sich aus den drei Kreissektoren HKL, HPQ und HMN zusammen, die den Punkt H als gemeinsamen Kreismittelpunkt haben. Es gelten folgende Maße $\overline{HK} = \overline{HM} = 35$ m; $\overline{HP} = 65$ m.

Die Gerade FH ist die Symmetrieachse des Kreissektors HPQ. Der Bogen $\overset{\frown}{PQ}$ hat die Länge 15,9 m.
Berechnen Sie das Maß α des Winkels PHQ auf eine Stelle nach dem Komma gerundet. Zeichnen Sie sodann den Grundriss der Bühne in die Zeichnung von 2.1 ein.
[Teilergebnis: $\alpha = 14,0\,°$]   3

2.4 Berechnen Sie den Flächeninhalt des Grundstücks EFGH und den Flächeninhalt der Bühne jeweils auf ganze Quadratmeter gerundet.
[Ergebnis: $A_{EFGH} = 11\,027$ m^2; $A_{Bühne} = 1\,488$ m^2]   4

2.5 Es werden so viele Eintrittskarten bereitgestellt, dass sich bei ausverkauftem Konzert durchschnittlich eine Person auf jedem Quadratmeter des Zuhörerbereichs aufhält. Wie viele Karten werden bereitgestellt? Wie viel Prozent der Karten bleiben übrig, wenn nur 9 000 Eintrittskarten ausgegeben werden? (Auf eine Stelle nach dem Komma runden.) $\frac{2}{17}$

3.0 Im gleichschenkligen Dreieck ABC ist M der Mittelpunkt der Basis [BC]. Es gilt: $\overline{BC} = 8$ cm und $\overline{AM} = 7$ cm.

Das Dreieck ABC ist die Grundfläche des geraden Prismas ABCDEF mit der Höhe $\overline{AD} = 5$ cm. Der Punkt N ist der Mittelpunkt der Strecke [EF].

3.1 Zeichnen Sie ein Schrägbild des Prismas ABCDEF. Dabei soll [AM] auf der Schrägbildachse liegen. Zeichnen Sie die Strecken [DN] und [MN] ein.
Für die Zeichnung: $q = \frac{1}{2}$; $\omega = 45°$.   2

3.2 Punkte P_n mit $\overline{AP_n} = x$ cm ($x < 7$; $x \in \mathbb{R}^+$) liegen auf [AM]. Punkte S_n erhält man durch Verlängerung der Strecke [MN] über N hinaus um x cm. Die Punkte P_n und S_n sind zusammen mit den Punkten B und C die Eckpunkte von Pyramiden BCP_nS_n mit den Spitzen S_n. Zeichnen Sie die Pyramide BCP_1S_1 für $x = 4$ in das Schrägbild zu 3.1 ein.   2

3.3 Die Pyramide $R_1T_1Q_1S_1$ ist der Teil der Pyramide BCP_1S_1, der aus dem Prisma ABCDEF herausragt.
Zeichnen Sie die Grundfläche $R_1T_1Q_1$ der Pyramide $R_1T_1Q_1S_1$ mit $Q_1 \in$ [DN] in das Schrägbild zu 3.1 ein. Berechnen Sie sodann das Volumen der Pyramide $R_1T_1Q_1S_1$.
(Auf zwei Stellen nach dem Komma runden.)   4

3.4 In der Pyramide BCP_2S_2 hat der Winkel MP_2S_2 das Maß $\varepsilon = 55$ °. Berechnen Sie den zugehörigen Wert für x. (Auf zwei Stellen nach dem Komma runden.)   3

3.5 Zeigen Sie rechnerisch, dass für das Volumen $V(x)$ der Pyramiden BCP_nS_n in Abhängigkeit von x gilt: $V(x) = \frac{4}{3}(-x^2 + 2x + 35)\,cm^3$.

Unter den Pyramiden BCP_nS_n hat die Pyramide BCP_0S_0 das größtmögliche Volumen. Berechnen Sie den zugehörigen Wert für x.

$\frac{4}{15}$

47

Lösung

1.1

x	−3	−2	−1	0	1	2	3	4	5
$-0{,}5x^2 + x + 5{,}5$	−2	1,5	4	5,5	6	5,5	4	1,5	−2

Einzeichnen der Parabel p (p ist eine nach unten geöffnete, „gestauchte" Parabel mit dem Scheitel (1|6), vgl. Tabelle) und der Geraden g (g hat den y-Achsenabschnitt −2,5 und die Steigung $-\frac{1}{6}$).

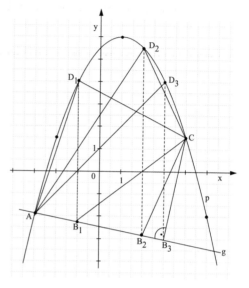

1.2 Einzeichnen der Vierecke AB_1CD_1 und AB_2CD_2:
- A(−3|−2) und C(4|1,5) sind gegeben
- B_1 hat die x-Koordinate 1 und liegt auf der Geraden g, also B_1(−1|−2,33)
- D_1 hat auch die x-Koordinate 1 und liegt auf der Parabel p, also D_1(−1|4)
- B_2 hat die x-Koordinate 2 und liegt auf der Geraden g, also B_1(2|−2,83)
- D_2 hat auch die x-Koordinate 2 und liegt auf der Parabel p, also D_1(2|5,5)

$$\tan \sphericalangle(\text{x-Achse}; g) = -\frac{1}{6};$$
$$\sphericalangle(g; \text{x-Achse}) = 9{,}46°$$
$$\varepsilon = 90° - 9{,}46°$$
$$\varepsilon = 80{,}54°$$

1.3 Einzeichnen des Vierecks AB_3CD_3:
- der Winkel CB_3A hat das Maß 90°; Lot von C auf die Gerade g
- der Lotfußpunkt ist B_3
- D_3 hat dieselbe Abszisse wie B_3 und liegt auf der Parabel p

Eine zu g senkrechte Gerade hat die Steigung $-1 : (-\frac{1}{6}) = 6$, die Gleichung einer zu g senkrechten Geraden durch C(4|1,5) lautete also: $y = 6 \cdot (x - 4) + 1{,}5$

Berechnung der x-Koordinate von B_3:

$$6 \cdot (x-4) + 1,5 = -\frac{1}{6}x - 2,5 \qquad\qquad x \in \,]-3;4[\,; x \in \mathbb{R}$$

$$\Leftrightarrow \quad 6x - 24 + 1,5 = -\frac{1}{6}x - 2,5$$

$$\Leftrightarrow \quad \frac{37}{6}x = 20$$

$$\Leftrightarrow \quad x = 3,24 \qquad\qquad\qquad \mathbb{L} = \{3,24\}$$

oder:

Der Vektor $\overrightarrow{B_nC}$ hat die Steigung 6.

$$\overrightarrow{B_nC} = \begin{pmatrix} 4-x \\ 1,5 + \frac{1}{6}x + 2,5 \end{pmatrix} \qquad\qquad \overrightarrow{B_nC} = \begin{pmatrix} 4-x \\ \frac{1}{6}x + 4 \end{pmatrix}$$

$$\frac{\frac{1}{6}x + 4}{4 - x} = 6 \qquad\qquad x \in \,]-3;4[\,; x \in \mathbb{R}$$

$$\Leftrightarrow \quad \frac{1}{6}x + 4 = 6 \cdot (4-x)$$

$$\Leftrightarrow \quad \frac{37}{6}x = 20$$

$$\Leftrightarrow \quad x = 3,24 \qquad\qquad\qquad \mathbb{L} = \{3,24\}$$

1.4   Die Diagonale [AC] ist bei allen Vierecken AB_nCD_n gleich lang:

$$\overrightarrow{AC} = \begin{pmatrix} 7 \\ 3,5 \end{pmatrix} \qquad\qquad \overline{AC} = 7,83 \, \text{LE}$$

Für die Länge der Diagonalen $[B_nD_n]$ gilt in Abhängigkeit von x:

$$\overline{B_nD_n}(x) = \left[-0,5x^2 + x + 5,5 - \left(-\frac{1}{6}x - 2,5\right)\right]\text{LE} \qquad x \in \,]-3;4[\,; x \in \mathbb{R}$$

$$\overline{B_nD_n}(x) = (-0,5x^2 + 1,17x + 8)\text{LE}$$

Die Diagonalenlängen bzw. $\overline{B_4D_4}$ bzw. $\overline{B_5D_5}$ sollen so groß wie $\overline{AC}$ sein:

$$-0,5x^2 + 1,17x + 8 = 7,83 \qquad\qquad x \in \,]-3;4[\,; x \in \mathbb{R}$$

$$\Leftrightarrow \quad x^2 - 2,34x - 0,34 = 0$$

$$\Leftrightarrow \quad x = -0,14 \vee x = 2,48 \qquad\qquad \mathbb{L} = \{-0,14; \, 2,48\}$$

2.1   (Maßstab 1:1 000, d. h. 1 cm in der Zeichnung entspricht 10 m (also 1 000 cm))
Zeichnen des Vierecks EFGH:
  – Zeichnen der Strecke [EF]
  – Zeichnen der Strecke [EH] mit [EF] $\perp$ [EH]
  – Zeichnen des Schenkels [EG mit $\sphericalangle$ GEH = 40 °
  – Kreis um H mit Radius 9,5 cm
  – Der Schnittpunkt des Kreises mit [EG ist der Punkt G

Zeichnen des Grund-
stücks EFGH im Maß-
stab 1:1 000.

$\sphericalangle$ HGE = γ

γ ∈]0°; 140°[

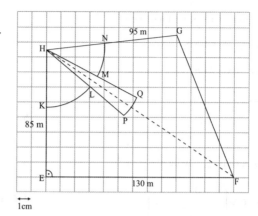

Im Dreieck EGH gilt:

$$\frac{\sin \gamma}{85,0\text{ m}} = \frac{\sin 40°}{95,0\text{ m}} \qquad \gamma \in]0°; 140°[$$

γ = 35,1°   (∨ γ = 144,9°)

ß = 180° − 40° − 35,1°

ß = 104,9°

2.2   Im Dreieck EGH gilt:

$$\frac{\overline{EG}}{\sin 104,9°} = \frac{95\text{ m}}{\sin 40°}$$

$$\overline{EG} = 143\text{ m}$$

Im Dreieck EFG gilt:

$$\overline{GF} = \sqrt{143^2 + 130^2 - 2 \cdot 143 \cdot 130 \cdot \cos(90° - 40°)}\text{ m}$$

$$\overline{GF} = 116\text{ m}$$

116 m + 130 m + 85 m + 95 m = 426 m.

Der Umfang des Grundstücks beträgt 426 m.

2.3 $15,9\text{ m} = \dfrac{\alpha}{360°} \cdot 2 \cdot 65\text{ m} \cdot \pi \qquad 0° < \alpha < 104,9°$

$\alpha = 14°$

Einzeichnen des Grundrisses der Bühne:

− HF ist Symmetrieachse des Sektors HPQ; $\sphericalangle$ PHF = 7° und $\sphericalangle$ FHQ = 7°

− Zeichnen des Sektors HPQ

− Zeichnen der Sektoren HKL und HMN

2.4 $A_{EFGH} = A_{EFG} + A_{EGH}$

$A_{EFGH} = \frac{1}{2} \cdot 130 \text{ m} \cdot 143 \text{ m} \cdot \sin 50° + \frac{1}{2} \cdot 143 \text{ m} \cdot 85 \text{ m} \cdot \sin 40°$

$A_{EFGH} = 11\,027 \text{ m}^2$

$A_{Bühne} = \frac{14,0°}{360°} \cdot (65 \text{ m})^2 \cdot \pi + \frac{104,9° - 14,0°}{360°} \cdot (35 \text{ m})^2 \cdot \pi$

2.5 Bereitgestellte Karten: $11\,027 - 1488 = 9\,539$
Prozentualer Anteil der nicht ausgegebenen Karten:

$\frac{9\,539 - 9\,000}{9\,539} \cdot 100\% = 5,7\%$

3.1 Zeichnen des Schrägbildes
des Prismas ABCDEF

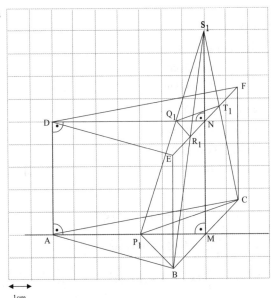

1cm

3.2 Einzeichnen der Pyramide BCP_1S_1

3.3 Einzeichnen der Grundfläche $R_1T_1Q_1$

$\frac{\overline{Q_1N}}{\overline{P_1M}} = \frac{\overline{S_1N}}{\overline{S_1M}}$

$\frac{\overline{Q_1N}}{(7-4)\text{cm}} = \frac{4 \text{ cm}}{(5+4) \text{ cm}}$

$\overline{Q_1N} = 1,33 \text{ cm}$

$$\frac{\overline{R_1T_1}}{\overline{BC}} = \frac{\overline{S_1N}}{\overline{S_1M}}$$

$$\frac{\overline{R_1T_1}}{8\,\text{cm}} = \frac{4\,\text{cm}}{(5+4)\text{cm}}$$

$$\overline{R_1T_1} = 3,56\,\text{cm}$$

$$V = \frac{1}{3}\cdot\frac{1}{2}\cdot 3,56\cdot 1,33\cdot 4\,\text{cm}^3 \qquad\qquad V = 3,16\,\text{cm}^3$$

3.4 $\overline{P_nM}(x) = (7-x)\,\text{cm}$ $x < 7;\, x \in \mathbb{R}^+$

       $\overline{MS_n}(x) = (x+5)\,\text{cm}$ $x < 7;\, x \in \mathbb{R}^+$

       $\tan 55° = \dfrac{(x+5)\,\text{cm}}{(7-x)\,\text{cm}}$ $x < 7;\, x \in \mathbb{R}^+$

$$\Leftrightarrow 1,43\cdot(7-x) = x+5$$
$$\Leftrightarrow 10,01 - 1,43x = x + 5$$
$$\Leftrightarrow -2,43x = -5,01$$
$$\Leftrightarrow x = 2,06 \qquad\qquad \mathbb{L} = \{2,06\}$$

3.5 $V(x) = \dfrac{1}{3}\cdot\dfrac{1}{2}\cdot 8\cdot(7-x)\cdot(x+5)\,\text{cm}^3$

       $V(x) = \dfrac{4}{3}\cdot(-x^2 + 2x + 35)\,\text{cm}^3$

       $V(x) = -\dfrac{4}{3}\cdot(x^2 - 2x - 35)\,\text{cm}^3$

       $V(x) = -\dfrac{4}{3}\cdot[(x-1)^2 - 1 - 35]\,\text{cm}^3$

Größtmögliches Volumen für x = 1.

1.0 Die Parabel p hat die Gleichung $y = -0{,}25x^2 + 3x - 5$, die Gerade g hat die Gleichung $y = x + 2$; es gilt $\mathbb{G} = \mathbb{R} \times \mathbb{R}$.

1.1 Erstellen Sie für die Parabel p eine Wertetabelle für $x \in [1; 11]$ in Schritten von $\Delta x = 1$, und zeichnen Sie die Parabel p und die Gerade g in ein Koordinatensystem.
Für die Zeichnung: Längeneinheit 1 cm: $-1 \leq x \leq 12$; $-3 \leq y \leq 10$ 3

1.2 Die Punkte $A_n(x \mid -0{,}25x^2 + 3x - 5)$ auf der Parabel p und die Punkte $C_n(x \mid x + 2)$ auf der Geraden g haben jeweils die gleiche Abszisse x. Die Punkte B_n liegen ebenfalls auf der Parabel p, wobei ihre Abszisse stets um 3 größer ist als die Abszisse x der Punkte A_n.
Die Punkte A_n, B_n und C_n sind die Eckpunkte von Dreiecken $A_nB_nC_n$.
Zeichnen Sie das Dreieck $A_1B_1C_1$ für $x = 3$ und das Dreieck $A_2B_2C_2$ für $x = 7$ in das Koordinatensystem ein. Berechnen Sie die Koordinaten der Punkte B_n in Abhängigkeit von der Abszisse x der Punkte A_n.
[Teilergebnis:$B_n(x + 3 \mid -0{,}25x^2 + 1{,}5x + 1{,}75)$]   3

1.3 Zeigen Sie rechnerisch, dass für die Seitenlängen $\overline{A_nB_n}\,(x)$ der Dreiecke $A_nB_nC_n$ in Abhängigkeit von x gilt:

$$\overline{A_nB_n}\,(x) = \sqrt{2{,}25x^2 - 20{,}25x + 54{,}5625} \text{ LE}$$

Berechnen Sie sodann die zugehörigen Werte für x, sodass die Seiten $[A_3B_3]$ bzw. $[A_4B_4]$ jeweils 3,75 LE lang sind.   5

1.4 Zeigen Sie durch Rechnung, dass es unter den Dreiecken $A_nB_nC_n$ genau ein Dreieck $A_0B_0C_0$ gibt, in dem $\sphericalangle\, A_0C_0B_0 = 90°$ gilt.   3

1.5 Im Dreieck $A_5B_5C_5$ hat der Winkel $B_5A_5C_5$ das Maß 45°. Berechnen Sie den zugehörigen Wert für x und die Koordinaten des Punktes B_5. $\dfrac{3}{17}$

2.0 Durch ein Felsmassiv wurde ein Tunnel vorgetrieben, dessen Querschnitt ein Kreis mit dem Mittelpunkt M und dem Durchmesser 10 m ist (vgl. nebenstehende Skizze). Die Strecke [AB] zeigt die Lage der Fahrbahn. Die Tunnelhöhe $\overline{SF}$ über der Fahrbahnmitte beträgt 7 m.

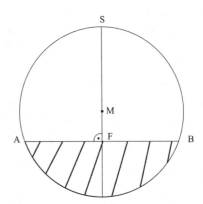

2.1 Zeichnen Sie den Querschnitt des Tunnels mit der Fahrbahn im Maßstab 1:100. Berechnen Sie das Maß φ des Winkels AMB und den Flächeninhalt A_1 der in der Skizze von 2.0 schraffierten Fläche. (Auf zwei Stellen nach dem Komma runden.)
[Teilergebnis: $\varphi = 132{,}84\,°$]   4

2.2 Berechnen Sie die Breite $\overline{AB}$ der Fahrbahn auf zwei Stellen nach dem Komma gerundet.
[Ergebnis: $\overline{AB} = 9{,}17$ m]   2

2.3 Auf dem Bogen $\overset{\frown}{SA}$ wird im Punkt C eine Lampe befestigt, sodass der Bogen $\overset{\frown}{CA}$ eine Länge von 6,5 m hat. Berechnen Sie das Maß ε des Winkels CMA und zeichnen Sie sodann den Punkt C in den Querschnitt zu 2.1 ein.
[Teilergebnis: $\varepsilon = 74{,}48\,°$]   2

2.4 Berechnen Sie die Entfernung $\overline{CA}$ der Lampe zum Fahrbahnrand und die Entfernung $\overline{CF}$ der Lampe zur Fahrbahnmitte jeweils auf zwei Stellen nach dem Komma gerundet.   4

2.5 Auf jeder Seite der Fahrbahn werden 0,6 m breite, nicht befahrbare Randstreifen markiert, um eine Mindesthöhe h = $\overline{RH}$ des Tunnels für den Verkehr zu gewährleisten. Dabei gilt R $\in$ [FB] und H $\in$ $\overset{\frown}{BS}$. Zeichnen Sie die Höhe [RH] in den Querschnitt von 2.1 ein und berechnen Sie h. (Auf zwei Stellen nach dem Komma runden.) $\underline{4}$
    16

3.0 Das Rechteck ABCD mit $\overline{AB}$ = 10 cm und $\overline{BC}$ = 8 cm ist die Grundfläche der Pyramide ABCDS. Die Spitze S liegt senkrecht über dem Mittelpunkt E der Strecke [AD] und es gilt $\overline{ES}$ = 8 cm. Der Punkt F halbiert die Strecke [BC].

3.1 Zeichnen Sie ein Schrägbild der Pyramide ABCDS, wobei [EF] auf der Schrägbildachse liegen soll.
Für die Zeichnung: q = $\frac{1}{2}$; $\omega = 45\,°$.
Berechnen Sie sodann das Maß α des Winkels SFE und die Länge der Strecke [FS] jeweils auf zwei Stellen nach dem Komma gerundet.
[Teilergebnis: $\alpha = 38{,}66\,°$]   4

3.2 Der Punkt P liegt auf [EF] mit $\overline{EP}$ = 4 cm. Für die Punkte M_n auf [FS] gilt $\overline{FM_n}$ = x cm mit x < 12,81 und x $\in$ $\mathbb{R}^+$. Die Punkte M_n sind die Mittelpunkte von Strecken [$Q_n R_n$] mit Q_n auf [CS], R_n auf [BS] und [$Q_n R_n$] $\parallel$ [BC].
Die Punkte P, Q_n und R_n sind die Eckpunkte von Dreiecken $PQ_n R_n$. Zeichnen Sie das Dreieck $PQ_1 R_1$ für x = 9 in das Schrägbild zu 3.1 ein.
Berechnen Sie sodann den Flächeninhalt des Dreiecks $PQ_1 R_1$. (Auf zwei Stellen nach dem Komma runden.)   5

3.3 Für das Dreieck $PQ_2 R_2$ gilt $\sphericalangle\, FPM_2 = 75\,°$. Berechnen Sie den zugehörigen Wert für x auf zwei Stellen nach dem Komma gerundet.   2

M 2000-10

3.4 Im Dreieck PQ_3R_3 hat die Höhe $\overline{PM_3}$ den kleinstmöglichen Wert. Berechnen

Sie $\overline{PM_3}$ auf zwei Stellen nach dem Komma gerundet.

Ermitteln Sie sodann das Intervall für die Höhen $\overline{PM_n}$ der Dreiecke PQ_nR_n (Intervallgrenzen auf zwei Stellen nach dem Komma gerundet).

$$\frac{3}{\frac{14}{47}}$$

Lösung

1.1

x	1	2	3	4	5	6	7	8	9	10	11
$-0,25x^2 +3x + -5$	$-2,25$	0	1,75	3	3,75	4	3,75	3	1,75	0	$-2,25$

Einzeichnen der Parabel p (p ist eine nach unten geöffnete, „gestauchte" Parabel mit dem Scheitel (6|4), vgl. Tabelle) und der Geraden g (g hat den y-Achsenabschnitt 2 und die Steigung 1).

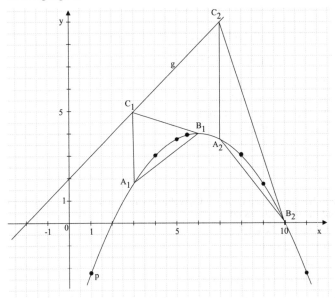

1.2 Einzeichnen der Dreiecke $A_1B_1C_1$ und $A_2B_2C_2$:
 – A_1 hat die x-Koordinate 3 und liegt auf der Parabel p, also $A_1(3|1,75)$
 – C_1 hat auch die x-Koordinate 3 und liegt auf der Geraden g, also $C_1(3|5)$
 – B_1 hat eine um 3 größere Abszisse als A_1, also 6, und liegt auch auf der Parabel p, $B_1(6|4)$
 – A_2 hat die x-Koordinate 7 und liegt auf der Parabel p, also $A_2(7|3,75)$
 – C_2 hat auch die x-Koordinate 7 und liegt auf der Geraden g, also $C_1(7|9)$

– B_2 hat eine um 3 größere Abszisse als A_1, also 10, und liegt auch auf der Parabel p, also $B_2(10|0)$.

$B_n(x + 3 \,|\, -0{,}25 \cdot (x + 3)^2 + 3 \cdot (x + 3) - 5)$ $\qquad x \in \mathbb{R}$
$B_n(x + 3 \,|\, -0{,}25 \cdot (x^2 + 6x + 9) + 3x + 9 - 5)$
$B_n(x + 3 \,|\, -0{,}25x^2 - 1{,}5x - 2{,}25 + 3x + 4)$
$B_n(x + 3 \,|\, -0{,}25x^2 + 1{,}5x + 1{,}75)$

1.3 $\quad \overrightarrow{A_n B_n}(x) = \begin{pmatrix} x + 3 & -x \\ -0{,}25x^2 + 1{,}5x + 1{,}75 - (-0{,}25x^2 + 3x - 5 \end{pmatrix}$ $\quad x \in \mathbb{R}$

$\overrightarrow{A_n B_n}(x) = \begin{pmatrix} 3 \\ -0{,}25x^2 + 1{,}5x + 1{,}75 + 0{,}25x^2 - 3x + 5 \end{pmatrix}$

$\overrightarrow{A_n B_n}(x) = \begin{pmatrix} 3 \\ -1{,}5x + 6{,}75 \end{pmatrix}$

$\overline{A_n B_n}(x) = \sqrt{3^2 + (-1{,}5x + 6{,}75)^2}$ LE

$\overline{A_n B_n}(x) = \sqrt{2{,}25x^2 - 20{,}25x + 54{,}5625}$ LE

Die Seiten $[A_3B_3]$ bzw. $[A_4B_4]$ sollen jeweils 3,75 LE lang sein:

$\sqrt{2{,}25x^2 - 20{,}25x + 54{,}5625} = 3{,}75$ $\qquad x \in \mathbb{R}$

Nach der Wurzeldefinition gilt:

$2{,}25x^2 - 20{,}25x + 54{,}5625 = 3{,}75^2$
$\Leftrightarrow 2{,}25x^2 - 20{,}25x + 54{,}5625 = 14{,}0625$
$\Leftrightarrow 2{,}25x^2 - 20{,}25x + 54{,}5625 = 14{,}0625$
$\Leftrightarrow 2{,}25x^2 - 20{,}25x + 40{,}50 = 0$
$\Leftrightarrow x^2 - 9x + 18 = 0$
$\Leftrightarrow x = 3 \lor x = 6$ $\qquad \mathbb{L} = \{3; 6\}$

1.4 Das Dreieck $A_0B_0C_0$ ist genau dann bei C_0 rechtwinklig, wenn die y-Koordinaten der Punkte C_0 und B_0 gleich groß sind.

$x + 2 = -0{,}25x^2 + 1{,}5x + 1{,}75$ $\qquad x \in \mathbb{R}$
$\Leftrightarrow 0{,}25x^2 - 0{,}5x + 0{,}25 = 0$
$\Leftrightarrow x^2 - 2x + 1 = 0$
$D = 0 \quad \Rightarrow$ Nur eine Lösung für x.

Unter den Dreiecken $A_nB_nC_n$ gibt es genau ein Dreieck $A_0B_0C_0$, in dem $\sphericalangle A_0B_0C_0 = 90°$ gilt.

1.5 Der Winkel $B_5A_5C_5$ hat dann das Maß 45°, wenn die x- und die y-Koordinate des

Vektors $\overrightarrow{A_n B_n}(x) = \begin{pmatrix} 3 \\ -1{,}5x + 6{,}75 \end{pmatrix}$ gleich groß sind.

$-1{,}5x + 6{,}75 = 3$ $\qquad x \in \mathbb{R}$

$\Leftrightarrow -1,5x = -3,75$

$\Leftrightarrow x = 2,5$ $\quad\quad\quad\quad\quad\quad\quad\quad\quad\quad\quad \mathbb{L} = \{2,5\}$

$B_5(5,5 \mid 3,9375)$

2.1 (Maßstab 1:100, d. h. 1 cm in der Zeichnung entspricht 1 m (also 100 cm)). Zeichnen des Tunnelquerschnitts mit der Fahrbahn.

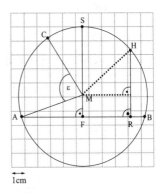

1cm

Im Dreieck AFM gilt:

$$\cos\frac{\varphi}{2} = \frac{(7-5)\,\text{m}}{5\,\text{m}} \quad\quad\quad 0° < \varphi < 180°$$

$$\frac{\varphi}{2} = 66,42°$$

$$\varphi = 132,84°$$

$A_1 = A_{\text{Sektor MAB}} - A_{\text{Dreieck MAB}}$

$$A_1 = \left(\pi \cdot 5^2 \cdot \frac{132,84°}{360°} - \frac{1}{2} \cdot 5^2 \cdot \sin 132,84° \right)\text{m}^2$$

$A_1 = (28,98 - 9,17)\ \text{m}^2$

$A_1 = 19,81\ \text{m}^2$

2.2 Im Dreieck AFM gilt:

$$\sin\frac{132,84°}{2} = \frac{\frac{1}{2} \cdot \overline{AB}}{5\ \text{m}}$$

$\overline{AB} = 2 \cdot 5 \cdot \sin 66,42°$

$\overline{AB} = 9,17\ \text{m}$

2.3 $\dfrac{\varepsilon}{360°} \cdot 2 \cdot \pi \cdot 5 \text{ m} = 6{,}5 \text{ m}$ $\qquad\qquad$ $0° < \varepsilon < 360°$

$\varepsilon = 74{,}48°$

Einzeichnen des Punktes C

2.4 Im Dreieck AMC gilt:

$$\overline{CA}^2 = \overline{AM}^2 + \overline{CM}^2 - 2 \cdot \overline{AM} \cdot \overline{CM} \cdot \cos \varepsilon$$

$$\overline{CA} = \sqrt{5^2 + 5^2 - 2 \cdot 5 \cdot 5 \cdot \cos 74{,}48°} \text{ m}$$

$$\overline{CA} = 6{,}05 \text{ m}$$

Im Dreieck CFM gilt:

$$\overline{CF}^2 = \overline{FM}^2 + \overline{CM}^2 - 2\overline{FM} \cdot \overline{CM} \cdot \cos\left(\varepsilon + \dfrac{\varphi}{2}\right)$$

$$\overline{CF} = \sqrt{5^2 + 2^2 - 2 \cdot 5 \cdot 2 \cos(74{,}48° + \dfrac{132{,}84°}{2})} \text{ m}$$

$$\overline{CF} = 6{,}67 \text{ m}$$

2.5 Einzeichnen von [RH]
Skizze:

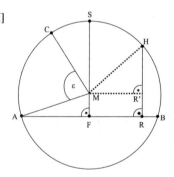

$\overline{FR} = 4{,}59 \text{ m} - 0{,}6 \text{ m}$ $\qquad$ $\overline{FR} = 3{,}99 \text{ m}$ $\qquad$ $\overline{MR}\,' = 3{,}99 \text{ m}$

Im Dreieck MR'H gilt:

$$\overline{MH}^2 = \overline{MR}\,'^2 + \overline{R\,'H}^2$$

$$\overline{R\,'H} = \sqrt{5^2 - 3{,}99^2} \text{ m}$$

$$\overline{R\,'H} = 3{,}01 \text{ m}$$

$h = 2 \text{ m} + 3{,}01 \text{ m}$ $\qquad\qquad\qquad$ $h = 5{,}01 \text{ m}$

3.1 Zeichnen des Schräg-
    bildes der Pyramide
    ABCDS.

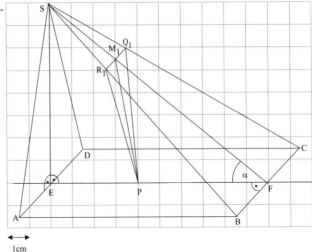

1cm

Im Dreieck EFS gilt:

$$\tan \alpha = \frac{8 \text{ cm}}{10 \text{ cm}} \qquad\qquad 0° < \alpha < 90°$$

$$\alpha = 38,66°$$

$$\overline{FS}^2 = \overline{EF}^2 + \overline{ES}^2$$

$$\overline{FS} = \sqrt{10^2 + 8^2} \text{ cm} \qquad\qquad \overline{FS} = 12,81 \text{ cm}$$

3.2 Einzeichnen des Dreiecks PQ_1R_1

$$\frac{\overline{R_1Q_1}}{\overline{BC}} = \frac{\overline{SM_1}}{\overline{SF}}$$

$$\frac{\overline{R_1Q_1}}{8 \text{ cm}} = \frac{(12,81 - 9) \text{ cm}}{12,81 \text{ cm}} \qquad\qquad \overline{R_1Q_1} = 2,38 \text{ cm}$$

Im Dreieck PFM_1 gilt:

$$\overline{PM_1}^2 = \overline{M_1F}^2 + \overline{PF}^2 - 2 \cdot \overline{M_1F}^2 \cdot \overline{PF}^2 \cdot \cos\alpha$$

$$\overline{PM_1} = \sqrt{9^2 + 6^2 - 2 \cdot 9 \cdot 6 \cdot \cos 38,66°} \text{ cm} \qquad \overline{PM_1} = 5,72 \text{ cm}$$

$$A_{\Delta PQ_1R_1} = \frac{1}{2} \cdot 2,38 \cdot 5,72 \text{ cm}^2 \qquad\qquad A_{\Delta PQ_1R_1} = 6,81 \text{ cm}^2$$

3.3 Im Dreieck PFM_2 gilt:

$$\frac{x\,cm}{\sin 75°} = \frac{6\,cm}{\sin(180° - 38,66° - 75°)}$$

$x < 12,81;\ x \in \mathbb{R}^+$

$$x = 6,33$$

3.4 $\overline{PM_3}$ kleinstmöglich, also $\overline{PM_3} \perp \overline{FS}$
   Im Dreieck PFM_3 gilt:

$$\sin \alpha = \frac{\overline{PM_3}}{\overline{PF}}$$

$\overline{PM_3} = 6 \cdot \sin \cdot 38,66°\ cm$ $\qquad$ $\overline{PM_3} = 3,75\ cm$

$\overline{PS} = \sqrt{4^2 + 8^2}\ cm$ $\qquad$ $\overline{PS} = 8,94\ cm$

$\overline{PM_n} \in [3,75\ cm;\ 8,94\ cm[$

1. Was könnte junge Leute veranlassen, auf ein eigenes Auto zu verzichten? Was spricht andererseits für den Besitz eines PKW?

2. Vorabendserien im Fernsehen sind bei Kindern und Jugendlichen beliebt. Worin liegen Ihrer Meinung nach die Gründe dafür und welche Gefahren sehen Sie?

3. Manche Sekten versuchen, besonders auf Jugendliche Einfluss zu nehmen. Welchen Problemen können junge Menschen dabei ausgesetzt sein? Wie können Familie und Schule gefährlichen Einflüssen entgegenwirken?

4. Viele junge Leute engagieren sich ehrenamtlich in Vereinen, sozialen Einrichtungen oder politischen Parteien. Was bewegt sie dazu und welche Belastungen können damit verbunden sein?

5. Wodurch müssen sich Menschen auszeichnen, damit sie Ihnen im Berufsleben und im privaten Bereich Vorbild sein können?

6. „Die Würde des Menschen ist unantastbar."
   Erörtern Sie, welche Konsequenzen diese Forderung des Grundgesetzes für unser Verhalten im Alltag haben sollte.

1997/1 **Was könnte junge Leute veranlassen, auf ein eigenes Auto zu verzichten? Was spricht andererseits für den Besitz eines PKW?**

A. Viele junge Leute bekommen mit 18 Jahren ein eigenes Auto.

B. Gründe für den Verzicht auf ein eigenes Auto – Gründe für den Besitz eines PKW

1   Gründe für den Verzicht

1.1   finanzielle Gründe
1.1.1 hohe Anschaffungskosten
1.1.2 teuere Instandhaltung
1.1.3 hohe Versicherungsbeiträge

1.2   keine direkte Notwendigkeit
1.2.1 günstige Wohnlage
1.2.2 Mitfahrgelegenheit bei anderen
1.2.3 zufrieden stellendes Angebot an öffentlichen Verkehrsmitteln

1.3   Belastung der Umwelt
1.3.1 Zerstörung der Landschaft
1.3.2 hohes Lärmaufkommen
1.3.3 Verschmutzung der Luft

1.4   Belastung für den Jugendlichen selbst
1.4.1 regelmäßige Pflege und Wartung
1.4.2 Verzicht auf Alkoholgenuss
1.4.3 Übernahme von Verantwortung
1.4.4 hohe Unfallgefahr

2   Gründe für den Besitz

2.1   im Hinblick auf das Vorankommen
2.1.1 schnelles Vorwärtskommen
2.1.2 Unabhängigkeit von öffentlichen Verkehrsmitteln
2.1.3 berufliche Flexibilität

2.2   im Hinblick auf die Bequemlichkeit
2.2.1 leichtere Beförderung von Lasten
2.2.2 komfortable Ausstattung und bequeme Fortbewegung
2.2.3 Schutz vor Witterungseinflüssen

2.3   im Hinblick auf die Freizeitgestaltung
2.3.1 Unabhängigkeit und größere Mobilität
2.3.2 leichteres Pflegen von Kontakten
2.3.3 Freude am Fahren

C. Die Entscheidung hängt oft von den finanziellen Mitteln ab.

1997/2   Vorabendserien im Fernsehen sind bei Kindern und Jugendlichen beliebt. Worin liegen Ihrer Meinung nach die Gründe dafür und welche Gefahren sehen Sie?

A. Der Informationswert des Fernsehens nimmt seit langem zugunsten des Unterhaltungswertes ab.

B. Warum sind Vorabendserien bei Kindern und Jugendlichen beliebt? Welche Gefahren sehe ich darin?

1   Gründe für die Beliebtheit von Vorabendserien

1.1   durch die Serie selbst bedingte Gründe
1.1.1   begrenzte Sendezeit im Vorabendprogramm
1.1.2   fortlaufende Handlung
1.1.3   bekannte und beliebte Schauspieler

1.2   gesellschaftlich bedingte Gründe
1.2.1   verlockende Werbung
1.2.2   Diskussion im Freundeskreis

1.3   persönliche Gründe
1.3.1   große Langeweile
1.3.2   Entspannung vom Alltagsstress
1.3.3   Identifikation mit Figuren und Themen der Serie

2   Gefahren, die darin liegen können

2.1   durch die Serie selbst
2.1.1   Leben in einer Scheinwelt
2.1.2   Verarmung von Phantasie und Kreativität
2.1.3   Abstumpfung gegenüber Gewalt
2.1.4   fragwürdige Moralvorstellungen

2.2   durch das damit verbundene Verhalten
2.2.1   gesundheitliche Folgen
2.2.2   finanzielle Mehrausgaben für Fanartikel
2.2.3   unkritische Nachahmung von Lieblingsschauspielern
2.2.4   Vernachlässigung schulischer Pflichten
2.2.5   eingeschränkte soziale Kontakte

C. Ich persönlich schaue mir gerne die Vorabendserie „. . . . . " an.

Ausformulierte Gliederungspunkte

A.   In den fünfziger Jahren eroberte der Fernsehapparat, der damals noch als Luxusartikel galt, allmählich die bundesdeutschen Haushalte. Die meisten Sendungen hatten zunächst die Aufgabe der Informationsübermittlung. Im Laufe der Jahrzehnte nahm die Zahl der Programme deutlich zu, wobei der Unterhaltung ein neuer Stellenwert zukam. Fast jede Familie besitzt heute ein oder mehrere Fernsehgeräte und besonders Kinder und Jugendliche sind regelmäßige Konsumenten von Spielfilmen, Shows und Serien, deren Angebot vor allem in den letzten Jahren kontinuierlich angestiegen ist. Gerade die Vorabendserien sind es, die diese Zielgruppe erfolgreich anziehen. Worauf ist meiner Meinung nach diese Tatsache zurückzuführen? Welche Gefahren sehe ich darin?

B.	Die Gründe für dieses Verhalten sind vielfältig, mögliche negative Auswirkungen
1	muss man jedoch auch in Betracht ziehen. An erster Stelle möchte ich **serien-**
1.1	**bedingte Ursachen** für die Beliebtheit dieser Sendungen ansprechen. Die **relativ**
1.1.1	**kurze Sendezeit** sollte als Beweggrund nicht unterschätzt werden. Die meisten

Vorabendserien dauern im Durchschnitt 30 Minuten. Dies ist günstig für Kinder, die sich auf komplizierte und langwierige Handlungsabläufe noch nicht so konzentrieren können. Sie bevorzugen Sendungen, deren Ende absehbar ist. Auch Jugendliche werden eher von halbstündigen, dafür aber täglich oder wöchentlich gesendeten Serien angesprochen als von zu vielen, überlangen Spielfilmen. Zudem kann durch die begrenzte Zeit und die Ausstrahlung zwischen 17.00 Uhr und 20.00 Uhr das Argument der Eltern, man würde zu lange und bis spät am Abend vor dem „Flimmerkasten" sitzen, entkräftet werden. In dieser Hinsicht treffen die Vorabendserien genau die Wünsche der Kinder und Jugendlichen.

1.1.2 Gerne sehen sich Jugendliche sog. „soap-operas" an, die als Fortsetzungsserien, also mit **fortlaufender Handlung,** aufgebaut sind. Durch diese Taktik werden die jungen Menschen immer wieder vor den Bildschirm gelockt, weil sie den weiteren Verlauf des Geschehens erfahren wollen. Häufig wird am Schluss eine Szene eingeblendet, die neugierig macht, Rätsel aufgibt oder Erschrecken erzeugt. In einigen Serien werden nicht nur kurzfristige Spannungserzeuger verwendet, sondern die „Unklarheiten" dauern mehrere Sendungen hindurch an. Wird beispielsweise eine Hauptfigur entführt, erstreckt sich die Aufklärung dieses kriminellen Delikts oft über einige Folgen. Dazwischen liegt ein Verwirrspiel, in dem fast alle Beteiligten als Täter in Frage kommen. Der jugendliche Zuschauer will nichts verpassen und verfolgt darum allabendlich die entsprechende Sendung.

1.1.3 Verstärkend kommt hinzu, dass zumeist **bekannte und beliebte Schauspieler** in den Hauptrollen vertreten sind. Für Kinder und Jugendliche, die – gerade in bestimmten Entwicklungsphasen – dem Starkult frönen, besitzen die Serien dadurch eine große Anziehungskraft. Sie sind glücklich und begeistert, wenn „ihrem" Star eine Hauptrolle zufällt, und werden zuverlässige, konstante Zuschauer. Die Handlung tritt für sie in den Hintergrund, entscheidend ist, dass sie ihren Lieblingsschauspieler bewundern können. Sie sind gefühlsmäßig so eng an den Helden gebunden, dass dies der alleinige Beweggrund ist, die Serie immer wieder anzusehen.

...

1.3 Ganz wesentlich sind wohl die **persönlichen Gesichtspunkte,** die den Konsum
1.3.1 solcher Serien fördern, wie etwa die **Langeweile.** Nicht jedes Kind oder jeder Jugendliche ist in einen Freundeskreis eingebunden. Fehlen freundschaftliche Beziehungen zu Gleichaltrigen, fühlt man sich in seiner Freizeit oft allein und sucht nach anderen Unterhaltungsmöglichkeiten. Wenn die Heranwachsenden zudem keine geeigneten Hobbys ausüben, wissen viele nicht, wie sie den späten Nachmittag und frühen Abend überbrücken sollen. In dieser Situation lockt das Fernsehgerät als „Ersatzpartner". Aus Langeweile wird zumeist Gewohnheit und deshalb gehören Jugendliche zu den beständigsten Zuschauern von Vorabendserien.

1.3.2 Für viele Teenies ist die **Entspannung** das wichtigste Motiv, sich für das Vorabendprogramm zu begeistern. Nach Leistungsdruck in der Schule oder im Beruf, dem Erledigen von Hausaufgaben und vielleicht privaten Problemen bieten solche Sendungen die nötige Erholung. Sie verlangen keine schwierigen gedanklichen Auseinandersetzungen und appellieren nicht an den eigenen Ideenreichtum; Aktivität – gleichgültig welcher Art – ist nicht notwendig. Man setzt sich vor den Fernsehapparat, macht es sich im Sessel oder auf dem Sofa bequem, hält Knabbersachen bereit und lässt den Ärger hinter sich. Vielleicht wird gerade eine lustige Episode von „Aus heiterem Himmel" ausgestrahlt, schon wird man entspannter und sei es auch nur für kurze Zeit.

1.3.3	Ausschlaggebend ist wohl die Tatsache, dass viele Kinder und Jugendliche sich mit der Serie, d. h. **mit Figuren und Inhalten identifizieren.** Ob im „Marienhof" oder bei „Verbotene Liebe" – ein Thema steht oft im Mittelpunkt, nämlich die Liebe. Sie spielt für einen Teenager eine Hauptrolle im Leben und so ist es nicht verwunderlich, wenn er die Beziehungskrisen und Liebesbande in diesen Serien wissbegierig verfolgt. Darüber hinaus werden auch Probleme in der Schule, in der Familie oder im Freundeskreis angesprochen. Durch diese für ihn lebensnahe Thematik fällt es dem jugendlichen Betrachter leicht, sich mit Situationen und Personen zu identifizieren. Vielleicht glaubt so mancher, in diesen vorgefertigten Lebensmustern ein Modell für sein eigenes Leben vorzufinden.

2 2.1 2.1.1	Natürlich kann ein regelmäßiger Konsum solcher Vorabendserien auch mit **Gefahren** verbunden sein. So führen die **Serien und deren Inhalte** dazu, dass einige Teenies in eine **Scheinwelt abdriften.** Betrachten sie vorwiegend Sendungen, die sich um Sonne, Meer, Surfen oder um Geld, Macht und Reichtum drehen, verlieren sie vielleicht den klaren Blick für die eigene Realität. Noch dazu wird der Jugendliche mit Darstellern konfrontiert, die – geschminkt und gestylt – dem Wunschbild fast eines jeden entsprechen. Darüber vergisst man, dass zum wirklichen Leben viel eher durchschnittliches Aussehen, bescheidenes Einkommen und Pflichterfüllung gehören. Bei einem derartigen Realitätsverlust wird man leicht mit sich und seiner Situation unzufrieden. Diese mögliche Gefahr sollte man meiner Meinung nach nicht außer Acht lassen.
2.1.2	Wenn sich Kinder tagtäglich von mehreren Vorabendserien berieseln lassen, **verarmen** zudem **Phantasie und Kreativität.** Dem Heranwachsenden wird die „Fertigware Film" vorgesetzt, von ihm werden kaum gedankliche Leistungen und gestalterische Fähigkeiten verlangt. Eigene Phantasie ist unnötig, Regisseur und Drehbuchautor haben diesen Part schon übernommen. Statt einem Treffen mit Freunden, einem Spieleabend oder der Ausübung eines Hobbys ist der Zuschauer zur Untätigkeit verdammt. Nicht umsonst wird über den zunehmenden Kreativitätsverlust von Kindern und Jugendlichen geklagt.
2.1.3	Darüber hinaus ist die Gefahr nicht zu unterschätzen, dass die Kids gegenüber **Gewalt abstumpfen.** Dies trifft auf jene zu, die die zahlreichen Krimiserien bevorzugen. In den heutigen Filmen geht es schon lange nicht mehr um harmlose Delikte, zum Teil noch in eine witzige Rahmenhandlung verpackt, wie dies bei den alten Serien „Isar 12" oder „Polizeiinspektion 1" der Fall war. Raub, Mord, Totschlag – das sind jetzt die Hauptthemen. Werden die Heranwachsenden noch zusätzlich im Abendprogramm oder in Videofilmen mit Gewalt konfroniert, wird diese allmählich zur Normalität. Man schreckt nicht mehr zurück, wenn man von einem tatsächlichen Bankraub oder Mordfall hört, man hat ihn ja schon hundertfach im Fernsehen miterlebt. In Einzelfällen kann dies sogar dazu führen, dass der jugendliche Zuschauer selbst gewaltbereiter wird.
2.1.4	Auch in anderer Hinsicht können die Vorabendserien Einfluss auf das Verhalten junger Menschen ausüben, etwa bezüglich ihrer **Moralvorstellungen.** Mit dem Thema Liebe ist es nicht schwer, sich in die Herzen der jugendlichen Zuschauer zu spielen. Einige Vorabendserien haben sich darauf spezialisiert. Dabei scheint es an der Tagesordnung zu sein, dass man laufend Partner wechselt und bereits bei kleinen Auseinandersetzungen oder nur so zum Spaß eine neue Beziehung eingeht. Locker, cool und lebenslustig zu sein ist auch hier das Motto. So lernt der Heranwachsende nicht, dass in einer dauerhaften Partnerschaft Zuverlässigkeit und Vertrauen sowie ernsthafte Auseinandersetzungen mit dem Partner oft mehr zählen als nur das Sexuelle. Auch hierin liegt, wie ich meine, eine Gefahr, die von Vorabendserien ausgehen kann. ...

1997/3 **Manche Sekten versuchen, besonders auf Jugendliche Einfluss zu nehmen. Welchen Problemen können junge Menschen dabei ausgesetzt sein? Wie können Familie und Schule gefährlichen Einflüssen entgegenwirken?**

A. Die Sekte Scientology ist in letzter Zeit in die Schlagzeilen gekommen.

B. Probleme Jugendlicher durch den Einfluss von Sekten – Gegenmaßnahmen durch Familie und Schule

1 **Probleme Jugendlicher durch den Einfluss von Sekten**

1.1 finanziell
1.1.1 Abgaben an die Sekte
1.1.2 Ausbeutung der Arbeitskraft

1.2 sozial
1.2.1 abrupte Ablösung vom Elternhaus
1.2.2 völlige Isolation
1.2.3 erhöhte Bereitschaft zu kriminellen Handlungen
1.2.4 Offenheit für Drogen
1.2.5 Einfluss auf Leistungen in Schule und Beruf

1.3 psychisch
1.3.1 Realitätsferne und Weltflucht
1.3.2 Veränderung und Zerstörung der Persönlichkeit
1.3.3 Abhängigkeit und Ausschaltung des eigenen Willens

2 **Gegenmaßnahmen**

2.1 durch die Familie
2.1.1 mehr Zeit füreinander
2.1.2 Eingehen auf die Probleme des Jugendlichen
2.1.3 Halt und Geborgenheit
2.1.4 Erziehung zu Selbstbewusstsein und Selbstständigkeit
2.1.5 Vermittlung eines Lebenssinns

2.2 durch die Schule
2.2.1 Information und Aufklärung über Sekten
2.2.2 Integration von Außenseitern
2.2.3 Vermittlung von Werten

C. Nicht nur Familie und Schule sind gefordert, sondern auch der Staat und die Gesellschaft.

1997/4   **Viele junge Leute engagieren sich ehrenamtlich in Vereinen, sozialen Einrichtungen oder politischen Parteien. Was bewegt sie dazu und welche Belastungen können damit verbunden sein?**

A. Ich leite eine Jugendgruppe.
(oder: Ausländerbetreuung, Vereinsarbeit im Bereich Sport, Mitglied bei karitativer Organisation u. v. m.)

B. Warum engagieren sich junge Leute ehrenamtlich? Welche Belastungen können dadurch auf sie zukommen?

1   Ursachen für ein ehrenamtliches Engagement

1.1   Art des Vereins, der Einrichtung oder Partei
1.1.1   Identifikation mit den Zielen der jeweiligen Organisation
1.1.2   Unterstützung und Hilfe für bestimmte Gruppen
1.1.3   Übernahme von Verantwortung

1.2   neuer Erfahrungsbereich
1.2.1   praktische Erfahrungen
1.2.2   Suche nach neuen Kontakten
1.2.3   Hineinwachsen in Führungsaufgaben

1.3   Form der Freizeitgestaltung
1.3.1   Möglichkeit des Engagements selbst in kleinen Gemeinden
1.3.2   sinnvolle Betätigung in der Freizeit
1.3.3   Treffen mit Freunden und Gleichgesinnten

2   mögliche Belastungen durch ein ehrenamtliches Engagement

2.1   in materieller Hinsicht
2.1.1   zusätzlicher finanzieller Aufwand
2.1.2   regelmäßige Verpflichtungen
2.1.3   hoher Zeitaufwand

2.2   in ideeller Hinsicht
2.2.1   einseitiger Freundes- und Bekanntenkreis
2.2.2   Konkurrenzdenken innerhalb der Organisation
2.2.3   hohe Erwartungshaltung
2.2.4   kaum andere Freizeitmöglichkeiten bei großem Engagement
2.2.5   seelische Belastung bei bestimmten karitativen Hilfsdiensten

C. Es wäre zu begrüßen, wenn sich noch mehr junge Leute ehrenamtlich betätigen würden.

1997/5 **Wodurch müssen sich Menschen auszeichnen, damit sie Ihnen im Berufsleben und im privaten Bereich Vorbild sein können?**

A. Nach eine Umfrage des Fernsehmagazins „TV Movie" sind Eltern noch immer das größte Vorbild für deutsche Jugendliche.

B. Wodurch müssen sich Menschen auszeichnen, damit sie mir im Berufsleben und privaten Bereich als Vorbild dienen können?

1   **in ihrer Haltung zum Leben**

1.1   positive Lebenseinstellung
1.2   Verwirklichung von gesteckten Zielen
1.3   zukunftsorientiertes Handeln

2   **in ihrem Umgang mit anderen**

2.1   möglichst gerechte Behandlung anderer
2.2   einfühlsamer Umgang mit den Mitmenschen
2.3   aufgeschlossene und herzliche Art
2.4   uneigennützige Hilfsbereitschaft
2.5   Fähigkeit zu gewinnbringenden Gesprächen

3   **in ihrer Persönlichkeit**

3.1   große Fachkompetenz
3.2   sicheres und wenn nötig couragiertes Auftreten
3.3   Vorleben wichtiger Werte wie Zuverlässigkeit und Gewissenhaftigkeit
3.4   Einhalten moralischer Grundprinzipien wie Ehrlichkeit und Vertrauenswürdigkeit

C. Personen, die im Rampenlicht der Öffentlichkeit stehen, müssen sich besonders ihrer Vorbildrolle bewusst sein.

1997/6 „Die Würde des Menschen ist unantastbar."
Erörtern Sie, welche Konsequenzen diese Forderung des Grundgesetzes für unser Verhalten im Alltag haben sollte.

A. Das Thema „Sterbehilfe" gerät immer wieder in die Schlagzeilen.

B. Welche Konsequenzen hat die Forderung des Grundgesetzes „Die Würde des Menschen ist unantastbar." für unser Verhalten im Alltag?

1   Konsequenzen im medizinischen Bereich

1.1   Verzicht auf sinnlosen Einsatz von Apparaten und Medikamenten
1.2   Eingehen auf die Wünsche und Bedürfnisse Schwerkranker
1.3   menschliche Behandlung wehrloser alter und gebrechlicher Leute
1.4   würdevolle Begleitung in schwerer Krankheit und Tod

2   Konsequenzen in den Medien

2.1   Achtung vor der Privatsphäre Prominenter
2.2   Verzicht auf sensationslüsterne Darstellung schwerer Schicksale
2.3   Kein Zur-Schau-Stellen von Todkranken oder Sterbenden

3   Konsequenzen im privaten Bereich

3.1   Rücksichtnahme auf Schwächere
3.2   keine Anwendung von physischer und psychischer Gewalt
3.3   Toleranz und Achtung vor dem anderen

C. Im Umgang miteinander sollte man wieder mehr Menschlichkeit zeigen.

Aufgabe 7

Das Streiflicht

Die meisten Eltern haben es gut gemeint, und dennoch ist seit Weihnachten die Welt in vielen Haushalten nicht mehr in Ordnung. Als neues Familienmitglied
5 sprengt der Computer die traditionellen Beziehungen. Entschwunden sind die Abende, an denen um das Fernsehprogramm gestritten wurde, vorbei die unfruchtbaren Diskussionen, wann Junior
10 spätestens vom abendlichen Treffen mit Freunden oder Freundinnen zurückzukehren habe. Er will gar nicht mehr weg, sperrt sich im Zimmer ein und hämmert auf die Tasten, verrenkt sich
15 am „Freudenstab" (Joy stick), um bei simulierten Abenteuern im Weltraum möglichst hoch zu „scoren". Gen Mitternacht rattert dann auch noch lautstark der Drucker los, und Muttern, auf-
20 gebracht, vor Wut zerzaust, wird jetzt das Äußerste zur Erziehung und zur Verteidigung der eigenen Bettruhe tun: den Stecker ziehen. Aber sie schmilzt dahin, wenn Söhnchen stolz das Menü des
25 morgigen Mittagessens in Fraktur gesetzt präsentiert, natürlich in Desktop Publishing verfaßt. Besser haben sollte er es, den Anschluß an die Zukunft nicht verpassen, wo doch
30 schon alle anderen in der Klasse einen Computer haben. Doch nun entfremdet sich der Hoffnungsträger, spricht – wenn überhaupt – nur noch verklausuliert im Spezialistendeutsch des Bit- und Byte-
35 Dialekts, murmelt etwas von rekursiven Programmschleifen, wenn Vater wieder einmal das Lied vom Fleiß und von den Zukunftschancen singt und Mutter meint, er sollte doch ein wenig raus an die fri-
40 sche Luft, weil doch Ferien sind. Statt dessen wachsen Adreßlisten aller Verwandten und Bekannten im unverstandenen Gerät an, verfaßt der High-Tech-infizierte Spezialist der Familie Stan-
45 dardbriefe, kalkuliert sein Jahreseinkommen an Taschengeld für die kommenden Jahre per Knopfdruck – und die Mutter blicket stumm auf dem ganzen Tisch herum. Denn der Hausherr, her-
50 ausgefordert durch die Taten seines Sohnes, wälzt abends selbst die Gebrauchsanleitungen zusammen mit dem Englisch-Lexikon und hofft insgeheim darauf, in einer günstigen Minute sich
55 vor den Bildschirm setzen zu können, um sein angelesenes Wissen auszuprobieren. Es gilt, den Anschluß nicht zu verlieren. Wenn doch nur die Schule wieder anginge! Rechnerzeit ist zum
60 Familienproblem geworden. Dennoch muß an dieser Stelle mit aller Deutlichkeit dem Vorwurf entgegengetreten werden, binärer Stumpfsinn mache sich in deutschen Wohnstuben breit.
65 Ist denn das Sammeln von Briefmarken oder Goldmünzen um so viel geistvoller, das allwochenendliche Polieren des geliebten Blechspielzeuges (Auto) kreativer als hemmungslose Hingabe an
70 Monitor und Tastatur? Ein Mensch, der alle Lottozahlen der vergangenen 2000 Ziehungen aufsagen kann und damit Fernsehkarriere macht, ist uns so lieb und teuer wie der Freak, der den in der
75 Computerwelt verbindlichen ASCII-Code rückwärts aufsagen kann, binär oder hexadezimal.

[Süddeutsche Zeitung, 89-01-03]

Aufgabenstellung

Lesen Sie die Textvorlage „**Das Streiflicht**" sorgfältig durch und bearbeiten Sie dann die folgenden Aufgaben:
1. Informieren Sie über den Inhalt des Textes.
2. Beschreiben Sie Form und Sprache des Textes und setzen Sie sich mit den Absichten des Verfassers auseinander.
3. Erörtern Sie, inwiefern der Gebrauch des Computers soziale Kontakte einschränken, aber auch fördern kann.

Quelle: Süddeutsche Zeitung (89-01-03), S. 1

Aufgabe 8

Statt Sonntagsreden sind konkrete Hilfen nötig

Den Kindern eine Chance

Glaubt man der Werbung, dann liegt die schwerste Bürde einer Kindheit in der Vermeidung von Karies. Fröhliche Knirpse winken aus komfortablen Limousinen, tollen in aprilfrischen Klamotten über Wiesen und Felder und befördern ihre geistige Entwicklung durch den Verzehr von Fruchtjoghurts – unsere Sprößlinge als allseits umhegte Bewohner einer Art präpubertären* Schlaraffenlands.

Die Wirklichkeit sieht leider anders aus. Selbst in der reichen Bundesrepublik leben mehr als zwei Millionen Kinder unterhalb der Armutsgrenze; statt auf blühenden Wiesen müssen sie auf Beton und Asphalt spielen – aber bitte mucksmäuschenstill, denn Kinderlachen gilt inzwischen als Lärmbelästigung.

Alle Jahre wieder am 20. September propagieren Parteien, Kirchen und Verbände die Würde des Kindes, fordern mehr Schutz, mehr Rechte, mehr Mitsprache ein. Niemand wird ihnen widersprechen – aber können wir die Mahnungen uns wirklich erreichen? Werden Raser den Fuß vom Gas nehmen, weil ihnen die Zahl von 50 000 im Straßenverkehr verletzten Kindern pro Jahr die Freude am Fahren verdirbt? Werden gestreßte Eltern bei der Karriereplanung zurückstecken, weil ihr Nachwuchs mehr Zeit und Zuwendung braucht?

Zudem ist in vielen Fällen das Abwägen zwischen Kindeswohl und sozialen Zwängen komplizierter, als es auf den ersten Blick den Anschein hat. Beispiel Flächenversiegelung: Wo gebaut wird, geht zwangsläufig Areal zum Spielen verloren. Das gleiche gilt für die Ansiedlung von Industriebetrieben. Aber die Versorgung mit Wohnraum gehört zu den Menschen(und Kinder-)rechten; neue Arbeitsplätze bewahren Familien vor der Armut. Eine Lösung des Dilemmas ist von den zweifellos gut gemeinten Appellen nicht zu erwarten.

Noch viel schwieriger ist die Lage in der dritten Welt. Über 100 Millionen Kinder müssen in Lateinamerika, Asien, Afrika und Indien unter unmenschlichen Bedingungen schuften. Das Thema Jugendprostitution hat uns unter dem Eindruck der Affäre in Belgien aufgeschreckt; andere Skandale bleiben tunlichst unerwähnt. Denn nur die Ausbeutung der kleinen Billig-Arbeitskräfte in weit entfernten Erdteilen garantiert niedrige Preise bei uns – ob für Kaffee, Tee, Schokolade, Südfrüchte, T-Shirts oder Teppiche. Was ist zu tun, wenn wir uns nicht damit abfinden wollen, daß unser Luxus mit dem Leid der Kinder in der dritten Welt erkauft wird? Selbst das Kinderhilfswerk „terre des hommes" hat kürzlich vor Boykotts und einem generellen Verbot der Kinderarbeit gewarnt. Es reicht nicht aus, Minderjährige aus Teeplantagen oder Gerbereien zu verbannen, wenn sie sonst keinen Broterwerb finden; im schlimmsten Fall führt dieser Weg direkt in die Prostitution. Sinnvoller ist nach Ansicht der Internationalen Arbeits-Organisation (ILO) die Einführung der allgemeinen Schulpflicht. Ohne Geld aus den Industrieländern ist selbst das nicht zu schaffen. Ein Pilotprojekt zur Aus- und Weiterbildung und zur Humanisierung der Arbeitsplätze von Kindern wurde von Bonn mitfinanziert – aus dem Topf der Entwicklungshilfe, die bei uns zunehmend auf Unwillen stößt. Eine überflüssige Investition? Wer zu solcher Hilfe nicht bereit ist, sollte sich wohlfeile Betroffenheits-Bekundungen künftig sparen.

DANIELA SCHADT

[Nürberger Zeitung, 96-09-20]

* vorpubertär

Aufgabenstellung

Lesen Sie den Text **„Den Kindern eine Chance"** sorgfältig durch und bearbeiten Sie dann die folgenden Aufgaben:

1. Informieren Sie über den Inhalt des Textes.
2. Beschreiben Sie Gestaltung, Form und Sprache des Textes und setzen Sie sich mit den Absichten der Verfasserin auseinander.
3. Im Text wird angedeutet, dass sich das Problem Kinderfeindlichkeit durch bloße Appelle nicht lösen lässt. Erörtern Sie geeignete Maßnahmen, durch die unser Land kinderfreundlicher wird.

Quelle: Nürnberger Zeitung (96-09-20), S. 2

Aufgabe 9

Die Tochter von PETER BICHSEL

Abends warteten sie auf Monika. Sie arbeitete in der Stadt, die Bahnverbindungen sind
schlecht. Sie, er und seine Frau, saßen am Tisch und warteten auf Monika. Seit sie in der
Stadt arbeitete, aßen sie erst um halb acht. Früher hatten sie eine Stunde eher gegessen.
Jetzt warteten sie täglich eine Stunde am gedeckten Tisch, an ihren Plätzen, der Vater
5 oben, die Mutter auf dem Stuhl nahe der Küchentür, sie warteten vor dem leeren Platz
Monikas. Einige Zeit später dann auch vor dem dampfenden Kaffee, vor der Butter, dem
Brot, der Marmelade.
Sie war größer gewachsen als sie, sie war auch blonder und hatte die Haut, die feine Haut
der Tante Maria. „Sie war immer ein liebes Kind", sagte die Mutter, während sie warteten.
10 In ihrem Zimmer hatte sie einen Plattenspieler, und sie brachte oft Platten mit aus der
Stadt, und sie wußte, wer darauf sang. Sie hatte auch einen Spiegel und verschiedene
Fläschchen und Döschen, einen Hocker aus marokkanischem Leder, eine Schachtel Ziga-
retten.
Der Vater holte sich seine Lohntüte auch bei einem Bürofräulein. Er sah dann die vielen
15 Stempel auf einem Gestell, bestaunte das sanfte Geräusch der Rechenmaschine, die blon-
dierten Haare des Fräuleins, sie sagte freundlich „Bitte schön", wenn er sich bedankte.
Über Mittag blieb Monika in der Stadt, sie aß eine Kleinigkeit, wie sie sagte, in einem
Tea-room. Sie war dann ein Fräulein, das in Tea-rooms lächelnd Zigaretten raucht.
Oft fragten sie sie, was sie alles getan habe in der Stadt, im Büro. Sie wußte aber nichts zu
20 sagen.
Dann versuchten sie wenigstens, sich genau vorzustellen, wie sie beiläufig in der Bahn ihr
rotes Etui mit dem Abonnement aufschlägt und vorweist, wie sie den Bahnsteig entlang-
geht, wie sie sich auf dem Weg ins Büro angeregt mit Freundinnen unterhält, wie sie den
Gruß eines Herrn lächelnd erwidert.
25 Und dann stellten sie sich mehrmals vor in dieser Stunde, wie sie heimkommt, die Tasche
und ein Modejournal unter dem Arm, ihr Parfüm; stellten sich vor, wie sie sich an ihren
Platz setzt, wie sie dann zusammen essen würden.
Bald wird sie sich in der Stadt ein Zimmer nehmen, das wußten sie, und daß sie dann wie-
der um halb sieben essen würden, daß der Vater nach der Arbeit wieder seine Zeitung
30 lesen würde, daß es dann kein Zimmer mehr mit Plattenspieler gäbe, keine Stunde des
Wartens mehr. Auf dem Schrank stand eine Vase aus blauem schwedischem Glas, eine
Vase aus der Stadt, ein Geschenkvorschlag aus dem Modejournal.
„Sie ist wie deine Schwester", sagte die Frau, „sie hat das alles von deiner Schwester.
Erinnerst du dich, wie schön deine Schwester singen konnte."
35 „Andere Mädchen rauchen auch", sagte die Mutter.
„Ja", sagte er, „das habe ich auch gesagt."
„Ihre Freundin hat kürzlich geheiratet", sagte die Mutter.
Sie wird auch heiraten, dachte er, und sie wird in der Stadt wohnen.
Kürzlich hatte er Monika gebeten. „Sag mal etwas auf französisch." – „Ja", hatte die Mut-
40 ter wiederholt, „sag mal etwas auf französisch." Sie wußte aber nichts zu sagen.
Stenografieren kann sie auch, dachte er jetzt. „Für uns wäre das zu schwer", sagten sie oft
zueinander.
Dann stellte die Mutter den Kaffee auf den Tisch. „Ich habe den Zug gehört", sagte sie.

Quelle: PETER BICHSEL: Eigentlich möchte Frau Blum den Milchmann kennenlernen.
21 Geschichten. Freiburg: Olten 1966

Aufgabenstellung

Lesen Sie den Text „**Die Tochter**" sorgfältig durch und bearbeiten Sie dann die folgenden Aufgaben:
1. Informieren Sie über den Inhalt des Textes.
2. Erläutern Sie die Beziehung zwischen Eltern und Tochter und charakterisieren Sie dabei Mutter und Vater.
3. Beschreiben Sie Form und Sprache des Textes und setzen Sie sich mit den Absichten des Verfassers auseinander.
4. Der Text deutet Probleme zwischen den Generationen an. Erörtern Sie weitere Probleme, die zwischen Eltern und Jugendlichen auftreten können.

Information:

Peter Bichsel, geb. 1935 in Luzern, war zunächst Lehrer. Der vorliegende Text ist seinem Erstlingswerk, mit dem er bekannt wurde, entnommen. Er schreibt hauptsächlich Prosatexte. Der Autor lebt als freier Schriftsteller in der Schweiz.

Mögliche Gliederung

A. Textquelle und Entstehungshintergrund

B. Die Glosse „Das Streiflicht" – Inwiefern kann der Gebrauch des Computers soziale Kontakte einschränken, aber auch fördern?

1	**Texterschließung**
1.1	Inhalt: Veränderung des Familienlebens durch den Einzug von PCs
1.2	Form
1.2.1	äußere Form
1.2.1.1	Rahmen
1.2.1.2	drei Abschnitte
1.2.2	innere Struktur
1.2.2.1	Beeinflussung des Familienlebens
1.2.2.2	unsinniger, rein spielerischer Einsatz des PC
1.2.2.3	Verteidigung des PC trotz der Kritikpunkte
1.2.3	Textsorte: Glosse
1.2.3.1	äußere Form, Layout, Titel
1.2.3.2	typische Darstellungsweise einer aktuellen Zeiterscheinung
1.2.3.3	Pointe am Schluss
1.3	Sprache
1.3.1	Satzbau
1.3.1.1	anspruchsvolle, komplexe Satzstrukturen
1.3.1.2	viele Reihungen
1.3.1.3	Ausrufe-, Fragesätze
1.3.2	Wortwahl
1.3.2.1	gehobene, sehr anspruchsvolle Wortwahl
1.3.2.2	veraltete und ungewöhnliche Formulierungen
1.3.2.3	z. T. umgangssprachliche Ausdrücke
1.3.2.4	viele Fachbegriffe aus der Computersprache
1.3.3	rhetorische Mittel
1.3.3.1	Alliteration, Anspielung, Abwertung
1.3.3.2	Übertreibung, Personifikation, rhetorische Frage
1.3.3.3	Ironie
1.3.4	Sprachebene: gehobene Sprache
1.4	Absicht des Autors
1.4.1	Unterhaltung
1.4.2	Anregung zum Nachdenken
2	**weiterführende Erörterung: Einschränkung, aber auch Förderung sozialer Kontakte durch den Gebrauch des Computers**
2.1	Einschränkung der sozialen Kontakte
2.1.1	zeitaufwendige Beschäftigung
2.1.2	nachlassendes Interesse an anderen Aktivitäten
2.1.3	keine Notwendigkeit eines Partners
2.2	Förderung der sozialen Kontakte
2.2.1	Erfahrungsaustausch mit Gleichgesinnten
2.2.2	Kommunikationsmittel für schwer körperlich Behinderte, Sprachbehinderte und Autisten

C. Aus vielen Bereichen ist der Computer nicht mehr wegzudenken.

Möglicher Antwortenkatalog

A. Textquelle und Entstehungshintergrund

„Das Streiflicht" ist eine Glosse, die jeden Tag in der linken Spalte auf Seite 1 in der Süddeutschen Zeitung erscheint. Es beleuchtet immer ein aktuelles Thema auf kritisch-ironische Weise. Der vorliegende Text stammt vom 1. 3. 89, aus einer Zeit, in der sich Privathaushalte zunehmend mit Personalcomputern (PCs) versorgten.

B. Die Glosse „Das Streiflicht" – Inwiefern kann der Gebrauch des Computers soziale Kontakte einschränken, aber auch fördern?

1 Texterschließung

1.1 Inhalt

Der Autor beschreibt auf ironisch-witzige Weise, wie das Weihnachtsgeschenk für den Sohn, nämlich ein PC, das Leben einer Familie beeinflusst.
Es gibt keine Streitereien mehr um das Fernsehprogramm und das Ausgehen am Abend, da der Sohn nur noch mit dem Computer beschäftigt ist. Das Motiv des PC-Kaufs, nämlich dem Sohn den Anschluss an die „Zukunftstechnologien" zu ermöglichen, wird in Frage gestellt, da wichtige andere Dinge wie Lernen oder Bewegung an der frischen Luft darunter leiden. Auch der Vater kann sich dem Einfluss des PC nicht entziehen.
Der Vorwurf, der PC fördere den Stumpfsinn, wird im letzten Abschnitt entkräftet durch den Vergleich mit anderen Freizeitbeschäftigungen, die sehr beliebt, aber laut Verfasser genauso wenig sinnvoll sind.

1.2 Form

1.2.1 äußere Form

1.2.1.1 Rahmen
Der Text ist eingerahmt; ursprünglich Abgrenzung von den Nachrichten und Berichten auf der ersten Seite der Süddeutschen Zeitung.

1.2.1.2 drei Abschnitte
Kompakte äußere Form mit nur drei Abschnitten, in denen die Informationen dicht gedrängt sind.

1.2.2 innere Struktur

1.2.2.1 Veränderung des Familienlebens durch einen PC (Z. 1–60)
- keine Streitereien mehr wegen des Fernsehprogramms und der abendlichen Ausgehzeiten, stattdessen Streit wegen der Ruhestörung durch den Drucker
- Entfremdung der Familienmitglieder, da Kommunikation zwischen Eltern und Sohn stark reduziert wird
- Vernachlässigung der schulischen Pflichten und der Bewegung an frischer Luft
- auch der Vater verfällt dem Computer und beschäftigt sich abends mit ihm

1.2.2.2 unsinnige, rein spielerische Verwendung des PC
- Computerspiele (Z. 15/16)
- Zusammenstellung des Mittagsmenüs (Z. 24/25)
- Anfertigung von Adresslisten, Standardbriefen, Ausrechnen des Taschengeldes auf Jahre im Voraus (Z. 41–47)

1.2.2.3 Verteidigung des Computers trotz Kritikpunkte

Andere Freizeitbeschäftigungen wie Briefmarken- oder Münzensammeln, wöchentliches Waschen und Polieren des Autos, fragwürdige Rekorde in Fernsehsendungen können genauso stumpfsinnig sein wie die Beschäftigung mit dem PC. (Z. 61–77)

1.2.3 Textsorte: Glosse

1.2.3.1 äußere Form, Layout, Titel

Durch den Titel „Das Streiflicht" ist bereits die Textsorte bekannt.

1.2.3.2 typische Darstellungsweise einer aktuellen Zeiterscheinung

Ironische, witzige, übertriebene Darstellungsweise lässt den Leser schmunzeln, doch er erkennt auch die versteckte Kritik an einer Zeiterscheinung, der zeitraubenden und bedingungslosen Beschäftigung mit einem Computer, was nicht nur Vorteile hat.

1.2.3.3 Pointe am Schluss

Der Text spitzt sich zu bis zu eine Pointe am Schluss (Z. 70), nämlich Beeindruckung des Durchschnittsbürgers durch unsinnige Rekorde auch im Bereich der Computerwelt.

1.3 Sprache

1.3.1 Satzbau

1.3.1.1 anspruchsvolle, komplexe Satzstrukturen
- viele Satzgefüge und Satzreihen (Z. 6–12/Z. 12–17)
- viele Appositionen (nachgestellte Erläuterungen), verkürzte Partizipialsätze (Z. 19–20), Einschübe „– wenn überhaupt –" (Z. 32/33)

Absicht: dicht gedrängte Informationen, Veranschaulichung und Darstellung der Zusammenhänge

1.3.1.2 viele Reihungen

„Entschwunden sind ..., vorbei die unfruchtbaren Diskussionen ..." (Z. 6–12), „Er will gar nicht mehr weg, sperrt sich ...." (Z. 12–17), „Doch nun entfremdet sich ..." (Z. 31–40).

Absicht: Aneinanderreihung vieler Beispiele, um die Situation besonders anschaulich und drastisch zu schildern.

1.3.1.3 Ausrufe- und Fragesätze
- Ausrufesatz „Wenn doch nur die Schule wieder anginge!" (Z. 58/59) als Hilferuf: Die Schule mit ihrem geregelten Tagesablauf soll der hemmungslosen Beschäftigung mit dem Computer ein Ende setzen.
- Fragesatz „Ist denn das Sammeln von ..." (Z. 65–70): Infragestellung anderer wenig sinnvoller Freizeitbeschäftigungen

1.3.2 Wortwahl

1.3.2.1 gehobene, sehr anspruchsvolle Wortwahl
- Verben: „rattert lautstark los" (Z. 18/19), „sperrt sich ein, hämmert, verrenkt sich" (Z. 13 ff.), „schmilzt dahin" (Z. 23/24) usw.
- Adjektive und Partizipien: „unfruchtbare Diskussionen" (Z. 9), „lautstark ..., aufgebracht vor Wut zerzaust" (Z. 18–20), „stolz ..., morgig" (Z. 24/25), „unverstandenes Gerät" (Z. 42/43) usw.
- treffende Substantive: „Verteidigung der Bettruhe" (Z. 22), „Hoffnungsträger" (Z. 32), „Programmschleifen" (Z. 36) usw.

Absicht: sehr bilderreiche und präzise Ausdrucksweise: der Leser kann sich die Situation sehr gut vorstellen, sich in sie hineinversetzen; er wird genauestens informiert.

1.3.2.2 veraltete und ungewöhnliche Formulierungen
„gen Mitternacht" (Z. 17/18), „Hoffnungsträger" (Z. 32), „Freudenstab" (Z. 15) als wörtliche Übersetzung von „Joy stick"
Absicht: Ironie erzeugen, bloßstellen

1.3.2.3 z. T. umgangssprachliche Ausdrücke
„Muttern" (Z. 19), „raus an die frische Luft" (Z. 39/40)
Absicht: Volksnähe, jeder ist betroffen.

1.3.2.4 viele Fremdwörter aus der Computersprache
„scoren" (Z. 17), „in Desktop Publishing" (Z. 26/27), „Bit- und Byte-Dialekt" (Z. 34/35), Z. 75 ff. usw.
Absicht: z. T. ironische Wirkung durch die Übertreibung vor allem gegen den Schluss zu, aber auch, um zu zeigen, wie sehr unser Privatbereich beherrscht wird vom Computer, wie selbstverständlich unsere Sprache durchsetzt wird mit Begriffen aus der Computerwelt.

1.3.3   rhetorische Mittel

1.3.3.1 Alliteration, Anspielung, Abwertung
– Alliteration: „... wenn **S**öhnchen **s**tolz das **M**enü des **m**orgigen **M**ittagessens ..." (Z. 24/25)
„Die meisten Eltern haben es **g**ut **g**emeint ..." (Z. 1)
Absicht: Betonung; die Mutter bewundert ihr Kind; die Eltern meinen „es" immer gut aus ihrer Sicht.
– Anspielung auf den Zappelphilipp im Struwwelpeter: „... und die Mutter blicket stumm auf dem ganzen Tisch herum." (Z. 47–49)
Absicht: Die Mutter ist machtlos, der Sohn tut trotz Ermahnungen doch, was er will.
– Abwertung: das Auto als „geliebtes Blechspielzeug" (Z. 68)

1.3.3.2 Übertreibung, Personifikation, rhetorische Frage
– Übertreibung: „verrenkt sich am Freudenstab" (Z. 14/15), „... das Äußerste zur Erziehung ..." (Z. 21), „hemmungslose Hingabe" (Z. 69), „... kalkuliert sein Jahreseinkommen an Taschengeld ..." (Z. 45/46)
Absicht: Bloßstellung der Leute, die dem Computer verfallen sind; stark ironische Wirkung, Lächerlichmachen von wenig wirkungsvollen Erziehungsmaßnahmen
– Personifikation: der Computer als „neues Familienmitglied" (Z. 4/5)
Absicht: Der Computer erhält ein großes Gewicht in der Familie, man nimmt ihn auf, behandelt ihn wie eine Person.
– rhetorische Frage: „Ist denn das Sammeln von ..." (Z. 65 ff.)
Absicht: Man erwartet die Antwort „Nein", das heißt, die Beschäftigung mit dem Computer wird aufgewertet bzw. bestimmte andere Freizeitbeschäftigungen abgewertet.

1.3.3.3 Ironie
„Die Eltern haben es gut gemeint ..." (Z. 1)
„Aber sie schmilzt dahin, ..." (Z. 23/24)
„... wenn Vater wieder einmal das Lied vom Fleiß singt ..." (Z. 36 ff.)
Absicht: Lächerlichmachen bestimmter Erziehungsmaßnahmen bzw. Kritik daran, dass es die Eltern immer „gut meinen" mit ihren Kindern, manchmal auch viel zu großzügig sind, sich dem neuesten Trend nicht verschließen wollen, damit das Kind den Anschluss ja nicht verpasst.
„Ein Mensch, der alle Lottozahlen ..." (Z. 70 ff.)
„... geliebtes Blechspielzeug ..., hemmungslose Hingabe ..." (Z. 68/69)
Absicht: Kritik an oft wenig sinnvollen Freizeitbeschäftigungen, Kritik an dem Stellenwert, den das Auto für den Erwachsenen hat.

1.3.4 Sprachebene
Aufgrund der anspruchsvollen Wortwahl, des relativ komplizierten Satzbaus und der vielen rhetorischen Mittel gehobene Sprache

1.4 Absicht des Autors

1.4.1 Unterhaltung
Das Lesen dieser Glosse ist amüsant durch die vielen versteckten ironischen Anspielungen, witzigen Formulierungen und Übertreibungen.

1.4.2 Anregung zum Nachdenken
– Der PC verändert das Familienleben, stört die Kommunikation in der Familie und sorgt auch für Streit.
– Der PC verändert das Freizeitverhalten des Kindes: anstatt sich im Freien zu bewegen, sitzt es stundenlang vor dem Monitor: Computer als Sucht
– wenig sinnvolle, z. T. stumpfsinnige Freizeitbeschäftigung mit rein spielerischem Wert
– fragwürdige Begründung für die Anschaffung eines PC: das Kind soll „es einmal besser haben" als die Eltern
– Vernachlässigung der schulischen Pflichten (Fleiß)
– auch Erwachsene (Vater) können sich dem Einfluss des Computers nicht entziehen
– Infragestellung anderer beliebter Freizeitbeschäftigungen, die den „Stumpfsinn" fördern
– Kritik an den Shows, die antrainierte, oft wenig sinnvolle Rekorde als erstrebenswert anpreisen, und Kritik an dem Publikum, das diese Rekorde bewundert.

2 weiterführende Erörterung: Einschränkung, aber auch Förderung sozialer Kontakte durch den Gebrauch eines Computers

2.1 Einschränkung der sozialen Kontakte

2.1.1 zeitaufwendige Beschäftigung
Das Einarbeiten in Computerprogramme ist sehr zeitintensiv; auch mit Spielen kann man ganze Nachmittage und Abende verbringen, also keine Zeit mehr für andere.

2.1.2 nachlassendes Interesse an anderen
Beschäftigung mit dem Computer wird zur Sucht: jede freie Minute vor dem Computer; durch die sitzende Tätigkeit wird man träge, kein Interesse an anderen körperlichen Betätigungen wie Sport, somit auch keine sozialen Kontakte mit Sportkameraden.

2.1.3 keine Notwendigkeit eines Partners
Computer als Gegenüber reicht, ein Partner ist nicht notwendig, da man sich mit dem Programm oder den Spielen alleine beschäftigen kann; also Vernachlässigung sozialer Kontakte.

2.2 Förderung der sozialen Kontakte

2.2.1 Erfahrungsaustausch mit Gleichgesinnten
Fachgespräche über neueste Soft- und Hardware, technische Raffinessen, Programme, Austausch von Adressen, Spielen; gemeinsames Sitzen vor dem Computer, Spiele mit mehreren Teilnehmern, Erarbeiten von Programmen, Freundschaften durch E-Mail.

2.2.2 Kommunikationsmittel für schwer körperlich Behinderte, Sprachbehinderte und Autisten

Kontaktaufnahme mit Hilfs- und Pflegepersonal, sofortige Hilfe in Notfällen; alltägliche Kommunikationsinhalte, Anteilnahme am politischen und kulturellen Leben, z. B. durch Zeitunglesen; bei Autisten Aufnahme emotionaler Beziehungen über den Computer.

C. Aus vielen Bereichen ist der Computer nicht mehr wegzudenken.
Gerade im Arbeitsleben hat er seine Berechtigung, da vieles wesentlich schneller und effektiver bearbeitet werden kann; auch im privaten Bereich als Hinführung auf das Berufsleben oder als Freizeitbeschäftigung vertretbar, wenn er maßvoll eingesetzt wird und andere Dinge wie zwischenmenschliche Beziehungen oder Ausübung von Sport nicht darunter leiden.

Erläuterungen zur Aufgabenstellung

Unter Punkt 2 ist nach der **Gestaltung, Form und Sprache** des Textes und den **Absichten** der Verfasserin gefragt. Der Begriff **Form** kann unterschiedlich definiert werden. Unter Form versteht man in der Regel den **äußeren Aufbau** von Texten (Unterteilung in Abschnitte, grafische Gestaltung; bei Gedichten Strophen, Reim und Versmaß) und die Darstellung der **inneren Struktur.** Genaueres dazu kannst du dem theoretischen Teil unter Punkt 3.2, S.?? entnehmen.
In vorliegender Fragestellung ist bereits die **Gestaltung,** also der äußere Aufbau, als eigener Punkt genannt, sodass sie nicht mit dem Begriff Form gemeint sein kann. Die Darstellung der inneren Struktur ist an dieser Stelle nicht sinnvoll, denn sie wird bereits bei der verlangten Inhaltsangabe deutlich. Unter Form wird hier die **Bestimmung der Textsorte** verstanden. Zwar muss die Einordnung wegen der genannten begrifflichen Unterschiede nicht unbedingt an dieser Stelle erfolgen, doch sollte die Textsorte mit ihren Kennzeichen, selbst wenn der Begriff Textsorte oder Art des Textes in der Aufgabenstellung nicht fällt, immer (z. B. in der Einleitung) behandelt werden.

Mögliche Gliederung

A. Informationen über Textquelle, Autor und Texthintergrund

B. Der Kommentar „Den Kindern eine Chance" – Maßnahmen, durch die unser Land kinderfreundlicher wird

1	**Texterschließung**
1.1	Inhalt des Textes
1.1.1	Rolle der Kinder in der Werbung und der Widerspruch zur Realität
1.1.2	Anlass des Textes und Situation der Kinder bei uns
1.1.3	Lage der Kinder in der Dritten Welt
1.1.4	Lösungsmöglichkeiten und Kritik an der Haltung vieler Bundesbürger
1.2	Gestaltung des Textes
1.2.1	zweispaltiger, gerahmter Text im Blocksatz
1.2.2	mehrere Überschriften und weitere Angaben
1.3	Form des Textes: Kommentar
1.3.1	äußere Gestaltung
1.3.2	typischer Aufbau und entsprechende Thematik
1.4	sprachliche Besonderheiten des Textes
1.4.1	Satzbau
1.4.1.1	Häufung von Fragesätzen
1.4.1.2	nachgestellte, durch Gedankenstriche verdeutlichte genauere Erläuterungen
1.4.2	Wortwahl
1.4.2.1	Begriffe aus der Werbung und viele Attribute
1.4.2.2	Fremdwörter, Fachbegriffe und Zahlenangaben
1.4.2.3	viele „-ung-Substantive"
1.4.3	rhetorische Mittel
1.4.3.1	Alliteration, Wortspiel, Wiederholung
1.4.3.2	Ironie
1.4.4	Sprachebene: gemischter Sprachstil, fast durchweg in der Hochsprache

1.5 Absichten der Verfasserin
1.5.1 Information über die Lage der Kinder weltweit
1.5.2 Aufdeckung von Werbephrasen
1.5.3 Aufruf, nicht nur zu reden, sondern zu handeln

2 weiterführende Erörterung: Maßnahmen, durch die unser Land kinder-freundlicher wird

2.1 für die Kinder selbst
2.1.1 mehr kindergerechte Spielplätze
2.1.2 mehr Veranstaltungen für Kinder

2.2 für Familien mit Kindern
2.2.1 größere finanzielle Unterstützung
2.2.2 besseres Freizeitangebot

C. Kinder- und Jugendkriminalität als Problem unserer Zeit

Aufsatzbeispiel

A.   Häufig hört man den Ausspruch „Den Kindern gehört die Zukunft!" Oft jedoch muss man sich fragen, was das wohl für eine Zukunft sein wird. Wer kennt nicht Bilder von verhungernden Kindern aus Afrika, Berichte über Getto-Kinder aus Amerika oder misshandelte Minderjährige bei uns? Daniela Schadt hat sich anlässlich des Weltkindertages mit dem Schicksal der Kinder auseinander gesetzt. Der Artikel „Den Kindern eine Chance" ist am 29. 9. 1996 in der Nürnberger Zeitung erschienen.

B.
1
1.1
1.1.1   Die Journalistin weist in dem Text auf die wenig erfreuliche Situation der Kinder bei uns und in der Dritten Welt hin und stellt mögliche Lösungswege vor. Der Inhalt kann in wesentliche Aussagen gegliedert werden. Die Einleitung verdeutlicht die Rolle der Kinder in der Werbung, nämlich ein unbeschwertes Leben in Wohlstand zu vermitteln; doch die Wirklichkeit sieht häufig anders aus als die in den Werbeslogans.

1.1.2   Zum Weltkindertag am 20. September wird jedes Jahr von verschiedenen Seiten gefordert, etwas für Kinder zu tun, in der Praxis aber ist kaum einer bereit, sein Verhalten zu ändern. Anhand konkreter Beispiele betont Daniela Schadt, wie schwer es ist, einerseits soziale Notwendigkeiten und andererseits das Wohl der Kinder zu berücksichtigen.

1.1.3   Anschließend kann man von der Ausbeutung der Kinder in der dritten Welt durch Jugendprostitution und schwere Arbeit lesen, wobei durch letztere speziell unsere Wohlstandsgesellschaft finanzielle Vorteile hat.

1.1.4   Eine mögliche Verbesserung der Lage der Kinder in der dritten Welt scheint nur in Sicht, wenn man die allgemeine Schulpflicht einführt. Hierbei sind die Entwicklungsländer aber auf finanzielle Unterstützung der Industrieländer angewiesen. Da dazu viele bei uns nicht bereit sind, sollte man sich nach Ansicht der Autorin scheinheilige Reden sparen.

1.2
1.2.1   Der Artikel ist relativ einfach gestaltet. Er umfasst zwei Spalten jeweils im Blocksatz und ist in sieben Absätze gegliedert, wodurch er übersichtlich wirkt und inhaltlich gut erschlossen werden kann. Ein dünner Rahmen umgibt den Gesamttext.

1.2.2   Auf der oberen Umrandung sitzt im Negativdruck der Hinweis „Unsere Meinung".

So fällt die Bestimmung der Textsorte leicht. Die dick und in einem größeren Schriftbild gedruckte Headline lautet: „Den Kindern eine Chance". Auch die Zusatzüberschrift „Statt Sonntagsreden sind konkrete Hilfen nötig" ist mittig gedruckt und weist bereits auf die kritische Auseinandersetzung mit der Thematik hin. Am Ende des Textes ist in Großbuchstaben der Name der Autorin vermerkt.

1.3
1.3.1 Der Text lässt sich allerdings noch näher bestimmen. Es handelt sich dabei eindeutig um einen Kommentar. Bereits das Layout mit Rahmen, das Nennen der Verfasserin, aber vor allem der Hinweis „Unsere Meinung" erleichtern die Einordnung.

1.3.2 In einem Kommentar werden immer aktuelle Ereignisse oder Entwicklungen auf verschiedenen Gebieten bewertet. Dabei wird die Wichtigkeit der Thematik hervorgehoben, Hintergründe werden aufgezeigt und aus der Sicht des Journalisten dargestellt, wie in vorliegendem Kommentar deutlich zu erkennen ist. Er soll dem Leser eine Hilfe bei seiner persönlichen Meinungsbildung sein. Am Ende enthält diese Textsorte meist einen Appell oder eine Kritik. Auch dies trifft auf den Artikel „Den Kindern eine Chance" zu.

1.4
1.4.1
1.4.1.1 Betrachtet man sich die sprachlichen Besonderheiten des Textes, so sind bezüglich des Satzbaus die vielen Fragesätze auffällig. Sie bestimmen den 3. Absatz, leiten den 6. Absatz ein und die Frage „Eine überflüssige Investition?" (Z. 82), als Ellipse formuliert, steht ziemlich am Ende des Kommentars. Fast immer handelt es sich um rhetorische Fragen, also Scheinfragen, auf die man keine Antwort erwartet. Durch diese Häufung von rhetorischen Fragen wird der Leser emotional in die Thematik eingebunden und es wird an sein Gewissen appelliert. Zusätzlich wird in den Zeilen 19–32 der Widerspruch zwischen dem Wunschdenken vieler und der Wirklichkeit hervorgehoben. Die Fragen Zeile 60–63 und 82 formuliert die Autorin, um im Anschluss daran ihre eigene Meinung deutlich kundzutun.

1.4.1.2 Mehrfach sind einzelne Sätze oder Satzteile durch Gedankenstriche getrennt, um das vorher Gesagte genauer zu erläutern oder zu ergänzen, wie dies in den Zeilen 58 f. und 80 ff. am augenfälligsten ist. Ähnliches gilt auch für Zeile 8 „... unsere Sprößlinge als ...", wo die Rolle der Kinder in der Werbung zusammenfassend gewertet wird. In den Zeilen 16 und 24 ist ein Gedankenstrich statt eines Kommas vor die Konjunktion „aber" gesetzt, wohl um den Gegensatz besonders zu verdeutlichen.

1.4.2
1.4.2.1 Bei den Wortarten fallen im ersten Absatz die vielen Begriffe aus der Werbung wie „Vermeidung von Karies" (Z. 3), „in aprilfrischen Klamotten" (Z. 5) oder „Fruchtjoghurts" (Z. 8) auf. Zahlreiche Substantive sind durch vom Aussagewert her positive Attribute, z. B. „Fröhliche" (Z. 3), „komfortablen" (Z. 4) oder „umhegte" (Z. 9), genauer bestimmt, sodass der ironische Grundton dieses Absatzes noch verstärkt wird.

1.4.2.2 Die vielen Fremdwörter wie „präpubertär" (Z. 10), „propagieren" (Z. 19/20), „Dilemma" (Z. 44) und Fachbegriffe wie „Areal" (Z. 38), „Flächenversiegelung" (Z. 36/37) oder „Billig-Arbeitskräfte" (Z. 56) sollen die Glaubwürdigkeit des Kommentars unterstreichen und den Leser von der Richtigkeit der Ansichten überzeugen. Dabei dürften kaum Verständnisprobleme auftreten, da diese Begriffe entweder den meisten Lesern geläufig sind oder – wenn nötig – erklärt werden, wie ILO in Z. 73. Die Zahlenangaben in den Zeilen 27 und 48 unterstützen die Argumentation und belegen den Informationswert des Textes.

1.4.2.3 Schließlich sollten noch die vielen „-ung-Substantive" genannt werden. Ob „Vermeidung" (Z. 3), „Karriereplanung" (Z. 30), „Ansiedlung" (Z. 39/40) oder „Ausbeutung" (Z. 55), „Einführung" (Z. 73/74) und „Aus- und Weiterbildung" (Z. 77), fast immer dient dieser Nominalstil dazu, die Aussagen in eine knappere Form zu fassen. Daniela Schadt wendet im ganzen Text gezielt dieses Mittel der sprachlichen Verdichtung an.

1.4.3	Neben den schon genannten rhetorischen Fragen fallen im Text weitere rhetori-
1.4.3.1	sche Mittel auf. Die Autorin benutzt in den ersten Zeilen gehäuft Begriffe mit dem Anfangskonsonanten k, alle in Zusammenhang stehend mit der Darstellung der Kinderwelt in der Werbung. Fast spielerisch werden die Wörter „Kindheit" (Z. 2), „Karies" (Z. 3), „Knirpse" (Z. 3), „komfortablen" (Z. 4) und „Klamotten" (Z. 5) eingesetzt. Eine Alliteration tritt zudem in Zeile 31/32, nämlich „Zeit und Zuwendung", auf. Dadurch wird deren Bedeutung besonders hervorgehoben. Dasselbe gilt für das Wortspiel „mucksmäuschenstill" (Z. 16/17), wodurch der Wunsch nach besonders leisem Spielen der Kinder unterstrichen wird. Die Aufzählung „mehr Schutz, mehr Rechte, mehr Mitsprache" (Z. 21/22) wird durch das sich wiederholende „mehr" betont und die Forderung dadurch intensiviert.
1.4.3.2	Ein Kommentar kann ernsthaft oder auch aggressiv formuliert sein; doch auch die Ironie ist als Stilmittel möglich. Die Journalistin arbeitet vor allem im ersten Absatz mit der Ironie, d. h., sie meint genau das Gegenteil von dem, was uns die Werbung vorgaukelt. So ist die „Vermeidung von Karies" (Z. 3) alles andere als die „schwerste Bürde einer Kindheit" (Z. 2). In den Zeilen 16–18 prangert sie auf ironische Weise an, dass bei uns das Herumtollen und Lachen der Kinder von vielen als störend empfunden wird.
1.4.4	Es lässt sich feststellen, dass die Autorin, die fast durchweg die Hochsprache benutzt, einleitend einen ironischen Stil bevorzugt. Im Verlauf des weiteren Textes wechselt sie zwischen einem emotional gefärbten, appellativen Stil und einer durchaus sachlich-nüchternen Darstellung der Tatsachen. Insgesamt bewegt sich der Kommentar auf einer gehobenen Sprachebene. Trotzdem dürften auch beim jugendlichen Leser keine Verständnisprobleme auftreten.
1.5	Die Absichten der Verfasserin liegen klar auf der Hand. Sie will über die Lage der
1.5.1	Kinder weltweit informieren und bestehende Missstände anhand von Einzelbeispielen, die sowohl in Deutschland als auch in der Dritten Welt in unterschiedlichen Formen zu Tage treten, aufzeigen.
1.5.2	Allerdings möchte die Autorin auch Werbephrasen aufdecken. Das gelingt ihr im ersten Absatz, in dem sie die Unglaubwürdigkeit der Werbung deutlich macht, die in krassem Gegensatz zur Realität steht.
1.5.3	Daneben ist es ihr ein Anliegen, die Menschen zum Handeln zu bewegen. Sie richtet einen Appell an all diejenigen, die nur nach außen hin am Schicksal unterdrückter Kinder Anteil nehmen, aber nicht bereit sind, einen Beitrag – und sei er nur finanzieller Art – zur Verbesserung ihrer Lebenssituation zu leisten.
2	Wenn man sich mit diesem Kommentar befasst hat, muss man sich fragen, was getan werden kann, damit unser Land kinderfreundlicher wird. Hier sollte zu-
2.1	nächst auf die Bedürfnisse der Kinder selbst eingegangen werden. In vielen Ge-
2.1.1	meinden wäre es nötig, kindgerechte Spielplätze zu bauen.
	...

Mögliche Gliederung

A. Information über den Autor Peter Bichsel

B. Die Kurzgeschichte „Die Tochter" – weitere Probleme zwischen Eltern und Kindern

1   Texterschließung

1.1   Inhalt: Warten eines Ehepaares auf ihre Tochter

1.2   Charakterisierung
1.2.1   der Beziehung zwischen Eltern und Tochter
1.2.1.1   Tochter als Lebensmittelpunkt
1.2.1.2   Verehrung und Bewunderung der Tochter
1.2.1.3   gestörte Kommunikation und Einseitigkeit der Beziehung
1.2.2   von Mutter und Vater
1.2.2.1   typische Rollenverteilung
1.2.2.2   Beschränkung auf die Elternrolle
1.2.2.3   reduzierte Kommunikation
1.2.2.4   kein Eigenleben mit eigenen Interessen

1.3   Form
1.3.1   äußere Form
1.3.1.1   stark gegliedert bei der wörtlichen Rede
1.3.1.2   längere beschreibende Passagen
1.3.2   innere Form mit den Merkmalen einer Kurzgeschichte
1.3.2.1   unvermittelter Beginn
1.3.2.2   offener Schluss
1.3.2.3   kurzer Ausschnitt aus dem Leben
1.3.2.4   Thematik: besondere Situation im Leben zweier Menschen

1.4   Sprache
1.4.1   Satzbau
1.4.1.1   knappe Informationen in Hauptsätzen oder Satzreihen
1.4.1.2   erzählende Passagen in gleichartigen Satzgefügen
1.4.2   Wortwahl
1.4.2.1   ständige Wiederholung bestimmter Verben wie „warten, sagen, sich vorstellen"
1.4.2.2   gehobene Wortwahl mit Fremdwörtern in Verbindung mit der Tochter
1.4.3   rhetorische Mittel
1.4.3.1   Wiederholung
1.4.3.2   Vergleich
1.4.3.3   Abwertung

1.5   Absicht und Wirkung des Textes
1.5.1   kritische Beleuchtung des Verhältnisses Eltern – Tochter
1.5.2   Entfremdung des Ehepaares
1.5.3   Vereinsamung

2   weiterführende Erörterung: Welche weiteren Probleme können zwischen Eltern und Jugendlichen auftreten?

2.1   hinsichtlich der Lebensführung
2.1.1   auffallendes Äußeres
2.1.2   Großzügigkeit und lockere Lebensweise

2.2   hinsichtlich der Lebensansichten
2.2.1   Kompromisslosigkeit
2.2.2   unterschiedliche Wertvorstellungen

C. Der Generationskonflikt wird immer ein aktuelles Thema sein.

Möglicher Antwortenkatalog

A. Informationen über den Autor

Peter Bichsel wurde am 24. 3. 1935 in Luzern/Schweiz geboren, war zunächst Lehrer, ab 1968 freier Schriftsteller; der Text „Die Tochter" ist seinem Erstlingswerk „Eigentlich möchte Frau Blum den Milchmann kennenlernen." entnommen; eine Sammlung von 21 wortkargen Kurzgeschichten aus dem Alltag, die vor allem menschliche Einsamkeit und Enttäuschungen wiedergeben.

B. Die Kurzgeschichte „Die Tochter" – weitere Probleme zwischen Eltern und Kindern

1 Texterschließung

1.1 Inhalt

Ein Ehepaar sitzt abends am Küchentisch und wartet auf seine Tochter Monika, die um halb acht von der Arbeit in der Stadt nach Hause kommen soll. Während die Eltern warten, machen sie sich Gedanken über ihre Tochter, die sie bewundern und die bald das Elternhaus verlassen wird.

1.2 Charakterisierung

1.2.1 der Beziehung zwischen Eltern und Tochter

1.2.1.1 Tochter als Lebensmittelpunkt der Eltern
- Die Überschrift deutet bereits an, wer im Mittelpunkt steht, nämlich „Die Tochter"; sie wird mit Namen genannt, während die Eltern nur als „Vater", „Mutter" oder „Frau" bezeichnet werden.
- Der Feierabend der Eltern ist völlig auf die Tochter ausgerichtet: Sie „warten" (in den Zeilen 1–9 erscheint dieses Wort fünfmal) geduldig eine ganze Stunde, bis sie kommt.
- Ihr Lebensrhythmus ist auf die Tochter abgestimmt: Sie haben das Abendessen um eine Stunde auf halb acht verschoben, weil sie mit der Tochter gemeinsam zu Abend essen wollen. (Z. 3; Z. 29/30)
- Ihre Gedanken kreisen nur um die Tochter.

1.2.1.2 unverhohlene Bewunderung und Verehrung der Tochter
- „Sie war größer gewachsen als sie, sie war auch blonder ..." (Z. 8)
- Sie kann „schön singen" (Z. 34), kann „französisch" (Z. 39), „stenografieren" (Z. 41)
- Sie fühlen sich ihr unterlegen: „Für uns wäre das zu schwer" (Z. 41)
- Sie führt ein vornehmeres Leben als die Eltern (Z. 10–13; Z. 17–24); Vater ist Arbeiter, die Tochter ein „Bürofräulein" (Z. 19)
- Unterwürfige Haltung der Eltern ihr gegenüber: Der Vater hatte sie „gebeten" (Z. 39) „mal etwas auf französisch zu sagen" (Z. 39/40)

1.2.1.3 gestörte Kommunikation und Einseitigkeit der Beziehung
- Die Tochter lässt die Eltern nicht an ihrem Leben teilnehmen: „Sie wußte aber nichts zu sagen." (Z. 19/20, Z. 40)
- Die Eltern stellen sich ihr Leben vor, sind allerdings auf Vermutungen angewiesen, wissen nichts von ihr: „... versuchten sich vorzustellen" (Z. 21; Z. 26)

1.2.2 von Mutter und Vater

1.2.2.1 typische Rollenverteilung
- Vater sitzt „oben" am Tisch, Mutter „nahe der Küchentür" (Z. 5)
- Vater ist wortkarg, hängt seinen Gedanken nach, „dachte" (Z. 38; Z. 41), reagiert nur selten auf ihre Denkanstöße.
- Mutter spricht ihre Gedanken aus, fängt immer wieder zu reden an.

1.2.2.2 Beschränkung auf die Elternrolle
- Gedanken und Gesprächsthema kreisen nur um die Tochter; sie sind „nur" Eltern
- Sie haben keinen Namen, sprechen sich nicht an, sondern werden nur in ihrer Rolle als „Vater" oder „Mutter" gesehen.

1.2.2.3 reduzierte Kommunikation
- Sie reden nur das Nötigste in einfachsten Worten: knappe wörtliche Rede; sie sprechen nicht über sich selbst, sondern nur über die Tochter.

1.2.2.4 kein Eigenleben mit eigenen Interessen
- Sie richten ihren Tagesrhythmus nach der Tochter aus.
- Sie führen ein Leben aus „zweiter Hand", d. h. sie gestalten ihren Feierabend nicht „aktiv", sondern verbringen ihn „passiv" durch das Warten auf die Tochter; anstatt selber zu leben, stellen sie sich vor, wie ihre Tochter lebt. „Dann versuchten sie wenigstens, sich genau vorzustellen ..." (Z. 21–27).

1.3 Form

1.3.1 äußere Form

1.3.1.1 insgesamt stark gegliedert durch wörtliche Rede
- Z. 33–43

1.3.1.2 längere beschreibende Passagen
- Z. 1–7, Z. 10–13, Z. 28–32, um sich die Situation besser vorstellen zu können

1.3.2 innere Form mit den Merkmalen einer Kurzgeschichte

1.3.2.1 unvermittelter Beginn
- plötzlicher Beginn ohne Einleitung, ohne Vorstellen der Situation: wer mit „sie" (Z. 1) gemeint ist, ist zunächst unklar.

1.3.2.2 offener Schluss
- plötzlicher Schluss, der keine Auflösung bringt; die sehnlichst erwartete Tochter lernt der Leser nicht kennen.

1.3.2.3 kurzer Ausschnitt aus dem Leben
- ungefähr eine Stunde aus dem Leben dieses Elternpaares

1.3.2.4 besondere Situation im Leben zweier Menschen
- geduldiges Warten auf die Tocher

1.4 Sprache

1.4.1 Satzbau

1.4.1.1 knappe Informationen in Hauptsätzen oder Satzreihen
- informative Tatbestände, Aussage reduziert auf das Wesentliche, über Gefühle wird nicht gesprochen

1.4.1.2 erzählende Passagen in gleichartigen Satzgefügen
- Aneinanderreihung von „dass" – Sätzen (Z. 28–30): auch nach dem möglichen Auszug der Tochter festgelegter, starrer, sich ständig wiederholender Ablauf des Feierabends.
- Aneinanderreihung von „wie" – Sätzen (Z. 21–24), um zu schildern, wie sich die Eltern den Tagesablauf ihrer Tochter vorstellen;
Wirkung: monotoner Satzbau gibt den monotonen, starren Ablauf des Alltags wieder.

1.4.2 Wortwahl

1.4.2.1 ständige Wiederholung bestimmter Verben
- „warten": Der Feierabend dieser Leute besteht aus Inaktivität, ist voller „Erwartung" auf die Tochter ausgerichtet.
- „sich vorstellen": Sie wissen nichts über ihre Tochter und sind auf Spekulationen angewiesen.
- „sagen": eingeschränkte Wortwahl einfacher Leute
- „essen, arbeiten": ihr Alltag ist reduziert auf die Grundbedürfnisse.
Wirkung: der Alltag einfacher Leute (Mann ist Arbeiter: „Lohntüte", Z. 14) spiegelt sich auch in der Redeweise; Erlebnisarmut zu Hause

1.4.2.2 gehobene Wortwahl mit Fremdwörtern in Verbindung mit der Tochter
- treffende Verben: „aufschlägt, vorweist, entlanggeht, sich unterhält, erwidert" (Z. 22–24)
- beschreibende Adjektive und Partizipien: „beiläufig, lächelnd, angeregt" (Z. 21–24)
- Fremdwörter: „Tea-room (Z. 18), „Etui" (Z. 22), „Abonnement" (Z. 22), „Modejournal" (Z. 26)
Absicht: Für die Eltern ist die Tochter etwas Besonderes, sie ragt aus der Masse heraus, gehört einer höheren gesellschaftlichen Schicht an.

1.4.3 rhetorische Mittel

1.4.3.1 Wiederholung
- Satzbau: „dass-Sätze"; „wie-Sätze"
- Wortwahl: „warten, sich vorstellen, sagen"
Absicht: Verdeutlichung des eintönigen, monotonen Lebens dieser Leute

1.4.3.2 Vergleich
- „größer gewachsen als sie" (Z. 8); „sie war auch blonder" (Z. 8) „wie deine Schwester" (Z. 33)
Absicht: Die Tochter ist etwas Besseres als sie; sie bewundern sie.

1.4.3.3 Abwertung
„Für uns wäre das zu schwer" (Z. 41)
Absicht: Sie trauen sich nichts zu, haben kein Selbstbewusstsein.

1.5 Absicht des Textes

1.5.1 kritische Beleuchtung des Verhältnisses Eltern – Tochter
Die Eltern lieben ihre Tochter abgöttisch und bewundern sie; sie sind stolz auf sie, dass sie sowohl beruflich als auch von ihrem äußeren Erscheinungsbild her über ihnen steht, ihnen überlegen ist. Die Tochter lässt sie an ihrem Leben allerdings nicht teilhaben, grenzt sie aus, vielleicht weil sie sich erdrückt fühlt von der Neugier der Eltern. Die Kluft zwischen den beiden Generationen wird deutlich.

1.5.2 Entfremdung des Ehepaares
Ihre Gedanken und ihr Gespräch kreisen ständig um ihre Tochter; über sich sprechen sie nicht; anstatt nun, da die Tochter mehr oder weniger aus dem Haus ist, wieder ihre Partnerschaft zu pflegen, fixieren sie sich weiterhin auf ihr Kind und vereinsamen.

2 **weiterführende Erörterung: weitere Probleme zwischen Eltern und Jugendlichen**

2.1 **hinsichtlich der Lebensführung**

2.1.1 **auffallendes Äußeres**
Mitmachen bei den neuesten Modetrends: bunt gefärbte (rosa, lila, grün, blau) Haare und Nägel, Tätowierung, Piercing, extreme Kleidung, äußeres Erscheinungsbild entspricht nicht dem Geschmack der Eltern; dadurch wird die Toleranzgrenze der Eltern stark beansprucht.

2.1.2 **Großzügigkeit und lockere Lebensweise**
langes Ausgehen, in den Tag hineinleben, Spaß, Vergnügen; Wohngemeinschaften, häufiger Partnerwechsel; dadurch Konflikte mit den Eltern, die z. T. konservativ sind und andere Vorstellungen haben, in den Augen der Kinder oft spießbürgerlich sind.

2.2 **hinsichtlich der Lebensansichten**

2.2.1 **Kompromisslosigkeit**
Aburteilung Andersdenkender, vor allem der Älteren, Nicht-Anerkennen ihrer Lebenserfahrung; Durchsetzen ihrer Vorstellungen ohne Rücksicht auf andere; dadurch kein Dialog mit den Eltern möglich.
oder:
Eltern sind nicht bereit, auf ihre Kinder einzugehen, lehnen ihr Äußeres und ihre Ansichten rigoros ab, sind intolerant und autoritär, wenig offen für Kompromisse.

2.2.2 **unterschiedliche Wertvorstellungen**
Ablehnung traditioneller Werte wie Fleiß, Pünktlichkeit, Sparsamkeit, Zuverlässigkeit, Einordnungsbereitschaft; stattdessen stehen Vergnügen, Lebenslust im Mittelpunkt; statt uneingeschränktem Einsatz im Berufsleben wird der Verdienst, der materielle Wert des Berufs betont; Eltern kommen mit dieser Einstellung oft nicht mehr zurecht.

C. Der Generationskonflikt wird immer ein aktuelles Thema bleiben.
Jede Generation ist in eine andere Zeit hineingeboren, die politischen und sozialen Zeitumstände ändern sich ständig und beeinflussen die Lebenseinstellung und das Lebensgefühl; doch wenn man bereit ist, miteinander zu reden, voneinander zu lernen und die Ansichten des anderen achtet, können sich die Generationen ergänzen.

1. Aggressives Verhalten im Straßenverkehr: Welche Gründe gibt es dafür? Welche Möglichkeiten sehen Sie, dieses Verhalten einzudämmen?

2. Warum ist es wichtig, dass sich junge Menschen am politischen Leben beteiligen? Welche Möglichkeiten haben sie?

3. Fußball ist eine der beliebtesten Sportarten. Worin sehen Sie die Gründe dafür? Welche negativen Begleiterscheinungen gibt es?

4. Viele Schulen organisieren einen Schüleraustausch mit einer Partnerschule im Ausland. Was veranlasst Schülerinnen und Schüler, sich für einen solchen Austausch zu melden? Welche Schwierigkeiten können auftreten?

5. Ecstasy ist eine der neuen Modedrogen. Welche Gefahren sind mit dem Konsum dieser Droge verbunden und wie können junge Menschen davon abgehalten werden?

6. Immer mehr Menschen suchen Zugang zum Internet. Was versprechen sie sich davon? Welche Probleme können sich ergeben?

1998/1   Aggressives Verhalten im Straßenverkehr: Welche Gründe gibt es dafür?
Welche Möglichkeiten sehen Sie, dieses Verhalten einzudämmen?

A. Trotz ständiger Mahnungen/Zeitungsanzeigen vonseiten der Polizei passieren noch viel zu viele Unfälle im Straßenverkehr.

B. Gründe für aggressives Verhalten im Straßenverkehr und mögliche Gegenmaßnahmen

1   Gründe für aggressives Verhalten im Straßenverkehr

1.1   äußere Einflüsse
1.1.1   laute und aggressive Musik im Fahrzeug
1.1.2   Alkoholkonsum
1.1.3   negative Vorbilder in den Medien
1.1.4   Angabe vor den Freunden
1.1.5   Zeitdruck und Hektik

1.2   innere Einflüsse
1.2.1   Stress im Beruf
1.2.2   Probleme im Privatleben
1.2.3   Abreagieren von Aggressionen
1.2.4   Ungeduld und wenig Toleranz gegenüber der Fahrweise anderer
1.2.5   Rücksichtslosigkeit und Durchsetzungsvermögen als Zeichen von Stärke

2   mögliche Gegenmaßnahmen

2.1   Maßnahmen vonseiten des Staates
2.1.1   Verlängerung der Probezeit für junge Autofahrer
2.1.2   Herabsetzen der Promillegrenze für Straßenverkehrsteilnehmer
2.1.3   noch mehr Informationen zu Unfallfolgen
2.1.4   strengere Polizeikontrollen und härtere Strafen

2.2 vonseiten der Gesellschaft
2.2.1 Vermittlung von positiven Vorbildern in den Medien
2.2.2 Toleranz und Rücksichtnahme als Werte unserer Gesellschaft

2.3 vonseiten des Einzelnen
2.3.1 sinnvoller Abbau von Aggressionen
2.3.2 friedliche Bewältigung von Problemen
2.3.3 Verantwortungsbereitschaft auch für die anderen Verkehrsteilnehmer

C. Die Zunahme der Aggressivität macht sich nicht nur im Straßenverkehr bemerkbar, sondern auch in anderen Bereichen des täglichen Lebens.

1998/2 Warum ist es wichtig, dass sich junge Menschen am politischen Leben beteiligen? Welche Möglichkeiten haben sie?

A. Eine Zielgruppe im Bundestagswahljahr 1998 ist die Jugend.

B. Warum ist es wichtig, dass sich junge Leute am politischen Leben beteiligen? Welche Möglichkeiten haben sie?

1 Bedeutung der politischen Beteiligung
1.1 für die jungen Menschen selbst
1.1.1 Wachsen an der Auseinandersetzung mit politischen Themen
1.1.2 Erlernen von Selbstbehauptung in Fachkreisen
1.1.3 Knüpfen von wichtigen Kontakten
1.1.4 Entwicklung zu einem mündigen Bürger durch Übernahme von Verantwortung
1.1.5 Einblick in gesellschaftliche und politische Zusammenhänge

1.2 für den Staat
1.2.1 Verjüngung der oft verkrusteten Parteienstruktur
1.2.2 Mitbestimmung des politischen und gesellschaftlichen Kurses durch Jüngere
1.2.3 Verhinderung des Machtmissbrauchs durch kritische Denkweise der Jungen
1.2.4 Stabilisierung der Demokratie

2 Möglichkeiten der Beteiligung
2.1 innerhalb einer Partei
2.1.1 Eintritt in eine politische Partei
2.1.2 Mitgestaltung des Parteilebens
2.1.3 Wahlhilfe

2.2 außerhalb einer Partei
2.2.1 Schreiben von Briefen an Politiker und Zeitungen
2.2.2 Besuch von Wahlversammlungen und Kundgebungen
2.2.3 Teilnahme an Demonstrationen und Protestbewegungen
2.2.4 Beteiligung an Bürgerinitiativen
2.2.5 Mithilfe bei politischen Aktionen
2.2.6 Nutzung des Wahlrechts

C. Politisches Desinteresse kann für eine Demokratie gefährlich werden.

1998/3   **Fußball ist eine der beliebtesten Sportarten. Worin sehen Sie die Gründe dafür? Welche negativen Begleiterscheinungen gibt es?**

A. Derzeit findet in Frankreich die Fußballweltmeisterschaft statt.

B. Warum ist Fußball eine der beliebtesten Sportarten? Welche negativen Begleiterscheinungen gibt es?

1	**Gründe für die Beliebtheit dieser Sportart**
1.1	für den Sporttreibenden
1.1.1	einfache Möglichkeit, den Sport auszuüben
1.1.1.1	kein hoher finanzieller Aufwand
1.1.1.2	Vereine am Ort und Fußballmannschaften in der Schule
1.1.2	wegen der Sportart an sich
1.1.2.1	Mannschaftssport mit langer Tradition
1.1.2.2	körperlicher Ausgleich zu Schule und Beruf
1.1.3	Traum von einer Karriere bei Kindern und Jugendlichen
1.1.3.1	Hoffen auf hohes Einkommen
1.1.3.2	Wunsch nach Popularität
1.2	für den Zuschauer oder das weitere Umfeld
1.2.1	wichtiges Thema in den Medien
1.2.1.1	zahlreiche Fernsehübertragungen
1.2.1.2	viele Artikel in Zeitschriften und Zeitungen
1.2.2	mögliche Freizeitgestaltung
1.2.2.1	Spaß an den Wochenenden
1.2.2.2	Gesinnungsgleiche im Fanclub
1.2.3	Ausleben von Emotionen
1.2.3.1	Wettkampfcharakter des Spiels
1.2.3.2	Identifikation mit einem Idol oder einer Mannschaft
2	**mögliche Begleiterscheinungen**
2.1	für den Sporttreibenden
2.1.1	großer Leistungsdruck
2.1.1.1	unfaire Verhaltensweisen
2.1.1.2	häufiger Trainerwechsel
2.1.2	gesundheitliche Gefahren
2.1.2.1	viele Verletzungen
2.1.2.2	Gefahr von Doping
2.2	für den Zuschauer oder das weitere Umfeld
2.2.1	finanzielle Auswüchse
2.2.1.1	übersteigerter Monatslohn bei Profis
2.2.1.2	horrende Ablösesummen
2.2.1.3	Bereitstellen von Sicherheitskräften und zusätzliche Sicherheitsvorkehrungen bei bestimmten Spielen
2.2.2	Kommerzialisierung des Sports
2.2.2.1	Fanartikel für alle Lebensbereiche
2.2.2.2	zunehmende Werbeüberflutung
2.2.2.3	„Kampf" um Übertragungsrechte

2.2.3   Sachbeschädigungen und Körperverletzungen wegen hoher Gewaltbereitschaft
2.2.3.1   Ausschreitungen durch Hooligans
2.2.3.2   aggressives Verhalten rivalisierender Fanclubs
2.2.3.3   Bühne für politische Randgruppen

C. Im Amateur- und Profifußball sind diese Begleiterscheinungen sehr unterschiedlich ausgeprägt.

1998/4   **Viele Schulen organisieren einen Schüleraustausch mit einer Partnerschule im Ausland. Was veranlasst Schülerinnen und Schüler, sich für einen solchen Austausch zu melden? Welche Schwierigkeiten können auftreten?**

A. Die Wahl der Partnerschulen hängt meist eng mit den Städtepartnerschaften zusammen.

B. Warum melden sich Schüler/-innen für einen Austausch? Welche Schwierigkeiten können auftreten?

1   **Teilnahme an einem Austausch**

1.1   persönliche Beweggründe
1.1.1   Denken über die nationalen Grenzen hinaus
1.1.2   Selbstständigkeit und Abwechslung vom Familienalltag

1.2   Erlebnischarakter
1.2.1   Spaß und Freude in vielerlei Hinsicht
1.2.2   Erweiterung des Freundeskreises

1.3   Allgemeinbildung
1.3.1   Kennenlernen von Land und Leuten
1.3.2   kulturelle Besonderheiten

1.4   schulische Gründe
1.4.1   willkommene Unterbrechung des langen Schuljahres
1.4.2   Unterrichtsbesuche im Gastgeberland
1.4.3   Anwendung einer erlernten Fremdsprache

2   **mögliche Schwierigkeiten**

2.1   finanzieller Art
2.1.1   hohe Grundkosten
2.1.2   finanzieller Aufwand während des Aufenthalts

2.2   zwischenmenschlicher Art
2.2.1   Probleme innerhalb der Reisegruppe
2.2.2   Anpassungsprobleme in der Gastfamilie
2.2.3   eventuell sprachliche Hindernisse
2.2.4   zu wenig Freiraum

2.3   schulischer Art bei längerem Aufenthalt
2.3.1   Schwierigkeiten mit anderem Schulsystem
2.3.2   Versäumnisse wegen abweichender Lerninhalte

C. Meiner Meinung nach sollte man die Chance zu einem Schüleraustausch nutzen.

Aufsatzbeispiel

A. Viele Schulen sind in den letzten Jahren verstärkt mit Schulen im Ausland in Kontakt getreten. Dieser erstreckt sich vor allem auf Länder der EU, seit Öffnung der Grenzen im Osten auch auf osteuropäische Staaten oder sogar bis in die USA, Kanada und Australien. Die Wahl der Partnerschulen hängt meist eng mit den Städtepartnerschaften zusammen, die von historischer, politischer, wirtschaftlicher und kultureller Bedeutung sind. Einen wesentlichen Beitrag dazu leisten Austauschprogramme unter den Schulen. Viele Schülerinnen und Schüler wünschen sich einen solchen Auslandsaufenthalt, denken jedoch meist nicht an mögliche Schwierigkeiten.

B. Die Motive für die Teilnahme an einem Schüleraustausch sind äußerst vielfältig.

1 Darunter fallen zunächst einmal ganz **persönliche Beweggründe**. In den letzten

1.1 Jahren ist gerade unter der Jugend das Bewusstsein gestiegen, **über die eigenen**

1.1.1 **Staatsgrenzen hinaus zu denken** und sich auch als Europäer zu fühlen. Dies gilt nicht nur für das Zusammenwachsen innerhalb der Europäischen Union, junge Leute haben ebenso ihr Interesse an osteuropäischen Staaten entdeckt. Ob also Frankreich, England, Italien oder Tschechien, Polen und sogar Russland, viele Jugendliche erkennen, dass ihre Zukunft in einem vereinten Europa liegt. Darum entscheiden sie sich dafür, einen Austausch in diese Länder zu starten.

1.1.2 Ein anderer Beweggrund ist, dass der junge Mensch **vom Familienalltag Abstand gewinnen** will und nach Selbstständigkeit und Unabhängigkeit strebt. Viele nehmen an einem Austauschprogramm im Alter von 13 bis 16 Jahren teil, sie befinden sich also in der Pubertät. In dieser Entwicklungsphase wollen die Heranwachsenden auf sich allein gestellt sein, ohne ständig von den Eltern zurechtgewiesen oder „kontrolliert" zu werden. Aber auch die Tatsache, dass man einfach einmal aus den familiären Verpflichtungen und Zwängen ausbrechen will, spielt eine Rolle. Die Chance dazu bietet für einen begrenzten Zeitraum ein Schüleraustausch. In der Gastfamilie wird man nicht ermahnt, das Zimmer endlich aufzuräumen. Auch auf kleinere Geschwister braucht man nicht aufzupassen.

1.2 Nicht zu unterschätzen ist der **Erlebnischarakter** einer solchen Unternehmung.

1.2.1 **Lachen und Freude in vielerlei Hinsicht** sind fast immer garantiert. Meist fährt man im Klassenverband oder mit Schülern der gleichen Jahrgangsstufe, sodass man sich bereits mehr oder weniger gut kennt. Schon die Fahrt zur Partnerschule ist abwechslungsreich und lustig. Außerdem sind gemeinsame Unternehmungen vor Ort und der lockere Umgang untereinander mit viel Spaß verbunden. Dieses Gruppenerlebnis wird man so schnell nicht vergessen.

1.2.2 Gerade bei einem Schüleraustausch ist es der Fall, dass man im fremden Land **neue Bekanntschaften** macht. So kommt man nicht nur mit den Austauschschülern in engeren Kontakt, sondern bei abendlichen Festen oder verschiedenen Veranstaltungen werden weitere Freundschaften geknüpft. Die entspannte Atmosphäre bringt es mit sich, dass man unvoreingenommen auf andere zugeht. Die Schüler/-innen tauschen Adressen aus und nicht selten ist dies der Beginn einer langen und intensiven Brieffreundschaft.

1.3 Daneben ist es bedeutsam, dass man **Land und Leute kennen lernt** und somit

1.3.1 etwas für seine **Allgemeinbildung** tut. Ob der Schüleraustausch in England, Frankreich oder gar in Übersee ist, man kann vielleicht danach beurteilen, inwieweit typische Wesensmerkmale, die bestimmten Völkern zugesprochen werden, richtig sind oder nicht. Vielleicht erfährt der junge Mensch tatsächlich die Gastfreundschaft und den schwarzen Humor der Engländer. Er kann Unterschiede in der Ernährung feststellen und wird je nach Zielort mit Neuem konfrontiert, was Klima, Vegetation und Landschaftsbild betrifft. All das trägt bei zu einer umfassenden Allgemeinbildung.

1.3.2	Nicht zu vergessen sind **kulturelle Besonderheiten**, die der Zielort oder die Umgebung bietet. Museen, Kirchen oder Schlösser, in ihnen spiegelt sich die Vergangenheit der Region wider und sie hinterlassen oft einen unvergesslichen Eindruck. Wer etwa als Austauschschüler in der westlichen Bretagne ist, wird nicht nur die abwechslungsreiche Küstenlandschaft, sondern vor allem die geheimnisvollen Megalithen, Dolmen und Menhire in Erinnerung behalten. Es ist unbestritten, dass durch Reisen der Horizont erweitert wird.
1.4 1.4.1	Eine wesentliche Rolle für einen Schüleraustausch spielen **schulische Gründe.** Er bietet eine **willkommene Unterbrechung des langen Schuljahres.** Zwischen den Ferien liegen oft Wochen mühevoller Arbeit, in denen Noten und damit schulische Leistungen an erster Stelle stehen. Darum ist der Einzelne froh, wenn er einmal dem Schulalltag entfliehen kann. Viele Austauschprogramme erstrecken sich über einen Zeitraum von 14 Tagen, sodass der Jugendliche danach mit vielen neuen Eindrücken und neuem Elan wieder die Schulbank drücken kann.
1.4.2	Zudem wollen manche Jugendliche einmal erfahren, wie ein Schultag an einer ausländischen Schule verläuft. Anlässlich eines Schüleraustausches finden **Unterrichtsbesuche im jeweiligen Gastgeberland** statt, wenngleich man bei einem kurzen Aufenthalt nicht streng an den Stundenplan gebunden ist. Wie groß sind die Klassen? Wie läuft der Unterricht ab? Müssen die Schüler ihre Schulbücher selbst kaufen? Gibt es eine Mittagsverpflegung? Das sind Fragen, die einige Schüler schon lange beschäftigen. Womöglich schätzen die Jugendlichen nach diesem Aufenthalt die Heimatschule wieder mehr.
1.4.3	Viele melden sich für einen Schüleraustausch, um ihre **Fremdsprachenkenntnisse zu verbessern.** Der Schüler erlebt den täglichen Umgang mit einer Sprache, der er zu Hause nur in Büchern und im Unterricht begegnet. Ist man zu Beginn noch etwas unsicher, so wird man mit der Zeit doch mutiger und hat weniger Hemmungen, sich in der Fremdsprache zu verständigen. Sie direkt anzuwenden und gleichzeitig Einheimische sprechen zu hören, ist für jeden Schüler ein willkommenes Lerntraining und kann ihm in der Heimatschule von Nutzen sein.
2 2.1 2.1.1	Neben den vielen positiven Seiten eines Schüleraustausches dürfen mögliche Schwierigkeiten nicht vergessen werden. Hier muss man zunächst an die **finanziellen Belastungen** denken. Wenngleich nicht so hohe Kosten anfallen wie bei einer Buchung über ein Reiseunternehmen, das sich auf Sprachreisen spezialisiert hat, sind doch **Grundkosten** in Form der Hin- und Rückreisekosten und eventuell Eintrittsgelder für Besichtigungen zu entrichten. Sie werden sich je nach Reiseziel, Verkehrsmittel und Aufenthaltsdauer auf einige hundert Mark oder mehr belaufen.
2.1.2	Doch damit ist es noch nicht getan. Der Jugendliche benötigt auch **während des Aufenthalts Geld.** Zwar sollte die Verpflegung durch die Gasteltern garantiert sein, aber bei Ausflügen oder abendlichen Veranstaltungen benötigt der Schüler zusätzlich Geld für Getränke oder einen kleinen Imbiss. Entspricht die einheimische Kost nicht immer dem Geschmack des Gastschülers, so wird er auf das Angebot einer der international verbreiteten Fastfood-Ketten zurückgreifen. Hinzu kommen Gastgeschenke und „Mitbringsel" für die Eltern, Geschwister und Freunde zu Hause. Vielleicht kauft der eine oder andere noch Kleidungsstücke und schon haben wieder einige hundert Mark den Besitzer gewechselt. Die finanzielle Seite gestaltet sich also für viele Familien durchaus problematisch.

2.2	Darüber hinaus kann es zu **Schwierigkeiten zwischenmenschlicher Art,** etwa
2.2.1	**Problemen innerhalb der Reisegruppe,** kommen. Wie schon erwähnt fährt man zumeist im Klassenverband oder mit Schülern der gleichen oder einer ähnlichen Jahrgangsstufe. Die Anreise dauert oft lange und ist anstrengend. Vielleicht sitzt man stundenlang dicht gedrängt im Bus, zusammen mit Jugendlichen, mit denen man in der Schule keinen Kontakt anstrebte, ihnen dort jedoch problemlos aus dem Weg gehen konnte. Leicht kann es zu kleinen Reibereien und Streitigkeiten kommen. Das wäre kein guter Reiseverlauf.
2.2.2	Weitaus schwer wiegender sind mögliche **Anpassungsprobleme in der Gastfamilie.** Der Jugendliche ist bei ihm zunächst fremden Menschen untergebracht und so braucht es meist erst eine Anlaufzeit, bis sich eine engere Beziehung und eine gewisse Vertrautheit entwickeln. Beide Schüler sollen viel miteinander unternehmen, müssen sich und ihre jeweiligen Vorlieben und Schwächen aber erst kennen lernen. Haben sie sich aufeinander eingestellt und hat sich ein herzliches Verhältnis gebildet, ist meist schon der Abreisetag in Sicht. Gerade Schüler/-innen, die zum ersten Mal ohne Eltern ins Ausland reisen, haben darum vielleicht auch Heimweh nach der vertrauten Umgebung zu Hause.
2.2.3	Dabei spielen **sprachliche Hindernisse** eine nicht unwesentliche Rolle. Ein Schüleraustausch findet häufig zu einem Zeitpunkt statt, an dem der/die Schüler/-in ungefähr 2–3 Jahre die entsprechende Fremdsprache erlernt hat. Folglich werden sich die wenigsten in flüssigem Englisch oder Französisch unterhalten können bzw. es verstehen. Durch Dialekte oder schnelles Sprechen der Einheimischen wird dies noch erschwert. Der/Die Schüler/-in ist zwar gewillt, sich mit den Gasteltern und den Mitschülern zu unterhalten, aber es fehlen ihm/ihr buchstäblich die Worte. So können auch Missverständnisse auftreten und der Aufenthalt macht einem wegen der Verständigungsprobleme nur halb so viel Spaß.
2.2.4	Problematisch wird es auch, wenn der Austauschschüler **zu wenig Freiraum** besitzt. Einerseits steht man in der Freizeitplanung häufig unter Druck. Da so viel wie möglich besichtigt und unternommen werden soll, um die Region genau kennen zu lernen, folgt oft Sehenswürdigkeit auf Sehenswürdigkeit. Andererseits steht dem Heranwachsenden in der Gastfamilie vielleicht kein eigenes Zimmer zur Verfügung, in das er sich zurückziehen kann. Gerade bei einem längeren Aufenthalt wird es unangenehm, auf engem Raum mit einem weiteren Jugendlichen zusammen zu leben, wenn man gewohnt ist, zu Hause sein eigenes Zimmer zu besitzen. Fühlt man sich eingeengt, wird dies einen negativen Gesamteindruck hinterlassen.
2.3	Gerade bei einem längeren Aufenthalt kommen **Probleme schulischer Art** hinzu.
2.3.1	So muss man erst mit dem **Schulsystem im Gastland** vertraut werden. Die Unterrichtsfächer unterscheiden sich zum Teil erheblich von denen im Heimatland. Kommt man neu an eine Ganztagsschule, ist die regelmäßige Unterrichtszeit bis in den Nachmittag ungewohnt. Ebenso erstaunlich dürfte es für einen deutschen Schüler sein, dass in den USA oft ein bewaffneter Polizist auf dem Schulhof seinen Dienst verrichtet. Eventuell ist auch eine Schuluniform vorgeschrieben und es wird tadelloses Verhalten erwartet. Für manchen unerfahrenen jungen Menschen ist eine solche Umstellung nicht einfach.
2.3.2	Es können auch **Versäumnisse** auftreten, weil der eine oder andere Lerninhalt in der Gastschule nicht vermittelt wird. Bei einem längeren Schüleraustausch muss zu Hause Unterrichtsstoff nachgeholt werden. So mancher wird sich fragen, ob er in einigen Fächern eine Notenverschlechterung in Kauf nehmen soll; denn der Unterrichtsstoff bleibt an der Heimatschule gleich, egal ob man einige Wochen im Ausland verbracht hat oder nicht. Das alles sollte man sich vor einem Schüleraustausch gründlich überlegen.

C. Doch trotz der genannten Probleme bin ich der Meinung, dass die Chance zu
einem Schüleraustausch unbedingt genutzt werden sollte. Weiß man, dass es
gewisse Schwierigkeiten geben kann, ist man auf sie besser vorbereitet und freut
sich umso mehr, wenn sie gar nicht eintreten. Die vielen positiven Erlebnisse bleiben einem noch Jahre in Erinnerung. Für manche ist ein solches Austauschprogramm der Anlass dafür, später noch einmal das Land, vielleicht auch die Gastfamilie zu besuchen und für fremde Länder und Kulturen offener zu sein.

1998/5 **Ecstasy ist eine der neuen Modedrogen. Welche Gefahren sind mit dem
Konsum dieser Droge verbunden und wie können junge Menschen davon
abgehalten werden?**

A. Erneute Zunahme des Drogenkonsums

B. Welche Gefahren sind mit dem Konsum von Ecstasy verbunden? Wie können junge Menschen davon abgehalten werden?

1   **Gefahren der Modedroge Ecstasy**

1.1   psychische und physische Schäden
1.1.1   Wechsel zwischen Euphorie und Frust
1.1.2   Depressionen und Sinnkrisen
1.1.3   unmittelbare Reaktion des Körpers
1.1.4   Organkrankheiten und Hirnschäden
1.1.5   Verlust der Kontrolle über den Körper
1.1.6   Umstieg auf härtere Drogen

1.2   Veränderung des Lebensstils
1.2.1   das Wochenende als Lebensmittelpunkt
1.2.2   nachlassende Leistungen in Schule und Beruf
1.2.3   Wechsel der Bezugspersonen
1.2.4   finanzielle Probleme

2   **mögliche Vorbeugungsmaßnahmen**

2.1   vonseiten des Staates
2.1.1   verstärkte Kontrollen
2.1.2   härtere Strafen

2.2   vonseiten der Gesellschaft, der Medien und der Schulen
2.2.1   umfassende Aufklärung
2.2.2   Vermittlung sinngebender Werte

2.3   vonseiten der Familie
2.3.1   Vorbildfunktion der Eltern
2.3.2   Vermeiden eines übertriebenen Erfolgsdrucks
2.3.3   Achten auf Freizeitgestaltung und Umgang der Kinder und Jugendlichen
2.3.4   Stärkung des Selbstwertgefühls und der Konfliktfähigkeit der Heranwachsenden

C. Love Parade in Berlin

Möglicher Antwortenkatalog

A. Erneute Zunahme des Drogenkonsums

635 Drogentote in Deutschland in den ersten fünf Monaten des Jahres 1998, ca. 100 mehr als im gleichen Zeitraum des Vorjahres; ca. 6000 Personen, die erstmals zu harten Drogen griffen, davon 900 Fälle von Ecstasy-Erstkonsumenten; Sicherstellung größerer Mengen von Drogen nach Mitteilung des Bundeskriminalamtes; leichte Beschaffungsmöglichkeit.

B. Welche Gefahren sind mit dem Konsum von Ecstasy verbunden? Wie können junge Menschen davon abgehalten werden?

1 Gefahren

1.1 psychische und physische Schäden

1.1.1 Wechsel zwischen Euphorie und Frust

typisch für einen Rave ist der rauschhafte, tranceartige Zustand durch Tanzen, der durch die Einnahme von Ecstasy gesteigert wird; Gefühle steigern sich bis zur Euphorie, Bezeichnung „Glückspille"; wenn der „Kick" vorbei ist, tritt im Alltag wieder innere Leere, Frust ein; längere Partypausen werden allmählich unerträglich; Zunahme der Langeweile

1.1.2 Depressionen und Sinnkrisen

nach Einnahme kann es zu Glückszuständen und eventuell leichten Halluzinationen kommen, die im Alltag nicht zu erreichen sind; lässt die Wirkung der Droge nach, nehmen die täglichen Probleme (mit Partner, Schule, Beruf, Eltern) überhand; Verzweiflung, Schwermütigkeit sind die Folge; innere Unruhe, Sinnkrisen treten ein; Orientierungslosigkeit.

1.1.3 unmittelbare Reaktion des Körpers

unterschiedlich auftretende Folgen, je nach Person und Zusammensetzung der Pillen; vielfach Schwindel, Übelkeit, Erbrechen, aber auch Kurzatmigkeit, Appetitlosigkeit, großer Flüssigkeitsverlust durch Dauertanzen ohne notwendige Flüssigkeitszufuhr; schwer wiegende Herz-Kreislauf-Störungen.

1.1.4 Organkrankheiten und Hirnschäden

Leber- und Nierenschäden als unvorhersehbare Folgen bei Mischkonsum (zusätzlicher Konsum anderer Rauschgifte) und Beimengungen toxischer Substanzen (Rattengift); gleiches Aussehen der Tabletten, aber nicht unbedingt gleiche Zusammensetzung; besonders große Gefahr bei Langzeitkonsumenten; Zerfall der Herzmuskulatur, Zerstörung der Nervenzellensubstanz; Auslösung epileptischer Anfälle, Psychosen (Wahrnehmungsstörungen).

1.1.5 Verlust der Kontrolle über den Körper

Designerdroge „Liquid-Ecstasy" ist neu auf dem Markt; durch sie droht ein „Horror-Trip"; Ich-Kontrolle geht verloren, in Einzelfällen sind Konsumenten in der Endphase des Rausches gegen Wände gelaufen; Auflösung der Wahrnehmungsgrenzen zwischen innerer und äußerer Realität; Lebensgefahr für sich und andere bei Autofahrten in diesem Zustand.

1.1.6 Umstieg auf härtere Drogen

reiner Ecstasy-Konsum tritt relativ selten auf; bald Mischkonsum mit anderen Drogen wie LSD, Speed, damit man sich ein noch länger anhaltendes und intensiveres Hochgefühl verschaffen kann; manche rauchen nach dem Ecstasy-Konsum einen Joint, um von der Droge wieder „runterzukommen", „Chill-Out" (entspannen) genannt; einige steigen ganz auf Kokain, Heroin um; erhöhtes Gesundheitsrisiko.

1.2 Veränderung des Lebensstils

1.2.1 das Wochenende als Lebensmittelpunkt

Hinleben auf Techno-Partys am Wochenende, teilweise schon Beginn des „Wochenendes" am Mittwoch oder Donnerstag; erneutes „Wegtanzen" des Frustes, vielfach tagelang hindurch; manche ziehen von einer Disco zur nächsten; Lebenssinn wird nur noch auf diesen Tanzpartys empfunden, ausschließlich die Wochenenden zählen.

1.2.2 nachlassende Leistungen in Schule und Beruf

Nachwirkungen vom Wochenende machen Konzentration in Schule und Beruf unmöglich; keine Einsatzbereitschaft und dadurch sinkende Leistungen; kein Interesse mehr am Lebensalltag; unentschuldigtes Fehlen, eventuell sogar Abbruch der Schulausbildung und Verlust des Arbeitsplatzes; der Konsument ist körperlich ausgelaugt und nicht mehr in der Lage, einer regelmäßigen Beschäftigung nachzugehen.

1.2.3 Wechsel der Bezugspersonen

Gemeinschaftsgefühl beim Tanzen; Verbindung der Szene; Eingebundensein in eine sog. „party-family"; „User" verliert Kontakt zu früheren Freunden und Bekannten; in den meisten Fällen kommt es zu einem Bruch mit den Eltern; der Konsument fühlt sich von ihnen unverstanden.

1.2.4 finanzielle Probleme

Ecstasy-Tabletten kosten in Discos ca. 40 bis 60 DM, privat werden die Party-Pillen für 20 bis 30 DM verkauft; sie scheinen zwar relativ billig, aber bei regelmäßigem Konsum ist auch bei ihnen eine Steigerung der Dosis erforderlich, um dieselben Glücksgefühle zu erreichen; darum ist „Beschaffung" von Geld notwendig; Folgen sind kriminelle Handlungen.

2 mögliche Vorbeugungsmaßnahmen

2.1 vonseiten des Staates

2.1.1 verstärkte Kontrollen

mehr Polizeirazzien in Discos und Jugendtreffs sind nötig; Disco ist Umschlagplatz Nr. 1, viele von ihnen sind einschlägig bekannt für Drogenhandel; Einfuhr aus dem Ausland, darum auch verstärkt Grenzkontrollen; Liquid-Ecstasy z. B. soll aus Amerika über Schweden, Großbritannien und Italien nach Deutschland eingeführt werden.

2.1.2 härtere Strafen

Ecstasy ist eine synthetische Droge, also in Labors relativ leicht herzustellen; teilweise Streckung durch Zusatz gefährlicher Substanzen; Hersteller nimmt dies bewusst in Kauf und ist nur an Gewinn interessiert, ebenso wie der Dealer, der die Jugendlichen zunächst durch kostenlose Proben lockt; härtere Strafen für Hersteller und Dealer sind unbedingt vonnöten.

2.2 vonseiten der Gesellschaft, der Medien und der Schulen

2.2.1 umfassende Aufklärung

Informationen über Gefahren, Wirkung und Aussehen der Drogen; sachliche drogenspezifische Informationsmaterialien erstellen, Informationen durch Polizei, Krankenkassen und Beratungsstellen; Referate, Projekttage an den Schulen; Erlebnisberichte/Reportagen über Konsumenten und ihr Schicksal vor allem in Jugendzeitschriften und Jugendsendungen.

2.2.2 Vermittlung sinngebender Werte

Suche nach dem „Kick" und nach außergewöhnlichen Ereignissen darf das Leben nicht bestimmen; dabei übt die Werbung einen negativen Einfluss aus; dem Jugendlichen müssen andere Werte und Ziele vermittelt werden, als nur das Bedürfnis nach Neuem und Aufregendem in einer Erlebnisgesellschaft zu befriedigen; auch Aufgabe der Politiker, Pädagogen und Medien.

2.3 vonseiten der Familie

2.3.1 Vorbildfunktion der Eltern

Eltern müssen Vorbild sein im Umgang mit Alkohol, Zigaretten und Medikamenten; diese Drogen verursachen schwer wiegende Folgeschäden; regelmäßiger Konsum legaler Drogen bei den Eltern lässt Hinweis auf Gefahren von Ecstasy unglaubwürdig erscheinen und fördert die „Drogenkarriere" des Kindes.

2.3.2 Vermeiden eines übertriebenen Erfolgsdrucks

Eltern dürfen Leistung nicht als wichtigstes Lebensprinzip betrachten; gute Schulnoten und Erfolg im Beruf sind erfreulich, können aber nicht von Eltern erzwungen werden; Kinder sollten deshalb nicht mit Verboten und Liebesentzug unter Druck gesetzt werden; Jugendliche müssen einen Freiraum für eigene Verantwortung haben.

2.3.3 Achten auf Freizeitgestaltung und Umgang der Kinder und Jugendlichen

Eltern sollen auf aktive Freizeitgestaltung von klein auf achten; musische und sportliche Fähigkeiten müssen gefördert werden; Interesse zeigen am Umgang der Kinder, Freunde nach Hause einladen; nach Ursachen suchen bei einem plötzlichen Wechsel des Freundeskreises.

2.3.4 Stärkung des Selbstwertgefühls und der Konfliktfähigkeit der Heranwachsenden

Bei einem gesunden Selbstbewusstsein sagt der Jugendliche „nein" zur Droge, wenn sie ihm angeboten wird, und zwar aus innerer Überzeugung heraus; er wird kein „Mitläufer" und ist nicht leicht zu beeinflussen; außerdem muss ihm Konfliktfähigkeit vermittelt werden; Konflikte gibt es immer im Leben, wichtig ist, sie sinnvoll zu lösen; Eltern dürfen ihren Kindern nicht alle Probleme aus dem Weg räumen; sie müssen lernen, aus schwierigen Situationen selber einen Ausweg zu finden, das stärkt ihre Persönlichkeit.

C. Love Parade in Berlin

Seit einiger Zeit findet in Berlin alljährlich die Love Parade statt. Hunderttausende Raver tanzen bei hämmernden Technobeats die ganze Nacht durch, wobei jedes Jahr einige von ihnen wegen Drogenhandels und -konsums festgenommen werden.

1998/6   **Immer mehr Menschen suchen Zugang zum Internet. Was versprechen sie sich davon? Welche Probleme können sich ergeben?**

A. Internet, ein internationales Computernetzwerk, wurde ursprünglich in Amerika für militärische und staatssicherheitsdienliche Zwecke verwendet.

B. Was versprechen sich die Menschen vom Zugang zum Internet? Welche Probleme können sich ergeben?

1   Erwartungen an das Internet

1.1   umfassende und schnelle Information

1.1.1   ständiges aktuelles Nachrichtenangebot zum Tagesgeschehen auf der ganzen Welt

1.1.2   Zugriff auf weltweite Fachinformationen zu sämtlichen Themen anhand von Stichwortverzeichnissen

1.1.3   Diskussion und Lösung von bestimmten fachspezifischen Problemen am Schwarzen Brett der so genannten Newsgroups

1.1.4   Abrufmöglichkeit von Homepages mit Informationen über Vereine, Organisationen, Orte usw.

1.2   schnelle und bequeme Abwicklung von Geschäften und Dienstleistungen

1.2.1   rasche und direkte Übermittlung von Nachrichten in die ganze Welt über E-Mail

1.2.2   direkter Kontakt zu Banken über Homebanking

1.2.3   schneller Zugang zum Warenangebot vieler Firmen sowie bequeme Bestellmöglichkeiten und Buchungen von zu Hause aus

1.2.4   Versand kompletter Dateien

1.3   Vertreiben von Langeweile und Einsamkeit

1.3.1   Zugang zu Kontaktadressen

1.3.2   Austausch von Erfahrungen bei gemeinsamen Hobbys

1.3.3   live-Unterhaltung in den Chat-Foren

2   mögliche Probleme

2.1   finanzieller Art

2.1.1   Zerstörung der Programme durch Einschleusen von Viren aus dem Internet

2.1.2   hohe Kosten bei wenig zielgerichteter Nutzung

2.2   rechtlicher Art

2.2.1   rechtsfreier Raum und somit unklare Rechtslage durch Nutzung aller Nationalitäten

2.2.2   ungehinderte Verbreitung verfassungs- und staatsfeindlicher Inhalte

2.2.3   keine rechtliche Handhabe gegen Missbrauch aufgrund der Anonymität

2.3   moralischer Art

2.3.1   negative Beeinflussung des Freizeitverhaltens

2.3.2   unkontrollierbarer Zugriff von Kindern und Jugendlichen auf nur für Erwachsene bestimmte Inhalte

2.3.3   illegale Verbreitung und Verkauf pornographischer und kinderpornographischer Materialien

C. Für die Wirtschaft bringt das Internet große Vorteile.

Aufgabe 7

Du hast die Rechte, wir die Pflichten!

Warum so viel Behütung und Bevormundung?

Meine liebe Tochter,

du wirst bald deinen 18. Geburtstag feiern und unsere Gesellschaft findet, dass du somit die notwendige Reife erlangt haben wirst,
5 über dein Leben selbst zu entscheiden und die Verantwortung für deine Entscheidungen zu tragen.
Da wir jedoch als Familie zunächst alle weiter unter einem Dach leben werden, finde ich,
10 wir sollten einmal die Fronten klären: Denn wer auf seine Rechte pocht, muss auch in Kauf nehmen, dass er Pflichten übernimmt. Und wer selbstständig sein will, darf
15 nicht erwarten, weiterhin verwöhnt zu werden.
Ist dein Lieblingspulli schmutzig, muss er gleich gewaschen werden, sonst reklamierst du. Ich weiß, du
20 musst viel lernen und hast wenig Zeit. Aber für deine Freundinnen reicht die Zeit immer. Will ich aber mal eine Gefälligkeit von dir, so muss ich öfter darum bitten. Es kommt selten
25 vor, dass du auch mal für mich eine Hand rührst. Hast du schon mal darüber nachgedacht?
Man möchte meinen, dass ich dich absichtlich falsch ernähre, nur um deine Figur zu verderben; dass alle deine Freundinnen zu
30 jeder Tages- und Nachtzeit nach Hause kommen dürfen, nur du nicht, dass alle anderen Tag für Tag die Diskotheken abklappern und du als Einzige zu Hause sitzen musst. Mein Hauptzweck im Leben besteht nicht darin, dir
35 jede Freude zu verderben und deinem Drang nach Freiheit im Wege zu stehen. Ich will dich nur vor mancher Dummheit bewahren. Verlangst du von mir Verständnis, so sei bereit, es auch für deinen Vater, für mich und
40 für andere zu haben. Ich möchte auch gleichberechtigt sein!

Deine Mutter

Liebe Mutter,

dass ihr es immer gut mit mir gemeint habt,
45 will ich dir und Vater gar nicht absprechen. Aber dennoch kann ich euch rückblickend einige Vorwürfe nicht ersparen.
Warum habt ihr zum Beispiel mir in Sachen Kleidung und Frisur immer reinreden müs-
50 sen? Ich bin ja gar nicht als Punk herumgelaufen. Ich werde den Verdacht nicht los, dass ihr immer auf die 55 Nachbarn und die Verwandten und deren Meinung geschaut habt. Außerdem habt ihr mich, vielleicht aus Sorge, sehr lange als Kind behandelt. Mit 15 Jahren hätte ich auch selbst entscheiden können, ob man mit kurzer Hose friert oder einen Anorak braucht.
Eigentlich war dies das Hauptproblem. Ihr wart immer ängstlich, zurückhaltend und schnell mit Verboten bei der Hand, wo ein
65 Vertrauensvorschuss mehr genützt hätte. Dass ich mit 15 Jahren kein Mofa bekommen habe, halte ich mittlerweile auch für richtig. Aber dass ich abends nach der Gruppenstunde mit der Clique als sechzehn-
70 jähriges Mädchen nicht bis 22 oder 23 Uhr noch etwas ausgehen durfte, war sicherlich ein Fehler. Reif und beinahe erwachsen bin ich auch so geworden. Aber vieles wäre einfacher, besser und schneller gegangen, wenn
75 ihr mir etwas mehr erlaubt hättet.
Euch hat es auch gestört, dass ich mich in der Vogelschutzgruppe engagiert habe, sicherlich nicht, weil ihr nichts für Natur- und Umweltschutz übrig habt. Aber dass dazu Leserbrief
80 und Protestaktionen gehören, hat euch nicht gepasst. Mir hat die Arbeit in dieser Gruppe viel gebracht, vor allem an Selbstständigkeit und Kritikfähigkeit. Das sind die Dinge, die zu Hause gefehlt haben.
85 *Deine Tochter*

[nach: Wolfgang Redwanz in Zeitlupe 19]

Aufgabenstellung

Lesen Sie den Text sorgfältig durch und bearbeiten Sie dann folgende Aufgaben:
1. Informieren Sie über Inhalt und Aufbau des Textes.
2. Beschreiben Sie das Textäußere, die Textsorte und die Sprache und stellen Sie die Absichten des Verfassers dar.
3. Im Text wird angedeutet, wodurch das Verständnis zwischen den Generationen verbessert werden kann.
   Erörtern Sie weitere Möglichkeiten, Generationskonflikte möglichst gering zu halten.

Quelle: Zeitlupe Nr. 19 (Zeitschrift für politische Bildung); veränderte Fassung

Aufgabe 8

Unsere Kinder und die "Glotze"

VON DPA-KORRESPONDENTIN
HEIDRUN HOLZBACH-KINSENMEIER

Berlin. Der 15-jährige Lars hat vernünftige Eltern. "Dauerglotzen" zu Hause ist verboten, auch Rambo-Filme sind nicht angesagt. Doch eines Tages stellen die Eltern fest, dass Lars aus
5 ihrer Medienidylle ausgebrochen ist. Einer seiner Freunde hat Zugang zu Erwachsenenfilmen aus der Videothek. Nachmittagelang sitzt Lars zusammen mit Gleichaltrigen vor dem Fernseher, um verbotene Filme zu sehen. Ein ziemlich
10 alltäglicher Fall, auf den Eltern jedoch nicht alltäglich reagieren, wie die Berliner Pädagogin und Psychoanalytikerin Ute Benz berichtet.

Aufsätze über Filme schreiben

Der Vater schlägt dem 15-Jährigen einen Deal
15 vor: Er leiht Lars jeden gewünschten Film aus. Nach dem Konsum soll Lars einen Aufsatz über das Gesehene schreiben, den der Vater korrigiert. Der Vater schaut jeden ausgeliehenen Film mit an. Der Junge bevorzugt seichte Kla-
20 maukfilme, doch eines Tages rutscht ein anspruchsvoller Film darunter. Lars behauptet, dieser Film habe keinen Inhalt, deshalb könne er darüber nichts schreiben. Der Vater schreibt selbst einen Aufsatz und der Junge ist erstaunt,
25 was der Vater alles beobachtet hat. Das weckt seinen Ehrgeiz und von nun an beobachtet er sorgfältiger. Eines Tages hört der Sohn zufällig, wie sein Sohn einem Freund erklärt, er gehe in einen bestimmten Film nicht mit, weil ihm dafür
30 das Geld zu schade sei.

Schulen sollen Medienerziehung leisten

So einen Bilderbuchvater hat nicht jedes Kind, weiß auch Benz. Sie findet es ohnehin falsch, dass die Eltern zu Sündenböcken der kommer-
35 ziellen Medienentwicklung gemacht werden. Nachdrücklich fordert sie deshalb in ihrem Buch "Jugend, Gewalt und Fernsehen" die bislang weithin fehlende Medienerziehung an Deutschlands Schulen ein, weil sonst eine Generation von
40 "visuellen Analphabeten" heranwachse. Damit verbunden seien eine zunehmende Sprachlosigkeit und Kommunikationsmängel. Bilder lösen schnell und intensiv Gefühle aus, aber Kinder können sie nicht in Worte fassen. "Weiß nicht", antworten
45 sie häufig, wenn sie nach soeben gesehenen Filmen befragt werden.

Der achtjährige Kai hat zwei Stunden Trickfilm hinter sich. Die Mutter hat den Fernseher ausgeschaltet, das Zimmer ist dunkel. Kai fühlt
50 sich nicht wohl. Nach der bunten Bilderwelt macht ihm die harte Landung in der Realität zu schaffen. Deshalb quengelt er. Er will nicht spie-

len, sondern weiter an dem "ewigen Kindergeburtstag" (Benz) im Fernsehen teilnehmen. Wenn
55 er selbst etwas machen soll, sagt er: "Das kann ich nicht." Seine Ansprüche an sich selbst sind viel zu hoch, denn im Fernsehen wird besser und lustiger gebastelt, netter gesungen und witziger gemalt, als er es könnte.

Das Hässliche und das Schöne

60 Kinder und Erwachsene würden mit Bildern manipuliert und die Unterhaltungsindustrie nutze psychoanalytische Kenntnisse, ohne dass der Konsument davon wisse, betont Benz. Dabei seien die "hässlichen Gewaltfilme" nur die Er-
65 gänzung des permanenten schönen Scheins. "Für ein von Fluten geschönter Bilder schon gelang weites Publikum haben daher die hässlichen Bilder stärkeren Reiz als die schönen."

Schülergruppe in den Filmstudios

70 Um die Scheinwelt durchschauen zu können, sollten Kinder und Jugendliche hinter die Kulissen blicken und selbst Bilder produzieren dürfen, meint Benz. Sie hat mit entsprechenden Medien-
75 projekten an Berliner Schulen positive Erfahrungen gemacht. So etwa durfte sich eine Schülergruppe in den Babelsberger Filmstudios in selbst gewählten Rollen von Maskenbildnern schminken lassen. Anschließend wurden Porträtfotos ge-
80 macht. Viele ließen sich als Opfer gewalttätiger Auseinandersetzungen herrichten. Welche Reaktionen eine scheinbar schwere Kopfverletzung bei unbeteiligten Passanten, Freunden oder in der Familie auslöste, wurde mit Benz intensiv be-
85 sprochen.

Was allein ein aufgeschminktes blaues Auge bewirken kann, erfuhr eine mitmachende Lehrerin. Als ihr Mann das blaue Auge sah, wollte er wutentbrannt losstürmen, um seine vermeintlich
90 malträtierte Frau zu rächen.

[nach: Amberger Zeitung, 97-06-06; gekürzt]

Unsere Kinder und die „Glotze"

von DPA-Korrespondentin HEIDRUN HOLZBACH-KINSENMEIER

Berlin. Der 15-jährige Lars hat vernünftige Eltern. „Dauerglotzen" zu Hause ist verboten, auch Rambo-Filme sind nicht angesagt. Doch eines Tages stellen die
5 Eltern fest, dass Lars aus ihrer Medienidylle ausgebrochen ist. Einer seiner Freunde hat Zugang zu Erwachsenenfilmen aus der Videothek. Nachmittagelang sitzt Lars zusammen mit Gleichaltrigen
10 vor dem Fernseher, um verbotene Filme zu sehen. Ein ziemlich alltäglicher Fall, auf den Eltern jedoch nicht alltäglich reagieren, wie die Berliner Pädagogin und Psychoanalytikerin Ute Benz berichtet.

15 **Aufsätze über Filme schreiben**

Der Vater schlägt dem 15-Jährigen einen Deal vor: Er leiht Lars jeden gewünschten Film aus. Nach dem Konsum soll Lars einen Aufsatz über das Geschehene
20 schreiben, den der Vater korrigiert. Der Vater schaut jeden ausgeliehenen Film mit an. Der Junge bevorzugt seichte Klamaukfilme, doch eines Tages rutscht ein anspruchsvoller Film darunter. Lars
25 behauptet, dieser Film habe keinen Inhalt, deshalb könne er darüber nichts schreiben. Der Vater schreibt selbst einen Aufsatz und der Junge ist erstaunt, was der Vater alles beobachtet hat. Das weckt
30 seinen Ehrgeiz und von nun an beobachtet er sorgfältiger. Eines Tages hört der Vater zufällig, wie sein Sohn einem Freund erklärt, er geht in einen bestimmten Film nicht mit, weil ihm dafür das
35 Geld zu schade sei.

Schulen sollten Medienerziehung leisten

So einen Bilderbuchvater hat nicht jedes Kind, weiß auch Benz. Sie findet es
40 ohnehin falsch, dass die Eltern zu Sündenböcken der kommerziellen Medienentwicklung gemacht werden. Nachdrücklich fordert sie deshalb in ihrem Buch „Jugend, Gewalt und Fernsehen"
45 die bislang weithin fehlende Medienerziehung an Deutschlands Schulen ein, weil sonst eine Generation von „visuellen Analphabeten" heranwachse. Damit verbunden seien eine zunehmende Sprach-
50 losigkeit und Kommunikationsmängel. Bilder lösen schnell und intensiv Gefühle aus, aber Kinder können sie nicht in Worte fassen. „Weiß nicht", antworten sie häufig, wenn sie nach soeben gesehe-
55 nen Filmen befragt werden.
Der achtjährige Kai hat zwei Stunden Trickfilm hinter sich. Die Mutter hat den Fernseher ausgeschaltet, das Zimmer ist dunkel. Kai fühlt sich nicht wohl. Nach
60 der bunten Bilderwelt macht ihm die harte Landung in der Realität zu schaffen. Deshalb quengelt er. Er will nicht spielen, sondern weiter an dem „ewigen Kindergeburtstag" (Benz) im Fernsehen teil-
65 nehmen. Wenn er selbst etwas machen soll, sagt er: „Das kann ich nicht." Seine Ansprüche an sich selbst sind viel zu hoch, denn im Fernsehen wird besser und lustiger gebastelt, netter gesungen und
70 witziger gemalt, als er es könnte.

Das Hässliche und das Schöne

Kinder und Erwachsene würden mit Bildern manipuliert und die Unterhaltungsindustrie nutze psychoanalytische Kennt-
75 nisse, ohne dass der Konsument davon wisse, betont Benz. Dabei seien die „hässlichen Gewaltfilme" nur die Ergänzung des permanenten schönen Scheins. „Für ein von Fluten geschönter Bilder
80 schon gelangweiltes Publikum haben daher die hässlichen Bilder stärkeren Reiz als die schönen."

Schülergruppe in den Filmstudios

Um die Scheinwelt durchschauen zu
85 können, sollten Kinder und Jugendliche hinter die Kulissen blicken und selbst Bilder produzieren dürfen, meint Benz. Sie hat mit entsprechenden Medienprojekten an Berliner Schulen positive
90 Erfahrungen gemacht. So etwa durfte sich eine Schülergruppe in den Babelsberger Filmstudios in selbst gewählten Rollen von Maskenbildnern schminken lassen. Anschließend wurden Porträtfotos
95 gemacht. Viele ließen sich als Opfer gewalttätiger Auseinandersetzungen her-

richten. Welche Reaktionen eine scheinbar schwere Kopfverletzung bei unbeteiligten Passanten, Freunden oder in der
100 Familie auslöste, wurde mit Benz intensiv besprochen.
Was allein ein aufgeschminktes blaues
Auge bewirken kann, erfuhr eine mitmachende Lehrerin. Als ihr Mann das
105 blaue Auge sah, wollte er wutentbrannt
losstürmen, um seine vermeintlich malträtierte Frau zu rächen.

Aufgabenstellung

Lesen Sie den Text sorgfältig durch und bearbeiten Sie dann folgende Aufgaben:
1. Fassen Sie den Inhalt des Textes zusammen.
2. Beschreiben Sie das Textäußere und die Sprache des Textes.
3. An wen wendet sich die Autorin und welche Absichten verfolgt sie mit diesem Text?
4. Im Text wird das Verhalten eines „Bilderbuchvaters" skizziert.
   Erörtern Sie Möglichkeiten, wie Eltern dem regelmäßigen Fernseh- und Videokonsum
   ihrer Kinder entgegenwirken könnten.

Quelle: Amberger Zeitung (97-06-06); veränderte Fassung

Aufgabe 9

Mittagspause von WOLF WONDRATSCHEK

Sie sitzt im Straßencafé. Sie schlägt sofort die Beine übereinander. Sie hat wenig Zeit. Sie
blättert in einem Modejournal. Die Eltern wissen, dass sie schön ist. Sie sehen es nicht
gern.
Zum Beispiel. Sie hat Freunde. Trotzdem sagt sie nicht, das ist mein bester Freund, wenn
5 sie zu Hause einen Freund vorstellt.
Zum Beispiel. Die Männer lachen und schauen herüber und stellen sich ihr Gesicht ohne
Sonnenbrille vor.
Das Straßencafé ist überfüllt. Sie weiß genau, was sie will. Auch am Nebentisch sitzt ein
Mädchen mit Beinen.
10 Sie hasst Lippenstift. Sie bestellt einen Kaffee. Manchmal denkt sie an Filme und denkt an
Liebesfilme. Alles muss schnell gehen.
Freitags reicht die Zeit, um einen Cognac zum Kaffee zu bestellen. Aber freitags regnet es
oft.
Mit einer Sonnenbrille ist es einfacher nicht rot zu werden. Mit Zigaretten wäre es noch
15 einfacher. Sie bedauert, dass sie keine Lungenzüge kann. Die Mittagspause ist ein Spiel-
zeug. Wenn sie nicht angesprochen wird, stellt sie sich vor, wie es wäre, wenn sie ein
Mann ansprechen würde. Sie würde lachen. Sie würde eine ausweichende Antwort geben.
Vielleicht würde sie sagen, dass der Stuhl neben ihr besetzt sei. Gestern wurde sie
angesprochen. Gestern war der Stuhl frei. Gestern war sie froh, dass in der Mittagspause
20 alles sehr schnell geht.
Beim Abendessen sprechen die Eltern davon, dass sie auch einmal jung waren. Vater sagt,
er meine es nur gut. Mutter sagt sogar, sie habe eigentlich Angst. Sie antwortet, die Mit-
tagspause ist ungefährlich.
Sie hat mittlerweile gelernt sich nicht zu entscheiden. Sie ist ein Mädchen wie andere
25 Mädchen. Sie beantwortet eine Frage mit einer Frage.
Obwohl sie regelmäßig im Straßencafé sitzt, ist die Mittagspause anstrengender als Briefeschreiben. Sie wird von allen Seiten beobachtet. Sie spürt sofort, dass sie Hände hat.
Der Rock ist nicht zu übersehen. Hauptsache, sie ist pünktlich.
Im Straßencafé gibt es keine Betrunkenen. Sie spielt mit der Handtasche. Sie kauft jetzt
30 keine Zeitung.

Es ist schön, dass in jeder Mittagspause eine Katastrophe passieren könnte. Sie könnte sich sehr verspäten. Sie könnte sich sehr verlieben. Wenn keine Bedienung kommt, geht sie hinein und bezahlt den Kaffee an der Theke. An der Schreibmaschine hat sie viel Zeit an Katastrophen zu denken. Katastrophe ist ihr Lieblingswort. Ohne das Lieblingswort wäre
35 die Mittagspause langweilig.

Aufgabenstellung

Lesen Sie den Text sorgfältig durch und bearbeiten Sie dann folgende Aufgaben:
1. Informieren Sie kurz über den Inhalt des Textes.
2. Erläutern Sie die einzelnen Verhaltensweisen der jungen Frau während der Mittagspause näher. Was erfahren Sie zusätzlich über ihr Leben?
3. Beschreiben Sie Textsorte und Sprache des Textes. Setzen Sie sich mit den Absichten des Verfassers auseinander.
4. Erörtern Sie, mit welchen Schwierigkeiten sich junge Menschen beim Erwachsenwerden auseinander setzen müssen.

Quelle: WONDRATSCHEK, W.: Früher begann der Tag mit einer Schusswunde. München 1969

Information:
Wolf Wondratschek, geb. 1943 in Rudolstadt (Thüringen), schreibt Gedichte und Kurzprosa. Er lebt in München und Hamburg.

1998/7   Du hast die Rechte, wir die Pflichten!
Warum so viel Behütung und Bevormundung?

Mögliche Gliederung

A. Informationen über Textquelle, Autor und Texthintergrund

B. Die Briefe „Du hast die Rechte, wir die Pflichten!" und „Warum so viel Behütung und Bevormundung?" – Weitere Möglichkeiten, Generationskonflikte möglichst gering zu halten.

1	Texterschließung
1.1	Inhalt: Konflikte zwischen Mutter bzw. Eltern und Tochter
1.2	innerer Aufbau des Textes
1.2.1	Brief der Mutter an die Tochter
1.2.2	Brief der Tochter an die Mutter
1.3	Textäußeres
1.3.1	zwei Texte in zwei Spalten
1.3.2	zwei fett gedruckte, grau hinterlegte Überschriften als inhaltliches Motto
1.3.3	Briefanrede und Briefschluss
1.3.4	Einteilung beider Texte in je vier Absätze
1.3.5	zentral in die zwei Spalten einmontiertes Schwarz-Weiß-Bild

1.4		Textsorte: Briefe
1.4.1		Briefanrede und Briefschluss
1.4.2		Anredepronomen
1.4.3		Äußerung von Meinungen und Gefühlen dem Adressaten gegenüber
1.5		Sprache
1.5.1		Satzbau
1.5.1.1		erläuternde Satzgefüge
1.5.1.2		aneinander gereihte gleichartige Nebensätze
1.5.1.3		Frage- und Ausrufesätze
1.5.2		Wortwahl
1.5.2.1		anschauliche und abstrakte Substantive aus dem Bereich der Erziehung und des Zusammenlebens
1.5.2.2		treffende Verben und Adjektive
1.5.2.3		Frage- und Ausrufesätze
1.5.2		Wortwahl
1.5.2.1		anschauliche und abstrakte Substantive aus dem Bereich der Erziehung und des Zusammenlebens
1.5.2.2		treffende Verben und Adjektive
1.5.2.3		umgangssprachliche Ausdrücke
1.5.3		rhetorische Mittel
1.5.3.1		Alliteration, Gegensatz
1.5.3.2		Übertreibung, Ironie
1.5.3.3		Metaphern, Beispiele
1.6		Absichten des Autors
1.6.1		Aufzeigen von häufigen Ursachen für Konflikte in der Familie
1.6.2		positive Bewältigung von Konflikten durch Kommunikation
2		**weiterführende Erörterung: weitere Möglichkeiten, Generationskonflikte möglichst gering zu halten**
2.1		vonseiten der Eltern
2.1.1		Offenheit gegenüber dem herrschenden Zeitgeist
2.1.2		Loslassen der Kinder in jeder Entwicklungsphase
2.2		vonseiten der Kinder
2.2.1		Lernen von Selbstbeherrschung und Selbstdisziplin
2.2.2		Verständnis für die Ängste der Eltern

C. Es ist wichtig für die Generationen, im Gespräch miteinander zu bleiben.

Möglicher Antwortenkatalog

A. Informationen über Textquelle, Autor und Texthintergrund

Der Generationskonflikt ist ein ständig aktuelles Thema, das in unterschiedlicher Form behandelt wird. Der Autor Wolfgang Redwanz stellte diese Thematik in „Zeitlupe Nr. 19" in Form von zwei Briefen dar, in denen Mutter und Tochter ihre Probleme darlegen. Die Zeitschrift „Zeitlupe" wird in regelmäßigen Abständen von der Bundeszentrale für politische Bildung herausgegeben. Sie beschäftigt sich mit aktuellen Problemen unserer Zeit und kann von den Schulen kostenlos angefordert werden.

B. Die Briefe „Du hast die Rechte, wir die Pflichten!" und „Warum so viel Behütung und Bevormundung?" – Weitere Möglichkeiten, Generationskonflikte möglichst gering zu halten.

1 Texterschließung

1.1 Inhalt

Zwei Briefe decken häufige Ursachen für Konflikte in der Familie auf. Eine Mutter schreibt ihrer Tochter vor ihrem 18. Geburtstag einen Brief, in dem sie bestimmte Konflikte, die im täglichen Zusammenleben auftreten, aus ihrer Sicht anspricht. Die Tochter antwortet ihrer Mutter in dem zweiten Brief, dass die ihrer Meinung nach zu strenge Erziehung ihrer Eltern oft unnötige Probleme aufgeworfen habe. Beide Parteien versuchen jedoch bei dieser Auseinandersetzung, den anderen zu verstehen, sodass die Briefe insgesamt versöhnlich wirken.

1.2 innerer Aufbau des Textes

1.2.1 Brief der Mutter an die Tochter

1. Sinnabschnitt: baldige Volljährigkeit der Tochter ist Anlass für die Mutter, auf die zukünftige Eigenverantwortung der Tochter hinzuweisen. (Z. 2–7)
2. Sinnabschnitt: Die Mutter möchte nun auch innerhalb der Familie eine Verteilung der Pflichten, nicht nur der Rechte. (Z. 8–16)
3. Sinnabschnitt: Die Mutter weist anhand von Beispielen auf das egoistische Verhalten ihrer Tochter hin. (Z. 17–26)
4. Sinnabschnitt: Die Mutter geht auf die Vorwürfe der Tochter ein, begründet ihre damaligen Entscheidungen aber damit, dass sie die Tochter nur schützen wollte vor „Dummheiten" (Z. 37) und bittet um Verständnis dafür. (Z. 27–41)

1.2.2 Brief der Tochter an die Mutter

1. Sinnabschnitt: Versöhnliche Einleitung, in der jedoch Vorwürfe angekündigt werden. (Z. 43–47)
2. Sinnabschnitt: Die Eltern wollten ihr immer ihr Äußeres vorschreiben, auch aus Angst vor der Kritik der Leute. (Z. 48–60)
3. Sinnabschnitt: Die Tochter kritisiert die Strenge und das fehlende Vertrauen ihrer Eltern, besonders was die Ausgehzeiten betraf. Wären sie großzügiger gewesen, so wäre das Zusammenleben einfacher und konfliktfreier gewesen. (Z. 61–75)
4. Sinnabschnitt: Als wichtigsten Punkt wirft sie ihren Eltern vor, dass sie sie nicht zu Selbstständigkeit und Kritikfähigkeit erzogen hätten, Dinge, die sie sich außerhalb des Elternhauses erwerben musste. (Z. 76–84)

1.3 Textäußeres

1.3.1 zwei Texte in zwei Spalten

– Die Briefe wurden klar voneinander getrennt, sie sind einander gegenüber gestellt, um auch die gegensätzlichen Standpunkte zu verdeutlichen.

1.3.2 zwei fett gedruckte, grau hinterlegte Überschriften als inhaltliches Motto

– Über jedem Brief steht eine fett gedruckte, grau hinterlegte Überschrift, die in knapper Form die jeweilige Hauptaussage des Briefes zusammenfasst. Die Überschrift über dem Brief der Mutter ist anklagend in Form eines Ausrufesatzes formuliert, während die Überschrift über dem Brief der Tochter durch das Fragezeichen für die Eltern einen Denkanstoß geben soll.

1.3.3 Briefanrede und Briefschluss
- Mutter und Tochter reden sich vertraulich an mit „Meine liebe Tochter" und „Liebe Mutter"; sie beenden den Brief sehr versöhnlich mit „Deine …"

1.3.4 Einteilung beider Texte in je vier Absätze
- Die vier Absätze dienen als inhaltliche Gliederung; sie enthalten immer neue Aspekte.

1.3.5 zentral in die zwei Spalten einmontiertes Schwarz-Weiß-Bild
- Die Tochter sitzt auf dem Boden ihres Zimmers, trinkt aus einem Glas und ist in eine Zeitschrift vor ihr auf dem Boden vertieft. Um sie herum herrscht Unordnung: Hefte, Bücher und Ordner liegen durcheinander auf dem Boden.
Absicht: Anhand eines konkreten Beispiels soll eine Ursache des Generationskonflikts, nämlich ständige Unordnung, aufgezeigt werden. Das Bild soll die Aussage des Textes untermalen.

1.4 Textsorte: Briefe

1.4.1 Briefanrede und Briefschluss
- Anrede „Meine liebe Tochter," (Z. 1), „Liebe Mutter," (Z. 43)
- Schlussformel „Deine Mutter" (Z. 42), „Deine Tochter" (Z. 85)

1.4.2 Anredepronomen
- Die Verfasser der Briefe reden sich mit den vertraulichen Pronomen „du" (Z. 2 ff.), „euch" (Z. 46) an.

1.4.3 Äußerung von Meinungen und Gefühlen dem Adressaten gegenüber
- Die beiden Briefeschreiberinnen äußern sehr deutlich ihre Meinung „… wir sollten einmal die Fronten klären: Denn wer …" (Z. 10 ff.), „… kann ich euch rückblickend einige Vorwürfe nicht ersparen …" (Z. 46 ff.) und Gefühle „… Ich will dich nur vor mancher Dummheit bewahren … (Z. 36 ff.), „Eigentlich war dies das Hauptproblem …" (Z. 61 ff.)

1.5 Sprache

1.5.1 Satzbau

1.5.1.1 erläuternde Satzgefüge
- „ … du wirst bald deinen 18. Geburtstag feiern …" (Z. 2–7), „… Ich werde den Verdacht nicht los, …" (Z. 51 ff.)
Absicht: differenzierte Auseinandersetzung mit der Problematik

1.5.1.2 aneinander gereihte, gleichartige Nebensätze
- „… dass ich dich …; dass alle deine Freundinnen …, dass alle anderen …" (Z. 27–33), „Denn wer … Und wer …" (Z. 11–14)
Wirkung: soll überzeugen, einhämmern

1.5.1.3 Frage- und Ausrufesätze
- Fragesätze:
„Hast du schon mal darüber nachgedacht?" (Z. 26), „Warum so viel Behütung und Bevormundung?" (Überschrift), „Warum habt ihr …?" (Z. 48–50)
Absicht: Denkanstoß geben
- Ausrufesätze:
„Du hast die Rechte, wir die Pflichten!" (Überschrift), „Ich möchte auch gleichberechtigt sein!" (Z. 40/41)
Absicht: Wunsch und zugleich Forderung

1.5.2 Wortwahl

1.5.2.1 anschauliche und abstrakte Substantive aus dem Bereich der Erziehung und des Zusammenlebens
- „Reife" (Z. 4), „Verantwortung, Entscheidungen" (Z. 6), „Rechte, Pflichten" (Z. 11/13), „Selbstständigkeit, Kritikfähigkeit" (Z. 82/83)
Wirkung: Die Auseinandersetzung mit der Erziehung und den Konflikten wirkt sachlich fundiert und überzeugend.

1.5.2.2 treffende Verben und Adjektive
- Verben: „feiern" (Z. 2), „findet" (Z. 3), „erlangen" (Z. 4), „entscheiden" (Z. 5), „klären" (Z. 10/11)
- Adjektive: „notwendige Reife" (Z. 4), „ängstlich, zurückhaltend und schnell" (Z. 62/63)
Wirkung: Sie schildern die Situation anschaulich und erläutern die Standpunkte beider Seiten

1.5.2.3 umgangssprachliche Ausdrücke
- „Hast du schon mal …" (Z. 26), „… Diskotheken abklappern" (Z. 32), „… in Sachen Kleidung … immer reinreden …" (Z. 48/49)
Wirkung: Die Briefe wirken so realitätsnah wie ein Gespräch.

1.5.3 rhetorische Mittel

1.5.3.1 Alliteration, Gegensatz
- Alliteration: „**B**ehütung – **B**evormundung" (Überschrift)
Wirkung: Die Vorwürfe der Tochter werden besonders hervorgehoben.
- Gegensatz: „Rechte – Pflichten" (Überschrift)
Wirkung: Das gegensätzliche Eltern-Kind-Verhältnis und die übliche Rollenverteilung wird klar: Das Kind nimmt nur die Rechte in Anspruch, die Eltern haben die Pflichten wahrzunehmen.

1.5.3.2 Übertreibung, Ironie
- Übertreibung: „… dass alle deine Freundinnen zu jeder Tages- und Nachtzeit …, dass alle anderen Tag für Tag … und du als Einzige …" (Z. 29–33), „… dass ihr immer auf die 55 Nachbarn und die Verwandten …" (Z. 52/53)
Wirkung: Die Argumentation ist auf beiden Seiten emotionsgeladen und entlädt sich in Form von Übertreibungen.
- Ironie: „Ich weiß, du musst viel lernen …" (Z. 19 ff.), „Man möchte meinen, …" (Z. 27)

1.5.3.3 Metaphern, Beispiele
- Metaphern: „unter einem Dach leben" (Z. 9) = Zusammenleben in einer Gemeinschaft, „… für mich eine Hand rührst" (Z. 25) = mir einen Gefallen tust
Wirkung: Veranschaulichung
- Beispiele: „Ist dein Lieblingspulli schmutzig …" (Z. 17–25), „Man möchte meinen, dass …" (Z. 27 ff.), „Warum habt ihr zum Beispiel …" (Z. 48 ff.)
Wirkung: Veranschaulichung und Verdeutlichung der Vorwürfe; Beispiele dienen sozusagen als Beweise.

Zusammenfassung: Sehr gewählte und genaue Ausdrucksweise veranschaulicht die Problematik überzeugend.

1.6 Absichten des Autors

1.6.1 **Aufzeigen von häufigen Ursachen für Konflikte in der Familie**
Der Autor zeigt häufige Konflikte zwischen Eltern und Kindern auf. Die Kinder sehen die Fürsorge der Eltern oft als selbstverständlich an, sind aber selber nicht bereit, Pflichten zu übernehmen und der Mutter zu helfen. Weitere Ursachen für Konflikte sind die unterschiedlichen Auffassungen von Ernährung und Ausgehzeiten sowie die Überbehütung der Kinder, um sie vor schmerzlichen Erfahrungen zu schützen.

Vonseiten der Kinder, hier verkörpert durch die Tochter, sind die häufigsten Klagen, dass die Eltern von den Kindern Anpassung an bestehende gesellschaftliche Normen verlangen und sie somit die Entwicklung von Individualität, Selbstständigkeit und Kritikfähigkeit erschweren.

1.6.2 positive Bewältigung von Konflikten durch Kommunikation

Andererseits zeigt der Autor auch auf, dass man Konflikte positiv bewältigen kann. Wenn man relativ sachlich auf die Vorwürfe des anderen eingeht, um Verständnis bittet für seine eigene Meinung, plausible Gründe für sein Verhalten anführt, kommt man ins Gespräch und kann Missverständnisse ausräumen. Wichtig ist also, dass man das Gespräch, hier in Form von Briefen, nicht abreißen lässt und immer wieder auf den anderen zugeht.

2 weiterführende Erörterung: weitere Möglichkeiten, Generationskonflikte möglichst gering zu halten

2.1 vonseiten der Eltern

2.1.1 Offenheit gegenüber dem herrschenden Zeitgeist

Unsere Gesellschaft ist sehr schnelllebig, d. h. ihre Werte und Normen ändern sich rasch. Da Kinder und Jugendliche sich an den herrschenden Normen orientieren, geraten sie oft in Konflikt mit den „veralteten" Werten der Eltern. Dieser Konflikt könnte von den Eltern entschärft werden, indem sie nicht ständig auf Konfrontation gehen und über die bestehenden Verhältnisse schimpfen, sondern ihnen vielleicht auch gute Seiten abgewinnen und sich öffnen. Dadurch kann ein Dialog mit der jüngeren Generation zustande kommen, ein Annähern der Standpunkte, sodass die Kluft zwischen den Generationen nicht zu groß wird.

2.1.2 Loslassen der Kinder in jeder Entwicklungsphase

Auch sollte den Eltern immer bewusst sein, dass sie ihre Kinder Schritt für Schritt in die Selbstständigkeit entlassen, sie „loslassen" müssen. Dies beginnt bereits in der Kindheit, wenn die Kinder bestimmte Entscheidungen selber treffen dürfen, z. B. was und mit wem sie spielen wollen. Wenn Eltern mehr in den Hintergrund treten und nur lenken, fühlen sich die Kinder nicht bevormundet und haben keinen Grund, sich gegen die „Autorität" der Eltern aufzulehnen.

2.2 vonseiten der Kinder

2.2.1 Lernen von Selbstbeherrschung und Selbstdisziplin

Aber auch die Kinder können zur Entschärfung des Generationskonflikts beitragen. Anlass für Ärger und Streit sind häufig die Unbeherrschtheit und mangelnde Selbstdisziplin der Kinder. Sie sind oft sehr bequem, können sich nicht überwinden, unangenehme Tätigkeiten sofort zu erledigen, und reagieren oft laut und unbeherrscht, wenn man sie anmahnt. Sich zurückzunehmen, seine Bequemlichkeit und Unlust zu überwinden, würde so manche Konflikte gar nicht entstehen lassen.

2.2.2 Verständnis für die Ängste der Eltern

Auch reagieren Kinder oft sehr ungehalten auf Verbote der Eltern. Sie empfinden sie als Schikane, wobei oft nur die Sorge um das Wohl des Kindes dahinter steht. Verständnis für die Angst der Eltern, indem man darüber spricht und eventuelle Unklarheiten beseitigt, könnte eine entspanntere Atmosphäre in der Familie zur Folge haben.

C. Auseinandersetzungen sind notwendig, um sich von dem anderen abzugrenzen und um seinen Standpunkt vertreten zu lernen, doch sollte das Ergebnis einer Auseinandersetzung nicht Streit und Unversöhnlichkeit sein, sondern ein Annähern und ein kompromissbereites Miteinander.

Mögliche Gliederung

A. Informationen über Textquelle, Autor und Texthintergrund

B. Der Zeitungsartikel „Unsere Kinder und die „Glotze" – Wie können Eltern dem regelmäßigen Fernseh- und Videokonsum ihrer Kinder entgegenwirken?

1	**Texterschließung**
1.1	Inhalt des Textes
1.1.1	Situation des 15-jährigen Lars
1.1.2	Notwendigkeit der Medienerziehung an den Schulen und mögliche Folgen ungehemmten Konsums
1.1.3	Situation des achtjährigen Kai
1.1.4	Methoden der Unterhaltungsindustrie
1.1.5	Durchschauen der Medienwelt mithilfe entsprechender Projekte
1.2	äußerer Aufbau
1.2.1	unterschiedliches Schriftbild und Spaltendruck
1.2.2	Bebilderung als Blickfang und Zusammenhang zur Überschrift
1.3	Sprache
1.3.1	einfache Hauptsätze, Satzreihen und relativ kurze Satzgefüge
1.3.2	mehrere Fremdwörter und viele Adjektive
1.3.3	Verwendung von Zitaten und indirekten Reden
1.3.4	Hochsprache als Sprachebene
1.4	Zielgruppe und Autorenabsicht
1.4.1	Eltern und Erzieher als vorrangige Zielgruppe
1.4.2	Information über Medienproblematik anhand konkreter Beispiele und Erläuterungen einer Fachkraft
1.4.3	Erziehung zu einem bewussten Medienverhalten im Elternhaus und in der Schule
2	**weiterführende Erörterung: Möglichkeiten der Eltern, einem regelmäßigen Fernseh- und Videokonsum ihrer Kinder entgegenzuwirken**
2.1	Erlernen des Umgangs mit diesem Medium
2.1.1	Gespräche über mögliche Folgen
2.1.2	Beratung bei der Wahl der Programme
2.2	andere Freizeitmöglichkeiten
2.2.1	gemeinsame Unternehmungen mit der Familie
2.2.2	Anbieten von reizvollen Alternativen

C. Manche Eltern betrachten den Fernsehapparat als „Babysitter".

Möglicher Antwortenkatalog

A. Informationen über Textquelle, Autor und Texthintergrund
Amberger Zeitung, 97-06-06; gekürzter Artikel von dpa-Korrespondentin H. Holzbach-Kinsenmeier; große Probleme durch Angebot an Fernsehsendungen rund um die Uhr

B. Der Zeitungsartikel „Unsere Kinder und die ‚Glotze'" – Wie können Eltern dem regelmäßigen Fernseh- und Videokonsum ihrer Kinder entgegenwirken?

1 Texterschließung

1.1 Inhalt des Textes

1.1.1 Situation des 15-jährigen Lars
Trotz einer vernünftigen Medienerziehung im Elternhaus konsumiert Lars verbotene Filme, an die er durch Freunde gelangt. Sein Vater bringt ihm auf ungewöhnliche Weise bei, das Gesehene kritisch zu beurteilen.

1.1.2 Notwendigkeit der Medienerziehung an den Schulen und mögliche Folgen ungehemmten Medienkonsums
Die Pädagogin und Psychoanalytikerin Ute Benz fordert eindringlich eine Medienerziehung an den Schulen. Ohne sie würden die Kinder in der Sprachentwicklung zurückbleiben und allmählich kommunikationsunfähig werden.

1.1.3 Situation des achtjährigen Kai
Dies wird am Beispiel des achtjährigen Kai deutlich. Er flüchtet sich in die Bilderwelt des Fernsehens, nicht zuletzt, weil er seine eigenen Fähigkeiten wegen der im Fernsehen gezeigten Perfektion unterbewertet.

1.1.4 Methoden der Unterhaltungsindustrie
Nach Ute Benz manipuliert die Unterhaltungsindustrie systematisch Kinder und Erwachsene. Bewusst wird das Übermaß an Schönem durch gewalttätige Filminhalte ergänzt, wodurch sich dessen Anziehungskraft ergibt.

1.1.5 Durchschauen der Medienwelt mithilfe entsprechender Projekte
Nur durch bestimmte Projekte kann diese Scheinwelt entlarvt werden. Ute Benz erreichte dies, als sie mit Schülern ein Filmstudio besuchte und Schüler – entsprechend geschminkt – auch Rollen von schwer verletzten Opfern übernahmen und danach über die Wirkung diskutierten.

1.2 äußerer Aufbau

1.2.1 unterschiedliches Schriftbild und Spaltendruck
- dreispaltiger Text, jeweils im Blocksatz mit vier fett gedruckten Zwischenüberschriften; dadurch wird der Text deutlich gegliedert.
- große, fett gedruckte Überschrift über der linken Spalte, durch horizontal verlaufende Balken nach oben und unten abgegrenzt, deshalb besonders auffällig, mittig der Begriff „Glotze"; darunter Angabe der Presseagentur (dpa) und der Autorin in Großbuchstaben, durch eine Linie vom Fließtext getrennt; am Ende des Textes genauere Angaben über die Textquelle

1.2.2 Bebilderung als Blickfang und Zusammenhang zur Überschrift
- Foto in der mittleren Spalte unten: zwei kleine Kinder am Boden sitzend und scheinbar unbeaufsichtigt vor dem Fernsehgerät, wobei ein Kind den Videorekorder bedient; beide betrachten gebannt das Fernsehbild.
- Bildinhalt stimmt mit Überschrift und Teilen des Textinhalts überein; Dokumentation der Alltäglichkeit einer solchen Situation; in vielen Familien sieht so die Freizeitgestaltung der Kinder aus.

1.3   Sprache

1.3.1   einfache Hauptsätze, Satzreihen und relativ kurze Satzgefüge
- überwiegend einfache Hauptsätze, nur als Aussagesätze, verständliche Satzreihen wie „Der achtjährige Kai … ." (Z.56–62)
- unkomplizierte Satzgefüge, oft Konjunktionalsätze (Z. 5, 34, 54), einige Infinitivsätze (Z. 10, 84, 106); dadurch werden mögliche Lösungen eingeleitet oder Gründe für ein bestimmtes Handeln dargelegt.

Absicht: Aufreihung von Tatsachen; leichte Verständlichkeit und gute Überschaubarkeit des für eine Regionalzeitung doch relativ langen Zeitungsartikels

1.3.2   mehrere Fremdwörter und viele Adjektive
- Fremdwörter wie „Videothek" (Z. 8), „Konsum" (Z. 18), „Realität" (Z. 61) sind allgemein bekannt; die Anwendung von Begriffen wie „Medienidylle" (Z. 5/6), „kommerzielle Medienentwicklung" (Z. 41/42), „psychoanalytische Kenntnisse" (Z. 74/75) ergibt sich aus der Thematik; Zeichen von Kompetenz
- attributiv verwendete Adjektive, z. B. „seichte Klamaukfilme" (Z. 22/23), „schwere Kopfverletzung" (Z. 98), daneben adverbial verwendete Adjektive, z. B. „sorgfältiger" (Z. 31), „zufällig" (Z. 32), „schnell und intensiv" (Z. 51)

Absicht: genaue Darstellung der Situation

1.3.3   Verwendung von Zitaten und indirekten Reden
- mehrfache Zitate von Ute Benz (Z. 63/64, Z. 79–82)
- viele indirekte Wiedergaben von Meinungen (Ute Benz) und Gesprächen (Z. 25–28)
- Äußerungen des achtjährigen Kai (Z. 56 ff.)

Wirkung: Verstärkung der unmittelbaren Anteilnahme; größere Überzeugungskraft durch wissenschaftlich belegte und damit fundierte Aussagen zum Thema

1.3.4   Hochsprache als Sprachebene
- fast immer Hochsprache in sachlich-berichtendem Stil, aber einfach strukturiert und damit für viele verständlich
- kaum umgangssprachliche Ausdrücke wie „Sündenböcke" (Z. 40/41), „darunterrutschen" (Z. 23/24), manche sind als solche durch Anführungszeichen gekennzeichnet, z. B. „Dauerglotzen" (Z. 2); mehr Lebendigkeit im Text

1.4   Zielgruppe und Autorenabsicht

1.4.1   Eltern und Erzieher als vorrangige Zielgruppe
bereits von der Überschrift abzuleiten „Unsere Kinder …"; Thematik, die viele Eltern und Pädagogen beschäftigt, da sie damit täglich konfrontiert werden; der Text ist aber auch für Jugendliche und junge Erwachsene geeignet, um das eigene Medienverhalten zu überdenken.

1.4.2   Information über Medienproblematik anhand konkreter Beispiele und Erläuterungen einer Fachkraft
durch zwei Fallbeispiele besonders überzeugend und anschaulich; Lösungsmöglichkeiten werden bei Fallbeispiel 1 und im letzten Absatz angedeutet; Bestätigung bereits vorhandener Erkenntnisse und auch Wissenserweiterung; Hinweis auf die leichte Zugänglichkeit von Videofilmen, selbst für Kinder, die zu Hause „Medienerziehung" erfahren und auf die Anziehungskraft des Fernsehens allgemein.

1.4.3   Erziehung zu einem bewussten Medienverhalten im Elternhaus und in der Schule
Der Text ruft dazu auf, angemessenes Medienverhalten im Elternhaus zu erlernen; Eltern müssen sich über ihre Vorbildfunktion im Klaren sein; Notwendigkeit einer verstärkten Medienerziehung als Bestandteil des Erziehungsauftrags auch an den Schulen; beiden Parteien, Eltern und Pädagogen, muss die Bedeutung dieser Aufgabe bewusst sein.

2 weiterführende Erörterung: Möglichkeiten der Eltern, einem regelmäßigen Fernseh- und Videokonsum ihrer Kinder entgegenzuwirken

2.1 Erlernen des Umgangs mit diesem Medium

2.1.1 Gespräche über mögliche Folgen
Erklärung der gesundheitlichen Folgen wie Augenschäden oder körperliche Haltungsschäden; Hinweis auf die Kommunikationsfeindlichkeit des Fernsehens: Gesellschaftsspiele unterbleiben, Verabredungen werden nicht getroffen oder nicht eingehalten; Verhinderung einer sinnvollen Freizeitgestaltung mit Sport oder musischen Betätigungen; Hinweis, dass durch viele dieser Folgen ein wichtiger Teil der Kindheit verloren geht.

2.1.2 Beratung bei der Wahl der Programme
Eltern sollten geeignete Sendungen zusammen mit ihren Kindern auswählen und dabei Inhalt, Zeitpunkt und Dauer der Ausstrahlung berücksichtigen. Hilfe bieten einzelne Programmzeitschriften, die sehenswerte Kindersendungen besonders kennzeichnen. Man sollte nicht mehrere Filme in Folge wählen, die Vorbildfunktion der Eltern ist hierbei sehr wichtig. Ideal wäre es, zusammen mit den Kindern eine passende Sendung anzusehen und darüber zu sprechen.

2.2 andere Freizeitmöglichkeiten

2.2.1 gemeinsame Unternehmungen mit der Familie
Karten- und Brettspiele zu Hause sind mit viel Spaß verbunden, sie fördern zudem den Kontakt der Familienmitglieder untereinander. Am Wochenende sind gemeinsame Unternehmungen wie Zoobesuche, Wanderungen, Radtouren, verschiedene Ballspiele möglich; dadurch verliert das Fernsehen seinen Reiz, das Kind wird sich bei der Wahl zwischen Fernsehen und Familienunternehmung fast immer für Letzteres entscheiden.

2.2.2 Anbieten von reizvollen Alternativen
Man kann Kinder von klein auf in Vereine, die zumeist Kinder- und Jugendgruppen anbieten (z. B. Pfadfinder), einbinden. Sportliche Betätigungen wie Kinderturnen, Kinderballett oder Fußball stillen den Bewegungsdrang und fördern körperliches Wohlbefinden. Musische Betätigungen in speziellen Kindergruppen, z. B. Malkurse oder Instrumentalunterricht, machen viel Freude, ebenso wie Spielenachmittage mit Nachbarskindern. Das alles nehmen Kinder gerne als Alternative zum Fernsehen an.

C. Manche Eltern betrachten den Fernsehapparat als „Babysitter".
Es gibt Eltern, die das Fernsehgerät als willkommenen „Babysitter" betrachten. Sie brauchen sich, während Sendungen laufen, nicht um ihre Kinder kümmern, nicht mit ihnen spielen und können anderen Beschäftigungen nachgehen, da ihrer Meinung nach der Nachwuchs gut aufgehoben ist. Diese Erwachsenen sind froh, wenn sie ihren eigenen Freiraum ausdehnen können und denken in dieser Situation nicht an mögliche negative Folgen für ihre Kinder.

Mögliche Gliederung

A. Informationen über den Autor

B. Die Kurzgeschichte „Mittagspause" – Schwierigkeiten, mit denen sich junge Menschen beim Erwachsenwerden auseinander setzen müssen

1	**Texterschließung**
1.1	kurzer Inhalt: Gedanken und Verhalten einer jungen Sekretärin in der Mittagspause
1.2	Verhaltensweisen der Frau in der Mittagspause
1.2.1	unsicheres Verhalten
1.2.2	aufkommende Nervosität
1.2.3	Flucht in eine Traumwelt
1.2.4	Angst vor einer Beziehung
1.2.5	Vermeiden von Entscheidungen
1.3	Informationen über ihr Leben
1.3.1	Jugendlichkeit und hübsches Aussehen
1.3.2	Sekretärin
1.3.3	Langeweile und Eintönigkeit im Beruf
1.3.4	ängstliche und besorgte Eltern
1.4	Textsorte: Kurzgeschichte/Erzählung
1.4.1	unmittelbarer Beginn
1.4.2	offener Schluss
1.4.3	kurzer Ausschnitt aus dem Leben eines Menschen
1.5	Sprache
1.5.1	Satzbau
1.5.1.1	eintöniger, stereotyper Satzbau
1.5.1.2	unvollständige und kurze Sätze
1.5.2	Wortwahl
1.5.2.1	treffende Verben kombiniert mit einfachen
1.5.2.2	nur wenige Adjektive und Partizipien
1.5.2.3	viele Konjunktive
1.5.2.4	unpersönliches Personalpronomen „sie"
1.5.3	rhetorische Mittel: nur wenige
1.5.3.1	Wiederholung und Steigerung
1.5.3.2	Vergleich und Alliteration
1.6	Absichten des Verfassers
1.6.1	Darstellen des immer gleich ablaufenden Alltags
1.6.2	Problem der Selbstfindung und Selbstsicherheit junger Menschen
1.6.3	Flucht in eine „Traumwelt" als Ersatz für die Monotonie des Lebens
1.6.4	Angst vor Kontakten und zwischenmenschlichen Beziehungen
2	**weiterführende Erörterung: Mit welchen Schwierigkeiten müssen sich junge Menschen beim Erwachsenwerden auseinander setzen?**
2.1	Bewältigung des Alltags
2.1.1	Eingliederung und Zurechtfinden in der Berufswelt
2.1.2	Zurechtkommen mit dem täglichen Leben

2.2   Ich-Findung
2.2.1   Ablösung vom Elternhaus
2.2.2   Entwicklung von Selbstsicherheit

C. Obwohl sich die Zeiten sehr verändert haben, bleiben einige Schwierigkeiten für junge Leute doch gleich.

Möglicher Antwortenkatalog

A. Informationen über den Autor
Wolf Wondratschek wurde am 14. 8. 1943 in Rudolstadt/Thüringen geboren, wuchs in Karlsruhe auf, studierte Literaturwissenschaft, Philosophie und Soziologie und lebt heute als freier Schriftsteller und Kritiker in München. Er schreibt hauptsächlich kritische Erzählungen, Gedichte, Lieder und Hörspiele. Der Text „Mittagspause" stammt aus der Sammlung „Früher begann der Tag mit einer Schusswunde.", bestehend aus 25 kurzen Prosatexten.

B. Die Kurzgeschichte „Mittagspause" – Schwierigkeiten, mit denen sich junge Menschen beim Erwachsenwerden auseinander setzen müssen

1   Texterschließung

1.1   Inhalt
Der Text „Mittagspause" beschreibt die Gedankengänge und das Verhalten einer jungen Frau während ihrer Mittagspause.
Eine junge Sekretärin verbringt ihre kurze Mittagspause regelmäßig in demselben Straßencafe. Sie sitzt alleine an einem Tisch und lässt ihre Gedanken schweifen. Sie fühlt sich unsicher, stellt sich vor, einen Mann kennen zu lernen und wartet auf eine „Katastrophe", die ihr Leben verändern und ihren eintönigen Alltag unterbrechen könnte.

1.2   Verhaltensweisen der Frau in der Mittagspause

1.2.1   unsicheres Verhalten
– Sie überspielt ihre Unsicherheit durch ablenkende Handlungen:
„Sie schlägt sofort die Beine übereinander." (Z. 1); Sie versteckt ihr Gesicht hinter einer Sonnenbrille. (Z. 6/7); „Mit einer Sonnenbrille ist es einfacher nicht rot zu werden. Mit Zigaretten wäre es noch einfacher." (Z. 14/15)
– Sie fühlt sich beobachtet: „Sie wird von allen Seiten beobachtet." (Z. 27)

1.2.2   aufkommende Nervosität
– Sie wird nervös, wenn sie sich beobachtet fühlt: „Sie spürt sofort, dass sie Hände hat." (Z. 27); „Sie spielt mit der Handtasche." (Z. 29)

1.2.3   Flucht in eine Traumwelt
– „Sie blättert in einem Modejournal." (Z. 2)
– „... und denkt an Liebesfilme." (Z. 10/11)
– Sie stellt sich vor, von einem Mann angesprochen zu werden: „... wie es wäre, wenn sie ein Mann ansprechen würde." (Z. 16/17)
– Sie wünscht sich eine „Katastrophe" als Abwechslung zu ihrem eintönigen Leben: „Es ist schön, ... eine Katastrophe passieren könnte. ... Katastrophe ist ihr Lieblingswort." (Z. 31–34)

1.2.4 **Angst vor einer Beziehung**
- Trotz der Sehnsucht nach einer Bekanntschaft hat sie Angst davor: „Sie würde eine ausweichende Antwort geben." (Z. 17); „…war sie froh, dass in der Mittagspause alles sehr schnell geht." (Z. 19/20)

1.2.5 **Vermeiden von Entscheidungen**
- „Sie hat mittlerweile gelernt sich nicht zu entscheiden." (Z. 24)

1.3 **Informationen über ihr Leben**

1.3.1 **Jugendlichkeit und hübsches Aussehen**
- Sie ist jung und schön: „Die Eltern wissen, dass sie schön ist." (Z. 2); „… dass sie auch einmal jung waren." (Z. 21)

1.3.2 **Sekretärin**
- Sie arbeitet als Sekretärin: „…ist die Mittagspause anstrengender als Briefeschreiben." (Z. 26); „An der Schreibmaschine. …"(Z. 33)

1.3.3 **Langeweile und Eintönigkeit im Beruf**
- Sie langweilt sich: „An der Schreibmaschine hat sie viel Zeit …"(Z. 33)

1.3.4 **ängstliche und besorgte Eltern**
- Sie kümmern sich um sie: „Vater sagt, er meine es nur gut. Mutter sagt sogar, sie habe eigentlich Angst." (Z. 21/22)

1.4 **Textsorte: Kurzgeschichte/Erzählung**

1.4.1 **unvermittelter Beginn**
- plötzlicher Beginn ohne Einleitung, ohne Vorstellen der Person und Situation: Die Frau sitzt im Straßencafe, erst allmählich kann sich der Leser ein Bild von ihr machen.

1.4.2 **offener Schluss**
- Der Schluss bringt keine Auflösung: Der Leser weiß nicht, ob die Mittagspause beendet ist, was die junge Frau weiterhin tut.

1.4.3 **kurzer Ausschnitt aus dem Leben eines Menschen**
- Der Autor beschreibt die täglich gleich ablaufende Mittagspause einer jungen Sekretärin. Unüblich für eine Kurzgeschichte ist allerdings, dass keine schicksalhafte Wende in ihrem Leben eintritt, die Monotonie des Alltags wird nicht unterbrochen.

1.5 **Sprache**

1.5.1 **Satzbau**

1.5.1.1 eintöniger, stereotyper Satzbau
- fast nur kurze Hauptsätze oder Satzreihen. „Sie sitzt …"; „Sie schlägt …"; „Sie hat …" (Z. 1)
Wirkung: wenig abwechslungsreicher Satzbau verdeutlicht ihr wenig abwechslungsreiches Leben und ihre einfachen Gedanken.

1.5.1.2 unvollständige und kurze Sätze
- „Zum Beispiel." (Z. 4/Z. 6); „Der Rock ist nicht zu übersehen. Hauptsache sie ist pünktlich." (Z. 28)
Wirkung: knappe Aussagen, reduziert auf das Notwendigste genauso wie ihr Leben.

1.5.2 Wortwahl

1.5.2.1 treffende Verben kombiniert mit einfachen
- treffende Verben wie „sitzt, schlägt übereinander, blättert ..." (Z. 1/2) wechseln sich ab mit einfachen wie „hat" (Z. 1), „sagt" (Z. 4/21/22)
Wirkung: Sie wird sehr klar durch ihre Handlungen beschrieben, „sagen" gibt die Redeweise ihrer Eltern wieder.

1.5.2.2 nur wenige Adjektive und Partizipien
- „regelmäßig" (Z. 26), „anstrengend" (Z. 26), „ausweichend" (Z. 17)
Wirkung: Die „Schmucklosigkeit" ihres Alltags und ihre nüchterne Einstellung zum Leben werden unterstrichen.

1.5.2.3 viele Konjunktive
- „... stellt sie sich vor, wie es wäre, wenn ... sie ansprechen würde. Sie würde lachen. Sie würde ..." (Z. 16–18). „Sie könnte ..." (Z. 31/32), „wäre ..." (Z. 34)
Wirkung: Sie flüchtet sich in eine Traumwelt, um der Monotonie ihres Lebens Abwechslung zu geben.

1.5.2.4 unpersönliches Personalpronomen „sie"
Anstelle eines persönlichen Namens wird für die junge Frau immer das allgemein gehaltene Personalpronomen „sie" verwendet: „Sie sitzt ... Sie schlägt... Sie hat ..." (Z. 1)
Absicht: allgemein gültiges Verhalten, trifft auf viele junge Frauen zu.

1.5.3 rhetorische Mittel

1.5.3.1 Wiederholung und Steigerung
- Wiederholung: „Sie würde ... Sie würde ..." (Z. 17/18); „Gestern ... Gestern ... Gestern ..." (Z. 18–20)
Wirkung: einhämmernd, monoton, verstärkend: Es passiert ständig dasselbe.
- Steigerung: „Mit Zigaretten wäre es noch einfacher." (Z. 14/15)
Wirkung: Ihre Unsicherheit ist ihr ein wirkliches Problem.

1.5.3.2 Vergleich und Alliteration
- Vergleich: „Sie ist ein Mädchen wie andere ..." (Z. 24/25), d. h. sie ist Durchschnitt und fällt nicht auf.
„... ist die Mittagspause anstrengender als Briefeschreiben." (Z. 26/27)
Wirkung: Die sog. freie Zeit kann für einen jungen Menschen anstrengender sein als die Arbeit.
- Alliteration: „Sie sitzt im Straßencafe. Sie schlägt sofort ..." (Z. 1); „Sie weiß genau, was sie will." (Z. 8)
Wirkung: Aufmerksam machen auf ihre Situation und Einstellung.
Zusammenfassend kann man sagen, dass der an Ereignissen „arme" Alltag „arm" an Stilmitteln ist.

1.6 Absichten des Verfassers

1.6.1 Darstellen des immer gleich ablaufenden Alltags
Dem Leser soll vermittelt werden, dass der Alltag in der Berufswelt und in den dazu gehörenden Pausen fast immer gleich abläuft. Diese Erfahrung ist für junge Leute, die noch viel vom Leben erwarten, oft recht frustrierend und ernüchternd.

1.6.2 Problem der Selbstfindung und Selbstsicherheit junger Menschen
Obwohl junge Menschen nach außen hin oft sehr selbstsicher wirken, sind sie innerlich noch sehr unsicher. Sie müssen erst lernen, in der Öffentlichkeit alleine aufzutreten und sich den Blicken anderer auszusetzen.

1.6.3 Flucht in eine „Traumwelt" als Ersatz für die Monotonie des Lebens
Um dem täglichen Einerlei zu entkommen, flüchten sich viele junge Menschen in eine Traumwelt, in der sie sich all das ausmalen, was sie sich insgeheim wünschen. Doch sie werden immer wieder in die Realität zurückgeholt.

1.6.4	**Angst vor Kontakten und zwischenmenschlichen Beziehungen**

1.6.4 Angst vor Kontakten und zwischenmenschlichen Beziehungen

Auf der einen Seite ist das Bedürfnis junger Menschen nach sozialen Kontakten sehr stark vorhanden, doch auf der anderen Seite fürchten sie sich davor, weil sie zu wenig Erfahrung damit haben.

2 weiterführende Erörterung: Schwierigkeiten junger Menschen beim Erwachsenwerden

2.1 Bewältigung des Alltags

2.1.1 Eingliederung und Zurechtfinden in der Berufswelt

Viele junge Menschen freuen sich, nach der Schulzeit endlich ins Berufsleben einsteigen zu können. Doch dies ist oft mit Problemen verbunden, da sie sich sowohl in eine neue Gemeinschaft von Arbeitskollegen einordnen als sich auch den Anordnungen eines Vorgesetzten unterordnen müssen. Hinzu kommt ein 8-Stunden-Tag mit nur kurzen Pausen sowie die Notwendigkeit, bestimmte Leistungen zu erbringen.

2.1.2 Zurechtkommen mit dem täglichen Leben

Junge Leute müssen allmählich Abschied nehmen von den Klischeevorstellungen, dass es im Erwachsenen-Leben die uneingeschränkte Freiheit gibt, dass immer etwas passieren, „Action" sein muss. Der Alltag ist oft eintönig und es ist sicher frustrierend, diese Eintönigkeit auszuhalten. Auch die Erfahrung, dass im Leben nicht immer alles auf Anhieb klappt, dass man mühsam Hindernisse überwinden, man sich manches hart erarbeiten muss, kann für junge Menschen schmerzhaft sein.

2.2 Ich-Findung

2.2.1 Ablösung vom Elternhaus

Junge Menschen müssen sich sowohl räumlich als auch seelisch vom Elternhaus ablösen. Wenn sie eine eigene Wohnung beziehen, müssen sie sich selbst versorgen, ihren Alltag selbst organisieren, Entscheidungen treffen, ohne sich immer die Rückversicherung der Eltern zu holen. Bei Fehlentscheidungen haben sie die Konsequenzen selbst zu tragen, was sicher oft nicht einfach für sie ist.

2.2.2 Entwicklung von Selbstsicherheit

Während junge Leute in der Schulzeit in einer Gruppe geborgen waren, müssen sie nun lernen, alleine etwas zu unternehmen und Kontakte zu suchen. Dies kostet am Anfang sicher große Überwindung, weil sie es nicht gewohnt sind und sich unsicher und beobachtet fühlen.

C. Trotz gesellschaftlicher Veränderungen bleiben bestimmte Schwierigkeiten erhalten.

Wenn sich auch die Arbeitswelt und die Situation junger Leute seit 1969 stark verändert haben, so bleiben die grundlegenden Probleme doch dieselben.

1. Warum erfreuen sich Talk-Shows im Fernsehen so großer Beliebtheit?
   Was ist aus Ihrer Sicht an diesen Sendungen zu kritisieren?

2. Die Freizeitgestaltung der Menschen bleibt nicht ohne Wirkung auf die Umwelt.
   Zeigen Sie anhand geeigneter Beispiele negative Folgen auf und legen Sie dar, wie wir uns in der Freizeit umweltgerecht verhalten können.

3. Jungen und Mädchen gemeinsam in einer Klasse –
   Was spricht dafür und wo sehen Sie mögliche Probleme?

4. Die Werbung kann dem Konsumenten Vorteile bringen, aber auch zu einer Gefahr für ihn werden.

5. 50 Jahre Grundgesetz für die Bundesrepublik Deutschland –
   Erläutern Sie an Beispielen, welche Grundrechte Sie für besonders wichtig halten.
   Was können Sie persönlich dazu beitragen, die darin enthaltenen Wertvorstellungen mit Leben zu erfüllen?

6. Die Vereinten Nationen haben 1999 zum Jahr der Senioren erklärt.
   Wodurch ist die Situation älterer Menschen in unserer Gesellschaft gekennzeichnet?
   Wie können junge Menschen dazu beitragen, Schwierigkeiten zu verringern?

1999/1   **Warum erfreuen sich Talk-Shows im Fernsehen so großer Beliebtheit? Was ist aus Ihrer Sicht an diesen Sendungen zu kritisieren?**

A. Ilona Christen, Arabella Kiesbauer und Andreas Türck sind bekannte Vertreter der „Daily Talks".

B. Warum sind Talk-Shows im Fernsehen so beliebt? Was kritisiere ich daran?

1   **Es gibt viele Gründe für die Beliebtheit von Talk-Shows.**

1.1   Personendarstellung und Gesprächsführung sprechen die Zuschauer an.
1.1.1   Der/Die Moderator/in ist sehr schlagfertig.
1.1.2   Manche Gäste werden in ihren Vorurteilen und extremen Ansichten deutlich zurechtgewiesen.
1.1.3   Konfliktlösungen und Konfliktlösungsstrategien werden angeboten.
1.1.4   Die Zuschauer im Studio äußern spontan ihre Meinung.

1.2   Inhalte der Talk-Shows sprechen die Zuschauer an.
1.2.1   Reißerische Titel verführen zum Einschalten.
1.2.2   Es bestehen Ähnlichkeiten mit eigenen Problemsituationen.
1.2.3   Themen von Beziehungskonflikten über Sexualität und Gewalt bis hin zu Minderheiten sind für viele interessant.
1.2.4   Intimitäten und damit z. T. Tabus werden öffentlich diskutiert.

2   **Es gibt aus meiner Sicht zahlreiche Kritikpunkte an Talk-Shows.**

2.1   Personendarstellung und Gesprächsführung sind häufig nicht angemessen.
2.1.1   Grundregeln einer Diskussion werden oft nicht eingehalten.
2.1.2   Teilnehmer an Talk-Shows werden bloßgestellt.
2.1.3   Talk-Show-Gäste verhalten sich manchmal aggressiv oder beleidigend und damit nicht vorbildhaft.
2.1.4   Die Sprache ist zumeist einfach bis vulgär.

2.2   Inhalte der Talk-Shows sind abzulehnen.
2.2.1   Man wird manchmal mit einem zu pessimistischen Weltbild konfrontiert.
2.2.2   Vielfach werden einseitige Extremvorstellungen vermittelt.
2.2.3   Einige Beiträge können als jugendgefährdend eingestuft werden.
2.2.4   Die Vorschläge zur Konfliktlösung sind oft nicht in die Realität umzusetzen.

C. Nach Meinung von Medienexperten wirft nicht so sehr die Einzelsendung Probleme auf, sondern die Wirkung der Vielzahl solcher Sendungen.

1999/2 **Die Freizeitgestaltung der Menschen bleibt nicht ohne Wirkung auf die Umwelt. Zeigen Sie anhand geeigneter Beispiele negative Folgen auf und legen Sie dar, wie wir uns in der Freizeit umweltgerecht verhalten können.**

A. Unsere Gesellschaft ist eine Freizeitgesellschaft.

B. Welche negativen Folgen hat die Freizeitgestaltung der Menschen auf die Umwelt?
   Wie können wir uns in unserer Freizeit umweltgerecht verhalten?

1   negative Folgen für

1.1   das Wasser
1.1.1   Verschmutzung durch verschiedene Wassersportarten
1.1.2   hoher Wasserverbrauch für Freizeitanlagen

1.2   die Luft
1.2.1   vermehrte Abgase durch zunehmenden Luftverkehr in weiter entfernte Urlaubs-
         gebiete
1.2.2   erhöhter Schadstoffausstoß durch verstärkten Autoverkehr in Naherholungs-
         gebiete an Wochenenden

1.3   den Boden und die Landschaft
1.3.1   Eingriff in die Natur und Verdichtung des Bodens durch den Bau von Renn- und
         Teststrecken für Motorsportarten
1.3.2   Veränderung der Landschaft durch Errichtung von weiteren Hotelanlagen
1.3.3   Gefahr der Bodenerosion durch Abholzung von Wäldern in Skigebieten
1.3.4   Verseuchung des Bodens durch unkontrollierte Müllentsorgung

1.4   die Tier- und Pflanzenwelt
1.4.1   Gefährdung von Brutgebieten
1.4.2   Aussterben bestimmter Pflanzen- und Tierarten

2   Möglichkeiten für umweltgerechtes Freizeitverhalten

2.1   Schutz der Tier- und Pflanzenwelt
2.1.1   kein Abreißen seltener Pflanzen
2.1.2   Halten an ausgewiesene Wege
2.1.3   Vermeiden von unnötigem Lärm

2.2   Schutz des Bodens
2.2.1   Müllvermeidung bzw. umweltfreundliche Müllentsorgung
2.2.2   Wintersportarten nur bei guten Schneeverhältnissen

2.3   Schutz von Luft und Wasser
2.3.1   Wochenenderholung in heimatnahen Gebieten
2.3.2   Verzicht auf wasser- und luftbelastende Sportarten
2.3.3   Nutzung von öffentlichen Verkehrsmitteln

C. Nur ein Umdenken und eine Änderung unseres Verhaltens kann zum Schutz unserer
   gefährdeten Umwelt beitragen.

**1999/3   Jungen und Mädchen gemeinsam in einer Klasse –
Was spricht dafür und wo sehen Sie mögliche Probleme?**

A. Es gibt immer noch reine Mädchen- bzw. Knabenschulen.

B. Was spricht dafür, dass Mädchen und Jungen zusammen in einer Klasse sind? Welche möglichen Probleme sehe ich?

1   Für gemischte Klassen sprechen einige Vorteile.

1.1   Mädchen und Jungen beeinflussen sich positiv im Hinblick auf das Lernverhalten.

1.1.1   Mädchen neigen eher zur Gewissenhaftigkeit und können für Jungen ein Ansporn sein.

1.1.2   Aufgrund des oft geschlechterspezifischen Wissens aus unterschiedlichen Themenbereichen ergänzen sich Jungen und Mädchen.

1.1.3   Bestimmte Gruppenarbeiten oder szenische Darstellungen sind in gemischten Klassen effektiver.

1.2   Mädchen und Jungen beeinflussen sich positiv im Hinblick auf das Sozialverhalten.

1.2.1   Es herrscht größere Disziplin in der Klasse, da Mädchen im Allgemeinen ruhiger sind und Autoritäten leichter akzeptieren.

1.2.2   Mädchen wirken oft ausgleichend auf das aggressive Verhalten der Jungen.

1.2.3   Beide Seiten lernen den natürlichen, kameradschaftlichen Umgang miteinander.

1.2.4   Sie entwickeln ein größeres Verständnis für das andere Geschlecht.

1.2.5   Sie erleben und verwirklichen Gleichberechtigung.

2   Es können sich aber auch Probleme ergeben.

2.1   Im Klassenverband kann ein Ungleichgewicht entstehen.

2.1.1   Mädchen werden von lautstarken Jungen leicht eingeschüchtert.

2.1.2   Mädchen nehmen das eher aggressive Verhalten der Jungen an, um dazuzugehören.

2.2   Das Lernverhalten kann negativ beeinflusst werden.

2.2.1   Mädchen passen sich dem nicht immer kontinuierlichen Lernverhalten der Jungen an.

2.2.2   Beide Seiten lenken sich in einem bestimmten Alter vom Lernen ab.

2.2.3   Mädchen können sich nicht so gut in naturwissenschaftlich-technischen Fächern entfalten aus Angst, den naturwissenschaftlich häufig geübteren Jungen unterlegen zu sein.

C. Manche befürworten eine zeitweilige Trennung der Geschlechter in bestimmten Fächern und in einem bestimmten Alter.

1999/4   **Die Werbung kann dem Konsumenten Vorteile bringen, aber auch zu einer Gefahr für ihn werden.**

A. Werbung begegnet uns fast überall.

B. Die Werbung kann dem Konsumenten Vorteile bringen, aber auch zu einer Gefahr für ihn werden.

| 1 | **Vorteile der Werbung für den Verbraucher** |

1.1   indirekte Vorteile
1.1.1   Schaffung von Arbeitsplätzen
1.1.2   Finanzierung der Massenmedien

1.2   mögliche Kostenersparnis
1.2.1   Hinweis auf Sonderangebote
1.2.2   Preisdruck durch Konkurrenzkampf

1.3   sinnvolle Informationen
1.3.1   Aufklärung über verschiedene Produkte und Dienstleistungen
1.3.2   Vorstellung neuartiger Waren
1.3.3   Vergleichs- und Auswahlmöglichkeiten

2   **Gefahren der Werbung für den Konsumenten**

2.1   Aufdringlichkeit der Werbung
2.1.1   zu viele Werbeprospekte
2.1.2   unliebsame Werbeunterbrechungen im Fernsehen

2.2   unnötige Geldausgaben
2.2.1   Wecken künstlicher Bedürfnisse
2.2.2   Verleiten zu höheren Ausgaben bis hin zur Verschuldung

2.3   Aufbau einer Scheinwelt
2.3.1   einseitige Darstellung des Produkts
2.3.2   Abtauchen in eine Welt der Illusionen

C. Manche Werbespots sind durchaus unterhaltsam.

Aufsatzbeispiel

A.   Ob auf Plakatwänden, Litfaßsäulen, Bussen oder in Supermärkten, die Werbung ist unser ständiger Begleiter durch den Alltag und aus dem Leben von Kindern, Jugendlichen und Erwachsenen nicht mehr wegzudenken. Spitzenreiter bei den Werbeträgern ist das Fernsehen, gefolgt von den Publikumszeitschriften. Allein in Deutschland werden zweistellige Milliardenbeträge für Werbung ausgegeben. Für die Unternehmen zahlen sich diese hohen Investitionen aus, ihr Werbekonzept geht in der Regel auf. Welche Vorteile aber bringt Werbung für den Verbraucher und worin liegen für ihn Gefahren?

B.
1
1.1
1.1.1   Manche Vorteile der Werbung spielen für den Einzelnen nur **indirekt** eine Rolle, sind aber trotzdem wesentlich. Einer davon ist die Tatsache, dass Werbung **Arbeitsplätze schafft.** Werbeagenturen sind keine Seltenheit mehr in einer Zeit, in der selbst kleine Unternehmen auf gute Publicrelations Wert legen. Viele junge Leute sind daran interessiert, im Management oder im Kreativbereich einer Werbefirma, z. B. als Layouter, Texter oder Grafiker, zu arbeiten. Marktforschungsinstitute, die mögliche Zielgruppen ermitteln und analysieren sollen, benötigen ebenso zahlreiche Mitarbeiter wie die Werbefilmagenturen, die die Werbeideen realisieren. Somit stellt die Werbebranche einen Wirtschaftszweig dar, der auch in Zukunft Arbeitsplätze und Aufstiegschancen bietet.

1.1.2   Unbestritten ist, dass Werbung unsere **Massenmedien finanziert.** Werbeanzeigen bringen Verlagen viel Geld ein, sodass die Illustrierten für den Verbraucher erschwinglich bleiben. Manche privaten Fernsehsender finanzieren sich nur mit Werbeeinnahmen. Der Zuschauer profitiert wiederum, weil er unter zahlreichen Programmen frei auswählen kann. Aber auch öffentlich-rechtliche Sender sind auf Werbegelder angewiesen und schließlich können zum Nutzen der Zuschauer dadurch die Gebühren der GEZ relativ niedrig gehalten werden.

1.2
1.2.1   Werbung ermöglicht aber noch unmittelbarer eine **Kostenersparnis.** Durch Wurfsendungen und Prospekte in den Zeitungen erreichen den Kunden viele **verschiedene Angebote.** Er kann die günstigsten auswählen und danach sein Kaufverhalten richten. Bei bestimmten Artikeln, z. B. im Bereich der Hygiene, ist es besonders sinnvoll, die Ermäßigungen zu nutzen und sich für längere Zeit mit dem verbilligten Produkt einzudecken. Aber auch beim „aktuellen Speiseplan" kann man sich an den Sonderangeboten orientieren oder die Möglichkeit des Eingefrierens von Lebensmitteln wählen. Wer gezielt auf Sonderangebote achtet, kann viel Geld sparen.

1.2.2   Ein Hauptvorteil der Werbung für den Verbraucher liegt darin, dass durch **den Konkurrenzkampf ein Preisdruck** entsteht. Da viele Hersteller ähnliche Produkte verkaufen und ihren Absatz durch die Werbung erhöhen wollen, kommt es zum Wettbewerb zwischen den einzelnen Firmen. Wer sich nicht den niedrigeren Preisen anderer Anbieter anpasst oder sie sogar unterbietet, kann bald am Markt nicht mehr bestehen. Besonders günstig ist es für den Verbraucher, wenn sich mehrere Konkurrenten, z. B. in der Elektrobranche, direkt am Wohnort befinden. Er wird davon sicherlich profitieren.

1.3
1.3.1   Nicht zu vergessen ist der **Informationswert** der Werbung. **Produkte und Dienstleistungen werden** dem Konsumenten **genauer vorgestellt.** Dies ist natürlich fester Bestandteil des Werbekonzepts, aber als Vorteil für den Verbraucher nicht von der Hand zu weisen. In der Fernseh- und Radiowerbung erfährt man etwa die Vorzüge von bestimmten Banken oder Versicherungen, häufig mit Angabe einer Telefonnummer, unter der man weitere Informationen einholen kann. Dem möglichen Kunden fällt dadurch die Entscheidung leichter. Zwar tritt in jüngster Zeit der Informationswert der Werbung zunehmend in den Hintergrund, aber gerade bei

anspruchsvolleren Geräten oder speziellen Dienstleistungen ist eine genaue Aufklärung des Verbrauchers nach wie vor notwendig.

1.3.2 Ein ganz wesentlicher Vorteil für den Konsumenten ist sicherlich, dass ihm **neueste Erscheinungen** auf dem Markt **vorgestellt** werden. In der heutigen schnelllebigen Zeit ändern sich zum einen die Bedürfnisse, zum anderen veraltet durch den technischen Fortschritt und die immer höheren Erwartungen so manches Produkt sehr rasch. Neue Entwicklungen im Bereich der Elektrik und Elektronik sind für den Verbraucher interessant, denn damit verbunden sind oft eine bessere Qualität, eine einfachere Handhabung oder ein günstigeres Format. Die Werbung trägt dazu bei, dass der Verbraucher auf dem neuesten Stand und über Marktneuheiten unterrichtet ist.

1.3.3 Nachdem man Informationen eingeholt hat, sollte man sie noch **mit anderen ähnlichen Produkten und deren Preisen vergleichen.** Dies wird uns durch die große Angebotspalette in Anzeigenblättern und Katalogen erleichtert, wo Güter der gleichen Art häufig zusammengefasst werden und neben- oder untereinander angeordnet sind. Oft ist es auch ratsam, verschiedene Anbieter zu prüfen, da Preis- und Qualitätsabweichungen durchaus möglich sind. Nach gründlichem Vergleich aller Waren kann man sich für das lohnendste Produkt entscheiden und sich über seine Anschaffung freuen.

2 Bei all diesen Vorteilen darf man jedoch die **Gefahr der Werbung** für den Ver-
2.1 braucher nicht übersehen. Zunächst ist **Werbung sehr aufdringlich** und damit
2.1.1 äußerst unangenehm. Jeder Haushalt wird **mit Werbeprospekten überhäuft**; ob wochentags oder an Sonn- und Feiertagen, fast immer findet man Wurfsendungen in den Briefkästen oder Beilageblätter in den Zeitungen. So mancher entdeckt gar nicht mehr tatsächlich günstige Artikel, weil er den Überblick verliert und den „Blätterwald" sofort entsorgt. Selbst wenn man den Papiercontainer damit füllt und so diese „unerwünschte Post" in den Recyclingprozess zurückführt, gehen durch die massenhafte Herstellung solcher teilweise unnötiger Werbeprospekte viel Energie und Rohstoff verloren. Auch daran sollte man denken.

2.1.2 Schließlich sind die **vielen Werbeunterbrechungen im Fernsehen** sehr störend. Der Zuschauer ist geneigt, wenn im abendlichen Fernsehprogramm ein Werbeblock eingeschoben wird, schnell auf ein anderes Programm umzuschalten. So „zappt" er sich durch mehrere Programme, verfolgt gleichzeitig einen Spielfilm, ein Fußballmatch und eine Rate-Show, ohne einer ganzen Sendung vollständig, in Ruhe, Entspannung und mit Interesse zuzusehen. Dieses ständige Hin und Her führt sogar vor dem Fernsehgerät zu Hektik, die sich vielleicht auch auf andere Bereiche des Lebens überträgt.

2.2 Werbung verleitet zudem auf jeden Fall zu **unnötigen Geldausgaben,** indem es
2.2.1 ihr gelingt, beim **Konsumenten Bedürfnisse zu wecken,** die ohne sie nicht vorhanden wären. Durch ihr Repertoire an Überzeugungskünsten ist es der Werbung möglich, einigen Verbrauchern einzureden, dass sie ein bestimmtes Produkt besitzen müssen, um dadurch ihre Lebensqualität anzuheben. Ein neues Möbelstück, ein teures Parfüm oder die modernste Wintersportausrüstung wird dann erworben, obgleich diese Anschaffung nicht dringend notwendig wäre, und wieder hat die Werbung ihr Ziel erreicht.

2.2.2 Ist man finanziell gut gestellt, so bleiben solche Einkäufe ohne größere Nebenwirkungen. Aber viele **können sich eigentlich nicht** die aktuellsten und ausgefallensten Dinge **leisten** und wollen sie trotzdem erwerben, da sie sich sonst aus der Wohlstandsgesellschaft ausgeschlossen fühlen. Um Statussymbole wie einen Breitbildfernseher oder ein neues Automodell kaufen zu können, lassen sich viele auf Geschäfte mit unseriösen Kreditinstituten ein, die mit überhöhten Zinsen ihr Geld zurückfordern. Solche Fälle enden oft in Verschuldung. Ursache für diese missliche Lage ist eigentlich die Manipulation durch die Werbung und die durch sie erst entstandenen Wünsche.

2.3

2.3.1 Eine große Gefahr der Werbung ist, dass sie eine **Scheinwelt aufbaut,** indem sie **nie Schattenseiten** aufzeigt. Jede Form von Werbung macht blind gegen mögliche Nachteile. Werbung für Süßigkeiten weiß nichts von Übergewicht und Karies. Alkoholwerbung kennt keinen Alkoholismus. So erhält der potentielle Käufer nur einseitige Informationen und somit ein falsches Gesamtbild vom Produkt. Der Hersteller kann gar nicht an einer umfassenden Klärung von Vor- und Nachteilen interessiert sein, da er nur eines will, nämlich verkaufen.

2.3.2 Dieser Trick der Werbung setzt sich weiter fort, wenn der Konsument in eine **Welt der Illusionen** getaucht wird. Die Werbung will den Verbraucher oft mit Bildern betören, die einem Schönheitsideal entsprechen. Im Fernsehen sieht man Tag für Tag junge Leute mit strahlendem Teint und makelloser Figur, dazu noch Strand, Meer, Sonne oder unberührte Natur, je nach Notwendigkeit, um das Produkt am gewinnbringendsten zu verkaufen. So viel Schönheit, Heiterkeit und Glück gibt es nirgendwo sonst. Auch die Vortäuschung, die Lebensqualität würde sich durch irgendein Produkt positiv verändern, widerspricht den Tatsachen. Wohl kaum jemand hat durch die Wahl eines bestimmten Deo-Sprays den Partner fürs Leben gefunden oder sich bessere Aufstiegschancen im Beruf erkämpft. Jedem Verbraucher werden jedoch weiterhin solche Illusionen vermittelt.

C. Ist sich der Konsument der genannten Gefahren bewusst und darüber informiert, mit welchen Mitteln Werbung arbeitet, so kann er durchaus Nutzen aus ihr ziehen. Werbung ist sowohl für den Verbraucher als auch für die Wirtschaft notwendig, aber sie muss verantwortungsvoll betrieben werden. Dabei besitzt manche Fernseh- und Kinowerbung auch einen Unterhaltungswert. Wer in Bayern kennt nicht den Werbespot mit Ottfried Fischer, in dem er ein Möbelhaus preist. In kurzen, lustigen Episoden mit einer Pointe am Schluss wird etwa die Notwendigkeit einer Anschaffung erklärt oder eine bestimmte Abteilung des Möbelhauses herausgegriffen. Diese Werbung ist speziell auf die Region zugeschnitten und hat hier ihr Ziel, nämlich Kunden anzulocken, sicher erreicht.

1999/5 50 Jahre Grundgesetz für die Bundesrepublik Deutschland – Erläutern Sie an Beispielen, welche Grundrechte Sie für besonders wichtig halten. Was können Sie persönlich dazu beitragen, die darin enthaltenen Wertvorstellungen mit Leben zu erfüllen?

Anmerkung:
Um die Bearbeitung des Themas zu erleichtern, erscheint es uns sinnvoll, die Artikel aus dem Grundgesetz, die für die Argumentation wichtig sind, in Auszügen abzudrucken.

Artikel 1 (1): Die Würde des Menschen ist unantastbar. Sie zu achten und zu schützen ist Verpflichtung aller staatlichen Gewalt.

Artikel 2 (1): Jeder hat das Recht auf freie Entfaltung seiner Persönlichkeit, soweit er nicht die Rechte anderer verletzt und nicht gegen die verfassungsmäßige Ordnung oder das Sittengesetz verstößt.

(2): Jeder hat das Recht auf Leben und körperliche Unversehrtheit. Die Freiheit der Person ist unverletzlich ...

Artikel 3 (1): Alle Menschen sind vor dem Gesetz gleich.

(2): Männer und Frauen sind gleichberechtigt ... .

(3): Niemand darf wegen seines Geschlechtes, seiner Abstammung, seiner Rasse, seiner Sprache, seiner Heimat und Herkunft, seines Glaubens, seiner religiösen oder politischen Anschauungen benachteiligt oder bevorzugt werden. Niemand darf wegen seiner Behinderung benachteiligt werden.

Artikel 4 (1): Die Freiheit des Glaubens, des Gewissens und die Freiheit des religiösen und weltanschaulichen Bekenntnisses sind unverletzlich.

(2): Die ungestörte Religionsausübung wird gewährleistet.

(3): Niemand darf gegen sein Gewissen zum Kriegsdienst mit der Waffe gezwungen werden. ...

Artikel 5 (1): Jeder hat das Recht, seine Meinung in Wort, Schrift und Bild frei zu äußern und zu verbreiten und sich aus allgemein zugänglichen Quellen ungehindert zu unterrichten. ...

A. 50 Jahre Grundgesetz für die Bundesrepublik Deutschland sind ein Grund, sich über die Grundrechte, die mir wichtig erscheinen, Gedanken zu machen.

B. Welche Grundrechte halte ich für besonders wichtig? Was kann ich persönlich dazu beitragen, die darin enthaltenen Wertvorstellungen mit Leben zu erfüllen?

1   **für mich wichtige Grundrechte**

1.1   Schutz der Menschenwürde in Artikel 1

1.2   Freiheit der Person in Artikel 2

1.3   Gleichheit vor dem Gesetz in Artikel 3

1.4   Glaubens- und Gewissensfreiheit, ungestörte Religionsausübung sowie Kriegsdienstverweigerungsrecht in Artikel 4

1.5   Recht auf freie Meinungsäußerung in Artikel 5

2   **meine persönlichen Beiträge zur Verwirklichung dieser Rechte**

2.1   Schutz der Menschenwürde

2.1.1   Eintreten für die Interessen von Schwächeren und Minderheiten

2.1.2   Verzicht auf menschenverachtende Filme und Sensationsnachrichten

2.2   Recht auf freie Entfaltung der Persönlichkeit sowie Recht auf Leben und körper-
          liche Unversehrtheit
2.2.1   Ausüben von Toleranz und Achtung Andersdenkenden gegenüber
2.2.2   Eintreten gegen Abtreibung ungeborenen Lebens
2.2.3   Verzicht auf physische (körperliche) und psychische (seelische) Gewalt
2.3   Gleichheit vor dem Gesetz
2.3.1   Mithilfe bei der Integration von Asylsuchenden und Aussiedlern
2.3.2   Toleranz gegenüber Menschen anderer Rassen, anderer Herkunft oder anderer
          religiöser oder politischer Anschauungen
2.3.3   Unterstützung von Behinderten und Behindertenorganisationen
2.4   Glaubens- und Gewissensfreiheit, freie Religionsausübung sowie Kriegsdienst-
          verweigerungsrecht
2.4.1   keine Vorurteile und Ablehnung von Menschen mit anderen Religionen
2.4.2   Wehrersatzdienst als Dienst am Nächsten anstelle von Wehrdienst
2.5   Recht auf freie Meinungsäußerung, Informationsfreiheit
2.5.1   Beteiligung an öffentlichen Projekten zur Veränderung bestehender Missstände
2.5.2   Verfassen von kritischen Leserbriefen oder Zeitungsartikeln
2.5.3   Beteiligung an der Schülerzeitung

C. Das Grundgesetz soll ein friedliches Zusammenleben aller Bürger gewährleisten.

1999/6 **Die Vereinten Nationen haben 1999 zum Jahr der Senioren erklärt. Wodurch ist die Situation älterer Menschen in unserer Gesellschaft gekennzeichnet? Wie können junge Menschen dazu beitragen, Schwierigkeiten zu verringern?**

A. Der Anteil alter Menschen in unserer Gesellschaft steigt ständig.

B. Wodurch ist die Situation älterer Menschen in unserer Gesellschaft gekennzeichnet? Wie können junge Menschen dazu beitragen, Schwierigkeiten zu verringern?

1	**Situation älterer Menschen in unserer Gesellschaft**
1.1	positive Erscheinungen
1.1.1	Möglichkeit, das Leben im Alter zu genießen
1.1.1.1	frei vom Arbeitsprozess
1.1.1.2	höhere Lebenserwartung
1.1.1.3	spezielle Angebote für Senioren im Freizeitbereich
1.1.2	verbesserte staatliche oder private Einrichtungen
1.1.2.1	Angebote für körperliches oder geistiges Training
1.1.2.2	mobile Pflegedienste
1.1.2.3	Bau von Seniorenheimen mit verschiedenen Stufen der Versorgungsmöglichkeit bis hin zur Pflegebedürftigkeit
1.2	negative Erscheinungen
1.2.1	Probleme mit sich selbst
1.2.1.1	drohende sinkende Renten
1.2.1.2	Alterserscheinungen und Alterskrankheiten
1.2.1.3	zunehmende Pflegebedürftigkeit bei zu wenig Pflegeplätzen und Pflegepersonal
1.2.2	Probleme mit der Familie
1.2.2.1	mangelndes Verständnis bei jüngeren Familienmitgliedern
1.2.2.2	keine Zeit der Kinder durch Hektik im Alltag
1.2.2.3	Isolation und Einsamkeit durch Abkehr von der Großfamilie
1.2.2.4	Abschieben ins Altenheim bei Gebrechlichkeit oder Krankheit
1.2.3	Probleme in der Öffentlichkeit
1.2.3.1	Schwierigkeiten im Straßenverkehr und mit baulichen Hindernissen
1.2.3.2	Probleme mit technischen Neuerungen
1.2.3.3	Vorurteile der jüngeren Generation
1.2.3.4	Respektlosigkeit gegenüber älteren Mitbürgern oder sogar Opfer von kriminellen Delikten
2	**Beitrag junger Menschen, Schwierigkeiten zu verringern**
2.1	persönliche und unmittelbare Hilfe
2.1.1	Kontaktaufnahme durch Briefwechsel oder Telefonate
2.1.2	organisierter, freiwilliger Besuchsdienst
2.1.3	Hilfe im Alltag
2.1.4	Betreuung von allein stehenden älteren Bekannten oder Verwandten im Krankheitsfall
2.1.5	Gespräche mit älteren Menschen und Verständnis für ihre Probleme

2.2   allgemeine und mittelbare Hilfe

2.2.1   Entscheidung für ein freiwilliges soziales Jahr oder Wehrersatzdienst im Bereich der Altenpflege

2.2.2   Ergreifen eines sozialen Berufes

2.2.3   Mitwirken bei der Organisation von Veranstaltungen und Unternehmungen für Senioren

2.2.4   Mithilfe beim Abbau von Vorurteilen

C. Immer mehr Menschen versuchen durch operative Eingriffe den nach außen hin sichtbaren Alterungsprozess hinauszuzögern.

7. „Der Trick mit der Prinzenrolle" (siehe Anlage)

8. „Die Medikamentenstafette" (siehe Anlage)

Aufgabe 7

Der Trick mit der Prinzenrolle

Was gibt es Emsigeres als Schülerinnen und Schüler, die sorgfältig Spickzettel für die nächste Klassenarbeit
5 vorbereiten? Liefen diese Aktivitäten nicht auf kaltblütig geplanten Betrug hinaus, jedes Lehrerherz müsste höher schlagen
10 angesichts dieser stilvollen Schönschrift, dieser liebevollen Akribie in Form und Inhalt, angesichts dieses rührenden Wetteifers die
15 kleinste Formelsammlung der Welt herzustellen. Echte Experten tippen ihre Vokabellisten und Erdkundenotizen ab und verkleinern sie im Copy-Shop auf Briefmarkengröße.
20 Die Spezialisten für Body-Painting notieren das benötigte Wissen an Armen und Beinen und lüpfen bei Bedarf die Kleidung. Banal, aber beliebt: die Federtasche, in der man
25 ganz beiläufig immer mal kramen kann. Man darf nur nicht während dieser Aktivitäten ständig den Blick des Lehrers suchen. Weiter finden sich Spickzettel auf Lineal, Stühle und
30 Rechner geklebt, unter Armbanduhren geklemmt, auf den Rücken des Vordermannes geheftet oder – der neueste Trick – zwischen Kekse geschoben. Welcher Lehrer will es
35 gestressten Prüflingen verwehren sich gegenseitig mit Proviant und Nervennahrung zu versorgen? Nur klebt

eben in dieser Prinzenrolle keine Schokolade ...
40 Aber lohnt der ganze Aufwand überhaupt? Zahlen sich die nervliche Anspannung beim Spicken und die viele Arbeit für das Spickzettel-
45 Schreiben überhaupt aus? Beim Lehrertyp „scharfer Hund" kann man seine Schummelkünste nur äußerst selten zum Einsatz bringen.
50 Denn der lässt sämtliche Tische leer fegen, selbst Federtaschen müssen verschwinden. Er verteilt die armen Schüler weitflächig im Raum oder sucht hinterhältig Rie-
55 senhörsäle aus – ohne jede Möglichkeit sich dem Nachbarn visuell oder akustisch zu nähern. In überfüllten Kursen entwirft er gar unterschiedliche Testvarianten A und
60 B, die er hämisch grinsend verteilt. Sein Schreibpapier ist mit Speziallochung oder Kinderstempeln so markiert, dass man häusliche Ausführungen beim besten Willen nicht darunter
65 schummeln kann. Während der Arbeit gönnt sich der „scharfe Hund" keine Minute Ruhe. Kein kurzer Blick in die Zeitung oder in die Natur. Nein, er schnürt wachsam und misstrauisch
70 durch die Bankreihen, hat seine Augen überall gleichzeitig und dreht die Ohren nach jedem Geräusch. Dass er jeden Spick-Trick kennt, versteht sich von selbst. Ekelhaft!

75 Viel erfreulicher verlaufen Klassen-
arbeiten beim Lehrertyp „Schlaffi". Da
kann man ungeniert Hefte und Bücher
unter dem Tisch aufschlagen und noch
mal nachlesen, was er oder sie wissen
80 will. Man kann sporadisch zum Papier-
korb wandern, unterwegs Lösungssätze
vergleichen oder sogar das ein oder
andere Blatt mit den Fachleuten der
Klasse austauschen.
85 Dem „Schlaffi" darf man während der
Arbeit getrost kluge Fragen stellen, in
denen die richtige Antwort (für liebe
Mitschüler) bereits enthalten ist.
„Schlaffi" liest konzentriert die Zeitung
90 oder korrigiert etwas. Manchmal hat er
sogar wichtige Unterlagen im Lehrer-
zimmer vergessen, die er schnell holen
geht. Es macht ja eigentlich beim
„Schlaffi" gar keinen richtigen Spaß zu
95 schummeln.

Ich bin weder „Schlaffi" noch „scharfer Hund", sondern finde das Anfertigen von Spickzetteln überaus sinnvoll!
Wo sonst konzentrieren sich Schüle-
100 rinnen und Schüler so genau auf das
Wesentliche der letzten Stunden? Das
Aufschreiben hat den Effekt des intensiven Wiederholens und Einprägens.
Wer präzise Spickzettel verfasst, hat
105 den Lehrstoff so gründlich aufgearbei-
tet, dass er die Hilfe oft gar nicht mehr
benötigt. Spickzettel können durch ihre
bloße Existenz Nervosität und Unsicherheit lindern, denn wenn man nicht
110 mehr weiterweiß, hat man ihn ja für
den Notfall in der Keksrolle oder in der
Federtasche. Man darf sich natürlich
nicht erwischen lassen …
Woher ich das alles weiß? Ob ich auch
115 geschummelt habe? Natürlich nicht!
Nie! Niemals! Ich doch nicht!
[nach: Gabriele Frydrich (Lehrerin in
Berlin) in ELTERN for family 8/98]

Aufgabenstellung

Lesen Sie den Text sorgfältig durch und bearbeiten Sie dann folgende Aufgaben:
1. Informieren Sie über Aufbau und Inhalt des Textes.
2. Beschreiben Sie die äußere Gestaltung, die Textsorte und die Sprache des Textes.
3. Welche Absichten verfolgt die Verfasserin mit diesem Text?
4. Prüfungssituationen können von Schülerinnen und Schülern als Belastung empfunden
werden. Erörtern Sie, warum Leistungsfeststellungen in der Schule trotzdem notwendig
sind.

Quelle: ELTERN for family 8/98 (Zeitschrift für Eltern); veränderte Fassung

Aufgabe 8

Die Medikamentenstafette von Ephraim Kishon

Um auch einmal etwas Konstruktives zu leisten, wollen wir uns jetzt mit den neuesten Errungenschaften der zeitgenössischen Medizin befassen. Es lässt sich nicht leugnen, dass beispielsweise dank der so genannten Antibiotika sehr viele Patienten, die noch vor wenigen Jahren gestorben wären, heute am Leben bleiben und dass andererseits sehr viele Pati-
5 enten, die noch vor wenigen Jahren am Leben geblieben wären … aber wir wollen ja konstruktiv sein.
Es begann im Stiegenhaus. Plötzlich fühlte ich ein leichtes Jucken in der linken Ohrmuschel. Meine Frau ruhte nicht eher, als bis ich einen Arzt aufsuchte. Man kann, so sagte sie, in diesen Dingen gar nicht vorsichtig genug sein.
10 Der Arzt kroch in mein Ohr, tat sich dort etwa eine halbe Stunde lang um, kam wieder zum Vorschein und gab mir bekannt, dass ich offenbar ein leichtes Jucken in der linken Ohrmuschel verspürte. „Nehmen Sie sechs Penicillin-Tabletten", sagte er. „Das wird Ihnen gleich beide Ohren säubern."
Ich schluckte die Tabletten, zwei Tage später war das Jucken vergangen und meine linke
15 Ohrmuschel fühlte sich wie neugeboren. Das Einzige, was meine Freude ein wenig trübte, waren die roten Flecken auf meinem Bauch, deren Jucken mich beinahe wahnsinnig machte.
Unverzüglich suchte ich einen Spezialisten auf, er wusste nach einem kurzen Blick sofort Bescheid. „Manche Leute vertragen kein Penicillin und bekommen davon einen allergi-
20 schen Ausschlag. Seien Sie unbesorgt. Zwölf Aureomycin-Pillen – und in ein paar Tagen ist alles wieder gut." Das Aureomycin übte die gewünschte Wirkung aus: Die Flecken verschwanden. Es übte auch eine unerwünschte Wirkung aus: Meine Knie schwollen an. Das Fieber stieg stündlich. Mühsam schleppte ich mich zum Spezialisten.
„Diese Erscheinungen sind bei uns nicht ganz unbekannt", tröstete er mich. „Sie gehen
25 häufig mit der Heilwirkung des Aureomycins Hand in Hand."
Er gab mir ein Rezept für 32 Terramycin-Tabletten. Sie wirkten Wunder. Das Fieber fiel und meine Knie schwollen ab. Der Spezialist, den wir an mein Krankenlager riefen, stellte fest, dass der mörderische Schmerz in meinen Nieren eine Folge des Terramycins war, und ich sollte das nicht unterschätzen. Nieren sind schließlich Nieren.
30 Eine geprüfte Krankenschwester verabreichte mir 64 Streptomycin-Injektionen, von denen die Bakterienkulturen in meinem Inneren restlos vernichtet wurden.
Die zahlreichen Untersuchungen und Tests, die an den zahlreichen Laboratorien der modern eingerichteten Klinik an mir vorgenommen wurden, ergaben eindeutig, dass zwar in meinem ganzen Körper keine einzige Mikrobe mehr existierte, dass aber auch meine
35 Muskeln und Nervenstränge das Schicksal der Mikroben geteilt hatten. Nur ein extrastarker Chloromycin-Schock konnte mein Leben noch retten.
Ich bekam einen extrastarken Chloromycin-Schock.
Meine Verehrer strömten in hellen Scharen zum Begräbnis und viele Müßiggänger schlossen sich ihnen an. In seiner ergreifenden Grabrede kam der Rabbiner auch auf den heroi-
40 schen Kampf zu sprechen, den die Medizin gegen meinen von Krankheit zerrütteten Organismus geführt und leider verloren habe. Es ist wirklich ein Jammer, dass ich so jung sterben musste. Erst in der Hölle fiel mir ein, dass jenes Jucken in der Ohrmuschel von einem Moskitostich herrührte.

[aus: Arche Noah – Touristenklasse. München – Wien 1992.]

Aufgabenstellung

Lesen Sie den Text sorgfältig durch und bearbeiten Sie dann folgende Aufgaben:
1. Informieren Sie über Aufbau und Inhalt des Textes.
2. Bestimmen Sie die Textsorte und weisen Sie deren Merkmale nach. Beschreiben Sie die Sprache des Textes.
3. Stellen Sie die Absichten des Verfassers dar.
4. Auch ohne ärztliche Verordnung nimmt der Medikamentenkonsum in Deutschland immer mehr zu. Worin sehen Sie Ursachen für den hohen Arzneimittelverbrauch in unserer Gesellschaft?

Information:

Ephraim Kishon wurde 1924 in Ungarn geboren. Er lebt als freier Schriftsteller in Tel Aviv (Israel). Seine Werke wurden in zahlreiche Sprachen übersetzt.

Mögliche Gliederung

A. Informationen über Textquelle, Autor und Texthintergrund

B. Die Glosse „Der Trick mit der Prinzenrolle" – Warum sind Leistungsfeststellungen in der Schule trotz der damit verbundenen Stresssituation notwendig?

1	**Texterschließung**
1.1	Inhalt: Spicken als Bestandteil des Schülerdaseins
1.2	innerer Aufbau des Textes
1.2.1	verschiedene Formen des Spickens
1.2.2	Frage nach dessen Sinn
1.2.3	Informationen zum Lehrertyp „scharfer Hund"
1.2.4	Informationen zum Lehrertyp „Schlaffi"
1.2.5	Ansicht der Autorin zum Thema „Spicken" und Bekenntnis
1.3	äußere Gestaltung des Textes
1.3.1	zweispaltiger Text mit unterschiedlichem Schriftbild
1.3.2	Foto eines Doppelkekses im oberen Bereich als Blickfang
1.4	Textsorte: Glosse
1.4.1	Layout, Titel
1.4.2	typische, für Schüler immer aktuelle Zeiterscheinung
1.4.3	kritisch-subjektive Darstellung der Thematik mit einer Pointe am Schluss
1.4.4	viel Witz, Ironie und Übertreibungen
1.5	Sprache
1.5.1	Satzbau
1.5.1.1	fast durchwegs einfache Hauptsätze und Satzgefüge
1.5.1.2	viele verschiedenartige Fragesätze
1.5.2	Wortwahl
1.5.2.1	Leitwort „Spickzettel"
1.5.2.2	mehrere Fremdwörter
1.5.2.3	wenige umgangssprachliche Begriffe
1.5.3	rhetorische Mittel
1.5.3.1	Aufzählungen, Anspielungen
1.5.3.2	Ironie und Übertreibung
1.5.4	Sprachebene: Alltagssprache mit wenigen umgangssprachlichen Elementen
1.6	Absichten der Autorin
1.6.1	Unterhaltung des Lesers
1.6.2	Charakterisierung zweier unterschiedlicher Lehrertypen
1.6.3	positive Wirkung des Spickens und dessen „verständnisvolle" Bewertung
2	**weiterführende Erörterung: Warum sind Leistungsfeststellungen in der Schule trotz der damit verbundenen Stresssituation notwendig?**
2.1	aus der Sicht der Schüler/-innen
2.1.1	Motivation zum Lernen
2.1.2	Beurteilung der eigenen Fähigkeiten
2.2	aus der Sicht der Schule
2.2.1	gerechte Beurteilung der Leistung
2.2.2	Vorbereitung auf das spätere Leben

C. Spicken allein wird auf Dauer nicht zum Erfolg führen.

Mögliche Gliederung

A. Informationen über den Autor

B. Die Satire „Die Medikamentenstafette" – Ursachen für den hohen Arzneimittelverbrauch in unserer Gesellschaft

1 Texterschließung

1.1 Inhalt: kritische Beleuchtung des heutigen Medikamentenkonsums sowie Vertrauensseligkeit in das Können von Ärzten

1.2 Aufbau
1.2.1 5 Sinnabschnitte
1.2.2 inhaltliche Steigerung bis hin zur Eskalation mit überspitzter Pointe

1.3 Textsorte: Satire
1.3.1 zusammenhängende Erzählung mit stark übertriebener Darstellungsweise
1.3.2 Ironie und beißender Spott bis hin zum „schwarzen Humor"
1.3.3 Kritik an bestehenden Verhältnissen

1.4 Sprache
1.4.1 Satzbau
1.4.1.1 längere Satzgefüge
1.4.1.2 kurze, plakative Hauptsätze
1.4.2 Wortwahl
1.4.2.1 aussagekräftige und übertreibende Adjektive, Partizipien und Verben
1.4.2.2 zahlreiche Fachbegriffe aus der Medizin
1.4.2.3 typische Redeweise der Ärzte
1.4.3 rhetorische Mittel
1.4.3.1 Ironie, Übertreibung, Andeutung
1.4.3.2 Wortneuschöpfung, Alliteration, doppelte Verneinung
1.4.3.3 Wiederholung, Gegensatz

1.5 Absichten des Verfassers
1.5.1 Kritik an Vertrauensseligkeit von Patienten
1.5.2 Aufdecken unkritischen Medikamentenkonsums
1.5.3 Infragestellen des übertriebenen Medikamenteneinsatzes und der Behandlungsmethoden in der heutigen Medizin

2 weiterführende Erörterung: Ursachen für den hohen Arzneimittelkonsum in unserer Gesellschaft

2.1 krank machende gesellschaftliche Gegebenheiten
2.1.1 verstärkter Leistungsdruck im Arbeitsleben
2.1.2 zunehmender Freizeitstress
2.1.3 ungesunde Lebensweise

2.2 veränderte Einstellung des Einzelnen zum Medikamentenkonsum
2.2.1 sinkende Hemmschwelle durch leichte Zugänglichkeit
2.2.2 Kranksein als Zeichen von Schwäche

C. Einnahme von Medikamenten kann auch lebenswichtig sein.

Aufsatzbeispiel

A.   Der Autor Ephraim Kishon wurde 1924 in Ungarn geboren, kam 1949 nach Israel, arbeitete als Schlosser, Garagenwärter und in anderen Berufen und lebt heute als Schriftsteller in Tel Aviv, Israel. Er schrieb Theaterstücke, Hörspiele, Fernsehspiele, Filmtexte und zahlreiche Bücher, die in viele Sprachen übersetzt wurden. Er gilt als Meister der Satire und greift ironisch-witzig Alltagsthemen, aber auch die politischen Probleme seines Heimatlandes Israel auf. Einige seiner wichtigsten Werke sind u. a. „Der seekranke Walfisch", „Wie unfair, David! Und andere israelische Satiren", „Der Fuchs im Hühnerstall", „Kein Applaus für Podmanitzki" und viele mehr. Die Satire „Die Medikamentenstafette" ist dem Buch „Arche Noah – Touristenklasse" entnommen, das 1963 zum ersten Mal erschienen ist und 1992 neu aufgelegt wurde.

B.

1

1.1   Der Text „Die Medikamentenstafette" beleuchtet auf ironische Weise den **unüberlegten Medikamentenkonsum** des modernen Menschen sowie sein oftmals **unkritisches Vertrauen** in das Können von Ärzten.

Der Ich-Erzähler geht wegen eines leichten Juckens im linken Ohr zu einem Spezialisten, der ihm ein im Verhältnis zu den Beschwerden zu starkes Medikament verabreicht. Dieses ruft Nebenwirkungen hervor, worauf der Patient einen Spezialisten nach dem anderen aufsucht, da jedes neu verschriebene Medikament neue und immer schlimmere Nebenwirkungen verursacht. Am Schluss ist der Patient so krank und geschwächt, dass ihm nicht einmal mehr in einer Klinik geholfen werden kann. Er stirbt an einem Medikamentenschock, der eigentlich sein Leben hätte retten sollen. Nach seinem Tod stellt sich heraus, dass das Jucken im Ohr von einem Moskitostich herrührte, die ganzen Behandlungen also unnötig gewesen wären.

1.2

1.2.1   Betrachtet man den **Aufbau** des Textes, so kann man **fünf Sinnabschnitte** erkennen. Der 1. Sinnabschnitt von Z. 1–6 enthält die Hinführung zum Thema, nämlich kritische Äußerungen über die neuesten Errungenschaften der modernen Medizin. Von Z. 7–17 wird der Beginn der Leidensgeschichte eines Menschen vorgestellt, nämlich die massive Behandlung eines leichten Juckens im Ohr mit einer starken Penicillin-Dosis, die zu einer allergischen Reaktion führt. Der nächste Spezialist (Z. 18–23) bekämpft die allergischen Flecken mit stärkeren Medikamenten, die Fieber hervorrufen. Im 4. Sinnabschnitt von Z. 24–37 werden immer neue Nebenwirkungen mit immer stärkeren Medikamenten bekämpft, bis der Patient schließlich im letzten Abschnitt (Z. 38–43) an einer Überdosis von Medikamenten stirbt. Der letzte Satz enthält die Information, dass nach dem Tod des Patienten die Ursache des Juckens geklärt wurde, nämlich ein harmloser Moskitostich.

1.2.2   Der Leser kann sehr deutlich die **inhaltliche Steigerung** bis hin zur Eskalation in der überspitzten Pointe erkennen. So verbindet der Autor geschickt die immer stärkere Dosierung der Medikamente mit den immer stärker und lebensbedrohlich werdenden Nebenwirkungen. Dabei arbeitet er konsequent auf den logischen Schluss hin, nämlich auf den Tod des Patienten. Doch damit noch nicht genug. Die Pointe, nämlich die wie nebenbei erwähnte Bemerkung, das Jucken rühre von einem Moskitostich her, stellt die ganze Behandlung der Spezialisten in Frage und regt zum Nachdenken an.

1.3

1.3.1   Der Text „Die Medikamentenstafette" gehört zur **Textsorte der Satire.** In einer **zusammenhängenden Erzählung** beschreibt der Autor **stark überspitzt und übertreibend** bestehende Missstände wie z. B. „Der Arzt kroch in mein Ohr ..." (Z. 10), „... meine linke Ohrmuschel fühlte sich wie neugeboren." (Z. 14/15), „... restlos vernichtet ..." (Z. 31), „... extrastarken ... Schock" (Z. 37) oder „... strömten in hellen Scharen ..." (Z. 38).

1.3.2	Auch **Ironie und beißender Spott** sind ein Merkmal der Satire. Ironische Bemerkungen in Z. 1 „Um auch einmal etwas Konstruktives zu leisten, ...", in Z. 11 „... dass ich offenbar ein leichtes Jucken ..." oder in Z. 31 „ ... Bakterienkulturen ... restlos vernichtet ..." steigern sich bis zum **schwarzen Humor,** als der Autor teilnahmslos vom Tod des Patienten in Z. 38 ff. schreibt: „Meine Verehrer ... leider verloren habe ... . Erst in der Hölle ...".
1.3.3	Die Satire **übt Kritik an bestimmten Missständen,** wie z. B. hier an dem oft unkritischen und fast hörigen Verhältnis mancher Menschen zu „ihren" Ärzten. Durch die überspitzte Darstellungsweise erreicht sie, dass der Leser sein eigenes Verhalten überprüft, es überdenkt und eventuell ändert.
1.4 1.4.1 1.4.1.1 1.4.1.2	Untersucht man die **Sprache** näher, so stellt man im Bereich des **Satzbaus** fest, dass der Autor in der hinführenden Einleitung (Z. 1–6), im zusammenfassenden Schluss (Z. 38–43) sowie in Z. 32–35 **längere Satzgefüge** verwendet, um Zusammenhänge und Eindrücke genau und anschaulich darzustellen. Ansonsten fallen viele **kurze, einfach gebaute Hauptsätze** auf wie in Z. 20/21/22/26/27, die fast plakativ wirken und den Leser bzw. Patienten vor vollendete Tatsachen stellen. Sätze wie „Meine Knie schwollen an. Das Fieber stieg stündlich." (Z. 22/23) oder „Sie wirkten Wunder. Das Fieber fiel ..." (Z. 26) steigern das Erzähltempo.
1.4.2 1.4.2.1	Dieser Text ist in gehobenem Sprachstil verfasst, was man an der **Wortwahl** besonders gut erkennen kann. **Anspruchsvolle Verben** wie „befassen, leugnen" (Z. 2), „fühlen" (Z. 7), „aufsuchen" (Z. 8) und **aussagekräftige Adjektive und Partizipien,** wie z. B. „zahlreich" (Z. 32), „modern eingerichtet" (Z. 33), „zeitgenössisch" (Z. 2) oder „vorsichtig" (Z. 9) versetzen den Leser in die geschilderte Situation. Gleichzeitig dienen **übertreibende Adjektive** wie „mörderisch" (Z. 28), „extrastark" (Z. 35), „heroisch" (Z. 39) oder „restlos" (Z. 31) dazu, die übertriebene Darstellungsweise einer Satire zu unterstreichen und die lebensbedrohliche Zuspitzung der Situation zu verdeutlichen.
1.4.2.2	Da sich der Text mit einem medizinischen Thema beschäftigt, werden auch viele **Fachbegriffe aus dem Bereich der Medizin** verwendet. „Penicillin-Tabletten" (Z. 12), „allergischer Ausschlag" (Z. 19/20), „Aureomycin-Pillen" (Z. 20), „Terramycin-Tabletten" (Z. 26), „Mikroben, Muskeln, Nervenstränge" (Z. 35) lassen den Text inhaltlich fundiert erscheinen und erwecken den Eindruck, dass der Autor über das Thema Bescheid weiß.
1.4.2.3	Außerdem imitiert der Autor die **typische Redeweise der Ärzte.** Floskeln wie „Seien Sie unbesorgt." (Z. 20) oder „Diese Erscheinungen sind bei uns nicht ganz unbekannt ..." (Z. 24) sollen die Patienten in ihrer Sorge um ihre Gesundheit beschwichtigen und beruhigen .
1.4.3 1.4.3.1	Da es sich bei diesem Text um eine Satire handelt, kann man einige **rhetorische Mittel** erkennen, die typisch für diese Textart sind. Auffallend ist das Stilmittel der **Ironie,** das den ganzen Text durchzieht und oft das Gegenteil von dem Gesagten meint. In Z. 39–42 schreibt Kishon ironisch von dem „heroischen Kampf" der Medizin gegen den „von Krankheit zerrütteten Organismus", während in Wirklichkeit der Organismus von den starken Medikamenten zerstört wurde. Auch die Diagnose des Arztes, nämlich das „leichte Jucken in der linken Ohrmuschel" (Z. 11) lässt den Leser leicht schmunzeln, denn der Spezialist hat trotz seiner halbstündigen Untersuchung, die der Autor **metaphernhaft** umschreibt mit „Der Arzt kroch in mein Ohr ..." (Z. 10), nichts anderes herausgefunden als der Patient selbst. Die Ironie wird noch verstärkt durch **Übertreibungen** in Z. 15 „Ohrmuschel ... wie neugeboren.", in Z. 16/17 „... mich beinahe wahnsinnig machte.", in Z. 28 „... mörderische Schmerz ..." oder in Z. 31 „... Bakterienkulturen ... restlos vernichtet ...". Besonders auffällig ist die Übertreibung zu erkennen, als die Ärzte die Dosis der Medikamente jeweils verdoppeln von 6 auf 12, von 32 auf 64 Verabreichungen.

Durch das Stilmittel der **Andeutung** „… die noch vor wenigen Jahren am Leben geblieben wären …" (Z. 5) oder „Ich bekam einen extrastarken Chloromycin-Schock." (Z. 37) kann der Leser den Ausgang der Erzählung bereits erahnen und seine Schlussfolgerungen ziehen.

1.4.3.2 Der Autor spielt auch mit der Sprache, wenn er **neue Wortschöpfungen** bildet wie in der Überschrift „Medikamentenstafette". Eine Stafette ist ursprünglich eine Gruppe von Menschen, die etappenweise wechselnd etwas schnell übermittelt. Hier soll die Zusammensetzung bedeuten, dass Ärzte, sich schnell abwechselnd, einem Patienten viele Medikamente verordnen, die ihm nicht unbedingt zum Wohle gereichen.

Alliterationen „Das Fieber stieg stündlich."(Z. 22/23), „Sie wirkten Wunder. Das Fieber fiel." (Z. 26) oder **doppelte Verneinung (Litotes)** in Z. 24 „… nicht ganz unbekannt …" verstärken die Not des Patienten.

1.4.3.3 **Absichtliche Wiederholungen** wie „… zahlreichen Untersuchungen … in den zahlreichen Laboratorien …" (Z. 32) oder „… extrastarker Chloromycin-Schock …. Ich bekam einen extrastarken Chloromycin-Schock." (Z. 35–37) machen darauf aufmerksam, dass trotz der vielen Untersuchungen und trotz der „extrastarken" Medikamente dem Patienten nicht geholfen werden konnte. Der in der Wiederholung enthaltene **Gegensatz** „… übte die gewünschte Wirkung aus …. übte auch eine unerwünschte Wirkung aus." (Z. 21/22) wirkt witzig-ironisch, fast makaber und zeigt wieder einmal, dass Medikamente neben ihrer positiven Wirkung meistens auch starke Nebenwirkungen haben.

Zusammenfassend kann man festhalten, dass der Text eine Vielzahl an Stilmitteln enthält, sodass die Satire sehr lebendig und ansprechend auf den Leser wirkt.

1.5 Welche **Absicht** verfolgt nun der Autor mit diesem Text? Als Erstes fällt sofort
1.5.1 auf, dass der **Patient kritiklos** einen Spezialisten nach dem anderen aufsucht und **vertrauensselig** alle Medikamente schluckt, die ihm verabreicht werden. Er hinterfragt nicht, ob für zunächst leichte Beschwerden wirklich so starke Medikamente notwendig sind.

1.5.2 Weiterhin kritisiert der Verfasser, dass Menschen oft **wegen harmloser Beschwerden sofort einen Arzt aufsuchen,** von einem Spezialisten zum anderen laufen, anstatt erst abzuwarten, ob sich tatsächlich etwas Ernstes entwickelt oder die Krankheit wieder von allein vergeht. Die Menschen haben oft kein Vertrauen mehr in die Selbstheilungskräfte ihres Körpers und ihres Immunsystems.

1.5.3 Aber nicht nur das Verhalten der Patienten wird **kritisch beleuchtet,** sondern auch die **Behandlungsmethoden der heutigen Medizin.** So setzen Ärzte oft gegen harmlose Beschwerden sofort starke Medikamente ein, die das Immunsystem nicht stärken, sondern schwächen. Spezialisten behandeln nur einen bestimmten Bereich des menschlichen Organismus, obwohl eine ganzheitliche Behandlung das Zusammenwirken aller Körperfunktionen berücksichtigen würde. Auch an dem Klinikapparat mit den „zahlreichen" Untersuchungen (Z. 32) wird ansatzweise Kritik geübt.

2 Liest man Kishons Satire, so ist man versucht, seine übertriebene Darstellung des Medikamentenkonsums zu belächeln. Doch Statistiken bestätigen, dass der **Arzneimittelverbrauch** in Deutschland immer mehr **zunimmt.** Deshalb stellt sich die Frage, wo die **Ursachen** dafür liegen.

2.1 Die **Gesellschaft** hat sich in den letzten Jahrzehnten **stark verändert** und **macht** immer mehr Menschen physisch und psychisch **krank.**

2.1.1 Gerade im **Berufsleben** ist dieser schnelle Wandel deutlich zu erkennen. Die Berufstätigen sind einem enormen **Leistungsdruck** unterworfen, denn gerade in Zeiten hoher Arbeitslosigkeit ist der Konkurrenzkampf besonders stark. Auch wird das Berufsleben immer hektischer durch die Schnelllebigkeit der modernen

Medien und durch die internationale Konkurrenz in der Wirtschaft. Aus Angst, bei Versagen oder längerer Krankheit entlassen zu werden, greifen viele Erwerbstätige zu Medikamenten, um ihre Arbeitskraft einigermaßen zu erhalten.

2.1.2 Die Gestaltung der **Freizeit** hat sich in den letzten Jahren ebenfalls verändert. Sie dient oft nicht mehr der Erholung, sondern artet regelrecht in **Stress** aus. Viele Menschen sind in mehreren Vereinen Mitglied und hasten in ihrer Freizeit von einem Termin zum anderen. Oder sie betreiben Extremsportarten, die sie in ihrer näheren Umgebung nicht ausüben können. Also fahren sie an den Wochenenden weg oder machen Kurztrips in die Berge, was oft mit Staus auf den Straßen verbunden ist. So gönnen sie ihrem Körper und ihrer Psyche keine Ruhe, sondern „powern sich aus", sodass sie nach dem Wochenende völlig erschöpft in die Arbeit kommen. Irgendwann kann der Körper diese Dauerbelastung nicht mehr verkraften und reagiert mit Beschwerden wie Abgespanntheit, Herzrhythmusstörungen oder Nervosität. Um aber weiterhin leistungsfähig zu bleiben, unterdrücken sie oft die Warnsignale des Körpers durch Medikamenteneinsatz, bis das Immunsystem völlig zusammenbricht.

2.1.3 Neben dem zunehmenden Freizeitstress kann aber auch die **ungesunde Lebensweise** krank machen. In der Freizeit sitzen viele Kinder, Jugendliche und Erwachsene stundenlang vor dem Fernseher oder Computer. Dadurch entstehen Haltungsschäden mit entsprechenden Schmerzen, die anstatt durch Bewegung oft mit Medikamenten bekämpft werden. Auch die Ernährungsgewohnheiten haben sich verändert. Durch die häufige Berufstätigkeit beiderlei Geschlechts kommen oft Fertigprodukte auf den Tisch, die z.T. recht kalorienreich, aber vitaminarm sind und dem Körper nicht die notwendigen Stoffe zuführen. Durch diese Fehlernährung kann das Immunsystem geschwächt werden und z. B. mit Allergien reagieren, die wiederum oft medikamentös behandelt werden.

2.2 Aber nicht nur die gesellschaftlichen Bedingungen, sondern auch die **Einstellung des Einzelnen zum Medikamentenkonsum** hat sich verändert. Durch die

2.2.1 Werbung für Medikamente, mit der man ständig in den Medien berieselt wird, **sinkt die Hemmschwelle** gegenüber dem Arzneimittelkonsum. Für jede Unpässlichkeit wird sofort ein Mittel vorgestellt, das man rezeptfrei und ohne Wartezeiten beim Arzt in der Apotheke kaufen kann. So werden gerade bei kleineren Beschwerden wie Kopfweh, Schnupfen, Müdigkeit oder Schlaflosigkeit bedenkenlos schnell wirkende Medikamente genommen, anstatt erst die Ursachen zu erforschen und abzuwarten, bis der Körper selber die Heilung einleitet.

2.2.2 Hinzu kommt, dass **Kranksein** oft als **Zeichen von Schwäche** gilt in einer Gesellschaft, in der jeder „fit for fun" sein muss. Außerdem wird den Kindern von klein auf oft schon vermittelt, dass man keine Schwäche zeigen, sich nicht gehen lassen darf, dass man leistungsfähig sein muss, egal wie man sich dabei fühlt. Deshalb werden oft schon bei geringfügigen Beschwerden Medikamente genommen, damit man den Ansprüchen der Gesellschaft genügt.

C. Fasst man zusammen, so soll nicht der Eindruck entstehen, dass das Einnehmen von Medikamenten grundsätzlich abzulehnen ist. Arneimittel sind oft lebenswichtig, lindern ernsthafte Beschwerden oder heilen Krankheiten. Für den Verbraucher ist es einfach wichtig zu unterscheiden, ob der Konsum gerechtfertigt ist oder man bei manchen Beschwerden auf die Selbstheilungskräfte des Körpers vertrauen und auf den schnellen Einsatz von Medikamenten verzichten sollte.

1. 1999 stieg in Bayern die Zahl der bei Schulwegunfällen verletzten Kinder auf 792. Dies ist einer der Gründe dafür, dass das Jahr 2000 zum „Jahr der Verkehrssicherheit" erklärt wurde. Worin sehen Sie die Ursachen für Unfälle auf dem Schulweg? Was kann getan werden, um Unfälle auf dem Schulweg zu vermeiden?

2. Eine Karriere im Profisport ist der Traum vieler junger Menschen. Was erhoffen sie sich? Welche negativen Folgen können auftreten?

3. Immer mehr Realschulen bieten Französisch als zweite Fremdsprache an. Was veranlasst Schülerinnen und Schüler, sich für bzw. gegen dieses Angebot zu entscheiden?

4. Welche Hoffnungen verbinden Sie mit dem Anbruch des neuen Jahrtausends? Welche Befürchtungen haben Sie?

5. Warum besuchen Jugendliche gerne Diskotheken? Was sind mögliche Gefahren?

6. Viele junge Menschen träumen davon, sich beruflich selbstständig zu machen. Was ist daran reizvoll? Welche Probleme können entstehen?

2000/1 **1999 stieg in Bayern die Zahl der bei Schulwegunfällen verletzten Kinder auf 792. Dies ist einer der Gründe dafür, dass das Jahr 2000 zum „Jahr der Verkehrssicherheit" erklärt wurde. Worin sehen Sie die Ursachen für Unfälle auf dem Schulweg? Was kann getan werden, um Unfälle auf dem Schulweg zu vermeiden?**

A. Das Jahr 2000 wurde zum „Jahr der Verkehrssicherheit" ernannt.

B. Worin liegen die Ursachen für Unfälle auf dem Schulweg? Was kann getan werden, um Unfälle auf dem Schulweg zu vermeiden?

1   Ursachen für Unfälle auf dem Schulweg

1.1   vonseiten der Schüler
1.1.1   Nichtbeherrschen des Fahrrads, Mofas oder Autos
1.1.2   Missachtung von Verhaltensregeln im Bus
1.1.3   falsche Einschätzung bestimmter Verkehrssituationen
1.1.4   großer Zeitdruck
1.1.5   Unachtsamkeit und Übermut

1.2   vonseiten der Umwelt
1.2.1   kein Einüben des Schulwegs durch die Eltern
1.2.2   schlechte Vorbildfunktion Erwachsener oder anderer Mitschüler
1.2.3   zu schnelles Fahren anderer Verkehrsteilnehmer
1.2.4   zu wenig Rad- und Fußwege
1.2.5   erhöhtes Verkehrsaufkommen

2   mögliche Gegenmaßnahmen

2.1   vonseiten der Schüler und der Schule
2.1.1   erhöhte Konzentration auf dem Schulweg
2.1.2   mehr Schulbusaufsichten und Schülerlotsen
2.1.3   Erstellen von Schulwegplänen
2.1.4   Verkehrstraining im Unterricht

2.2   vonseiten der Umwelt
2.2.1   Begleitung von Erwachsenen zu Beginn des ersten Schuljahres
2.2.2   zweckmäßige Ausstattung (Kleidung, Schultasche, Fahrradhelm)
2.2.3   Erlernen wichtiger Verkehrsregeln je nach Altersstufe
2.2.4   Aufklärung in den Medien durch kind- und jugendgerechte Sendungen
2.2.5   zusätzliche Verkehrssicherheitsmaßnahmen wie Verkehrskontrollen, Geschwindigkeitsbeschränkungen oder verkehrsberuhigende Baumaßnahmen

C. Trotz aller Vorsichtsmaßnahmen bleibt im Straßenverkehr immer ein Restrisiko.

Aufsatzbeispiel

A. Fast täglich liest man Berichte über Unfälle auf dem Schulweg in der Zeitung. Manche Kinder kommen mit dem Schrecken davon, andere erliegen ihren schweren Verletzungen. Am Ende des Jahres 1999 ließ sich eine tragische Bilanz ziehen: Die Zahl der bei Schulwegunfällen in Bayern verletzten Kinder stieg auf 792. So entschloss man sich, das Jahr 2000 zum „Jahr der Verkehrssicherheit" zu erklären. Viele Institutionen, wie zum Beispiel die Deutsche Verkehrswacht oder der ADAC, unterstützen diese Aktion mit dem Ziel, dass künftig der Schulweg für die Schüler weniger gefährlich ist. Zunächst muss man sich aber mit den Ursachen für die Schulwegunfälle auseinander setzen.

B.
1
1.1
1.1.1 Diese sind breit gefächert, ebenso wie mögliche Hilfsmaßnahmen. Die **Schüler selbst** tragen erheblich zu der Gefährdung bei. Gerade im Grundschulalter lassen sich viele nicht davon abhalten, mit dem **Fahrrad** den Schulweg zurückzulegen, obwohl Eltern, Lehrer und die Polizei davon abraten. Vor allem Erst- und Zweitklässler sind damit überfordert, gleichzeitig auf den Verkehr und die eigene Fahrtechnik zu achten. Die Schultasche auf dem Rücken oder am Gepäckträger hindert sie zudem, sich sicher auf der Straße zu bewegen. Auch älteren Schülern, die den **Mofa-, Roller- oder Autoführerschein** abgelegt haben, fehlt noch die Praxis im Straßenverkehr. Zudem möchte sie vielleicht vor Schulfreunden prahlen und begeben sich so in gefährliche Situationen.

1.1.2 Der **Bus** ist wohl das Beförderungsmittel, das die meisten Schüler nutzen. Auch hier lauern Gefahren. Viele Kinder und Jugendliche **halten sich nicht an die Vorschriften** und turnen oder laufen umher, anstatt sich ruhig hinzusetzen. Ein solches Verhalten kann in zweierlei Hinsicht folgenreich sein. Wird der Fahrer abgelenkt, indem er auf die Tumulte im Bus achten muss und sich nicht voll auf das Verkehrsgeschehen konzentrieren kann, dann ist schnell ein Unfall passiert. Wenn andererseits der Fahrer überraschend bremsen muss, stürzen die herumtollenden Schüler ohne Halt nach vorn und können sich schwer verletzen. Man sieht also, dass unvernünftiges Verhalten der Mitfahrer schwere Schulbusunfälle auslösen kann.

1.1.3 Hinzu kommt, dass gerade jüngere Schulkinder mit so mancher **Alltagssituation im Straßenverkehr überfordert** sind. Sie können weder die Geschwindigkeit herannahender Fahrzeuge noch ihr eigenes Verhalten als Verkehrsteilnehmer richtig einschätzen. Vielfach laufen sie hinter dem Bus oder zwischen zwei Fahrzeugen auf die Fahrbahn, sodass ein Kraftfahrzeuglenker sie erst im letzten Moment erkennt. Wollen sie eine Straße überqueren, so glauben sie, es noch zu schaffen, selbst wenn sich schon ein Fahrzeug nähert. Dieses Verhalten hat nicht immer etwas mit Leichtsinn zu tun, viele Schüler haben einfach keine Erfahrung und beurteilen bestimmte Verkehrssituationen falsch.

1.1.4 Doch es gibt noch weitere Ursachen. Wer kennt nicht die mahnenden Worte der Eltern: „Beeil dich, du kommst sonst zu spät!" Stehen die Schüler auf dem Schulweg unter **Zeitdruck**, passieren viel häufiger Unfälle, als wenn sie den Weg in Ruhe zurücklegen. Dann überqueren sie vielleicht bei „Rot" die Straße, da es zu viel Zeit kosten würde, auf das grüne Ampelsignal zu warten. Schnell wird ein vorbeifahrendes Auto übersehen, nicht auf Aus- und Einfahrten geachtet oder über die Bordsteinkante gestolpert. Auch in diesem Fall sind also die Schulkinder mitverantwortlich für die hohe Zahl der Unfälle und deren Folgen.

1.1.5 Eng damit zusammen hängt, dass jüngere Schüler grundsätzlich zu **Unachtsamkeit und Übermut** neigen. Sie treten ihren Nachhauseweg an und sind vielleicht in Gedanken bereits beim Treffen mit Freunden, das sie für den Nachmittag vereinbart haben. Das Verkehrsgeschehen vergessen sie völlig und überqueren unbesonnen die Straße, ohne nach links und rechts zu blicken. Auch Hänseleien und Streitereien mit Mitschülern können dazu führen, dass einer im Übermut vom Bürgersteig auf die Fahrbahn gestoßen wird und so sein Leben aufs Spiel gesetzt wird.

1.2
1.2.1 Doch es wäre nicht richtig, nur den Schulkindern die Schuld für die vielen Unglücksfälle zu geben. Die **Umwelt** trägt erheblich dazu bei, dass sich Schulwegunfälle häufen. Manche **Eltern sorgen sich nicht darum**, ob ihrem Kind der **Schulweg** auch wirklich vertraut ist. Sie haben es versäumt, zusammen mit ihrem Sprössling den sichersten Weg – nicht immer ist es der kürzeste – zur Schule einzuüben und sie auf Gefahrenquellen hinzuweisen. So werden viele Schüler erst auf mögliche Risiken aufmerksam, wenn sie selbst fast an einem Unfall beteiligt waren oder miterleben, wie ein Auto gerade noch vor einem ihrer Mitschüler zum Stehen kommt.

1.2.2 Erwachsene tragen aber noch in anderer Hinsicht dazu bei, Unfälle herauszufordern. Sie geben den Schulkindern leider häufig ein **schlechtes Vorbild.** Falls sie sich im Beisein von Kindern im Straßenverkehr falsch oder rücksichtslos benehmen, so halten einige Schüler diese Verhaltensweisen für richtig und ahmen sie nach. Manche Kinder gehen bei „Rot" über die Straße, weil sie ältere Mitbürger oder Mitschüler dabei beobachtet haben und nicht einsehen, warum sie nicht die gleichen Rechte besitzen sollten. Zahlreiche Erwachsene, aber auch andere Schüler beeinflussen also durch ihr negatives Verhalten unbewusst die Sicherheit der Schulkinder.

1.2.3 Doch wie steigern andere Verkehrsteilnehmer noch die Unfallgefahr? Viele **fahren zu rasant** und beachten dabei Fahrradfahrer und Fußgänger, insbesondere Kinder, zu wenig. Sie wollen schnell am Ziel sein, übersehen einen Fußgängerüberweg und schon wird ein Kind vom Wagen erfasst. Andere Kraftfahrzeuglenker überschreiten die vorgeschriebene Geschwindigkeit und können daher im Ernstfall nicht rechtzeitig bremsen. Das ist gerade bei dem schon beschriebenen zum Teil unberechenbaren Verhalten von Kindern verhängnisvoll.

1.2.4 Schließlich muss man noch an **fehlende oder schlecht ausgebaute Rad- und Fußwege** im Umkreis von Schulzentren denken. Schulkinder sind natürlich einem erhöhten Risiko ausgesetzt, wenn die Straße Gehweg und zugleich Fahrbahn für Autos, Lastwagen, Motorräder oder Fahrräder ist. Zwar wurde dies bereits in vielen Ortschaften, auch im Zuge der Neugestaltung von Ortsdurchfahrten, behoben, doch gerade auf dem Lande gibt es noch zahlreiche Regionen ohne sicheren Fußgängerweg zur Schule.

1.2.5 Dass all die genannten Gefahrenquellen folgenreich sein können, hängt natürlich damit zusammen, dass sich in den letzten Jahren das **Verkehrsaufkommen** erheblich **erhöht** hat. Je mehr Autos die Straßen bevölkern, umso größer ist das Unfallrisiko gerade für die „schwächsten Verkehrsteilnehmer", und das sind zweifellos die Kinder. In der Nähe von Schulen sind frühmorgens und mittags Autokolonnen zu beobachten. Dies liegt zum einen daran, dass manche Schulen an Hauptverkehrswegen liegen. Solche Straßen sind für den allgemeinen Durchgangsverkehr sehr wichtig und genau zu der Zeit, in der sich die Schüler auf den Weg machen, sind viele unterwegs zur Arbeitsstelle. Zum anderen fahren überfürsorgliche Eltern ihren Nachwuchs zur Schule und holen ihn dort wieder ab, was ebenfalls zu einem erhöhten Verkehrsaufkommen in der Nähe von Schulen führt.

2 Betrachtet man die vielseitigen Ursachen, so stellt sich natürlich die Frage nach sinnvollen **Gegenmaßnahmen.**
...

2000/2   Eine Karriere im Profisport ist der Traum vieler junger Menschen. Was erhoffen sie sich? Welche negativen Folgen können auftreten?

A. Sportgrößen wie Steffi Graf, Boris Becker und Michael Schumacher haben Karriere gemacht.

B. Was erhoffen sich junge Menschen von einer Karriere im Profisport? Welche negativen Folgen können auftreten?

1   Hoffnungen

1.1   in materieller Hinsicht
1.1.1   hohes Einkommen und Siegerprämien
1.1.2   lukrative Werbeeinnahmen
1.1.3   Leben in Wohlstand und Reichtum

1.2   in ideeller Hinsicht
1.2.1   Entwicklung und Förderung ihrer außergewöhnlichen Begabung
1.2.2   interessante nationale und internationale Begegnungen
1.2.3   Kennenlernen fremder Länder und Kulturen
1.2.4   Ruhm und Popularität

2   negative Folgen

2.1   körperliche Belastungen
2.1.1   Überbeanspruchung des Körpers durch unerbittliches Training und Zwang zu Höchstleistung
2.1.2   Betäubung statt Ausheilung von Verletzungen
2.1.3   mögliche gesundheitliche Dauerschäden

2.2   seelische Belastungen
2.2.1   extreme Anforderungen an die Selbstdisziplin
2.2.2   großer Konkurrenzkampf zwischen den Sportlern
2.2.3   ständig im Rampenlicht der Medien
2.2.4   Erfolgs- und Leistungsdruck durch die hohen Erwartungen der Öffentlichkeit

2.3   soziale Belastungen
2.3.1   häufige repräsentative Verpflichtungen
2.3.2   wenig Zeit für die Pflege von Freundschaften außerhalb des sportlichen Bereichs
2.3.3   starke Einschränkung eines geregelten Familienlebens

C. So mancher Spitzensportler hat nach der Beendigung seiner Karriere Probleme, sich ins normale Leben wieder einzugliedern.

2000/3 **Immer mehr Realschulen bieten Französisch als zweite Fremdsprache an. Was veranlasst Schülerinnen und Schüler, sich für bzw. gegen dieses Angebot zu entscheiden?**

A. Viele Realschulen bieten Französisch entweder als Wahlfach oder als Wahlpflichtfach an.

B. Was veranlasst Schülerinnen und Schüler, sich für bzw. gegen Französisch als zweite Fremdsprache zu entscheiden?

1   **Warum entscheiden sich Schüler dafür, Französisch zu lernen?**

1.1   Persönliche Gründe sprechen dafür.
1.1.1   Die Sprache als solche gefällt dem Schüler.
1.1.2   Der Schüler nutzt seine große Sprachbegabung.
1.1.3   Er kann seine Kenntnisse im Alltag oder im Urlaub anwenden.

1.2   Die Bildungs- und Berufschancen sind höher.
1.2.1   Der Bildungshorizont wird durch eine weitere Weltsprache erweitert.
1.2.2   Der Übertritt an ein Gymnasium fällt leichter.
1.2.3   Eine Ausbildung oder Berufsausübung im französisch sprechenden Ausland wird möglich.
1.2.4   Man hat größere berufliche Chancen.

2   **Warum entscheiden sich Schüler dagegen, Französisch zu lernen?**

2.1   Die äußeren Umstände sind ungünstig.
2.1.1   Man wird durch Mitschüler negativ beeinflusst.
2.1.2   Der zusätzliche Zeitaufwand bei Nachmittagsunterricht bringt zu viel Stress.
2.1.3   Die Verkehrsverbindung kann bei Nachmittagsunterricht ungünstig sein.

2.2   Es fehlt das Interesse.
2.2.1   Der Schüler besitzt eher eine mathematisch-naturwissenschaftliche als eine sprachliche Begabung.
2.2.2   Der Schüler hat andere Wahlfächer belegt oder die Freizeit anderweitig verplant.
2.2.3   Die Lernbelastung wird insgesamt zu hoch.
2.2.4   Französisch scheint für die spätere berufliche Laufbahn nicht notwendig.

C. Da die Welt immer näher zusammenrückt, kann es nie falsch sein, mehrere Sprachen zu lernen.

2000/4 **Welche Hoffnungen verbinden Sie mit dem Anbruch des neuen Jahrtausends? Welche Befürchtungen haben Sie?**

A. Der Anbruch des neuen Millenniums wurde auf der ganzen Welt spektakulär gefeiert.

B. Welche Hoffnungen, aber auch Befürchtungen verbinde ich mit dem Anbruch des neuen Jahrtausends?

1   **Hoffnungen**

1.1   im politischen Bereich
1.1.1   weltweiter Friede
1.1.2   Wahrung der Menschenrechte

1.2   im medizinischen Bereich
1.2.1   Erhöhung der Lebensqualität im Alter
1.2.2   effektive Behandlung von chronischen Erkrankungen und Zivilisationskrankheiten
1.2.3   Besiegen von heute noch unheilbaren Krankheiten wie Krebs und Aids

1.3	im beruflichen Bereich
1.3.1	Eindämmung der Arbeitslosigkeit
1.3.2	Abnahme von Hektik und Stress
1.4	im Umweltbereich
1.4.1	vernünftiger Umgang mit den Rohstoffquellen
1.4.2	Entwicklung umweltschonender Produktionsverfahren
1.4.3	Ausbau alternativer Energiequellen
1.4.4	Reduzierung der Umweltverschmutzung
1.5	im zwischenmenschlichen Bereich
1.5.1	tolerantes Nebeneinander verschiedener Kulturen
1.5.2	Abnahme der Gewalt
1.5.3	Reduzierung des Konsumdenkens
1.5.4	Zufriedenheit mit dem erreichten Wohlstand
1.5.5	Rückbesinnung auf „alte" Werte wie Freundschaft, Familie, Menschlichkeit
2	**Befürchtungen**
2.1	im politischen Bereich
2.1.1	Ausweitung oder Wiederaufflammen von Konflikten in Krisengebieten
2.1.2	erneutes Aufrüsten der Großmächte
2.2	im medizinischen Bereich
2.2.1	Verlängerung der Lebens- und oft Leidenszeit des Menschen im Namen des Fortschritts
2.2.2	Verlust der Menschlichkeit durch noch stärkere Apparatemedizin
2.2.3	ethisch nicht vertretbares Eingreifen in die Erbsubstanz
2.3	im beruflichen Bereich
2.3.1	Aussterben bestimmter Berufe und Wegrationalisierung von Arbeitsplätzen
2.3.2	Verstärkung des Leistungsdrucks durch noch rasantere Entwicklung verschiedener Branchen
2.3.3	finanzielle Belastung durch zu hohe Abgaben für private Altersvorsorge
2.4	im Umweltbereich
2.4.1	weitere Zerstörung der Ozonschicht und unseres Lebensraums
2.4.2	zunehmende Umweltkatastrophen durch Klimaveränderung
2.4.3	ungeahnte Folgen der Genmanipulation
2.5	im zwischenmenschlichen Bereich
2.5.1	noch stärkere Beherrschung und Beeinflussung durch die Medien
2.5.2	Vereinsamung von immer mehr Menschen
2.5.3	Abschieben Alter und Kranker
2.5.4	Reduzierung zwischenmenschlicher Kontakte durch zunehmende Ich-Bezogenheit des Einzelnen
2.5.5	Missachtung für das Zusammenleben wichtiger Werte wie Rücksichtnahme, Einordnungsbereitschaft und Toleranz

C. Wir alle tragen Mitverantwortung für das 21. Jahrhundert.

2000/5   **Warum besuchen Jugendliche gerne Diskotheken? Was sind mögliche Gefahren?**

A. Auch in meinem Wohnort gibt es eine gut besuchte Diskothek.

B. Warum besuchen Jugendliche gerne Diskotheken? Welche Gefahren können damit verbunden sein?

1   Gründe für die Beliebtheit von Diskotheken

1.1   wegen der Musik
1.1.1   neueste Hits
1.1.2   Musik speziell für Jugendliche
1.1.3   gute Diskjockeys

1.2   wegen der Atmosphäre
1.2.1   beeindruckende Lichteffekte nach dem neuesten technischen Stand
1.2.2   Ausstattung nach dem Geschmack der Jugendlichen
1.2.3   ausgelassene Stimmung durch bestimmte Aktionen oder Veranstaltungen
1.2.4   Abreagieren beim Tanzen

1.3   wegen der Kontakte
1.3.1   gemeinsame Freizeitgestaltung mit Freunden
1.3.2   vertrautes und gleichgesinntes Publikum
1.3.3   mögliche neue, interessante Bekanntschaften

2   mögliche Gefahren

2.1   Freizeitstress
2.1.1   Aufbleiben bis tief in die Nacht
2.1.2   lange Anfahrtswege

2.2   Unfallrisiko
2.2.1   Fahren per Anhalter
2.2.2   leichtsinniges Fahrverhalten bei Hin- und Rückfahrt

2.3   negative Beeinflussung der Persönlichkeitsentwicklung
2.3.1   keine Eigeninitiative in der Freizeit
2.3.2   Übertreten des Jugendschutzgesetzes
2.3.3   Bekanntschaften mit schlechtem Einfluss

2.4   Beeinträchtigung der Gesundheit
2.4.1   mögliche Gehörschäden durch extrem laute Musik
2.4.2   schlechte und stickige Luft
2.4.3   Erschöpfungszustände durch exzessives Tanzen
2.4.4   unkontrollierter Alkoholgenuss
2.4.5   Konsum harter Drogen

C. Es gibt in vielen Orten schon Disko-Busse, die einen sicheren Transport nach Hause gewährleisten.

2000/6   **Viele junge Menschen träumen davon, sich beruflich selbstständig zu machen. Was ist daran reizvoll? Welche Probleme können entstehen?**

A. Mancher spricht von einer „Yuppie-Generation".

B. Was ist für junge Menschen an der beruflichen Selbstständigkeit reizvoll? Welche Probleme können entstehen?

1   Anreiz zur beruflichen Selbstständigkeit
1.1   materielle Gründe
1.1.1   günstige Darlehen
1.1.2   hoher Verdienst
1.1.3   Aufbau einer sicheren Zukunft mit angemessenem Lebensstandard

1.2   ideelle Gründe
1.2.1   neue Kontakte durch Geschäftsverbindungen, Besuch von Messen
1.2.2   steigendes Ansehen in der Gesellschaft
1.2.3   Selbstbestimmung hinsichtlich der Arbeitszeiten oder des Urlaubs
1.2.4   persönliche Herausforderung in einer verantwortungsvollen Position
1.2.5   Eigenständigkeit in den Entscheidungen und keine Vorgesetzten

2   Probleme durch die berufliche Selbstständigkeit

2.1   mögliche Verschuldung
2.1.1   Anmieten von Räumen
2.1.2   hohe Material- und Personalkosten

2.2   Anlaufschwierigkeiten
2.2.1   Fehlplanungen wie falsche Einschätzung des Absatzmarktes bzw. der Dienstleistungsnachfrage
2.2.2   Überschätzung der eigenen fachlichen Kompetenz
2.2.3   Überforderung bei organisatorischen Aufgaben

2.3   zwischenmenschliche Probleme
2.3.1   Konflikte mit Mitarbeitern oder Konkurrenten
2.3.2   Neid und Missgunst anderer
2.3.3   wenig Zeit für Familienplanung

2.4   hohe zeitliche Belastung
2.4.1   überdurchschnittlicher Arbeitseinsatz
2.4.2   ständige Marktbeobachtung und Reagieren auf Marktveränderungen

C. Viele Unternehmen können am Markt nicht bestehen und müssen Konkurs anmelden.

Aufgabe 7

Schulen – Brutstätten der Gewalt?

München, den 16. Juni 1999. Nach längeren Streitigkeiten lauert ein 12-jähriger Schüler einem gleichaltrigen Jungen nach der Schule auf, bedroht diesen mit einem
5 Messer, fesselt ihn und fügt ihm mit einer Glasscherbe tiefe Schnittwunden zu. Folgen: Krankenhaus für das Opfer, Schulverweis für den Täter.
Berlin, den 28. Mai 1999. Ein Berufsschü-
10 ler betritt eine fremde Klasse während des Unterrichts. Dort beginnt er ein Gespräch mit einem befreundeten Schüler. Nach wiederholten Aufforderungen des Lehrers, die Klasse sofort zu verlassen, dreht sich
15 der Schüler um und schlägt den Lehrer wortlos nieder. Danach verlässt er den Klassenraum. Folgen: Gehirnerschütterung des Lehrers, Anzeige, Schulverweis.

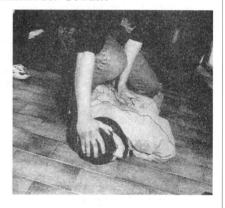

Aus der Traum von Geborgenheit?

20 Meldungen dieser Art sind mit die Ursache dafür, dass in periodischen Abständen die Lage an deutschen Schulen von den Medien als äußerst dramatisch dargestellt wird. Von der These ausgehend,
25 es sei kurz vor zwölf, werden Rufe nach Waffenkontrollen und Polizeipatrouillen laut.
Auf der anderen Seite stehen Autoren wie Hans-Volkmar Findeisen und Joa-
30 chim Kersten, die in ihrer Publikation „Der Kick der anderen und die Ehre. Vom Sinn jugendlicher Gewalt" zu einem unaufgeregten Umgang mit jugendlicher Gewalt aufrufen. Aber ist jugend-
35 liche und schulische Gewalt wirklich in erster Linie eine Erfindung sensationslüsterner Journalisten? Wie stellt sich die Lage an deutschen Schulen in der Realität dar? Und: Sind die Schülerin-
40 nen und Schüler von heute wirklich gewalttätiger als früher?
Man muss sicherlich differenzieren. Umfassende Studien, die unter Leitung von Professor K.-J. Tillmann an hes-
45 sischen Schulen durchgeführt wurden, belegen zwar zwischen 1972 und 1995 einen Zuwachs an physischer Gewalt. So hatten in den frühen 70ern 95 % aller
50 Schüler noch „nie eine Schlägerei mitgemacht und dabei jemanden zusammengeschlagen", 1995 waren es 87,3 %. Auch die Anzahl der Mehrfachtäter stieg: von 2 % auf knapp 6 %. Aber laut
55 Umfrage ist es nur eine kleine Gruppe, bei der die Bereitschaft zu körperlichen Gewalthandlungen deutlich zugenommen hat.
Dass Polizeistatistiken einen starken
60 Anstieg der Kriminalität bei Tätern unter 21 Jahren ausmachen (z. B. 1998 in Köln 18 % bei insgesamt fallender Kriminalitätsrate), muss nicht unbedingt ein Widerspruch sein. Denn es werden nur
65 rund 4 % aller Gewalttaten von Kindern und Jugendlichen direkt an Schulen verübt. Hinzu kommt, dass heute wesentlich mehr Delikte zur Anzeige kommen als früher: Wurden vor zehn Jahren
70 kleine Delikte wie Ladendiebstahl häufig noch „intern" geregelt, kommt heute fast jeder Vorfall zur Anzeige. Weiterhin legt der Anstieg der Mehrfachtäter

gerade bei Jugendlichen mit schlechten Zukunftsaussichten einen allgemeinen Anstieg der Jugendkriminalität nahe.

Obwohl physische Gewalt den schulischen Alltag der allermeisten Schülerinnen und Schüler in Deutschland nicht im von der Öffentlichkeit vermuteten Ausmaß tangiert[1], bleiben die aufgezeigten Tendenzen beunruhigend. Fragen der Prävention – auch an Schulen – muss in Zukunft höchste Wichtigkeit zugebilligt werden.

Ursachenforschung: Wird Gewalt in die Schulen hineingetragen?
Analysiert man problematische Biografien, zeigt sich, dass es oft reduzierte Lebenschancen sind, die schwieriges Verhalten hervorrufen. Angst um die berufliche Zukunft bestimmt das Denken von Jugendlichen nach der Shell-Studie 97 in einem großen Umfang: 45,3 % der Jugendlichen sahen Arbeitslosigkeit als das Hauptproblem der Jugend heute. Das ist der Spitzenplatz in der Statistik. Die Häufung von „Tätern" an Schulformen, die schlechte berufliche Chancen wahrscheinlich machen, bestätigt diese Ergebnisse.

Klar ist aber auch, dass mangelnde berufliche Perspektiven als Erklärungsmodell nicht ausreichen. Bis ein Jugendlicher zum (Gewalt-)Täter wird, bedarf es meist einer größeren Zahl von Faktoren, die in einem ungünstigen Zusammenspiel zur Wirkung kommen. Zu solchen Risikofaktoren gehören sicherlich auch die Familienverhältnisse: Die „Täter" stammen nach den Studien von Tillmann überdurchschnittlich oft aus Familien mit arbeitslosen oder nur gelegentlich arbeitenden Vätern. Hinzu treten oft ein restriktiver[2] Erziehungsstil und die Zugehörigkeit der Jugendlichen zu einer Clique mit rigidem[3] Regelwerk und intoleranter Gruppenmoral.

[nach: PRO, Das Gesellschaftsmagazin für Schule und Bildung, November 1999]

---

[1] tangieren (Z. 76): berühren, beeindrucken
[2] restriktiv (Z. 103): einschränkend, einengend
[3] rigide (Z. 105): streng, starr

Aufgabenstellung

Lesen Sie den Text sorgfältig durch und bearbeiten Sie dann folgende Aufgaben:
1. Informieren Sie über Aufbau und Inhalt des Textes.
2. Beschreiben Sie die äußere Gestaltung und die Sprache des Textes.
3. Welche Absichten verfolgt der Verfasser? Legen Sie dar, welche Antwort er auf die in der Hauptüberschrift gestellte Frage gibt.
4. Erörtern Sie, was innerhalb der Schule gegen gewalttätige Tendenzen getan werden kann.

Quelle: PRO, Das Gesellschaftsmagazin für Schule und Bildung, November 1999

Aufgabe 8

Der Automat und der Tramp VON JOSEF REDING

Er kannte die Stadt. Sechzig Trampjahre hatten Philip C. Lowell gelehrt, was eine Stadt ist. Ein Paradies, solange die Dollarnoten in der Tasche knisterten. Ein höllischer Asphaltdschungel, der einen erbarmungslos krepieren ließ, sobald kein Nickel mehr klimperte und man nichts anderes mehr am Leibe trug als einen dreimal abgetragenen Anzug, das Almo
5 sen eines Baptistenpredigers. Am Leib, das ist verdammt nicht das Schlimmste, aber innen! Drei Tage lang nichts anderes als dieses brackige Leitungswasser von der Bahnhofstoilette! Wenn man wenigstens noch betteln könnte! Aber hab' mir diesen Weg ja selbst verbaut. Ist ja auch 'ne Idiotie, 'nem Jungen im Drugstore beim Untergrundschacht die Geldtasche wegreißen zu wollen! Pah, vor drei Tagen! – Der Trampgreis hustete hart,
10 spuckte Blut in einen Stofffetzen. – Bei Gott, ist nichts für 'nen alten Mann.
Der scharfe Hunger und die Nachtkälte, jetzt, und das verfluchte Gehetztsein in dieser dreckigen City. – Und wieder der Bluthusten! – Fängst schon wieder an, deinen Lebenssaft zu verlieren, Philip! Warum hast du dich reinlocken lassen in diese Steinwüste? In ein paar Stunden gehst du hier ein wie 'ne Ratte, bei irgend'nem Müllkasten. Bist selber nur noch
15 'ne Schaufel Müll! Verflucht, hör auf! – Der Tramp stemmte sich mühsam an der Abfalltonne hoch. Noch ist's nicht aus mit dir, Philip! Du musst bloß hier raus! Fünf Meilen nach Westen, dann siehst du die erste Farm! Reiß dich zusammen, old fellow! – Der Alte keuchte und ein Zucken unendlicher Anstrengungen lief über das dichtstoppelige Gesicht des Tramps. Dann stand er: Doch als hätte ihn ein elektrischer Schlag getroffen, drehte er
20 sich blitzschnell wieder herum und starrte auf den Fleck, auf dem er eben gesessen hatte. Das Klingeln da, das war doch –! Und fast zärtlich nahm er den Halbdollar, auf dem er die ganze Zeit gelagert hatte, in das orangene Licht, das von irgendeiner Reklame in diesem Hinterhof sickerte. Fünfzig Cents! Das ist Nahrung. Das heißt neue Kraft. Leben! – Und ich Dussel hab' da draufgehockt!
25 Der Alte stolperte die nächtliche Straßenschlucht hinunter. Der nächste Imbissautomat stand beim Chinatown-Kino an der Kreuzung. Dahin! Los, weiter! Und wieder dieses verdammte Husten und Blutspucken! Bah, mach schon, kriegst gleich was in den toten Magen, old Philip! Was willste haben? Bananen, hübsch in Zellophan verpackt? Oder drei Tafeln Schokolade, von der dicken Cadbury? – Der schmallippige Mund verzog sich zu
30 einem halbirren Grinsen. Dann stand Philip C. Lowell vor dem eleganten Kasten aus Stahlblech und grellen Farbschreien. Da, da! Von tiefrotem Neonlicht überrieselt, die Fächerskala der lockenden Imbisse, Sardinen und Früchte, Milch und Steaks. Mit übergroßen, fieberflackernden Augen stierte Philip C. Lowell auf all diese Dinge. Der Tramp wählte nicht lange. Mit seinen dünnen, zittrigen Fingern steckte er das Halbdollarstück in
35 den Schlitz unter „ham and cheese". Entzückt lauschte das ausgemergelte, fast fleischlose Gesicht hinein in den Apparat: hörte, wie das Geldstück hinunterklirrte, hörte noch ein Klicken – hörte nichts mehr, nichts! Das Zittern, das vorher nur in den Fingern gesessen hatte, jagte nun durch den ganzen Körper, schüttelte Beine und Kopf. Der Alte drückte auf den Versageknopf. Zwei-, dreimal! Nichts! Jetzt hämmerte der Tramp mit beiden Fäusten
40 auf den Apparat ein. Nichts! Kraftlos schlafften die Arme wieder herunter. Noch einmal gierte die Menschenruine hinein in den Automaten, der stumm höhnend dastand. – Verdammte Maschine! Bestie! röchelte der Alte. Auf seine Stirn trat ein dicker Schweiß, der wie Blut aussah in dem roten Licht, das aus dem Sekuritglas des Automaten floss. – Reklamieren, dachte der Alte, als er zusammensackte und mit dem Kopf hart gegen den
45 Automaten schlug. Und jetzt war es wirklich Blut, was da aus fingerlanger, klaffender Wunde über die Stirn rann, und der Alte konnte nicht mehr weiterdenken. Heute nicht und nie mehr!
Er konnte auch nicht mehr hören, dass es plötzlich, gleich nach dem Kopfanprall im Innern des Automaten zu rucken begann. Er konnte auch nicht mehr sehen, dass eine Packung

50 Ham-and-cheese in den Entnahmeschlitz klatschte und dass danach der durch die Erschüt-
terungen in seinem Mechanismus gestörte Apparat noch ein Dutzend Mal seine Ham-and-
cheese-Packungen herausspie. Jetzt – und jetzt! Monoton! Und als die Packungen auf das
Straßenpflaster und seinen Verhungerten fielen, sah es aus, als erbräche sich der Apparat.
„War wohl'n Automatenmarder!", sagte einer der Polizisten und stieß mit dem Fuß eine
55 Packung vom Arm des Toten hinweg. „Hatte sicher vor Schreck 'n Schlag gekriegt, als die
ganze Herrlichkeit herauspurzelte! Du, halt mal! Wird der nicht schon wegen versuchten
Raubes gesucht? Die Beschreibung auf der Wache …!"
„Schon möglich! Ist ja alles möglich in dieser dreckigen Stadt und dieser noch dreckigeren
Welt!" Aber das hatte der Polizist nur so dahingesagt. Ein Bein von Philip C. Lowell
60 schlurfte über das Pflaster, als die beiden Polizisten den Alten ohne Anstrengungen zum
Leichenwagen trugen.

Quelle: JOSEF REDING: Nennt mich nicht Nigger, Kurzgeschichten aus zwei Jahrzehnten, Würzburg
1995

Aufgabenstellung

Lesen Sie den Text sorgfältig durch und bearbeiten Sie dann folgende Aufgaben:
1. Fassen Sie den Inhalt so zusammen, dass der Textaufbau erkennbar wird.
2. Beschreiben Sie die Sprache des Textes und weisen Sie auch die Textsorte nach.
3. Welche Absichten verfolgt Ihrer Meinung nach der Verfasser mit dem Text?
4. Auch in Deutschland leben Menschen auf der Straße. Welchen Schwierigkeiten können sie
ausgesetzt sein?

Mögliche Gliederung

A. Informationen über Textquelle und Texthintergrund

B. Der Bericht „Schulen – Brutstätten der Gewalt?" – Was kann innerhalb der Schule gegen gewalttätige Tendenzen getan werden?

1   Texterschließung

1.1   Inhalt: zunehmende Gewalttätigkeit von Kindern und Jugendlichen und deren Ursachen

1.2   innerer Aufbau des Textes
1.2.1   Vorspann als Hinführung zur Thematik
1.2.2   Gegenüberstellung unterschiedlicher Meinungen und Auswertung von Untersuchungen und Statistiken
1.2.3   Ursachen für die Gewalttätigkeit

1.3   äußere Gestaltung
1.3.1   Hauptüberschrift und Teilüberschriften
1.3.2   Textgestaltung
1.3.3   Illustration: Bild als Blickfang und Bestätigung der Gewaltbereitschaft

1.4   sprachliche Mittel
1.4.1   Satzbau
1.4.1.1   fast durchwegs komplexe Satzgefüge und wenige anspruchsvolle Hauptsätze
1.4.1.2   einfache Hauptsätze und Telegrammstil im Vorspann
1.4.1.3   einige Fragesätze
1.4.1.4   Nominalstil
1.4.2   Wortwahl
1.4.2.1   viele Jahreszahlen und Prozentangaben
1.4.2.2   zahlreiche Fremdwörter und Fachbegriffe
1.4.3   rhetorische Mittel
1.4.3.1   bildhafte Überschriften
1.4.3.2   Wörter in Anführungszeichen
1.4.4   Sprachebene: Hochsprache

1.5   Intentionen des Autors und Antwort auf die Hauptüberschrift
1.5.1   sachliche Information zur Thematik
1.5.2   differenzierte Sicht der Thematik
1.5.3   Antwort auf die Hauptüberschrift: Schulen keine Brutstätten der Gewalt

2   weiterführende Erörterung: Was kann innerhalb der Schule gegen gewalttätige Tendenzen getan werden?

2.1   vorbeugende Maßnahmen
2.1.1   Ausleben überschüssiger Energie durch Förderung des Schulsports
2.1.2   Erlernen einer „Streitkultur"

2.2   Maßnahmen zur Konfliktbereinigung
2.2.1   intensive Gespräche zwischen Eltern, Lehrern und Schülern
2.2.2   Nutzung pädagogischer Angebote

C. Immer wieder hört man von Gewalttaten gegen Ausländer.

Möglicher Antwortenkatalog

A. Informationen über Textquelle und Texthintergrund

PRO, Das Gesellschaftsmagazin für Schule und Bildung, November 1999; keine Angabe des Autors; Thema: zunehmende Gewalt von Schülern, differenzierte Einschätzung der Situation und Ursachenforschung

B. Der Bericht „Schulen – Brutstätten der Gewalt?" – Was kann innerhalb der Schule gegen gewalttätige Tendenzen getan werden?

1 Texterschließung

1.1 Inhalt

Der Text „Schulen – Brutstätten der Gewalt" beschäftigt sich mit der zunehmenden Gewalttätigkeit von Schülern und den Hintergründen dieser Entwicklung. Ausgehend von zwei konkreten Vorfällen in Schulen wird auf unterschiedliche Meinungen hingewiesen, bevor anhand von Untersuchungen und Statistiken die Situation eingehender beleuchtet wird. Die Themen „schulische Gewalt, allgemeine Zunahme der Jugendkriminalität und Prävention" werden dabei angesprochen. Verantwortlich für die Entwicklung ist meist eine Verknüpfung verschiedener familiärer und außerfamiliärer Ursachen.

1.2 innerer Aufbau des Textes

1.2.1 Vorspann als Hinführung zur Thematik
– Schilderung von zwei Beispielen für Gewalt an zwei verschiedenen deutschen Schulen
– Wecken des Lesereizes durch den Bericht über spektakuläre Einzelereignisse

1.2.2 Gegenüberstellung unterschiedlicher Meinungen und Auswertung von Untersuchungen und Statistiken
1. Sinnabschnitt: Der bedrohlichen Lage an bundesdeutschen Schulen wird die Meinung anderer Autoren gegenübergestellt, die die Situation weniger dramatisch beurteilen. Abschließend werden einige Fragen zum Thema gestellt. (Z. 1–41)
2. Sinnabschnitt: Es folgt eine Untersuchung an hessischen Schulen und die Auswertung der Polizeistatistik. Ergebnis: Die Kriminalität hat unter Jugendlichen insgesamt deutlich zugenommen. In Schulen betrifft sie jedoch nur eine kleine Gruppe, während sie in anderen Bereichen der Öffentlichkeit prozentual höher liegt. Prävention ist auf jeden Fall von großer Bedeutung. (Z. 42–85)

1.2.3 Ursachen für die Gewalttätigkeit
3. Sinnabschnitt: Schlechte Zukunftsperspektiven, speziell die berufliche Situation betreffend, werden als Hauptursache für die Gewalttätigkeit von Schülern ausgemacht. (Z. 86–101)
4. Sinnabschnitt: Ein Aufeinandertreffen mehrerer Ursachen ist oft der Auslöser für die Gewalttat. Ungünstige Familienverhältnisse und angepasstes Cliquenverhalten spielen hierbei eine große Rolle. (Z. 102–118)

1.3 äußere Gestaltung

1.3.1 Hauptüberschrift und Teilüberschriften
– große, fett gedruckte Überschrift, die sich über ungefähr 2 Lauftextzeilen erstreckt; zentriert
– zwei fett gedruckte, in Frageform abgefasste Teilüberschriften; Auflockerung des Textbildes

1.3.2 **Textgestaltung**
- zweispaltiger Lauftext in 7 Absätze übersichtlich gegliedert; fett gedruckter einspaltiger Vorspann in 2 Absätzen; daneben Illustration; Gesamtartikel ca. 1 Seite lang

1.3.3 **Illustration: Bild als Blickfang und Bestätigung der Gewaltbereitschaft**
- Umfang ca. 1 Spalte; rechts neben dem Vorspann; Bildinhalt: zwei Jungen, wobei einer – nur vom Bauch abwärts abgebildet – den anderen mit dem Knie festhält und dessen Kopf auf die Fliesen drückt; im Hintergrund sind Beobachter des Geschehens angedeutet; das Bild ist ohne Kommentar, der Inhalt spricht für sich; Illustration soll zum Lesen anreizen und gleichzeitig eine Bestätigung für die Gewalttätigkeit von Schülern sein.

1.4 **sprachliche Mittel**

1.4.1 **Satzbau**
1.4.1.1 fast durchwegs komplexe Satzgefüge und wenige anspruchsvolle Hauptsätze
- viele komplexe Satzgefüge wie „Obwohl physische Gewalt ..." (Z. 77–82); „Bis ein Jugendlicher ..., bedarf es ..., die ..." (Z. 104–108)
- wenige anspruchsvolle Hauptsätze wie „Fragen der Prävention ..." (Z. 82–85); „Hinzu treten ..." (Z. 114–118)
Absicht: sehr genaue, anspruchsvolle Darstellung der Sachlage und ausführliche Erklärung der Zusammenhänge; gehobenes Publikum als Zielgruppe

1.4.1.2 einfache Hauptsätze und Telegrammstil im Vorspann
- einfache Hauptsätze wie „Ein Berufsschüler betritt eine fremde Klasse während des Unterrichts." (Z. 9–11)
- Telegrammstil: „Folgen: Gehirnerschütterung des Lehrers, Anzeige, Schulverweis." (Z. 17/18)
Absicht: viele Informationen auf engem Raum; reißerischer, emotionaler Schreibstil der Boulevardpresse; deutlicher Gegensatz zum restlichen Artikel

1.4.1.3 einige Fragesätze
- Überschriften ausschließlich als Fragen
Absicht: Leseanreiz, Wecken von Neugier; Vortäuschung einer Antwort im folgenden Text
- Fragesätze im Lauftext, z. B. „Aber ist jugendliche und schulische Gewalt wirklich in erster Linie eine Erfindung sensationslüsterner Journalisten? Wie stellt ... ?" (Z. 34–41)
Absicht: Miteinbeziehen des Lesers; kompakte Wiedergabe der entscheidenden Fragestellungen zur Problematik

1.4.1.4 Nominalstil
- „... einen starken Anstieg der Kriminalität ..." (Z. 59/60); „Die Häufung von Tätern ..." (Z. 98)
Wirkung: sehr sachliche Darstellung mit wissenschaftlicher Tendenz

1.4.2 **Wortwahl**
1.4.2.1 viele Jahreszahlen und Prozentangaben
- Jahreszahlen v. a. bei der Untersuchung an hessischen Schulen (Z. 46–54)
- viele Prozentzahlen bei den Studien an hessischen Schulen, der Polizeistatistik (Z. 46–54) und der Shell-Studie (Z. 59–64)
Absicht: konkrete, genaue Belege für die Aussagen; intensive Beschäftigung mit der Thematik; wissenschaftlicher Hintergrund; Glaubwürdigkeit

1.4.2.2 zahlreiche Fremdwörter und Fachbegriffe
- viele Fremdwörter: „tangiert" (Z. 81), „differenzieren" (Z. 42), „Delikte" (Z. 68), „Biografien" (Z. 88/89)

- Fachbegriffe aus dem juristischen/soziologischen Bereich: „Polizeipatrouillen" (Z. 26), „Publikation" (Z. 30), „physische Gewalt" (Z. 77), „Mehrfachtäter" (Z. 73), „Prävention" (Z. 83)
Absicht: Die fachliche Kompetenz wird betont.

1.4.3   rhetorische Mittel

1.4.3.1 bildhafte Überschriften
- „Schulen – Brutstätten der Gewalt?" (Hauptüberschrift)
Absicht: übertriebene Formulierung; typisch für Schlagzeilen, um die Aufmerksamkeit und Neugier der Leser zu wecken
- „Aus der Traum von Geborgenheit?"
Absicht: ebenfalls ausschließlich Leseanreiz, denn der folgende Text bringt keine Antwort auf diese Frage.

1.4.3.2 Wörter in Anführungszeichen
- Zitate von Publikationen wie „Der Kick der anderen und die Ehre. Vom Sinn jugendlicher Gewalt" (Z. 31/32) oder „nie eine Schlägerei mitgemacht ..." (Z. 50–52)
- bei „intern" (Z. 71), „Täter" (Z. 110/111) werden Einzelbegriffe innerhalb des Satzes durch die Anführungszeichen hervorgehoben.

1.4.4   Sprachebene: fast durchwegs Hochsprache; sachliche Darstellung auf gehobenem Niveau; Vorspann als Ausnahme

1.5   Intention des Autors und Antwort auf die Hauptüberschrift

1.5.1   sachliche Information zur Thematik
Der Autor möchte alle interessierten Leser, besonders aber Schüler höherer Jahrgangsstufen, Eltern und Erzieher, sachlich über dieses Thema informieren. Durch Beispiele werden dem Leser Hintergründe vermittelt, ohne die Thematik zu stark zu emotionalisieren. Aussagen von Fachleuten, untermauert durch konkrete Zahlen, tragen dazu bei.

1.5.2   differenzierte Sicht der Thematik
Der Verfasser will eine einseitige Sicht der Problematik vermeiden. Dabei übt er indirekt Kritik an den Medien, die Gewaltdelikte an Schulen als Sensation an die Gesellschaft verkaufen. Er steht vielmehr auf dem Standpunkt, dass man zwischen schulischer Gewalt und außerschulischer Kriminalität unterscheiden und somit die Thematik viel differenzierter betrachten muss.

1.5.3   Antwort auf die Hauptüberschrift
Der Autor des Berichts „Schulen – Brutstätten der Gewalt?" gibt zwar keine klare Antwort – im Sinne von Ja oder Nein – auf die in der Hauptüberschrift gestellte Frage, jedoch ist sie an den genannten Fakten ablesbar. So wird seiner Ansicht nach die Gewalt viel eher „in die Schulen hineingetragen" (Z. 87/88), als dass sie dort selbst auf breiter Front entstehen und auftreten würde. Zwar ist ein allgemeiner Anstieg der Jugendkriminalität zu verzeichnen, in den Schulen aber wird nur ein geringer Prozentsatz der Schüler mit Gewalt konfrontiert oder selbst gewalttätig.

2   weiterführende Erörterung: Was kann innerhalb der Schule gegen gewalttätige Tendenzen getan werden?

2.1   vorbeugende Maßnahmen

2.1.1   Ausleben überschüssiger Energie durch Förderung des Schulsports
Unterrichtsstunden, in denen sich der Schüler ungezwungen und locker geben kann, sind vermehrt notwendig. Im Sportunterricht dürfen sich die Kinder und Jugendlichen meist relativ frei bewegen und können vorhandene Aggressionen

„spielerisch" abbauen. Durch die körperliche Aktivität werden sie wieder ausgeglichener, ein Energiestau wird vermieden und ihre Aufnahmefähigkeit in den folgenden Unterrichtsstunden müsste sich erhöhen. Außerdem erzielt der Schüler im sportlichen Bereich vielleicht den Erfolg, der in anderen Fächern ausbleibt, was zu einem größeren Selbstbewusstsein führt. Dies wiederum ist für eine „gewaltfreie" Einstellung sehr wichtig. Zur Zeit wird in Bayern – womöglich auch aus diesem Grund – über die verpflichtende Wiedereinführung der dritten Sportstunde an Schulen diskutiert.

2.1.2 Erlernen einer „Streitkultur"

In der Schule ist es wichtig, eine sog. „Streitkultur" zu erlernen. Der Heranwachsende muss immer darauf hingewiesen werden, dass durch Lautstärke und körperliche Angriffe eine faire Auseinandersetzung verhindert wird. Man muss sich mehr in die Situation des anderen hineinversetzen. Darauf sollte eine Lehrkraft in der Klasse – ob aus gegebenem Anlass oder nicht – immer wieder hinweisen. Dabei soll nach dem Motto „zuhören, wahrnehmen, akzeptieren" vorgegangen werden. Dem Schüler wird dabei vermittelt, dass ein guter Streit immer mit einer Einigung endet. Versöhnungsrituale, z. B. sich die Hand reichen, tragen zu einem friedvollen Abschluss bei. Wenn dem Heranwachsenden solche „Streitregeln" vertraut sind, kann er Konflikte sowohl im schulischen als auch außerschulischen Bereich viel besser bewältigen.

2.2 Maßnahmen zur Konfliktbereinigung

2.2.1 intensive Gespräche zwischen Eltern, Lehrern und Schülern

Von großer Bedeutung sind Gespräche zwischen Eltern, Lehrern und Schülern. So werden mögliche Probleme offen dargelegt, die Gründe für aggressives Schülerverhalten erforscht und mögliche Maßnahmen getroffen. Schülern, die familiäre oder persönliche Schwierigkeiten haben, kann eine Aussprache unter Beisein einer Lehrkraft, die die Situation so objektiv wie möglich betrachtet, hilfreich sein. Ein ständiger Kontakt zwischen Elternhaus und Schule ist nötig, um sowohl Opfer zu unterstützen als auch auf Täter einwirken zu können. Gewalttätige Auseinandersetzung in der Schule zu verharmlosen oder zu vertuschen wäre völlig falsch, nur offene Gespräche können Konflikte bereinigen.

2.2.2 Nutzung pädagogischer Angebote

Es gibt in zahlreichen Städten Projekte, die einzelne Lehrkräfte, Lehrerteams und Schulleitungen in dieser Frage unterstützen. Es soll mit den Folgen von Gewalt konstruktiv umgegangen werden. In Zusammenarbeit mit Lehrkräften und Schulen werden z. B. Projekte für spezielle „Problemklassen" erstellt und durchgeführt. Ein „Coolness-Training" oder „Vertrauensspiele" sind unter anderem Bestandteil solcher Projekte. Viele Fachkräfte, so z. B. Vertreter der Jugendämter, der Universität und der Polizei, sind neben erfahrenen Lehrkräften an der Entwicklung genannter Vorhaben beteiligt.

C. Immer wieder hört man von Gewalt gegen Ausländer.

In der Schule treten zwar Gewalttaten auf, weitaus mehr aber in anderen Bereichen der Öffentlichkeit. Dabei sind ganz bestimmte Zielgruppen, etwa Ausländer, Opfer von gewalttätigen Jugendlichen. Ob am Arbeitsplatz, in öffentlichen Verkehrsmitteln, in Freizeiteinrichtungen, zu Hause oder einfach auf der Straße – überall sind sie möglichen Angriffen von Jugendlichen, häufig mit rechtsradikalem Hintergrund, ausgesetzt. Dabei bleibt es nicht bei verbalen Auseinandersetzungen; brutale körperliche Übergriffe, sogar verheerende Brandanschläge fanden in der Vergangenheit statt. Fremdenhass wird dann als Motiv genannt. Der Staat, die Medien, die Familie, ja wir alle sind dazu aufgefordert, unser Möglichstes zu tun, um solche Gewalttaten zu verhindern.

Mögliche Gliederung

A. Informationen über den Autor

B Die Kurzgeschichte „Der Automat und der Tramp" – Welchen Schwierigkeiten können Obdachlose in Deutschland ausgesetzt sein?

1	**Texterschließung**
1.1	Inhaltswiedergabe unter Berücksichtigung des inneren Aufbaus
1.1.1	Basissatz: Die letzten Stunden im Leben eines amerikanischen Tramps
1.1.2	7 Sinnabschnitte mit mehreren überraschenden Wendepunkten zum Spannungsaufbau
1.1.3	Schluss mit traurigem Ausgang
1.2	Textsorte: Kurzgeschichte
1.2.1	unmittelbarer Beginn; untypisch: kein offener Schluss
1.2.2	spannungsaufbauende, überraschende Pointen bis hin zu einem Höhepunkt
1.2.3	krisenhafte Situation im Leben eines Menschen
1.2.4	begrenzte Personenzahl
1.2.5	realitätsnahe Alltagssprache
1.3	Sprache
1.3.1	Satzbau
1.3.1.1	erläuternde Satzgefüge
1.3.1.2	viele Ausrufe- und Fragesätze
1.3.1.3	sehr kurze, z. T. unvollständige Sätze
1.3.2	Wortwahl
1.3.2.1	treffende Verben und Adjektive
1.3.2.2	viele umgangssprachliche Ausdrücke und Verkürzungen
1.3.2.3	Häufung von Wörtern aus dem Amerikanischen
1.3.3	rhetorische Mittel
1.3.3.1	ungewöhnliche Wortzusammensetzungen, Alliteration
1.3.3.2	Vergleich, Wiederholung
1.3.3.3	Gegensatz, Steigerung
1.3.3.4	Metapher, Personifikation
1.4	Absichten des Autors
1.4.1	Darstellung der Situation eines Obdachlosen
1.4.2	Denkanstoß zu möglichen Vorurteilen gegenüber Randgruppen
1.4.3	Hinweis auf den Gegensatz zwischen Arm und Reich, zwischen Armut und Überfluss in einem reichen Land wie Amerika
1.4.4	„Gnadenlosigkeit" einer Großstadt
2	**weiterführende Erörterung: Welchen Schwierigkeiten können Menschen auf der Straße ausgesetzt sein?**
2.1	ungünstige äußere Lebensbedingungen
2.1.1	keine Unterkunft
2.1.2	keine regelmäßige Ernährung
2.1.3	keine ärztliche Behandlung
2.2	Schwierigkeiten mit den Mitmenschen
2.2.1	Ausgliederung aus der Gesellschaft
2.2.2	bestehende Vorurteile

C. Viele der Obdachlosen wollen dieses „freie" Leben führen.

Möglicher Antwortenkatalog

A. Informationen über den Autor

Josef Reding wurde am 20. 3. 1929 in Castrop-Rauxel geboren. Er besuchte von 1935–1951 Volksschule und Gymnasium, das er mit dem Abitur abschloss. Im Jahre 1952 veröffentlichte er sein erstes Buch „Silberspeer und Roter Reiher". Danach siedelte er nach Urbana (USA) um und erhielt dort ein „Fulbright-Stipendium". 1958 bekam er den Förderpreis für Literatur des Landes Nordrhein-Westfalen. Mit seiner Frau Rosemarie unternahm er zahlreiche Reisen in verschiedenste Länder.

Josef Reding wurde mit zahlreichen Literaturpreisen ausgezeichnet; vor allem im deutschsprachigen Raum gilt er als Meister der Kurzgeschichte.Sein wohl bekanntestes Werk ist der Geschichtenband „Nennt mich nicht Nigger". Heute wohnt er zusammen mit seiner Frau in Dortmund.

B. Die Kurzgeschichte „Der Automat und der Tramp" – Welchen Schwierigkeiten können Obdachlose in Deutschland ausgesetzt sein?

1 Texterschließung

1.1 Inhaltswiedergabe unter Berücksichtigung des inneren Aufbaus

1.1.1 Basissatz

J. Reding schildert in seiner Kurzgeschichte die letzten Stunden im Leben eines Tramps, der – Ironie des Schicksals – vor einem Lebensmittelautomaten in einer amerikanischen Großstadt verhungert.

1.1.2 7 Sinnabschnitte mit mehreren überraschenden Wendepunkten zum Spannungsaufbau

1. Sinnabschnitt: In einem Selbstgespräch wird die ausweglose Lebenslage eines halb verhungerten, Blut spuckenden Tramps in einer amerikanischen Großstadt deutlich. (Z. 1–15)

2. Sinnabschnitt: Der Tramp fasst den Entschluss, sich nicht aufzugeben und die Stadt zu verlassen. (Z. 15–19)

3. Sinnabschnitt: Die erste überraschende Wende scheint das Unheil abzuwenden, vermittelt Hoffnung. Der Tramp findet beim Aufstehen eine Fünfzig-Cent-Münze, auf der er unwissentlich gesessen hatte. (Z. 19–24)

4. Sinnabschnitt: Er schleppt sich voller Vorfreude auf Nahrung zu einem Imbissautomaten und wählt in gieriger Erwartung „ham and cheese". (Z. 25–37)

5. Sinnabschnitt: Zweite überraschende Wende: Der Automat versagt und als Folge davon bricht der Tramp zusammen. Er bäumt sich zunächst noch einmal auf, hämmert verzweifelt auf den Automaten ein, sinkt dann aber, nachdem er mit dem Kopf am Automaten aufgeschlagen hatte, kraftlos zusammen. (Z. 37–47)

6. Sinnabschnitt: Dritte ironisch-makabere Wende: Durch den Kopfaufprall am Automaten beginnt dieser, massenweise Ham-and-cheese Packungen auszuspucken, doch es ist zu spät, denn der Tramp ist bereits tot. (Z. 48–53)

7. Sinnabschnitt: Die Polizei trifft ein. Sie identifiziert ihn als wegen versuchten Raubes gesuchten Verbrecher und schleppt ihn zum Leichenwagen. (Z. 54–61)

1.2   Textsorte: Kurzgeschichte

1.2.1   unmittelbarer Beginn; untypisch: kein offener Schluss
- Die Kurzgeschichte beginnt ohne erklärende Einleitung unvermittelt mit „Er".
  Erst in den nachfolgenden Sätzen wird klar, um wen es sich handelt und in
  welcher Situation sich der Tramp befindet.
- Untypisch für eine Kurzgeschichte ist allerdings der Schluss. Er ist nicht
  offen, d. h. dem Leser wird durch das Erwähnen des „Leichenwagens" deutlich, dass der Obdachlose gestorben ist.

1.2.2   spannungsaufbauende, überraschende Pointen bis hin zu einem Höhepunkt
- Durch mehrere überraschende Wendepunkte baut Reding einen Spannungs-
  bogen auf. Dieser steigert sich bis zu einem dramatischen Höhepunkt (Z. 37–
  43), als sich der Tramp ein letztes Mal gegen sein Schicksal aufbäumt.

1.2.3   krisenhafte Situation im Leben eines Menschen
Der Autor beschreibt die letzten Stunden eines Obdachlosen, der vor einem
Essensautomaten verhungert.

1.2.4   begrenzte Personenzahl
Der Tramp steht im Mittelpunkt des Geschehens, die Polizisten treten nur am
Rande auf.

1.2.5   realitätsnahe Alltagssprache
Um einen Bezug zur Realität herzustellen und die Geschichte realitätsnah
erscheinen zu lassen, verwendet der Autor die Sprache des Tramps mit
umgangssprachlichen Ausdrücken. (siehe Sprachanalyse)

1.3   Sprache

1.3.1   Satzbau

1.3.1.1   erläuternde Satzgefüge
- „Ein Paradies, ... Almosen eines Baptistenpredigers." (Z. 2–5), „Auf seine
  Stirn ..." (Z. 42 ff.)
  Absicht: genaue Schilderung der Situation, Information des Lesers über die
  Lage, in der sich der Tramp befindet.

1.3.1.2   auffallend viele Ausrufe- und Fragesätze
- Ausrufesätze: „Am Leib ..., aber innen! Drei Tage ...! Wenn man ...! ... Pah,
  vor drei Tagen!" (Z. 5–9), „Und wieder ...! – Fängst schon wieder ...! ... Reiß
  dich zusammen, old fellow!" (Z. 12–17)
  Absicht: Sie geben die Gemütslage des Tramps wieder. In Selbstgesprächen
  drückt er durch die Ausrufesätze Freude, Enttäuschung, Entsetzen aus oder er
  spricht sich Mut zu, fordert sich auf, nicht aufzugeben. Dadurch wirkt der Text
  mitreißend, lebendig, spannungsgeladen.
- Fragesätze: „Warum hast du dich ...?" (Z. 13), „Was willste haben? Bananen
  ...? Oder drei Tafel Schokolade ...?" (Z. 28/29)
  Absicht: Der Tramp redet mit sich selber, klagt sich an oder malt sich in seiner
  Phantasie aus, was er sich für das Geld kaufen will. Der Leser kann sich an seinen Gedanken und Gefühlen beteiligen.

1.3.1.3   sehr kurze, z. T. unvollständige Sätze
- „Und wieder der Bluthusten!" (Z. 12), „Das Klingeln da, das war doch –!"
  (Z. 21), „Leben!" (Z. 23), „Dahin! Los, weiter! Und wieder ...!" (Z. 26/27),
  „Zwei-, dreimal! Nichts!" (Z. 39/40), „Verdammte Maschine! Bestie!"
  (Z. 41/42)
  Absicht: Aufbau von Spannung; dramatische Steigerung bis hin zum völligen
  Zusammenbruch; lässt den Leser die Not und Verzweiflung des Tramps hautnah
  miterleben, reißt ihn gefühlsmäßig mit.

1.3.2   Wortwahl
1.3.2.1   treffende Verben und Adjektive
– treffende Verben: „stemmte sich" (Z. 15), „keuchte" (Z. 18), „drehte sich"
(Z. 19), „sickerte" (Z. 23), „stierte" (Z. 33), „lauschte" (Z. 35), „hämmerte"
(Z. 39), „röchelte" (Z. 42)
Wirkung: Sie beschreiben sowohl die äußeren Umstände, die Umgebung als
auch die Verfassung des Tramps, seine neu aufflackernde Hoffnung, vor allem
aber seine Verzweiflung.
– treffende Adjektive: „höllischer Asphaltdschungel,   erbarmungslos ..."
(Z. 2/3), „brackig" (Z. 6), „mühsam" (Z. 15), „unendlicher Anstrengung ...
dichtstoppelige Gesicht" (Z. 18), „blitzschnell" (Z. 20), „fast zärtlich" (Z. 21),
„schmallippiger Mund" (Z. 29), „Mit übergroßen, fieberflackernden Augen"
(Z. 32/33), „Mit seinen dünnen, zittrigen Fingern" (Z. 34), „Entzückt ... das
ausgemergelte ..." (Z. 35/36)
Wirkung: Die Umgebung wird in ihrer Bedrohlichkeit geschildert; genauer Eindruck vom äußeren, aber auch inneren Zustand des Tramps; der Leser kann sich
gut in die Lage des Verzweifelten versetzen, leidet mit.
1.3.2.2   viele umgangssprachliche Ausdrücke und Verkürzungen
– umgangssprachliche Ausdrücke: „krepieren" (Z. 3), „ gehst du ... ein" (Z. 14)
„verdammt" (Z. 5), „Dussel" (Z. 24), „draufgehockt" (Z. 24)
– Verkürzungen: „hab'" (Z. 7), „'ne Idiotie" (Z. 8), „'nem" (Z. 8), „willste"
(Z. 28)
Wirkung: realitätsgetreue Redeweise eines Tramps, eines verwahrlosten Menschen
1.3.2.3   Häufung von Wörtern aus dem Amerikanischen
– „Tramp" (Überschrift), „Drugstore" (Z. 8), „City" (Z. 12), „Meilen" (Z. 16),
„Farm" (Z. 17), „old fellow" (Z. 17), „Cents" (Z. 23) „ham and cheese"
(Z. 35)
Absicht: Die Geschichte spielt in einer amerikanischen Stadt und somit wird ein
sprachlicher Bezug zum Handlungsort hergestellt.

1.3.3   rhetorische Mittel
1.3.3.1   ungewöhnliche Wortzusammensetzungen, Alliteration
– ungewöhnliche Wortzusammensetzungen: „Trampjahre" (Z. 1), „Trampgreis"
(Z. 9), „Nachtkälte" (Z. 11), „dichtstoppelige" (Z. 18)
Wirkung: Verknappung der Sprache, um das Wesentliche zu verdeutlichen
– Alliteration: „hustete hart" (Z. 9)
Wirkung: Betonung seines schlechten Zustands
1.3.3.2   Vergleiche, Wiederholungen
– Vergleiche: „...wie 'ne Ratte" (Z. 14), „...'ne Schaufel Müll" (Z. 15), „...als
hätte ihn ein elektrischer Schlag getroffen" (Z. 19), „..., der wie Blut aussah"
(Z. 42/43), „..., als erbräche sich der Apparat"(Z. 53)
Absicht: Veranschaulichung der Situation
– Wiederholungen: „... hörte ... hörte ... hörte nichts mehr, nichts! ... Nichts! ...
Nichts!" (Z. 36–40), „... konnte ... konnte ... konnte ..."(Z. 46–49), „Jetzt-und
jetzt!" (Z. 52)
Absicht: Verstärkung des Geschehens, der Aussichtslosigkeit, Erhöhung der
Dramatik
1.3.3.3   Gegensatz, Steigerung
– Gegensatz: „Ein Paradies, solange die Dollarnoten ... Ein höllischer
Asphaltdschungel, ..., sobald kein Nickel mehr ..." (Z. 2/3)
Wirkung: Betonung der zwei Gesichter einer Stadt, je nachdem in welcher
finanziellen Lage man sich befindet

- Steigerung: „Das ist Nahrung. ... Kraft. Leben!" (Z. 23) = neue Hoffnung für den Tramp; „Verdammte Maschine! Bestie!" (Z. 42) = Der Automat raubt ihm die letzte Lebenskraft; „Heute nicht mehr und nie mehr!" (Z. 46 /47) = sein Untergang ist endgültig; „... in dieser dreckigen Stadt und dieser noch dreckigeren Welt!" (Z. 58/59) = negative Bewertung der Zustände in der Stadt und sogar auf der ganzen Welt.

1.3.3.4 Metapher, Personifikation

- Metapher: „höllischer Asphaltdschungel" (Z. 2/3) = Dschungel, in dem man sich verirren, zugrunde gehen kann, weil viele Gefahren lauern; andererseits aber nicht grün und lebendig, sondern aus Asphalt = tot; „Straßenschlucht" (Z. 25) = sie ist seitlich begrenzt, man ist in ihr gefangen, ein Entkommen ist nur nach vorne möglich; „scharfe Hunger" (Z. 11) = der Hunger schmerzt; „Lebenssaft" (Z. 12) = Blut = Quelle des Lebens; „Steinwüste" (Z. 13) = Stadt = Wüste : Es gibt kein Leben in ihr, sie ist tot; „Menschenruine" (Z. 41) = der Tramp ist eine „Ruine", ein Wrack, zerstört, kaputt;

Wirkung: bildhafte Veranschaulichung der lebensbedrohenden Situation, in der sich der Tramp befindet; auch seine Umgebung wird als bedrohend, tödlich geschildert.

- Personifikation: „eleganter Kasten" (Z. 30), „... in den Automaten, der stumm höhnend dastand" (Z. 41), „Bestie" (Z. 42), „herausspie" (Z. 52), „... sah es aus, als erbräche sich der Automat." (Z. 53)

Absicht: Vermenschlichung des Automaten; er wird das wichtigste Gegenüber des Tramps, deutet aber durch sein Äußeres „elegant" die Distanz zu dem heruntergekommenen Tramp an; lässt ihn im Stich und wird zur „Bestie", die ihm die letzte Hoffnung raubt. Der Automat hat Nahrung im Überfluss, er „erbricht" sich, so voll ist er, während der Tramp vor ihm verhungert.

1.4 Absichten des Autors

1.4.1 Darstellung der Situation eines Obdachlosen

Der Autor möchte in seiner Kurzgeschichte die Situation eines Obdachlosen überzeugend darstellen. Der Leser kann sich gut in seine verzweifelte Lage hinein versetzen, ja, er entwickelt sogar Mitgefühl mit ihm und ist am Schluss über den traurigen Ausgang betroffen.

1.4.2 Denkanstoß zu möglichen Vorurteilen gegenüber Randgruppen

Durch diese gefühlsmäßige Betroffenheit und auch positive Einstellung zu diesem Tramp soll man als Leser anfangen, über eventuell vorhandene Vorurteile gegenüber Randgruppen nachzudenken. Man sieht auf der Straße herumlungernde „Landstreicher", Obdachlose, weiß jedoch nicht, wie und aufgrund welcher Umstände sie in diese Lage gekommen sind. Wegen ihres Äußeren stempelt man sie ab und baut Vorurteile auf. Sogar die Polizisten im Text urteilen ihn aufgrund seiner Erscheinung ab. Der Text soll also Anstoß geben, mögliche Vorurteile zu überdenken.

1.4.3 Hinweis auf den Gegensatz zwischen Arm und Reich

Vor allem aber möchte uns der Autor den starken Gegensatz zwischen Arm und Reich, Armut und Überfluss in einem reichen Land wie den USA aufzeigen. Es ist makaber, wenn ein Mensch vor einem gefüllten Essensautomaten verhungert. Gerade in Amerika, das als Land der unbegrenzten Möglichkeiten, als das Land mit den reichsten Menschen der Welt gilt, gibt es auch eine große Anzahl von Menschen, die am Rand der Gesellschaft am Existenzminimum darben oder verhungern.

1.4.4 „Gnadenlosigkeit" einer Großstadt

Auch zeigt uns der Autor die „Gnadenlosigkeit" einer Großstadt auf, in der die Menschen anonym leben , wo sich keiner um den anderen kümmert und niemand merkt, dass der Mensch neben ihm auf der Straße dem Tode nah ist. Es kann aber auch Gleichgültigkeit sein, dass man die Not des anderen nicht erkennen will.

2 weiterführende Erörterung: Welchen Schwierigkeiten können Menschen auf der Straße ausgesetzt sein?

2.1 ungünstige äußere Lebensbedingungen

2.1.1 keine Unterkunft

Auch in Deutschland leben Menschen auf der Straße. Deshalb stellt sich die Frage, welchen Schwierigkeiten sie ausgesetzt sein können. Obdachlose leben unter ungünstigen äußeren Bedingungen. Sie haben keine feste Unterkunft und wissen oft am Morgen nicht, wo sie die nächste Nacht verbringen werden. Meist schlafen sie unter Brücken, was in der kühleren Jahreszeit problematisch ist, weil sie der Kälte und Nässe ausgesetzt sind. Zum Teil übernachten sie in Bahnhofshallen, wo sie allerdings auch nicht gerne gesehen sind.

2.1.2 keine regelmäßige Ernährung

Da Obdachlose kein Geld verdienen, können sie sich auch nicht regelmäßig und gesund ernähren. Oft betteln sie oder, wenn sie besonders ausgehungert sind, suchen in Mülltonnen nach Speiseresten. Wenn sie Glück haben, können sie in manchen Orten zur „Armenspeisung" gehen.

2.1.3 keine ärztliche Behandlung

Durch ihre ungesunde Lebensweise leiden sie häufig unter meist chronischen Erkrankungen wie ständigen Erkältungen, Rheuma oder Mangelerscheinungen, die durch die unzureichende Ernährung bedingt sind. Da sie nicht krankenversichert sind und auch kein Geld haben, fällt es ihnen schwer, ärztliche Hilfe in Anspruch zu nehmen.

2.2 Schwierigkeiten mit den Mitmenschen

2.2.1 Ausgliederung aus der Gesellschaft

Neben den ungünstigen äußeren Lebensbedingungen haben sie oft auch Schwierigkeiten mit den Mitmenschen. Schon durch ihre Lebensweise gliedern sie sich aus der Gesellschaft aus. Viele ziehen von Ort zu Ort und gehen keiner geregelten Arbeit nach. Dadurch distanziert sich der Durchschnittsbürger von ihnen, sodass sie oft einsam sind.

2.2.2 bestehende Vorurteile

Aber Obdachlose haben auch mit Vorurteilen zu kämpfen. Sie wirken durch ihre ärmliche, zerlumpte Kleidung und durch ihr meist ungepflegtes Äußeres – unrasiert, wirres Haar, Zahnlücken – abschreckend auf viele ihrer Mitbürger. Da man nicht weiß, wie sie in diese Lage gekommen sind, vermutet mancher kriminelle Gründe bzw. eigenes Verschulden.

C. Viele der Obdachlosen haben dieses Leben bewusst gewählt. Sie wollen mit der Gesellschaft nichts zu tun haben, sei es, weil sie ein geregeltes Leben mit Arbeit und oft auch gesellschaftlichen Zwängen ablehnen, sei es weil sie „frei" sein, die Freiheit genießen wollen, von Ort zu Ort zu ziehen, ohne auf irgend jemanden Rücksicht nehmen zu müssen. Andere sind z. T. auch unverschuldet in diese Lage gekommen. Doch es fällt ihnen oft schwer, sich wieder in die Gesellschaft einzugliedern.

STEVEN SPIELBERG – HOW IT ALL BEGAN

Steven Spielberg didn't have an easy childhood. His parents were Jewish and for him this often meant not being part of the "normal" world. Christmas-time was especially tough for Steven as a young boy. His family lived at that time in Haddonfield, New Jersey, on a block that won prizes for its Christmas decorations. Surrounded by brightly lit houses,
5   Steven called his own undecorated home "the black hole". "Can't we put some lights up?" he asked his father. "We're Jewish," Arnold Spielberg replied. "Be proud of who you are."

However, Steven wasn't proud because he felt different – and alone. Things didn't change when the family moved to Phoenix, Arizona. Again there were only a few Jews in their
10 neighborhood. Steven didn't have any close friends to talk to, so he created an imaginary friend with whom he shared all his problems. This friend was a short, hairless creature from outer space – a figure which he later used in his film "E. T.".

When he grew older he tried athletics to become more popular with his classmates. But his results were too poor to impress anybody. So he made another attempt and concen-
15 trated on a new hobby – film-making.

He had been fascinated with movies since his father took him to see "The Greatest Show on Earth" when he was five years old. A gigantic train wreck exploding on the screen left an impression that would last the boy a lifetime. That explains why he called his first film "The Last Train Wreck". He shot the film with his dad's eight-millimeter movie camera,
20 using his own electric train set. Soon Steven was making horror pictures, starring his sisters as victims. In one he played a dentist with his sister Anne as the patient. He pulled pop-corn dipped in ketchup out of her mouth with a pair of pliers*.

In high school Steven invited the popular, athletic kids to star in his movies. Flattered, they agreed. Performing for Steven's movie camera became a favorite pastime. Suddenly
25 his classmates wanted to be like him, and Steven finally gained acceptance.

During the summer vacation before his senior year, he stayed with a cousin who lived near Hollywood. One day he joined a bus tour of Universal Studios. During a bathroom** break he got off the bus and never got back on. Wandering around the place, he watched TV crews film their shows until the evening.
30 That's when he came across Chuck Silvers, head of the studio's film library. "What are you doing here?" Silvers asked. "I want to be a director," Steven boldly replied. "But I wasn't learning anything on the tour, so I started looking around myself." Laughing, Silvers said, "Come back tomorrow. I'll get you a pass."

Silvers gave the youngster a week's pass to the studios. The next week Steven found
35 someone else to sponsor him. On the third week, running out of sponsors, he took a chance. Walking in the gate, he waved at the guard. As he was used to seeing the young man, the guard waved back. Steven was in.

From then on he visited the studios every day. He found an empty office and moved in, adding his name to the building directory: S. Spielberg, Room 23 C.
40 Commercially, Steven Spielberg is the most successful director in film-making history. Films like "Jaws" – a thriller about a shark, "E. T.", "Jurassic Park" and "Schindler's List" became real hits. One of his dreams came true in 1993 when his film "Schindler's List" won seven Oscars, including Best Picture and Best Director.

* a pair of pliers = ✂
**bathroom = Toilette

**Read the text and decide whether the following statements are true, false or
not in the text.**

	true	false	not in the text
1. Steven Spielberg enjoyed his time in Haddonfield.				1
2. His interest in films developed in his early childhood.				1
3. His father bought his eight-millimeter camera abroad.				1
4. He selected his first film stars from within his family.				1

1. Steven Spielberg enjoyed his time in Haddonfield. 1
2. His interest in films developed in his early childhood. 1
3. His father bought his eight-millimeter camera abroad. 1
4. He selected his first film stars from within his family. 1

Complete the following sentences by using the information given in the text:

5. At Christmas-time Steven called his own home a "black hole" because ... 1/1
6. "The Greatest Show on Earth" was a film in which ... 1/1
7. Steven left the guided bus tour of Universal Studios in order to ... 1/1

Questions on the text. Write complete sentences.

8. Why didn't Steven have any close friends as a child? 1/1
9. Which activities did Steven take up to be accepted by his classmates?
   (Name two.) 2/2
10. How did Chuck Silvers help Steven? 1/1
11. What does every film director dream of? 1/1

**Additional questions. Write complete sentences. You may get one extra point
for each answer.**

12. What are your favorite hobbies? Name two and give two reasons why you
    like them. 2/2 (+1)
13. Which film did you like best last year? (Don't choose "Jurassic Park"!) 1/1
    Write two sentences saying what it was about and why you found it interest-
    ing. 2/4 (+1)

Vocabulary

**The following underlined words have various meanings. Which of the mean-
ings given in the dictionary is the one used in the text? Underline the correct
German translation.**

14. ... this often <u>meant</u> not being part of the "normal" world (lines 1/2) 1

mean[1] [mi:n] *adj* (+ er)
1. *(miserly)* geizig, knause-
rig. **you ~ thing!** du Geiz-
hals *or* Geizkragen!
2. *(unkind, spiteful)* gemein.
don't be ~! sei nicht so gemein *or* fies! (inf): **you ~
thing!** du gemeines *or* fieses
Stück!

mean[2] **I**n *(middle term)*
Durchschnitt *m; (Math)*
Durchschnitt, Mittelwert
m, Mittel *nt.* **the golden** *or*
happy ~ die goldene
Mitte, der goldene Mittel-
weg. **II** *adj* mittlere(r, s).
~ sea level Normalnull *nt.*

mean[3] *pret, ptp* **meant** *vt*
1. bedeuten; *(person: refer
to, have in mind)* meinen.
what do you ~ by that?
was willst du damit sagen?

15. ... results were too <u>poor</u> to impress anybody. (line 14) 1

poor [....] **I** *adj* (+er) **1.** arm. **~ whites**
*arme weiße Bevölkerung im Süden der
USA;* **a country ~ in natural resources**
ein an Bodenschätzen armes Land; **it's the
~ man's Mercedes/Monte Carlo** *(inf)* das
ist der Mercedes/das Monte Carlo des
kleinen Mannes *(inf);* **~ relation** (fig)
armer Verwandter, arme Verwandte

2. *(not good)* schlecht; *(lacking quality,
also meagre)* mangelhaft;

II *npl* **the ~** die Armen *pl.*

E 97-2

16. That's when he <u>came across</u> Chuck Silvers, ... (line 30)   1

come across I *vi* **1.** (cross) herüberkom- **4.** *(inf) (do what is wanted)* mitmachen
men. **2.** *(be understood)* verstanden *(inf).* **II** *vi* + *prep obj (find or meet by*
werden; *(message, speech)* ankommen. *chance)* treffen auf (+ *acc.).* **if you ~ ~**
3. *(make an impression)* wirken. **my watch** ... wenn du zufällig meine Uhr
siehst.

17. As he <u>was used to</u> seeing the young man, ... (lines 36/37)   1

used[1] [ju:zd] *adj clothes, car etc* **used**[3] [ju:st] *adj* **to be ~ to sth** an etw
gebraucht: *towel etc* benutzt; *stamp* *(acc)* gewöhnt sein, etw gewöhnt sein; **to**
gestempelt. **be ~ to doing sth** daran gewöhnt sein *or*
used[2] [ju:st] *v aux only in past* **I ~ to** es gewohnt sein, etw zu tun; **I'm not ~ to**
swim every day ich bin früher täglich **it** ich bin das nicht gewohnt; **to get ~ to**
geschwommen, ich pflegte täglich zu **sth/doing sth** sich an etw *(acc)* gewöh-
schwimmen; nen/sich daran gewöhnen, etw zu tun;
 you might as well get ~ to it! *(inf)* daran
 wirst du dich gewöhnen müssen!

Use words of the same families as the ones in brackets to complete the sentences:

18. Arnold Spielberg takes great (proud: line 6) ... in his son who is a famous film   1
    director.
19. His film "Jurassic Park" shows that Spielberg has a lot of (imaginary: l. 10) ...   1
20. Even as a young boy Steven found movies very (fascinated: line 16)   1
21. Spielberg became more and more important in the world of (commercially:
    line 40)   1

Paraphrase the underlined words or replace them with synonyms:

22. As a Jew, Spielberg <u>wasn't part of</u> (line 2) ... the "normal" world.   1/1
23. <u>Things didn't change</u> (line 8) ... when the family moved to Arizona.   1/1
24. There were only a few Jews living <u>in their neighborhood</u> (line 9/10) 1/1
25. The explosion in the film left an impression that would <u>last</u> the boy <u>a lifetime</u>
    (line 18) 1/1

Define the following words from the text in complete sentences:

26. A film library (line 30) ...   1/2
27. A guard (line 36) ...   1/2

Complete the following text: Use the correct form of the words in brackets and find words of your own to replace the question marks.

28. Just before graduation Steven Spielberg filmed a senior-class excursion to
    Santa Cruz. When the film (show) ... at graduation, Steven expected the bully   1
29. in his class (???) ... furious because of a scene in this film.   1
30. A seagull (fly) ... over the bully's head and then the bully was   1
31. seen touching his face as though he (hit) ... by the passing bird.   1
32. "After the film, however, he was a (change) ... person," Spielberg remembers.   1
33. "He said the movie (make) ... him laugh and added that if he had known me   1
34. better, he (react/different) ... ." After high school Spielberg started his   2
    studies at California State University where he had all his classes on two
35. days (???) ... week.   1
36. The rest of the time he (go back) ... to Universal Studios   1
37. where he (teach) ... how to direct, edit and dub*.   1
38. He also made his own silent film, (call) ... "Amblin",   1

39. in (???) ... two hitchhikers   1
40. (try/get) ... to California. Chuck Silvers showed this film to the   2
41. head of Universal's TV production. His boss (deep/impress) ... and told   2
42. Chuck, "I think I (offer) ... Spielberg a long-term contract." Four years of   1
43. TV-directing and (write) ... movie scripts followed. Then he was asked   1
44. to (???) ... a thriller about a shark. "Jaws" became the   1
45. (good/sell) ... film of its time. More successful films followed.   2
46. Up to the present time, his films (earn) ... more than $ 4 billion, making him   1
47. the (successful) ... director in history.   1

    * to dub = nachsynchronisieren, nachträglich mit Ton versehen

Writing a letter

After watching "Jurassic Park" Sebastian got very interested in dinosaurs and read a book about them. In a letter to his English pen-friend he tried to describe one of them. Look at the picture and the German prompts and continue his letter.

48. Dear Chris,
Last week I watched "Jurassic Park" and I liked it very much. In a book I found some interesting information about these strange creatures. My favourite one was the bronto-saurus.

(ein riesiges Tier) ...   1
(lebte vor Millionen von Jahren) ...   2
(mindestens sechs Meter hoch und dreißig Meter lang*) ...   3
(dicke Beine wie ein Elefant) ...   2
(und winziger Kopf) ...   1
(nur Pflanzen – andere mochten lieber Fleisch) ...   4

How is school? I'm busy studying for my final exam.
Give my love to your parents. Bye for now.
Sebastian

    * Zahlen bitte ausschreiben!

Writing a dialogue

Stefan won a one-week trip to L. A. Part of it was a tour of Universal Studios, where he was shown round by Tom Hancock, a member of Steven Spielberg's film crew. Later Stefan wrote down the English dialogue for his English teacher. His German prompts helped him. Here are a few sentences from this dialogue. Please write them in English.

49. Tom: (willkommen in Universal Studios, erkundigt sich nach Interesse für Spielbergs Filme)   3
50. Stefan: (bejaht, habe die meisten gesehen)   2
51. Tom: (welcher am besten gefallen?)   2
52. Stefan: (Jurassic Park – spannend und gute Spezialeffekte)   2
53. Stefan: (wie lange bis zur Fertigstellung des Films?)   2
54. Tom: (etwa eineinhalb Jahre)   2
55. Stefan: (Dank für die Führung)   2
56. Tom: (antwortet)   1

Translate the sentences into German:

You want to use the following information from an American newspaper to write an article about Steven Spielberg for a German school magazine.

57. When Spielberg first thought of making his most important film "Schindler's List", he was not sure if he could do it.   3

58. Believing that other colleagues were better qualified* for such a serious subject, he tried to sell the rights to experienced directors.   4

59. However none of them was interested.   2

60. When his first child was born, he thought of the principles* his parents had tried to teach him when he was young and unwilling to listen, and he decided to make the film for his family.   5

61. Soon afterwards, during his visit to Auschwitz in Poland, he realized that he was probably the only one who really knew how to tell the story.   5

62. Many of his friends thought he could only make adventure stories and told him that he would definitely fail.   4

63. But the more doubts they expressed, the more certain Spielberg became.   3

64. For the first time in his life he felt that it was not only his task to entertain others.   2

65. That is why he had to make this film.   2

    * Diese Wörter können als Fremdwörter wiedergegeben werden.

Lösung

Wortschatz- und Textverständnis

Entscheide, ob die folgenden Behauptungen richtig, falsch oder gar nicht im Text vorhanden sind.

  1. false (Z. 4/5)
  2. true (Z. 16/17)
  3. not in the text
zu 4: to select = auswählen
  4. true (Z. 20/21)

Vervollständigung von Sätzen

Entnimm die Informationen aus dem Text und füge sie grammatikalisch richtig in die begonnenen Sätze ein.

zu 5: Christmas decoration = Weihnachtsdekoration, Weihnachtsschmuck
    undecorated = ungeschmückt
  5. ... because at Christmas his home was undecorated and had no lights. (Z. 5/6)
zu 6: wreck = Wrack   wrecks = Trümmer
    on the screen = im Film; auf der Leinwand
    to explode = explodieren
  6. ... in which a train wreck exploded. (Z. 17)
zu 7: in order to = um zu
    to guide = führen, leiten, lenken
    crew = Mannschaft; Belegschaft, Gruppe, Gesellschaft
  7. ... in order to learn something about film-making/making films/watch the film crews at work. (Z. 28/29)

Fragen zum Text

zu 8: close friends   = enge Freunde
   a few   = ein paar, einige
   Jews   = Juden
   to be different from = verschieden, anders sein als
  8. There were only a few Jews in his neighbourhood and Steven felt different from the other children. (Z. 9/10)

zu 9: to take up (activities) = beginnen, aufnehmen, ergreifen
   to be accepted by   = anerkannt werden von
   to become popular   = beliebt werden
   to make another attempt = einen neuen/zweiten Versuch machen
  9. He tried athletics (Z. 13) and then he concentrated on a new hobby – film-making. (Z. 14/15)

  10. He gave him a pass to enter the studios. (Z. 33)

zu 11: a dream comes true   = ein Traum wird wahr
   to dream of + Gerund = träumen von
  11. He dreams/They dream of winning an Oscar. (Z. 42/43)

Zusatzfragen

  12. My favourite/favorite hobbies are football and tennis. I like football because I can be a member of a team and in a team all are responsible for success or failure. I like tennis because it can be great fun/it's good exercise for me.

  13. I liked "Dances with Wolves" best. The film is about an American soldier in the Civil War who becomes friendly with an Indian tribe and marries a girl who had been brought up by these Indians. It is interesting to see how the soldier slowly takes up the Indian way of life.

Wortschatz

Umgang mit einem Englisch-Lexikon

Englische Wörter haben im Deutschen oft mehrere Bedeutungen; unterstreiche die Bedeutung, die auf den Text zutrifft.

  14. bedeuten
  15. schlecht
  16. treffen auf
  17. daran gewöhnt sein, es gewohnt sein, etwas zu tun

Wortfamilie

  18. pride
  19. imagination
  20. fascinating
  21. commerce

Paraphrases oder Synonyme

Achte auf den richtigen Satzanschluss!

  22. didn't belong to
  23. Everything remained/stayed the same
  24. nearby
  25. the boy would never forget/the boy would always remember.

Definitionen

Die Definition des jeweiligen Wortes kann sich an der Verwendung im Satz orientieren.

zu 26: to lend s.th. to s.o. = jemandem etwas (aus-, ver)leihen
to borrow s.th. from s.o. = etwas von jemandem (aus)borgen, (aus)leihen

26. A film library is a place from which you can borrow a film.

zu 27: to check s.o. = jdn. kontrollieren, überprüfen

27. A guard is someone whose job it is to check people who enter the studios.

Gemischte Grammatik

Rückblick auf Spielbergs beruflichen Werdegang

28. was shown (Passiv aufgrund des Sinns; Simple Past, da bereits abgeschlossen)

29. expected the bully to be (Objekt + Infinitiv nach bestimmten Verben; siehe G 15)

30. was flying (Past Progressive: der Vorgang, nicht das Ergebnis interessiert)

31. had been hit by (Past Perfect Passiv: Vorzeitigkeit wird betont)

32. changed (Partizip Perfekt: "verändert; andere")

33. (had) made (beide Zeiten sind möglich; to make s.o. do s.th. = jdn. veranlassen, etwas zu tun)

34. if he had known me better, he would have reacted differently (If-clause Typ 3; Adverb bestimmt ein Vollverb; siehe G 1)

35. a week (= pro Woche)

36. went back (Simple Past, da Handlung abgeschlossen)

37. was taught (Passiv: wurde gelehrt, unterrichtet)

38. called ("namens")

39. which (Relativpronomen für Dinge)

40. are trying/were trying to get (Present Progressive, da die Handlung des Films beschrieben wird/Past Progressive, da der Vorgang, nicht das Ergebnis interessiert; Infinitiv nach bestimmten Verben; siehe G 14)

41. was deeply impressed (Adverb bestimmt ein Adjektiv näher: "beeindruckt")

42. I think I will offer (will-Future, da Entscheidung im Augenblick des Sprechens getroffen wird.)

43. ... years of TV-directing and writing (Gerund als Substantiv)

44. make/shoot

45. the best-selling (Superlativ)

46. Up to the present time ... have earned (Present Perfect aufgrund des Signalworts)

47. the most successful director (Superlativ; Adjektiv als Attribut; siehe Adverb G 1)

Brief

Beschreibung eines Brontosauriers anhand bestimmter Vorgaben (prompts). Dabei kannst du entweder durchgehend Simple Present verwenden, da es sich um eine allgemein gültige Beschreibung eines Tieres handelt, oder Simple Past, da dieser Saurier ausgestorben ist, also nicht mehr existiert.

48. It is/was a huge animal which lived millions of years ago.
It is/was at least (= mindestens) six metres tall (= Körpergröße) and thirty metres long.
It has/had thick/fat legs like an elephant and a very small/tiny head.
The brontosaurus/This one eats/ate only plants, but others prefer/preferred (= lieber mögen) meat.

Dialog

Dieses Gespräch läuft in der Gegenwart ab.

49. Welcome to Universal Studios. Are you interested in Steven Spielberg's films?
50. Yes, I am/of course. I've already seen most of them. (Present Perfect, da noch nicht abgeschlossen)
51. Which film do/did you like best?
52. Jurassic Park; it's/it was very exciting/thrilling and has got/had good special effects.
53. How long did it take (you) to finish it/until it was finished?
54. About one and a half years/about one year and a half.
zu 55: to thank s.o. for + Gerund
55. Thanks/Thank you very much for showing me round.
56. You're welcome/It was a pleasure/That's okay.

Übersetzung

57. Als Spielberg zum ersten Mal daran dachte, seinen wichtigsten/bedeutendsten Film "Schindlers Liste" zu machen, war er (sich) nicht sicher, ob er es schaffen könnte.

zu 58: Believing   = durch ein Partizip Präsens verkürzter Nebensatz des Grundes
director   = (im Film) Regisseur
experience   = Erfahrung
experienced   = erfahren
subject   = Thema, Stoff

58. Da er glaubte, dass andere Kollegen für solch ein/ein solch ernstes Thema besser qualifiziert waren, versuchte er die Rechte an erfahrene Regisseure (Filmdirektoren) zu verkaufen.

59. Keiner von ihnen war jedoch interessiert.

zu 60: Konstruktion: ... the principles which/that ...
to think of   = denken an
to be unwilling to do = nicht tun wollen, abgeneigt sein

60. Als sein erstes Kind geboren wurde, dachte er an die Prinzipien, die ihm seine Eltern zu lehren/zu vermitteln versucht hatten, als er jung war und nicht (zu)hören wollte, und er beschloss, den Film für seine Familie zu machen.

zu 61: to realize   = erkennen, begreifen, sich klarmachen
probably   = wahrscheinlich, vermutlich

61. Bald danach, während seines Besuchs von Auschwitz in Polen, erkannte/begriff er/ wurde ihm klar, dass er wahrscheinlich der Einzige war, der wirklich wusste, wie man die Geschichte erzählt/erzählen sollte.

zu 62: to fail   = scheitern, misslingen, versagen
definitely   = bestimmt, zweifellos, absolut

62. Viele seiner Freunde dachten, dass er nur Abenteuergeschichten machen könne/ könnte und sagten ihm, dass er bestimmt/zweifellos scheitern würde.

zu 63: the ... the   = je ... desto
to express   = ausdrücken, äußern
certain   = sicher

63. Aber je mehr Zweifel sie äußerten/ausdrückten, desto sicherer wurde Spielberg.

zu 64: task   = Aufgabe
to entertain   = unterhalten

64. Zum ersten Mal in seinem Leben fühlte er, dass es nicht nur seine Aufgabe war, andere zu unterhalten.

zu 65: that is why   = das ist der Grund, warum; deshalb
65. Das ist der Grund, warum er diesen Film machen musste./Deshalb musste er diesen Film machen/drehen.

SIX CENTS AN HOUR

When our jeep approached a small village in northern Pakistan, I could see dozens of children stitching leather pieces into soccer balls. One of them, 12-year-old Tariq, was sitting in front of his shed which he had left for fresh air. He earns 20 rupees (about 60 cents) a ball and it takes him most of a day to make one. The girl next door, Silgi, was
5 only three. She was stitching with a needle longer than her fingers. Her hands were so tiny that she was not able to use the scissors to cut the thread. So one of her sisters had to do it for her. She informed me that together the five girls only made 80 cents a day.

As he thought I was a rich American planning to set up a business of my own, Afzal, the foreman, whose brother owns the village factory, told me: "I can get you as many as 100
10 stitchers, if you need them. Of course you will have to pay their *peshgi,* a sum of about $ 150 which was paid to buy the children from their parents. I know this practice is illegal, but it is as common as the flies swarming about the faces of the workers."

In another part of the village we saw conditions even worse than those in the stitching sheds. Children as young as six were bought from their parents for as little as $ 15, sold
15 and resold like pieces of furniture, beaten for not working hard enough and punished for wanting to go home. There we met another 12-year-old boy, Kramat, who had been making bricks since he was sold by his poor father 6 years before. He looked at us desperately and said: "Because I cannot pay back the *peshgi,* I can never go anywhere."

Of course none of them is hardly ever able to pay back the debt, because their wages are
20 so extremely low. So this is the key to the understanding of child labor in the Third World. Everywhere I went I was told by the masters that children's hands and fingers make them specially good at certain tasks, such as weaving carpets and stitching balls. But if children do their work so well, why pay them less than adults? And less per carpet or ball? The answer is that children do not cost as much. I could have gone almost
25 everywhere in the world for this story – to India, China, Brazil or Central America.

Human rights experts estimate that, worldwide, 200 million children under 14 (the minimum age set up by the International Labor Organisation) have to work full-time and never get a chance of attending school. Most of them produce goods for local firms, but in the new global economy an increasing number of children is used to make products for
30 multinational companies exporting to wealthy countries. A spokesman of one of these firms told me: "It's an ages-old practice. And the process of change is going to take time. Too often, well-intentioned actions against it can cause dramatic negative effects, if they force companies to stop production and the kids are thrown out on the street."

Industry officials say that they are trying hard to change the situation, but actually they
35 still prefer to spend millions of dollars on advertisements and not on reform measures such as the creation of new schools. Although it is not a simple problem that can be solved overnight, to accept the system means to make it unchangeable. Boycotts may not be the answer, but doing nothing or next to nothing is even worse. It means that all these unhappy creatures will be kept as prisoners and will not be able to escape until they die.

Which phrase from the text tells you that ...

1. ... Silgi needed help with her work.   1
2. ... the children's situation will not improve for many years.   1
3. ... children will always be treated as criminals.   1

Answer the following questions on the text. Write complete sentences.

4. How did the author of the text get to the village in Northern Pakistan?   1/1
5. What do child workers like Tariq use to make soccer balls? (Name three items.)   3/1
6. Why do factory owners in the Third World prefer to give jobs to children? (Give two reasons.)   2/2
7. What makes life so hard for children growing up in slum areas in Pakistan? (Give two items.)   2/2

Additional questions and statements. Write complete sentences. You may get one extra point for each answer.

8. Many pupils in Germany have jobs. Describe two of them and give two reasons why young people work.   2/2 (+1)
9. Why do firms advertise on TV and what would a TV advertisement have to be like to persuade **you** to buy a certain product?   2/2 (+1)

Find the explanations which best fit the following words as used in the text. Mark the correct answers with a cross.

10. ... it takes him most of the day to <u>make</u> one. (line 4)   1
   a) prepare   c) produce
   b) cause   d) reach
11. <u>As</u> he thought I was a rich ... (line 8)   1
   a) while   c) like
   b) because   d) though
12. "I can <u>get</u> you as many ... (line 9)   1
   a) offer   c) receive
   b) become   d) understand
13. So this is the <u>key</u> to the understanding. (line 20)   1
   a) a piece of metal   c) a set of answers to a test
   b) a part of a laptop or computer   d) an important piece of information

Replace the words in brackets. Do not change the meaning of the sentences!

14. Silgi's hands were still so (tiny: line 5/6) ... that she was not able to use the scissors.   1
15. She (informed: line 7) ... me that together ...   1
16. As he thought I was a rich American (planning to set up: line 8) ... a business of my own.   2
17. They can't pay back the debt, because (their wages are so extremely low: line 19/20) ...   2
18. But if children do their work so well, why pay them less than (adults: line 22/23) ... ?   1
19. The answer is that children (do not cost as much: line 24)   2
20. A spokesman said: "It (is an ages-old practice: line 31) ... ."   3

Define the following words in complete sentences.

21. A debt (line 19) ...   1/2
22. An expert (line 26) ...   1/2

Use words of the same families as the ones in brackets to complete the sentences.

23. Afzal's brother is the (own: line 9) ... of the village factory.   1
24. In Pakistan a lot of children are for (sold: line 14)   1
25. At the (met: line 16) ... of the ILO a minimum age was established.   1
26. A lot of multinational companies don't care about a (solve: line 37)   1

Complete the following text: Use the correct form of the words in brackets and fill in words of your own to replace the question marks.

27. Craig Kielburger from Canada is only 12, and already he has got a mission.
    The (Canada) ... boy runs a   1
28. group (???) ... is called *Free the Children*.   1
29. This organisation (try/influence) ... governments to stop child labour.   2
30. Craig started the group a year (???) ...,   1
31. after (read) ... about a 12-year-old Pakistani boy   1
32. who (murder) ... because he   1
33. (speak out) ... against the exploitation of children.   1
34. Craig (regular/speak) ... to school and church groups.   2
35. He (already/be) ... to Geneva   2
36. (???) ... talk to experts about the problem.   1
37. (This) ... people have great difficulties   1
38. (listen) ... to him because he is so young.   1
39. Maybe he would be (???) ... successful   1
40. if he (be) ... older.   1
41. So far his group (raise) ... $ 150.000,   1
42. (a/extreme/large) ... sum for such a small group.   3
43. They say that products which (make) ... by children   1
44. (???) ... not be bought.   1
45. Next month he (fly) ... to Asia. He wants to support child workers   1
    in North Pakistan with his money. Good Luck, Craig!

Writing a dialogue.

During the Easter holidays Paul Gruber is attending a language course in Bir-
mingham. His guest family run a gardening business. In the afternoon he helps
them out and meets Dinesh, a boy from Pakistan who is being trained there.

46. Paul: (fragt, ob es Dinesh hier gefällt)   1
47. Dinesh: (bejaht – genug zu essen – in Pakistan Situation ganz anders)   3
48. Paul: (bittet um Erläuterung)   1
49. Dinesh: (Kinder verkauft von Eltern – müssen oft 16 Stunden am Tag arbeiten)   4
50. Paul: (schrecklich – wie helfen)   2
51. Dinesh: (Geld für Schulen sehr wichtig)   2
52. Paul: (wird versuchen, zu Hause Geld zu sammeln)   2
53. Dinesh: (bedankt sich für die Unterstützung)   2

Guided Writing.

After the Easter holidays Paul Gruber and his friends organized a Project Day at their school to help the children in Pakistan. The following week he wrote a letter to the UNICEF representative.

Dear Mr. Rolfe Carriere,
Last week we organized a Project Day at our school against child labor in Pakistan: (letzte Woche – Projekttag gegen Kinderarbeit in Pakistan – Schule)

54. Filme – zeigen – Situation – Kinder – arme Länder	2
55. Eltern – einladen – Information geben	2
56. Poster machen – im Rathaus aufstellen	3
57. Kuchen verkaufen – Theaterstück aufführen	2
58. Scheck liegt bei – verwenden – Kinder – armes Dorf in Nordpakistan	3
59. Schule – planen – solchen Tag – einmal im Jahr	3

Yours faithfully,
Paul Gruber

Translate into German.

Werner Kerner, a journalist, wanted to find out about the working situation of teenage boys and girls in South East Asia and visited some factories. He interviewed young workers and then wrote a report for a German political magazine.

60. 15-year-old Eni paints the soles of sports shoes, sweating in the terrible heat.	3
61. "If we make mistakes, they call us dogs and sometimes hit us," says Eni.	3
62. The factory employs 13,000 people, who wear cheap plastic shoes, because none of them can afford to buy the shoes they make.	4
63. Eni is paid 25 cents an hour. Compared to this, a pair of tennis shoes costs about $ 150.	2
64. The workers have no rights at all. Lia (17): "In Indonesia, trade unions are *illegal** and trying to organize one can lead to violence or murder."	4
65. Titi (16): "Work begins at 7.30 and can continue for up to eighteen hours."	2
66. Paini (15): "We are often forced to work until midnight or even later, particularly before Christmas."	3
67. There are quite a few accidents.	2
68. Ida's hand got caught in a machine, two fingers were cut off and she lost her job.	3
69. "To you in Europe the shoes we make have an image of freedom", Sadisah says. "To us they mean slavery."	4

* Dieses Wort kann als Fremdwort wiedergegeben werden.

Lösung

Wortschatz

Wortschatzverständnis

Schreibe nur den Satzteil ab, der die Aussage genau trifft.

1. ... one of her sisters had to do it for her. (Z. 6/7)

zu 2: to improve = sich verbessern
process of change = Prozess der Veränderung
to take time = Zeit brauchen

2. And the process of change is going to take time. (Z. 31)

zu 3: to be kept as prisoners = wie Gefangene gehalten werden

3. ... all these unhappy creatures will be kept as prisoners /
... will not be able to escape until they die. (Z. 38/39)

Fragen zum Text

zu 4: to approach = sich nähern, näher kommen

4. He got there by jeep/in a jeep. (Z. 1)

zu 5: thread = Faden

5. They need a needle (Z. 5), scissors (Z. 6) and a thread (Z. 6).

zu 6: to prefer = bevorzugen, es vorziehen
certain tasks = bestimmte Aufgaben

6. They have tiny hands. (Z. 5/6) / They are especially good at certain tasks. (Z. 21/22) /
They are not as expensive as adult workers. / Children do not cost as much as adults.
(Z. 24)

zu 7: to grow up = aufwachsen
to be sold and resold = verkauft und wieder-/weiterverkauft werden
to punish = bestrafen

7. They are sold and resold like pieces of furniture. (Z. 14/15) / They are beaten for not
working hard enough. (Z. 15) / They are punished for wanting to go home. (Z. 15/16)

zu 8: to deliver papers = Zeitungen austragen, zustellen
to baby-sit, do baby-sitting = babysitten

8. You can deliver papers/do a paper round/do baby-sitting/fill shelves in a super-
market. Some pupils work because their parents are poor and so they don't get enough
pocket money. (+1) / They need extra money because they want to buy something
expensive.

zu 9: to advertise = werben für, Reklame machen
TV advertisement = Werbung, Reklame im Fernsehen
to be like = sein, beschaffen sein
to persuade = überreden, überzeugen
to present = darbieten, zeigen

9. They want to sell more of their products. A TV advertisement should be funny and
show attractive people. (+1) / It should present funny situations.

Multiple choice

Die angebotenen Erklärungen sind z. T. recht verwirrend, da sie ähnlich klingen, so
genannte "false friends" sind. Genaue Wortschatzkenntnisse sind hier gefordert.

10. c)

zu 11: while = während
as = because = da, weil

11. b)

zu 12: to get s.o. something = jemandem etwas besorgen
  to offer = anbieten
  to become = werden
  to receive = bekommen, erhalten
12. a)
13. d)

Paraphrases und Synonyme

Beachte, dass du die grammatikalisch passende Form einsetzt und den Ausdruck richtig an den vorausgehenden Satz anschließt.

14. small
15. told
16. going to/intending to establish/start/build up ... /who wanted to start
17. they earn very little (money)
18. grown-ups
19. are cheaper
zu 20: Present Perfect aufgrund des Signalworts "for"
20. has been done for many years/for a very long time

Definitionen

zu 21: Laut Aufgabenstellung wird eine allgemeine Definition von "debt" verlangt, die mit der Ablösesumme, dem "peshgi", nichts zu tun hat.
21. A debt is a sum of money (which/that) you owe someone/which you have to pay back to someone (who had lent it to you).
22. An expert is someone with special skills/who knows a lot in a special field/who has special knowledge of a subject.

Wortfamilien

23. owner
24. sale
25. meeting
26. solution

Gemischte Grammatik

27. Canadian
28. which/that (notwendiger Relativsatz; G 26)
29. tries to influence (Simple Present, da eine Tatsache)/is trying to influence (Present Progressive, da gegenwärtige Aufgabe, "zur Zeit")
30. started ... <u>ago</u>
31. after <u>reading</u> (durch ein Partizip verkürzter Relativsatz; G 17)/after <u>he (had) read</u>
32. was murdered/had been murdered (Passiv; beide Vergangenheiten möglich)
33. spoke out/had spoken out (Past Perfect, um die Vorvergangenheit auszudrücken)
34. <u>regularly</u> speaks (Adverb bestimmt das Vollverb näher; G 1; Simple Present, da Gewohnheit durch "regularly" signalisiert wird)
35. has already been (Present Perfect wegen "already"; Stellung des Zeitadverbs "already" <u>nach</u> dem 1. Hilfszeitwort)
36. in order to/to (= um zu)
37. These (this – these = diese; that – those = jene)
38. (in) listening (Gerund nach Substantiven; G 11)
39. more (1. Steigerungsstufe aufgrund des Sinns)

40. ... he would be ... if he was/were (If-clause Typ 2)

41. so far his group has/have received (Present Perfect wegen des Signalworts "so far"; "group" kann sowohl als Sammelbegriff in der Einzahl angeschlossen werden als auch in der Mehrzahl, wenn man an die einzelnen Gruppenmitglieder denkt)

42. an extremely large sum (Adverb G 1; nähere Bestimmung eines Adjektivs; attributiver Gebrauch von "large")

43. are made (Tatsache)/were made (Produktion abgeschlossen)/have been made (diese Produkte werden immer noch hergestellt)

44. should

45. will fly (Vorhersage, auf die wir keinen Einfluss haben)/will be flying (Future Progressive: es passiert zu einem bestimmten Zeitpunkt in der Zukunft)/is flying (Present Progressive, um auszudrücken, dass etwas fest geplant, arrangiert ist)

Dialog

Gesprächssituation zwischen einem deutschen Gastschüler in England und einem pakistanischen Jungen; versuche den Dialog so genau wie möglich wiederzugeben.

46. Do you like it here (, Dinesh)?

zu 47: Kurzantwort: vorausgehendes Verb muss noch einmal aufgegriffen werden. different = anders

47. Yes, I do. I get enough to eat. In Pakistan the situation is quite/completely different.

48. Can you explain that (to me)?

zu 49: im Deutschen bereits Passiv vorgegeben: "verkauft" am/pro Tag = a/per day

49. Children are sold by their parents and they often have to work sixteen hours a day.

50. How awful!/That's terrible! How can/could we/one help them?/What can/could we do to help them?

zu 51: to raise money for = Geld aufbringen, auftreiben für

51. It is very important to get/raise/collect money for schools.

zu 52: to try = versuchen will-Future, da er sich im Augenblick des Sprechens dazu entschließt.

52. I will try to collect/raise money at home.

53. Thank you (very much) for your help/support.

Guided Writing

Brief an die UNICEF über einen Projekttag an Paul Grubers Schule; formuliere die Satzbrocken und Wörter sinnvoll in einen Satz um. Beachte die Grundzeit "Simple Past", da dieser Projekttag "letzte Woche" stattfand. Der Beispielsatz deutet dir an, dass du in der "wir-Form" und in der 1. Vergangenheit schreiben sollst.

54. We showed films about the situation of children in poor countries.

55. We invited parents and told them about/gave them some information about the situation/this problem.

zu 56: to put up s.th. = etwas aufstellen, hinstellen
to display = ausstellen, zeigen
town hall = Rathaus

56. We made posters and put them up/displayed them in the town hall.

zu 57: play = Theaterstück
to perform a play = ein Theaterstück aufführen
to put on a play, a party, an exhibition = aufführen, veranstalten

57. We sold cakes and put on/performed a play.

zu 58: to enclose (in a letter) = beifügen, beilegen
Present Perfect, da Auswirkungen/Ergebnis sichtbar
58. We have enclosed a cheque. It/The money should be used for the children in a poor village in North/northern Pakistan.
59. The school plans (to organise) a day like this once a year.

Übersetzung

zu 60: Partizip Präsens "sweating" nach einem Verb bei gleichzeitig ablaufenden Handlungen wird mit "und, während" oder "wobei" übersetzt.
60. Der/Die 15-jährige Eni malt die Sohlen von Sportschuhen an und/wobei/während er/sie in der schrecklichen Hitze schwitzt.
61. "Wenn wir Fehler machen, nennen sie uns/bezeichnen sie uns als Hunde und manchmal schlagen sie uns," sagt Eni.
zu 62: factory = Fabrik
company, firm = Firma, Betrieb, Unternehmen
to employ = beschäftigen
none of them = keiner von ihnen
Konstruktion: the shoes they make = the shoes which they make
62. Die Fabrik beschäftigt 13.000 Menschen/Leute, die billige Plastikschuhe tragen/anhaben, weil keiner von ihnen es sich leisten kann, die Schuhe zu kaufen, die sie machen/herstellen.
zu 63: to compare = vergleichen
63. Eni verdient/werden 25 cents in der/pro Stunde bezahlt. Im Vergleich dazu kostet ein Paar Tennisschuhe ungefähr/etwa $ 150.
zu 64: not at all = überhaupt nicht
trade union = die Gewerkschaft
Konstruktion: trying to organize = Gerund als Subjekt des Satzes, kann mit Infinitiv übersetzt werden oder im Nominalstil
64. Die Arbeiter haben überhaupt keine Rechte. Lisa (17) sagt: "In Indonesien sind Gewerkschaften illegal und eine zu gründen zu versuchen/wenn man eine zu gründen versucht/und der Versuch, eine zu gründen, kann zu Gewalt(ausschreitungen) oder Mord führen.
zu 65: up to = bis zu
65. Titi (16): "Die Arbeit beginnt um 7.30 Uhr und kann bis zu 18 Stunden (an-)dauern."
zu 66: even = sogar, noch (vor einem Komparativ)
66. Paini (15): "Wir werden oft gezwungen, bis Mitternacht oder sogar noch länger/später zu arbeiten, besonders vor Weihnachten."
zu 67: there is/there are = es gibt
a few = einige, ein paar
quite a few = ziemlich viele
67. Es gibt/Es passieren ziemlich viele Unfälle.
68. Idas Hand wurde von einer Maschine erfasst/verfing sich/blieb stecken/geriet in eine Maschine, zwei Finger wurden abgeschnitten und sie verlor ihre Arbeitsstelle/Arbeit/ihren Arbeitsplatz.
zu 69: Konstruktion: the shoes we make = the shoes which we make
freedom = Freiheit
image = Vorstellung, Idee, Bild, Verkörperung
to have an image of = symbolisieren, verkörpern
to mean = bedeuten
69. "Für Sie/euch in Europa haben die Schuhe, die wir machen, ein Image/eine Idee von Freiheit/verkörpern die Schuhe ... Freiheit", sagt Sadisah. "Für uns bedeuten sie Sklaverei."

THE MYSTERY ABOUT UFOs

How wide is the universe? Well, big enough to think that
we are not alone. But what about the so-called UFOs? Are
they real and have they ever landed on earth?

5 On 6 January 1969 Jimmy Carter (the former President of
the United States) almost could hardly believe his eyes when
he, together with members of the Lions Club in Washington
State, watched something in the evening sky they couldn't
explain. He remembered later: "The object was about half a
kilometer away, it came closer, changed colors and became
10 as big and bright as the moon before it disappeared." Carter
thought that he had seen a UFO. He isn't the only one. Well over 50 % of all US citizens
believe that unidentified flying objects really exist and most of these people are by no
means crazy.

Unknown objects have been seen by thousands of people all over the world. Descriptions
15 range from glowing wheels to colored balls of light to cigar- or disk-shaped objects. One
of the first well-documented sightings occurred as early as 1561. The expression "flying
saucer" was coined almost 400 years later. In 1947, a businessman named Kenneth Arnold
told reporters that while flying his private plane near Mount Rainier in Washington he
observed nine objects flying in formation and at a speed of more than 2,500 kilometers
20 per hour. Arnold described them as "moving like a saucer skipping across the water."
Later, Arnold's description was shortened and people began to call all UFOs "flying saucers".

One of the most famous events happened only a fortnight later. The newspapers announced that an "alien spaceship" had crashed on a farm near Roswell (New Mexico). The
25 army claimed it was a weather balloon and the remaining parts were taken to a military
base. The media took over and it was stated that the army had even captured injured aliens.
The real facts are anything but obvious, even after more than 50 years. Nevertheless, it
was good enough for Hollywood to use the story as the background for their best-selling
film of all times: *Independence Day*. In this film huge alien spaceships attack the earth
30 and destroy vast areas, including the White House and the Empire State Building. In the
end, of course, mankind wins.

In the late '40s, the US Air Force began official UFO research and a number of scientists
took part in it. Thousands of cases were investigated over a period of more than 20 years.
The final report said that the vast majority of these sightings were either natural phenom-
35 ena or tricks. No evidence of extraterrestrials (E.T.s) was found and it was agreed that no
further studies were needed. However, there are still several private groups which doubt
that and carry on studying old and new cases. Since the Roswell case they have been
convinced that governments know much more than they admit publicly. If you happen to
see a flying saucer or if aliens even invite you onto their spaceship for a cup of tea, please
40 send an e-mail to one of the UFO groups. Thanks!

Read the text and decide whether the following statements are
POINTS

	true	false	not in the text
1. Jimmy Carter saw the UFO in the morning of 6 January 1969.			
2. The majority of Americans believe in UFOs.			
3. The first detailed report about a flying object was published in 1561.			
4. Kenneth Arnold was the first to use the name *flying saucer*.			
5. People still don't know what exactly happened near Roswell.			
6. Scientists have found out that UFOs exist.			

6

Answer the following questions on the text. Write complete sentences.

7. Why is Jimmy Carter an important eye-witness of a UFO? — 1/1
8. How did Jimmy Carter describe the UFO he saw? — 2/1
9. Why was the story about the Roswell case such a good background for a film? — 1/1
10. Why do private groups still continue to do research on UFOs? — 1/1

Additional questions and statements. Write full sentences. You may get one extra point for each answer.

11. Do you think that *flying saucers* exist? Give two reasons for your answer. — 2/2 (+1)
12. Why do you think a lot of people like science fiction films such as *Independence Day?* Give two reasons for your answer. — 2/2 (+1)
13. What do you think about expeditions to other planets, like the mission to Mars? Give your opinion in about three sentences. — 3/3 (+1)

Vocabulary

The following words have various meanings. Which of the meanings given in the dictionary is the one used in the text? Underline the correct German translation.

14. Well, big enough to think that we are not alone. (lines 1/2) — 1

well[1][wel] **1.** gut; *(all) well and good* schön und gut; ... **2.** gut, gründlich; *shake well* kräftig schütteln ...   **well**[2][wel] **1.** nun, also *(oft unübersetzt)* **2.** *well, well!* na so was!   **well**[3][wel] **1.** gesund; *I don't feel well* ich fühle mich nicht wohl ... **2.** *it's all very well for you to criticize* du kannst leicht kritisieren

15. ... "moving like a saucer skipping across the water." (line 20) — 1

skip [...], *skipped, skipped* **1.** *auf und ab:* hüpfen **2.** *BE* seilspringen   **3.** *übertragen* springen *(from one subject to another* von einem Thema zum andern) **4.** überspringen, auslassen *(Kapitel usw.)*   **5.** schwänzen *(Unterricht usw.),* ausfallen lassen *(Mahlzeit)*

16. The army claimed it was a weather balloon ... (line 25) — 1

claim[...] **1.** verlangen, fordern **2.** *(Unglück)* fordern *(Todesopfer)*   **3.** behaupten **4.** Anspruch erheben auf   **5.** in Anspruch nehmen *(Aufmerksamkeit usw.)*

E 98-2

17. If you <u>happen</u> to see a flying saucer … (lines 38/39)   1

happen[…] **1.** Geschehen, sich ereignen, passieren; *it won't happen again* es wird nicht wieder vorkommen; *these things do happen* das kommt vor   **2.** zufällig geschehen, sich zufällig ergeben; *do you happen to know him?* kennst du ihn zufällig?

Use the word "move" in one sentence each to show two of its different meanings. Don't copy the text.

18. _____   1/1
19. _____   1/1

Which words from the text fit best?

20. The Milky Way, our solar system, is part of the … .   1
21. The … is the space around the earth which you can see when you stand outside and look upwards.   1
22. The … is the group of politicians who lead a country or a state.   1

Paraphrase the underlined words or expressions from the text.

23. … could hardly believe <u>his eyes</u> (line 5)   1/1
24. The real facts are <u>anything but obvious</u>, … (line 27)   1/1
25. … <u>no further</u> studies <u>were needed</u> (lines 35/36)   2/1

Use words of the same families as the ones at the end of each sentence to complete the sentences.

26. A lot of people round the world apply for the … (member, line 6) of the Lions Club.   1
27. There is still no scientific evidence about the … (exist, line 12) of aliens.   1
28. According to some newspaper reports some aliens suffered … (injured, line 26) when their spaceship crashed on a farm.   1
29. Both the media and the army … (report, line 34) about the Roswell incident.   1

Define the following expressions in complete sentences.

30. mystery (headline)   1/2
31. alien spaceship (line 24)   1/2
32. White House (line 30)   1/2

Complete the following text. Use the correct form of the words in brackets and find words of your own to replace the question marks.

Carl Sagan, a famous scientist, is still convinced that UFOs exist.

33. Even as a child Carl Sagan (fascinate) … by the night sky.   1
34. He once (???) … a reporter: 1
35. "I (be interested) … in space since the time I can remember.   1
36. It seemed a miracle to me when I (learn) … that almost every star we can see
    is a distant sun."   1
37. When Sagan was 12 years old he (???) … by his grandfather   1
38. what he wanted to be when he (grow up) … .   1
39. "An astronomer!" he replied without (hesitate) … .   1
40. He entered the University of Chicago (???) … the age of sixteen   1
41. and turned out to be a (???) … successful student,   1
42. (make) … some   1
43. (???) … discoveries about other planets.   1
44. (???) … his career he wrote more than 100 articles for science magazines 1
45. and he also played a (???) … role in the NASA space programme.   1
46. He (believe/strong) … that extraterrestrial life existed   2
47. but he (deny) … that UFOs could cross lightyears of distance.   1
48. "If an (extreme) … fast spaceship   1
49. (start) … out ten thousand years ago", Mr Sagan explained,   1
50. "it (cover) … only six per cent of the distance of a lightyear till now." 1
51. Sagan became one of the (popular) … scientists in the world with   1
52. his 13-part TV series 'Cosmos', (???) … covered our 15-billion-year history 1
53. and was watched by an (estimate) … number of 500 million viewers.   1

Guided writing   14

54. Look at the cartoon and write down the report that one of the policemen gave
    when he was back at the police station. Don't forget to mention the time
    (2 points), the place (2 points), what actually happened (4 points) and what he
    thought and felt (3 points) about this incident. Please find a suitable heading
    (1 point) and try to connect the sentences in a proper way (2 points).

Writing a dialogue

Fifty years after the "Roswell incident" a lot of reporters met at the UFO Encounter Festival in Roswell. A German reporter interviewed Hub Corn, on whose ranch the UFO is said to have come down. Look at the reporter's German notes and write down his questions in English.

55. Reporter: (was genau war passiert?)   2
    Mr Corn: "In early July, 1947 W. W. Brazel found strange, shiny material on the ground of his ranch."
56. Reporter: (Wer ist Brazel, lebt er noch?)   3
    Mr Corn: "He was a ranch foreman. No, unfortunately not. I think he died in 1980."
57. Reporter: (wann zuerst darüber berichtet?)   3
    Mr Corn: "On July 8, 1947 the armed forces issued a news release about the landing of a *flying disk*. But this news was withdrawn the following day."
58. Reporter: (verärgert über so viele Besucher auf Ranch?)   3
    Mr Corn: "Well, I don't mind. Every visitor has to pay $ 15 for a viewing. That's not too bad."

Translate into German.

BUFORA (British UFO Research Association) is the largest UFO group in the UK. Here are some tips on how to react if you happen to see a UFO.

59. What to do if you see a UFO: 1
60. Scream loudly! This will attract the attention of people around who will wonder what you are shouting about.   4
61. Point at the UFO and there will be other eye-witnesses to support your story.   3
62. You are more likely to be believed later.   2
63. Take some pictures. The best ones show background and foreground details.   3
64. This will enable you to give a better idea of the size of the UFO.   3
65. If you have no camera, draw a sketch of the incident.   3
66. Report your experience as soon as possible while your memory of the event is still fresh.   4

Lösung

Wortschatz

Wortschatzverständnis

Lies die Textstellen genau nach und entscheide dich, ob die aufgestellten Behauptungen richtig oder falsch sind oder gar nicht im Text vorkommen.

1. false (Z. 7): ... in the <u>evening</u> sky
2. true (Z. 11): Well over 50 % = Gut über 50 %

zu 3: to publish = veröffentlichen
well-documented = gut dokumentiert, gut belegt
detailed report = ausführlicher, genauer Bericht

3. true (Z. 15/16): One of the first well-documented sightings ...
4. false (Z. 21/22): ... and people began to call all UFOs "flying saucers"

zu 5: obvious = offensichtlich, eindeutig
anything but = alles andere als

5. true (Z. 27): The real facts are anything but obvious ...

zu 6: final report = endgültiger, abschließender Bericht
phenomena = Phänomene, Erscheinungen
evidence = Beweis, Beleg
extraterrestrials = Außerirdische, außerirdische Lebewesen

6. false (Z. 34/35): The final report said ... No evidence of extraterrestrials was found.

Fragen zum Text

Wenn es die Fragestellung erlaubt, dürfen die Antworten wörtlich aus dem Text übernommen werden. Deshalb ist auch die zu vergebende Punktzahl niedrig angesetzt.

zu 7: former = früher, vorig, ehemalig
a former president = ein ehemaliger Präsident
eye-witness = Augenzeuge

7. He is the former president of the United States. (Z. 4/5)

zu 8: to describe = beschreiben
to change colours /colors = die Farbe verändern, wechseln

8. He said that it was as big and bright as the moon and that it changed colors. (Z. 9/10)

zu 9: to use = verwenden, (ge-)brauchen
spaceship = Raumschiff

9. It was a good background because they could use the story for spaceship attacks. (Z. 29/30)

zu 10: research = Forschung, wissenschaftliche Untersuchung
to do research on = erforschen, Forschung betreiben, (wissenschaftliche) Untersuchungen machen
to continue = to go on = weitermachen
to be convinced = überzeugt sein
to admit publicly = öffentlich zugeben

10. They are convinced that the government know more than they admit publicly. (Z. 37/38)

Zusatzfragen

Bei den Zusatzfragen sollst du dich frei äußern. Für eine inhaltlich besonders anspruchsvolle und ausführliche Antwort oder für eine gut formulierte Lösung erhältst du einen Zusatzpunkt.

zu 11: flying saucer = fliegende Untertasse
outer space = der äußere Weltraum
to be likely = wahrscheinlich sein

11. I think that flying saucers exist because the universe is very big and it's very likely that there is life on one of the planets. (+1): A lot of people say that they have seen creatures from outer space.
I don't think that flying saucers exist because I have never seen one and I don't think that there is life on other planets. (+1): Scientists have found no evidence so far.

12. They like to learn about life on other planets. It's fascinating to see the flying objects fighting with each other. (+1): and racing through the universe.

zu 13: mission = a) Auftrag, Aufgabe; b) Reise

13. Expeditions to other planets are necessary because it's important for us to get information about/on other planets, for example about the living-conditions/the climate and the landscape there. It's also interesting to know whether there can be life on other planets. But on the other hand expeditions to other planets cost a lot of money/ are very expensive, and this immense sum of money could be spent on solving the problems on our earth.

Umgang mit einem Englisch-Lexikon

Englische Wörter haben im Deutschen oft mehrere Bedeutungen; gib die Bedeutung an, die zu der Textstelle passt.

14. nun, also (oft unübersetzt)
15. *auf und ab:* hüpfen
16. behaupten
17. zufällig geschehen, sich zufällig ereignen

Worterklärung

Zeige die unterschiedliche Verwendung von "to move" anhand zweier verschiedener Beispielsätze.
to move = a) bewegen, sich bewegen, sich rühren   b) umziehen (Wohnortwechsel)

18. My right/left arm/leg hurts, I can hardly move it.
19. They moved to another town/to America.

Suche die passenden Wörter aus dem Text.

20. universe
21. sky
22. government

Paraphrases

Achte auf den richtigen Textanschluss, auf die richtige Zeit, auf die Umschreibung mit "to do" bei Verneinung usw.

23. … what he saw
24. … are still not clear/not at all clear
25. … they didn't have to do any more studies

Wortfamilien

Achte auch hier auf die vorgegebene Zeit, auf Einzahl oder Mehrzahl.

   26. membership
   27. existence
   28. injuries
   29. reported

Definitionen

Bilde vollständige Sätze.

   30. A mystery is something which/that you can't/cannot explain or understand.
zu 31: alien   = außerirdisch
   31. An alien spaceship is a strange vehicle which comes from another planet.
zu 32: official residence = Amtssitz
   32. The White House is the official residence of the American President in Washington.

Gemischte Grammatik

Dieser Text enthält viele mit Fragezeichen versehene Lücken, in die du sinngemäß entweder ein passendes Verb, Substantiv, Adjektiv, Relativpronomen oder eine Präposition einsetzen musst. Du kannst also nicht automatisch einsetzen, sondern musst dir den Inhalt genau überlegen.

   33. ... as a child Carl Sagan was fascinated by (Passiv: Signalwort "by";
       Simple Past: Bezug auf Kindheit)
   34. ... once told (Simple Past: Bezug auf "once" = einst)
   35. I have been interested in space since the time ... (Present Perfect:
       Signalwort "since the time")
   36. It seemed ... when I learned/learnt (Simple Past, da Bezug auf Kindheit)
   37. ... 12 years old he was asked by (Simple Past Passive: Signalwort "by",
       Bezug auf Kindheit)
   38. ... he was grown up/had been grown up (Simple Past)
   39. without hesitating/hesitation (Gerund nach Präpositionen, siehe G12)
   40. at
   41. ... to be a very/most/really successful student (Steigerung oder Adverb
       bestimmt ein Adjektiv näher)
   42. who made/making (verkürzter Relativsatz durch ein Partizip Präsens, siehe G17)
   43. interesting (= interessant)
   44. In/During
   45. ... played a leading/big/great role
   46. He strongly believed/believes (Adverb bestimmt ein Vollverb näher, siehe G1;
       Simple Past mit Bezug auf die Vergangenheit oder Simple Present, da er heute der
       Überzeugung ist)
   47. ... he denied/denies (analog zu Nr. 46)
   48. ... an extremely fast spaceship (Adverb bestimmt ein Adjektiv näher, siehe G1)
   49. If ... had started (If-Clause Typ 3, da die Bedingung nicht mehr erfüllbar ist)
   50. it would have covered (If-Clause Typ 3, siehe Nr. 49)
   51. ... one of the most popular (Superlativ, eingeleitet mit "the")

52. ... TV series 'Cosmos', <u>which</u> covered (Relativpronomen für Sachen, siehe G27)

53. an <u>estimated</u> number (= geschätzte Zahl)

Guided Writing

Schreibe zu dem Bild einen Bericht, den der Polizist bei seiner Rückkehr auf der Polizeistation gemacht hat. Äußere dich dabei zu den vorgegebenen Punkten; die Grundzeit ist Simple Past.

a) **Zeit** (time); b) **Ort** (place); c) **Was geschah?** (What happened?); d) **Was dachte und fühlte er,** als er die Außerirdischen sah? (What did he think and feel?); e) **Finde eine passende Überschrift** (suitable headline).

54. Unbelievable!/Strange creatures from another planet!/UFO seen! **(headline)**
You won't believe it! When I came to the English Parliament with its famous Big Ben **(place)** at about two minutes past three in the afternoon **(time)** I saw two strange creatures. They must have been aliens because they looked very strange and they had a UFO/a flying saucer with them **(what happened)**. When I first saw them I was frightened and I wanted to run away **(feelings and thoughts)**; but then I looked at them more carefully and saw that they had come in a peaceful mission **(thoughts)**. So I calmed down **(feelings)**.
Maybe they were on a sightseeing tour through London because one of them was just taking a picture of his companion/friend in front of Parliament **(what happened)**.

Dialog

Es handelt sich um ein Interview, das gerade stattfindet. Achte besonders auf die Zeiten.

55. "What exactly (had) happened?" (Bezug auf July 1974)

56. "Who is Mr Brazel? Is he still alive?"

zu **57:** to report on s.th. = berichten über
    incident = Ereignis, Vorfall

57. "When did they first report on the Roswell incident?"

58. "Are you angry about so many visitors on your ranch?" (Simple Present, da gegenwärtiger Zustand)

Übersetzung

zu **59:** Infinitiv nach einem Fragewort wird mit einem Nebensatz und „sollen" übersetzt.

59. Was man/du tun soll/sollst, wenn man/du ein UFO sieht/siehst.

zu **60:** to scream = schreien, kreischen
    to attract the attention = die Aufmerksamkeit auf sich ziehen, lenken
    to wonder = sich fragen, wundern

60. Schrei laut! Dies wird die Aufmerksamkeit der Leute um dich herum auf sich ziehen, die sich fragen werden, worüber du schreist.

zu **61:** to point at = zeigen auf
    to support = unterstützen; beistehen

61. Deute/Zeige auf das UFO und es wird andere Augenzeugen geben, die deine Geschichte bestätigen/unterstützen.

zu **62:** to be likely = wahrscheinlich sein
    more likely = eher, wahrscheinlich mehr

62. Man wird dir später eher/wahrscheinlich mehr glauben.

zu **63:** to take a picture of = fotografieren
    detail = Einzelheit, Detail

63. Mache einige Fotos. Die besten zeigen Hintergrund- und Vordergrunddetails/-einzelheiten.

zu **64:** to enable s.o. to do s.th. = jdm. etwas ermöglichen, möglich machen
size = Größe

64. Dies wird es dir möglich machen, eine bessere Vorstellung von der Größe des UFOs zu geben/zu vermitteln.

zu **65:** sketch = Skizze, Entwurf
to draw = zeichnen, ziehen

65. Wenn du keine Kamera/keinen Fotoapparat hast, zeichne eine Skizze von dem Vorfall/Ereignis.

zu **66:** memory = Gedächtnis, Erinnerungsvermögen
memory of = Erinnerung an
event = Ereignis

66. Berichte über deine Erfahrung so bald wie möglich, während/solange deine Erinnerung an das Ereignis noch frisch ist.

THE ICEBERG COMES

When Edith Brown Haisman last saw her daddy 86 years ago he was standing on the deck of the Titanic, smoking a cigar and smiling at his wife and daughter. "I'll see you in New York", he said confidently, as his family was taken to
5 Lifeboat No. 14. Edith and her mother watched as the band played a hymn, the lights went out and in a terrible roar everything on the supership seemed to break loose. And then it was gone, along with Mr Brown and over 1,522 other souls.

10 The disaster sent shock waves through the world. Even today, 86 years later, the Titanic tragedy lives on in the human imagination and in books, films, plays and even on the Internet. One of the reasons is that it is a story of superlatives. At almost 270 metres in length and with its eight decks it was as long as three city blocks and as high as an eleven-storey building. Carrying 1,324 passengers and about 900 crew mem-
15 bers the ship was as luxurious as the best hotels in the world.

The Titanic disaster was caused by a combination of bad luck, poor planning and foolish decisions. Captain James Smith's most fateful decision was to ignore the seven ice warnings he had received on Sunday, 14 April. The great ship was travelling – at nearly full speed – across the Atlantic from Southampton to New York for the first time. Then,
20 400 miles south of Newfoundland, a member of the crew suddenly spotted an iceberg right ahead at 11.37 p.m. A few minutes later there was a strange noise. The huge iceberg hit the Titanic, the ship which was thought to be unsinkable. The ship was designed to be the safest with its 16 watertight compartments. Up to four compartments could be flooded without any danger to the ship.

25 Unfortunately, the iceberg that rammed the Titanic caused all of the compartments to flood. At first the passengers didn't know what had hit them. There was very little alarm on board and the danger was not clear to most people. The passengers on the lower deck were actually having snowball fights in the ice. The crew, however, soon realized the seriousness of the situation. Captain Smith gave the order to send out SOS signals,
30 uncover the lifeboats and get the passengers ready on deck. He also knew that there were too few lifeboats on board – only enough for about half the people. To make matters worse, there had been no lifeboat drill at the beginning of the voyage. This led to a great deal of confusion and uncertainty. When the order came to man the lifeboats with women and children first, several women refused to get on the boats, seeing that their husbands
35 were not allowed to come with them. So some of the lifeboats were only half full.

The end came fast. By about two o'clock in the morning, with over 1,500 people still aboard, the Titanic broke apart and sank. Two hours later, the first survivors were picked up by the liner Carpathia, which had been 58 miles away when it received the SOS signals. About 700 people were saved, most of them women and children.

Where do you get the following information? Write the number of the line/lines in the boxes.

POINTS

1. Mr Brown didn't expect to die on the Titanic. (3 lines) ☐ 1
2. The Titanic disaster is not forgotten. (3 lines) ☐ 1
3. The captain of the Titanic knew that there were icebergs. (2 lines) ☐ 1
4. There are at least two pieces of the Titanic on the bottom of the sea. (1 line) ☐ 1

Answer the following questions on the text. Write complete sentences.

5. What do the two places Southampton and New York stand for in the history of the Titanic? 1/1
6. What made people believe that the Titanic was unsinkable? 1/1
7. What should have been done on board the Titanic to save more people? (Give two aspects.) 2/2
8. Why were mainly women and children rescued? 1/1

Additional questions and statements. Write complete sentences. You may get one extra point for each answer.

9. Why do many people like to spend their holidays on ships? Give two reasons in about two sentences. 2/2 (+1)
10. Would you like to see a film or read a book about the Titanic? Give two reasons for your answer. 2/2 (+1)
11. Safety regulations are important not only on ships. What do you have to do when there is a fire alarm at your school? Give three items in about three sentences. 3/3 (+1)

Solve the crossword puzzle. Fill in words from the text.

12.

❶	X								X	X	X	X
❷										X	X	X
❸	X								X	X	X	X
❹	X	X										
❺	X									X	X	X
❻	X	X	X	X	X						X	X
❼	X	X	X	X				X	X	X	X	X

8

❶ a very bad accident/catastrophe
❷ made so that water cannot get in
❸ the ocean between Europe and America
❹ a section into which a railway carriage or a big ship is divided
❺ a person who travels on a ship, plane, train, etc.
❻ a sign/a sound which sends out a message, e. g. when you need help
❼ one of the floors of a ship

Paraphrase the underlined words or expressions from the text. Do not change the meaning of the sentences.

13. The great ship was travelling … <u>at full speed</u> (lines 18/19). 2
14. A … <u>huge</u> (line 21) iceberg hit the Titanic. 1
15. … <u>Up to</u> (line 23) four compartments could be … <u>flooded</u> (line 23) without any danger to the ship. 1/1
16. He also knew that there were … <u>too few</u> (line 31) lifeboats on board. 1

Use words of the same families as the ones in brackets to complete the sentences.

17. He had enough … (confidently, line 4) in the ship to believe it was unsinkable. 1
18. The … (tragedy, line 11) accident happened 86 years ago. 1
19. Captain James Smith … (decision, line 17) to ignore the ice warnings. 1
20. The people didn't know how … (danger, line 27) icebergs are. 1

Define the following words in complete sentences.

21. luxurious [ship] (line 15) 1/2
22. crew (line 28) 1/2
23. lifeboat (line 30) 1/2

Complete the following text. Use the correct form of the words in brackets and find words of your own to replace the question marks.

A Night to Remember

24. Lilian Aspland, 89, from Sweden (lose) … her father and her three brothers   1
25. (???) … April 16, 1912.   1
26. Even today she (hesitate/talk) … about her severe loss.   2
27. So when she (interview) … by a reporter from London not long ago,   1
28. she only (???) … him: 1
29. "It was definitely the (bad) … day in my life.   1
30. My family (emigrate) … to Massachusetts some years before and   1
31. were returning on the Titanic to their new (???) … in the United States   1
32. after (visit) … relatives in Sweden."   1
33. Like many other people they believed the story that the modern ship was (???) … .   1
34. And of course, none of them had any doubts that drills had been held before the voyage and that the crew was (???) … prepared for their work.   1
35. They (choose) … to travel third class   1
36. because they didn't want to (???) … too much money.   1
37. After the collision with the iceberg it took the Titanic two hours and forty (???) … to sink.   1
38. Although many of the watertight compartments (damage) …,   1
39. most of the passengers had no (???) …   1
40. that the ship (sink) … .   1
41. The third class passengers on their crowded deck had the (little) … chance of being rescued.   1
42. Out of the seventy-six (child) … down there   1
43. only twenty-three (survive) … .   1
44. But if there (be) … enough lifeboats,   1
45. many more (escape) … the disaster.   1

Guided writing

46. You have won a trip for two people on the luxury liner "Hanseatic" and want to invite your American friend Joey to come with you on this ship. You have studied this German brochure and you are now writing a fax to him talking about the notes you have made (2 points for each note). Try to find a nice beginning (2 points) and a nice ending for your fax (2 points).

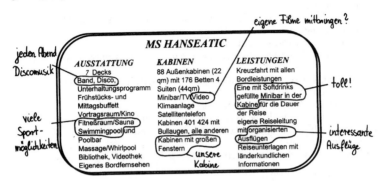

Dear Joey,

...

Writing a dialogue

On your school trip to Hamburg your class is invited by the wealthy shipowner Knud Koster from Norway who is going to build a most luxurious ship for millionaires. You are going to ask him some questions in English.

47. You: (wie wird Ihr Traumschiff aussehen?)   2
    Koster: "Among many other facilities it will have a swimming-pool, a golf course and more than 250 flats which people can buy."

48. You: (sehr beeindruckt – Kosten? – Grund für den Bau des Schiffes?)   4
    Koster: "About 200 million dollars. I've always loved big luxury liners."

49. You: (erste Route des Schiffes?)   2
    Koster: "From Rio to Sydney to the Olympic Games and after that to some islands in the South Sea for relaxation."

50. You: (Platz, wo das Schiff gebaut wird – anschauen?)   3
    Koster: "Of course, but don't forget your safety helmets."

51. You: (Dank für das Gespräch – sehr interessant)   2

Translate into German.

Titanic – the film

After endless crises and delays *Titanic* was finally shown in the cinemas. In an interview *Titanic's* director, James Cameron, reacts to critical statements about his film. (St: statement / C: Cameron)

52. St: It is the most expensive film ever made.   2
53. C: True, or possibly false.   1
54. C: This is the fourth time in a row that I have made a film that has been called the most expensive one.   3
55. St: The production* went way over budget*.   2
56. C: True. I hired the best, most experienced people in the film business to work with me.   2
57. C: The simple truth is that no-one could foresee the difficulties that came up during the production* of the film.   3
58. St: Most stunt* people were seriously injured.   2
59. C: False. Titanic probably holds the movie-industry record for stunts*.   2
60. C: But there were only three injuries requiring hospital treatment.   3
61. St: Titanic is a disaster film.   1
62. C: False. It's a love story. But don't worry – the ship does sink.   2

    * You don't have to translate this word.

Lösung

Wortschatz

Wortschatzverständnis

Schreibe die Zeilen, die die entsprechenden Informationen enthalten, in die Kästchen.

zu 1: to expect = erwarten, rechnen mit
confidently = zuversichtlich
1. lines 2–4

zu 2: disaster = Katastrophe, Unglück
even today = sogar heute (noch)
imagination = Fantasie, Vorstellungskraft
2. lines 10–12

zu 3: fateful decision = verhängnisvolle Entscheidung
to ignore = ignorieren, nicht beachten, übergehen
3. lines 17, 18

zu 4: at least = mindestens, wenigstens
on the bottom of the sea = auf dem Meeresgrund
4. line 37

Fragen zum Text

Antworte in vollständigen Sätzen; soweit es die Fragestellung erlaubt, kannst du die Antworten wörtlich aus dem Text entnehmen.

zu 5: to stand for = stehen für, bedeuten
journey = Reise (by train, car etc.)
voyage = Seereise
5. The Titanic started her/its journey in Southampton and wanted to travel to New York. / It was travelling from Southampton to New York. (Z. 18/19)

zu 6: to make s.o. do s.th. = veranlassen, lassen, dazu bringen
to make people believe = Leute glauben lassen, veranlassen zu glauben
to design = entwerfen, konstruieren
watertight = wasserdicht
compartment = a) Abteilung
b) Abteil (im Zug)
c) Schott (im Schiff) = wasserdichte Quer- und Längstrennwand in Schiffen, dient der Sicherheit
6. People thought that the 16 watertight compartments were enough to make the ship unsinkable. (Z. 22/23) Up to four compartments could be flooded without any danger to the ship. (Z. 23/24)

zu 7: Die Betonung liegt auf "on board the ship" = an Bord des Schiffes, sodass die Antwort "There should have been more lifeboats." nicht stimmt.
7. The captain should have listened to the ice warnings and should have travelled at a slower speed. (Z. 17–19) / They should have carried out a lifeboat drill. (Z. 32) / They should not have left the lifeboats half full. (Z. 35)

zu 8: mainly = hauptsächlich
an order = Befehl, Anordnung
to man = bemannen, besetzen
8. There was an order to man the lifeboats with women and children first. (Z. 33/34)

Zusatzfragen

Für inhaltlich und sprachlich besonders gute Antworten bekommst du einen Zusatzpunkt.

9. Holidays on a ship are a good alternative to other holidays. On a ship it is very comfortable, you can sunbathe and relax; moreover the service is excellent. / Many people like to be on the sea without the noise of the city. / They can visit different places and needn't drive their own cars.

10. Yes, I would. It is such a big tragedy and I would like to know the main reason why it sank. / It's interesting to see which huge and luxurious ship they had built at that time although they didn't have the technical possibilities as we have today. / I am very interested in the technical failures. / I am fond of love stories.
    No, I wouldn't. It's such an old story and I am more interested in what is happening at the moment. Moreover, a film which lasts three hours is too long for me.

11. When I hear the fire alarm, I have to close the windows in the classroom and switch/turn on the lights. / I am not allowed to take my school bag with me. / I have to leave the room at once, but I mustn't run. / I have to follow the green signs and I have to stay together with my class in the school-yard. / I mustn't get into panic.

Kreuzworträtsel

12. 1. disaster; 2. watertight; 3. Atlantic; 4. compartment; 5. passenger; 6. signal; 7. deck; 8. Lösungswort: **Titanic**

Paraphrasieren, Umschreiben

Achte auf den grammatikalischen Anschluss im Satz und verändere die Bedeutung nicht.

13. as fast as possible/as fast as it could
14. very big/gigantic
15. Not more than/As many as … filled with/full of water
16. not enough

Wortfamilien

Achte auch hier auf die Zeit.

17. confidence (Vertrauen)
18. tragic/tragical
19. (had) decided
20. dangerous

Definitionen

Bilde vollständige Sätze.

21. A luxurious ship is very big and comfortable with swimming pools and plenty of food and drinks which are served by hundreds of waiters.
22. The crew is the number of people/are all the people who work on a ship.
23. A lifeboat is a small ship which is carried on a large ship and which is used to rescue the passengers when the big ship is in danger of sinking.

Gemischte Grammatik

Der Text enthält viele mit Fragezeichen versehene Lücken, in die du sinngemäß passende Substantive, Verben, Adjektive, Adverbien oder Präpositionen einsetzen musst. Deshalb ist es sinnvoll, diese Stellen erst im Deutschen zu überdenken.

24. She lost (Simple Past: Bezug auf April 16, 1912)

25. on April 16

26. Even today she hesitates to talk (Simple Present: gegenwärtige Tatsache; Infinitiv nach bestimmten Verben)

27. when she was interviewed by ... not long ago (Simple Past: Bezug auf "long ago"; Passiv; Signalwort "by")

28. ... she answered/said to/told him (Simple Past: Bezug auf "not long ago")

29. ... the worst day (Superlativ; Steigerung von bad: worse – worst)

30. ... had emigrated ... some years before (Past Perfect drückt eine Handlung aus, die vor einer anderen Handlung "and were returning" stattfand, siehe G38)

31. ... their new home/house/place/life

32. after visiting/they had visited (durch ein Partizip Präsens verkürzter Relativsatz, siehe G17)

33. unsinkable/safe

34. ... the crew was well/absolutely/really/properly prepared (Adverb bestimmt ein Adjektiv/Partizip näher, siehe G1)

35. They chose/had chosen (Simple Past, da bereits abgeschlossen; Past Perfect zur Betonung der Vorzeitigkeit)

36. ... didn't want to spend/pay too much money (= Geld ausgeben)

37. ... two hours and forty minutes (Plural)

38. ... compartments were damaged/had been damaged (Simple Past, da abgeschlossen; Past Perfect, um die Vorzeitigkeit auszudrücken; Passiv aufgrund des Sinns)

39. ... had no idea (= hatten keine Ahnung)

40. ... that the ship could/would sink/was sinking (Conditional I: „würde sinken"; Past Progressive: der Vorgang der Handlung interessiert, nicht das Ergebnis, siehe G36)

41. ... the least (Superlativ: Steigerung von little: less – least)

42. ... seventy-six children (unregelmäßiger Plural)

43. survived (Simple Past: abgeschlossen, vergangen)

44. But if there had been (If-clause Typ 3)

45. ... many more would have escaped (If-clause Typ 3: nicht mehr erfüllbare Bedingung)

Guided Writing

Fax an deinen amerikanischen Brieffreund, in dem du ihn einlädtst, mit dir eine Reise auf dem Luxusliner „Hanseatic" zu machen. Dein Fax muss folgende Punkte enthalten:

a) **einen netten Briefbeginn** (a nice beginning); b) **einen netten Briefschluss** (a nice ending) sowie die Punkte, die außerhalb der Broschüre angegeben sind. Du erhältst pro Gedanken zwei Sprachpunkte. Konzentriere dich also besonders auf die Rechtschreibung und die Grammatik und beschränke dich auf das Wesentliche, damit du keine unnötigen Fehler machst.

46. Dear Joey,

I'm writing you this letter because I've won a trip for two people on the German luxury liner 'Hanseatic' and so I would like to invite you to come with me **(nice beginning)**.

There is a disco every evening **(jeden Abend Diskomusik)**. There are a lot of sports facilities. / There are a lot of possibilities to do sports **(viele Sportmöglichkeiten)**. There is a video recorder in our room and maybe we can/could take our own films with us. / What about taking our own films with us? **(Video; eigene Filme)** By the way/Moreover our cabin has got a big window **(Kabine)**. It is great **(toll!)** that there is a minibar full of/filled with/with soft drinks in our cabin **(Minibar)**. They also offer/organize interesting trips/excursions/tours **(interessante Ausflüge)**. I hope you will come with me/go on this journey/voyage with me. I'm looking forward to seeing you on the 'Hanseatic' **(nice ending)**.

Yours/Love,

Susan

Dialog

Fragen an den reichen Schiffsbesitzer Knud Koster, der beabsichtigt, ein Luxusschiff für Millionäre zu bauen. Da dieses Schiff gerade erst gebaut wird, musst du des öfteren die Zukunft verwenden. Außerdem geben dir die englischen Antworten einen Anhaltspunkt, welche Zeit du gebrauchen sollst.

zu 47: to look like = aussehen
facilities = Einrichtungen, Möglichkeiten
47. "What will your dreamship look like?"
48. "Oh, I'm very/deeply impressed. / Oh, this is very impressive. How much will it cost/How much will it be/What is the price and why do you/are you going to build this ship? / What is the reason for building this ship?
49. Can you describe/tell us the ship's first voyage? / Where will your ship travel/go first?
50. Can/Could we see/visit/look at/have a look at the place where the ship will be built? / is being built?
51. Thank you very much for this conversation/interview. It was very interesting.

Übersetzung

zu 52: verkürzter Relativsatz: … film which has ever been made.
52. Es ist der teuerste Film, der je(mals) gedreht/produziert/gemacht wurde.
zu 53: possibly = möglicherweise; nicht: wahrscheinlich = probably
53. Richtig/Wahr oder möglicherweise/vielleicht (auch) falsch.
zu 54: in a row = in Folge, hintereinander, nacheinander
Present Perfect "that has been called" muss mit Gegenwart übersetzt werden; „wurde" ist falsch, da der Film immer noch … genannt wird.
54. Dies/Das ist das 4. Mal in Folge, dass ich einen Film gemacht habe, der der teuerste genannt wird/der als der teuerste bezeichnet wird.
zu 55: to go over = überschreiten, hinausgehen über
55. Die Produktion überschritt/überstieg das Budget/den Etat. /… ging (weit) über das Budget hinaus.
zu 56: to hire (a person) = engagieren, anheuern
to hire (a car) = mieten; ist hier falsch!
experienced = erfahren
56. Richtig./Wahr. Ich engagierte/heuerte an die besten, erfahrensten Leute des Filmgeschäfts/der Filmbranche, um mit mir zu arbeiten.

zu 57: truth   = Wahrheit; true = wahr
simple   = einfach
to come up   = auftauchen, aufkommen, entstehen

57. Die einfache Wahrheit ist, dass keiner die Schwierigkeiten vorhersehen/voraussehen konnte, die während der Produktion des Filmes auftauchten/auf uns zukamen.

58. Die meisten Stuntmen wurden ernsthaft verletzt.

zu 59: probably   = wahrscheinlich
to hold the record = den Rekord halten

59. Falsch. Titanic hält wahrscheinlich den Rekord der Filmindustrie für Stunts.

zu 60: injury   = die Verletzung; to injure = verletzen
treatment   = Behandlung
hospital treatment = Behandlung in einem Krankenhaus, stationäre Behandlung
                     (falsch: ärztliche Behandlung)
to require   = erfordern, verlangen, brauchen
verkürzter Relativsatz: ... three injuries which required

60. Aber es gab nur drei Verletzungen, die eine Behandlung im Krankenhaus/ Krankenhausbehandlung erforderten/notwendig machten.

zu 61: disaster film   = Katastrophenfilm (falsch: Unglücksfilm)

61. Titanic ist ein Katastrophenfilm.

zu 62: "to do" kann auch zur Verstärkung oder Hervorhebung in einem bejahten Aussagesatz verwendet werden. Es muss dann im Deutschen durch „wirklich/tatsächlich" wiedergegeben werden.
to worry   = sich Sorgen machen, beunruhigen

62. Falsch. Es ist eine Liebesgeschichte. Aber keine Sorge/Angst/seien Sie nicht besorgt, – das Schiff sinkt tatsächlich/wirklich./Das Schiff wird schon sinken.

*Hello, this is the listening exam 1998. I'm going to give you the instructions for the test. Don't worry; you'll hear each text twice. At the start of each piece you'll hear this sound: **[Ton]** You can answer the questions while you are listening, but you also have some time after each recording. There'll be a pause before each piece so that you can look at the questions, and other pauses to let you think about your answers. Please read the exercise and instructions for text 1. You've got 15 seconds.*
[15 Sekunden Pause, dann Ton]
Now listen to the conversation of text 1. You'll have 5 seconds after the first listening and 5 seconds after the second listening.

THE WORLD OF WORK

Text 1: Job Advertisements
Conversation A

(A = female / B = male)
(Telefonläuten)
A: Queen's Hotel. Can I help you?
B: Hello. I'm phoning because of the job you offered in last Saturday's paper.
A: I see. But I'm afraid the personnel manager is not in his office at the moment.
B: Maybe you can give me the information on this job. What do I have to do?
A: Well, I can tell you this. You will have to answer the phone and welcome guests …
(ausblenden)

Conversation B

(A = male / B = female)
(Telefonläuten)
A: King's Head Restaurant. What can I do for you?
B: I'm calling to ask about your advertisement. Are you still looking for someone?
A: Yes, we are.
B: Very good. Is it a full-time job?
A: Yes, it is. It's from Tuesday to Sunday from 10 till 2 and from 6.30 till 10.30. By the way, do you have any experience?
B: Oh yes, I had to prepare all sorts of meals at a restaurant in Eastbourne for almost two years …
(ausblenden)

Conversation C

(A = male / B = female)
(Telefonläuten)
A: Ultra Sound Record Store. Good morning.
B: Good morning. Is the job you offered last week still vacant?
A: Yes, it is, but it's only a weekend job. Eight hours a day on Saturdays and Sundays.
B: That's no problem for me. In which department will I have to work?
A: You'll have to sell records, cassettes and CDs in the pop section. Are you interested?
B: Of course. It sounds great but …
(ausblenden)

Conversation D

(A = female / B = male)
(Telefonläuten)
A: Elphinstone Road Garage. Good afternoon.
B: Good afternoon. I'm interested in the job you offered in yesterday's paper.
A: Fine. What kind of experience do you have?
B: I've repaired all sorts of cars, British and foreign ones.
A: Great …
(ausblenden)
(5 seconds after first listening, 5 seconds after second listening)

Please read the exercises and instructions for text 2. You've got 30 seconds. (30 Sekunden Pause, dann Ton)
Now listen to text 2. You'll have 5 seconds after the first listening and 5 seconds after the second listening.

Text 2: Situation Vacant

(Telefonläuten)
IAN: Hi Craig, it's me, Ian. Are you still looking for a job?
CRAIG: Yes, of course I am. I haven't been very lucky so far though.
IAN: When I was looking through the paper this morning I came across an ad which seems to be what you're after. Hang on, I'll read it to you:
Comp-Tec is a leading manufacturer of computer parts. We are currently looking for a sales person aged 35 or under who is interested in working in a team of innovative young people. The successful candidate must speak Spanish and at least one other European language. We are seeking someone who is able to communicate well with people, is good at organising and can work under pressure. The applicant should be willing to travel European countries. Some programming experience would be an advantage. If you think you have the necessary qualifications, write to P.O. Box 4092, Cambridge, for an application form.
CRAIG: That sounds just like the position I'm looking for. Thanks, Ian. Listen, would you mind sending me that ad? …
(ausblenden)
(5 seconds after first listening, 5 seconds after second listening)

Please read the instructions and the exercise for text 3. You've got 2 minutes. (2 Minuten Pause, dann Ton)
Now listen to text 3 and correct the text on your exam paper. You'll have 10 seconds after the first listening and 10 seconds after the second listening.

Text 3: Young Thieves Break With Crime

For more than two years a trainee project in Britain has encouraged young criminals to do job training and to develop their skills. Many had committed crimes, such as car thefts or shop-lifting. In the first year, not many young people were attracted by the programme, but after changes to the timetable the course became more popular. Last summer eight out of 12 students gained a certificate.
Unlike most ordinary courses in schools the project also offers practical work. Most jobs are fairly simple: servicing, checking brakes and changing wheels. Gavin, a 16-year-old, was arrested for stealing several cars four years ago. Now he is in his third year at the project, is very excited about the course and likes the practical work. Mr Elliot, the project director, said

that students had behaved better since they had had the opportunity to gain qualifications and a better chance of finding jobs.

Most have turned their backs on crime. A survey recently showed that among the young criminals on the course the crime rate has dropped dramatically.

(10 seconds after first listening, 10 seconds after second listening)

Please read the instructions and the exercise for text 4. You've got 15 seconds. (15 Sekunden Pause, dann Ton)

Now listen to text 4. You'll have 10 seconds after the first listening and 10 seconds after the second listening.

Text 4: The Interview

Speaker: Hi everybody. This is a programme covering the problems of youngsters. For today's programme I've invited Sue Jackson and John Cash for an interview to talk about their job situation. Sue started to work for an insurance company almost a year ago, and John was lucky to get a job at one of the branches of a famous food chain last month. He works at the cash-desk.

SPEAKER: Good morning, Sue; good morning, John. Sue has learnt the hard way that a job description and the work she actually does are very different. Could you give us some examples, Sue?

SUE: Yes, certainly. First of all there's the pay. I was promised £100 a week and some extra money each time I sold a new policy. On average, I have to do four or five hours overtime per week. I can't sell my policies, since I have to sit at my desk all day long and have hardly any chance of contacting possible clients. I only get my wages and not a penny more.

SPEAKER: So you would say, you don't get fair pay, do you?

SUE: No, not at all.

SPEAKER: Well, John you're in a slightly better position then, aren't you?

JOHN: Yes, at least I can't complain about my pay. So far, I've got my wages four times and I was surprised that there was some extra money in my bank account. They've paid me for all my overtime, two and a half hours each Sunday.

SPEAKER: What's your problem then?

JOHN: Well, they quite often expect me to work on Sundays. I've got a girlfriend. She works out of town and only comes home at the weekend. You can imagine that she's not very happy if I'm at work when she is here and ...

(ausblenden)

(10 seconds after first listening, 10 seconds after second listening)

Please read the instructions and the exercise for text 5. You've got 15 seconds. (15 Sekunden Pause, dann Ton)

Now listen to text 5. You'll have 10 seconds after the first listening and 10 seconds after the second listening.

Text 5: At The Office

It's Monday, June 25th, 9.30 in the morning.
(Telefonläuten)
JOHN HUTTON: Jones & Partners, Mrs Richard's office. Can I help you?
SARAH MILLER: Hello, this is Sarah Miller speaking. I have an interview with Mrs Richard next Wednesday, 1st July, at 10 a.m. It's about a temporary job as a holiday stand-in.
JOHN HUTTON: What's your problem?
SARAH MILLER: I'm afraid I can't keep the appointment because my car has broken down. I won't get it back in time so I'll have to take the train. Do you think Mrs Richard would mind if I came half an hour later?
JOHN HUTTON: Mrs Richard is in a meeting at the moment. I'll tell her as soon as possible and call you back later. What's your number?
SARAH MILLER: 01491 – 574633 *(on tape: double three)*
JOHN HUTTON: 01491 – 574633 – is that correct?
SARAH MILLER: Yes, thank you so much for your help. Bye.
(10 seconds after first listening, 10 seconds after second listening)

Please read the instructions and the exercise for text 6. You've got 30 seconds. (30 Sekunden Pause, dann Ton)
Now listen to text 6. While listening, write your notes on your extra sheet. After the second listening write your notes on the exam paper. You'll have 20 seconds after the first listening and 2 minutes after the second listening. I'll remind you when there's one minute left so that you are sure to finish in time.

Text 6: The Workless Class of People In Britain

Fifty years ago, a Labour government created the welfare state. It offered all Britons support in times of need, for example when they were jobless or needed medical care. But unemployment and ill health are not the only problems. People also need support when they are old or become homeless. The new Labour government sees the reform and modernisation of the welfare state as one of its main tasks today. Mr Blair declares he wants to bring most of the workless people back into society and into useful work.

As a first step, Labour wants to concentrate on job programmes for young unemployed people. The party's plan is to give around 250,000 unemployed people between the ages of 18 and 25 the chance to work in hospitals or old people's homes. But these are not the only areas where young people can find work. They could also be employed by environmental groups set up by the government. Some of them might even get a job in the private sector, for which their employer will receive £60 a week from the government. Young people without job skills are then given vocational training.
(20 seconds after first listening and 2 minutes after second listening)
(1 minute)

You have one more minute left.
(1 minute)

That's the end of the test. Please stop now. Your teacher will collect all the exam papers. Thank you for listening. Goodbye.

THE WORLD OF WORK
Listening Tasks

Text 1: Job Advertisements

You will hear four telephone conversations about jobs (conversation a, conversation b, conversation c and conversation d). Which job are they talking about in which conversation? Write the correct letters in the boxes.

1. mechanic ☐   5. electrician ☐

2. waitress ☐   6. porter ☐

3. secretary ☐   7. receptionist ☐

4. cook ☐   8. salesgirl ☐   4

Text 2: Situation Vacant

One ending to the following sentences is correct. Tick it. ☑

1. The company is looking for a person
   who is
   - ☐ 35 or older.
   - ☐ older than 35.
   - ☐ 35 or younger.

2. The successful applicant must speak
   - ☐ Spanish and one other European language.
   - ☐ Spanish or one other European language.
   - ☐ three European languages.

3. In this job you
   - ☐ must only work with the computer.
   - ☐ should put pressure on customers.
   - ☐ must be able to organise things well.

4. If you are interested in getting the job,
   - ☐ you have to see the personnel manager.
   - ☐ you should ask for an application form.
   - ☐ you must phone the personnel manager.   4

Text 3: Young Thieves Break With Crime

The writer of this article didn't listen carefully. He got several details wrong. Write the corrections on the lines in the text. While listening the first time it may help you to underline the words or expressions which are different in the text.

1. For more than two years a trainee project in Britain has encouraged young
   _____

2. criminals to do job training and to develop their skills. Many had committed
   _____

3. crimes, such as car thefts or burglaries. In the first year, not many young
   _____

4. people were attracted by the programme, but after changes to the timetable
   _____

5. the course became more challenging.
   _____

6. Last summer eight out of 12 students gained a certificate. Unlike most
   _____

7. ordinary courses in schools the project includes compulsory practical work.
   _____

8. Most jobs are fairly simple: servicing, checking brakes and changing wheels.
   _____

9. Gavin, a 16-year-old, was arrested for stealing dozens of video recorders four
   _____

10. years ago. Now he is in the third year at the project, is very excited about the
    _____

11. course and likes the practical work. Mr Elliot, the headteacher, said that
    _____

12. students had behaved better since they had had the opportunity to gain
    _____

13. qualifications and a better chance of finding jobs. Most have turned their
    _____

14. backs on crime. A survey recently showed that among the young criminals
    _____

15. on the course the crime rate has changed dramatically.
    _____

9

Text 4: The Interview

Take notes on what Sue Jackson and John Cash say in their interview with Dave Martin. One item per box is enough. You don't have to write complete sentences.

	Sue	John	
place of work		supermarket	1
length of employment			2
overtime per week		at least 2.5 hours	1
main problem			2

Text 5: At The Office

Imagine you are John Hutton, Mrs Richard's secretary. When talking to somebody on the phone you take notes, so that Mrs Richard gets all the necessary information. Fill in the information on the memo sheet.

Memo Jones & Partners	
date:	25th June 1998 time: _____	1
phone call for:	_____	1
from:	_____	1
phone number:	_____	1
message:	❶ _____	1
	❷ _____	1
	❸ please ring back	
signature:	*John Hutton*	

Text 6: The Workless Class of People In Britain

You are going to listen to a Labour politician talking about the workless class of people in Britain.

While listening:
Take down notes on your *extra sheet* to be able to answer the questions.

After the second listening:
You have got two minutes. Write the answers on your exam paper.
You don't have to write complete sentences.

1. The speaker mentions some situations in which people need help from the state. Write down three.   3

2. Where does Labour want to create new jobs for young people? (three items)   3

Lösung

Text 1: Wenn du in alle Kästchen einen Buchstaben einsetzt, werden dir alle Punkte abgezogen.

porter = a) Portier, Pförtner
b) (Gepäck-)Träger
receptionist = Empfangschef, Empfangsdame

1 d; 4 b; 7 a; 8 c

Text 2:
1. 35 or younger
2. Spanish and one other European language.
3. must be able to organise things well.
4. you should ask for an application form.

Text 3: Streiche nicht zu viel an, denn sonst erhältst du für jedes falsch ausgebesserte Wort einen Punktabzug.

	falsch	richtig
Zeile 3:	burglaries (Einbrüche)	shoplifting (Ladendiebstahl)
Zeile 5:	challenging (herausfordernd)	popular (beliebt)
Zeile 7:	includes compulsory (beinhaltet verpflichtende Arbeit)	also offers (bietet auch an) falsch: although!
Zeile 9:	dozens of video recorders	several cars
Zeile 11:	headteacher	project director
Zeile 15:	changed	dropped

Text 4:

	Sue	John
place of work	insurance company/agency	
length of employment	(about) a year	(about) a month
overtime per week	4 or 5 hours/4–5 hours/about 4 hours/about 5 hours	
main problem	no money for overtime/no chance of contacting new clients/not enough money/ not enough pay/no fair pay	work on Sundays/can't see his girlfriend

Text 5: Die Namen müssen annähernd richtig geschrieben werden, da es sich um eine Nachricht für jemanden handelt.

time:	9.30 in the morning/a.m.
phone call for:	Mrs Richard
from:	Sarah Miller
phone number:	0-1491-574633
message:	1. can't keep the appointment/car has broken down/will have to take the train
	2. half an hour later

Text 6: Schreibe stichpunktartig nieder, da du sonst in Zeitnot kommen könntest.

Aufgabe 1:
- jobless/unemployment/when they are unemployed
- old/old age/when they are old
- homeless/homelessness/when they are homeless
- ill/ill health/when they are ill

Aufgabe 2:
- in hospitals
- in old people's homes
- in environmental groups (= Umweltgruppen)
- in the private sector

ON THE WAY TO A NEW MILLENNIUM

Two Wembley stadiums could fit inside, or 12.5 football pitches. It will also be tall enough to house Nelson's Column and 40,000 people at a time. It will glow at night. Its Teflon-coated skin will hang over 12 steel masts, each 100 metres high. You wonder
5 whether this might be an artificial dinosaur or a gigantic UFO. Well, I am afraid you are not right there. I am talking about the Millennium Dome in Greenwich near London, which is now the biggest hall in the world.

On the evening of the last day in this century this dome will be opened and will house the greatest show on earth to celebrate the start of the millennium with live performers and
10 breathtaking visual effects. The show, the most expensive theatrical event ever planned for Britain, will be written by the pop star Peter Gabriel. Even the Queen will be there! If you don't get tickets for this party, don't be disappointed. You can visit the dome throughout the year and experience some of the 14 thrilling exhibition zones.

With the help of computers you can dive into virtual reality, or you can climb into a huge
15 human machine and see how all the organs work. Everything will point to the future: the classroom of the future crammed with computers, future means of transport or journeys to distant galaxies are just some examples. Living Island, the environmental zone, even contains a real beach with waves and a seaside pier. Virtual reality games teach people the consequences of action: for instance, if a person throws away a can, and everyone in Brit-
20 ain did the same at the same place, there would be a mountain of rusting cans as high as Canary Wharf, the skyscraper just across the Thames from the dome.

The 181-acre site of the Millennium Dome stands on the Greenwich Prime Meridian, which divides the western part of the world from the eastern and which is the starting point for map-making, navigation, and time-keeping all over the world. According to an
25 international agreement, this is the official place where the new millennium will start. Some people, however, want to begin the new millennium with the first sunrise, which will be rather difficult for most of us to witness as it will be in Antarctica. There is a lot of talk about the significance of 31st December 1999. Some people even think that this will be the end of our world. Anyway, similar prophecies in the past have proved inaccurate
30 and it is very unlikely that these forecasts will come true this time.

I think one shouldn't be bothered too much about these stories, but have you heard about the so-called millennium time-bomb or the millennium bug? In a nutshell, this is a micro-chip which doesn't know what year it is. You see, as far as people are concerned the new century begins in the year 2000. But a computer chip in your video or your burglar alarm
35 or your fax machine might get confused and read the year 2000 as the year 1900.

By the way, do you have any special plans for celebrating the last day in 1999? Well, if you want you can find out more about the millennium experience by visiting the web site http://www.mx2000.co.uk.

Read the text and decide whether the following statements are true, false or not in the text. (6)

	true	false	not in the text

1. The Dome is almost as tall as Nelson's Column.
2. The Millennium Dome will be opened on 31st December 1999.
3. The tickets for the zones will be very expensive.
4. The Millennium Dome is not far away from Canary Wharf.
5. Officially, the new millennium will start in Antarctica.
6. The millennium bug will ruin your computer.

Answer the following questions on the text. Write complete sentences.

7. What do the Dome and the UFO have in common? 1/1
8. In what ways will education and travelling be different in the future? 2/2

9. Why did they decide to build the Millennium Dome in Greenwich? 1/1
10. What will many computer chips not manage to do? 1/1

Additional questions and statements. Write full sentences. You may get one extra point for each answer.

11. What are *your* personal hopes or fears for the future? 2/2 (+1)
12. In the environmental zone of the Dome they teach people about the consequences of pollution. What can *you* do to protect the environment? Name two different aspects and explain. 2/2 (+1)
13. Give a brief description of what you think life might be like in the year 3000. (two aspects) 2/2 (+1)

Vocabulary

The following words have various meanings. Which of the meanings given in the dictionary is the one used in the text? Underline the *best* German translation.

14. fit (line 2) 1

fit […], **1.** *für eine Aufgabe usw.:* geeignet, tauglich;	**2.** passen, sitzen *(Kleid, Hose usw.)*	**3.** *(Beschreibung usw.)* zutreffen auf, entsprechen	**4.** einbauen *(Schloss usw.)*

15. right (line 6) 1

right […] ↔ *wrong* **1.** richtig, recht; *the right thing* das Richtige	**2.** korrekt, richtig; *is your watch right?* geht deine Uhr richtig? **3.** *be right* Recht haben	**4.** geeignet, richtig; *he's right for the job* er ist der Richtige für die Stelle	**5.** in Ordnung, richtig; *put oder set right* in Ordnung bringen

E 99-2

16. point (line 15)

| **point** [...] **1.** (mit dem Finger) zeigen (**at, to** auf); *you shouldn't point at people* du solltest nicht mit dem Finger auf Leute zeigen! | **2.** richten *(Waffe usw.)* (**at** auf) **3.** *point something out to someone* jemanden auf etwas hinweisen | **4. point to** *oder* *towards* übertragen *hinweisen auf* |

1

17. even (line 28)

| **even** [...] **1.** *verstärkend:* sogar, selbst **she works a lot, even at weekends** | **2.** *even if einschränkend:* sogar wenn, selbst wenn; *even if he were rich, ...* | **3.** *even though he's on holiday, he's still working* obwohl *(oder stärker:* trotzdem) | **4.** *mit Steigerungsformen:* sogar, noch; *that's even better* |

1

Which words from the text fit best?

18. A ... is a period of one thousand years.   1
19. An ... is a public show where people can have a look at different things.   1
20. A ... is a description of what may happen in the future.   1

Paraphrase the underlined words or expressions from the text. Do not change the meaning of the sentences.

21. If you don't get (line 12) tickets, don't be disappointed.   2
22. ... the classroom of the future crammed (line 16) with computers.   1
23. Similar prophecies in the past have proved inaccurate (line 29).   2

Use words of the same families as the ones in brackets to complete the sentences.

24. Thousands of (visit, line 12) ... are expected to be there that night.   1
25. The Millennium Dome is within walking (distant, line 17) ... of the pier.   1
26. You can give up any (think, l. 31) ... of getting a ticket for the millennium party.   1
27. You need expert (know, line 33) ... to design such a building.   1

Explain the following expressions as used in the text. Write complete sentences.

28. dinosaur (line 5)   1/2
29. skyscraper (line 21)   1/1
30. burglar (line 34)   1/2

Complete the following text. Use the correct form of the words in brackets and find words of your own to replace the question marks.

Five minutes to midnight ...

31. It is five minutes to midnight on 31st December 1999. A young programmer, his fingers (race) ... over the keyboard, is trying   1
32. to get (???) ... information. At the stroke of midnight, all the lights in the   1
33. house go off and the computer screen (go, dark)   2
34. The scene is fictional. Yet it represents one of the (bad) ... nightmares   1
35. of the next millennium. If you haven't heard (???) ... the year 2000 problem,   1
36. also (know) ... as Y2K or the millennium bug, you soon will. To save space,   1
37. many computer programs and chips use only two digits, for example 00, 49 or 61, to show the year. On 1st January 2000, the year date (be) ... "00", causing some computers to set dates back to the year 1900.   1
38. That's why many people believe that the (begin) ... of the millennium will result in computer chaos.   1

E 99-3

39. Others feel that the year 2000 problem (great, exaggerate) … by computer   2
40. specialists who want to (???) a lot of money fixing it.   1
41. Certainly, there is no shortage of (???) … for computer specialists.   1
42. Especially those (???) … are skilled in older programming languages   1
43. (???) … are most likely to create problems in the new millennium have   1
       an advantage. Of course, not everyone is awaiting the new millennium with a
44. pessimistic feeling. Most people are looking forward to (celebrate) …   1
       the turn of the century with lots of parties.
45. One of the (???) … exciting parties will take place on 31st December 1999,   1
46. when the Millennium Dome (official, open) …. The Prime Minister,   2
47. Tony Blair, has described it as "a display of confidence (???) … the   1
48. creativity of our people" and a chance to begin the (???) … century   1
       with a sense of hope.

Year 2000 Computer Time Bomb

Writing a dialogue.
You decide to visit the Millennium Dome next year. Your friend John from Edinburgh would like to come along and you have a chat on the internet about what there is to see.

49. JOHN: "I'm sure it'll be fascinating to see all the different exhibition zones."
    YOU: (Stimmt – schon viel darüber gelesen – was würdest du gerne sehen?)   4
    "…"

50. JOHN: "I really want to go on the escalator which will take us through all sorts of scenes around the world."
    YOU: (Ich auch – man kann auf diese Weise überall hinreisen, sogar nach Australien)   3
    "…"

51. JOHN: "And when you come back from there we should climb into that huge body where you can see all the organs working."
    YOU: (Daran nicht interessiert, aber an Zone über die Entwicklung des menschlichen Lebens – deine Meinung?)   4
    "…"

52. JOHN: "Sounds very exciting."
    YOU: (Hoffentlich Karten nicht zu teuer)   2
    "…"

Guided Writing: 6/6/6
Your family want to celebrate the millennium in England. As London hotels are completely booked out you enquired about holiday apartments in the country. In the brochure the British Tourist Authority sent you there is one offer that sounds particularly interesting:

<table>
<tr><td>Anreise Ende Dezember, zwei Wochen, 4 Personen, Preis?</td><td>Waverley Gardens Holiday Apartments, Glen Waverley</td><td>Wie weit nach London? Verkehrsmittel?</td></tr>
</table>

Waverley Gardens Holiday Apartments, Glen Waverley

Cosy convenient apartments, close to shops, public transport, etc.
Accommodates 3 – 6. Comfortably furnished. Fully equipped kitchen,
bathroom and laundry. Open fire place. Attractive location, historic
places, fantastic views. Ideal setting for family holiday.
☞ ☞ ☞ Don't miss our millenium package:
  ☆ a romantic boat trip on the River Thames or
  ☆ a visit to musical or
  ☆ a 5-course dinner in our elegant restaurant

am liebsten 'Miss Saigon'

extra Broschüre, Sehenswürdigkeiten

Kleidung?

53. Dear Sir or Madam,

_____

_____

_____

_____

_____

_____

_____

Translate into German:

54. **Greenwich – the centre of space and time**   1

55. Two of the great puzzles throughout the centuries were how to find your way
across the seas and how to tell the exact time.   3

56. The problem of orientation became especially serious when ships started to
explore the world in large numbers.   3

57. Up to that time, the only help they had had were the stars.   2

58. Cloudy nights or sudden storms at sea often led to shipwreck.   2

59. After working in his observatory for forty-three years the royal astronomer
John Flamsteed established the Greenwich Meridian in 1676.   3

60. This enabled each captain to know the exact position of his ship.   2

61. But still every town in the world kept its own local time.   2

62. It was not until 1884 that it was decided to set all clocks according to Greenwich time.   3

Lösung

Wortschatz

Wortschatzverständnis

Entscheide dich, ob die Behauptungen richtig, falsch oder nicht im Text enthalten sind. Lies dazu die entsprechenden Textstellen genau durch.

zu 1: almost as tall as = fast so groß wie

1. false (Z. 2/3)
2. true (Z. 8): On the evening of the last day in this century …
3. not in the text
4. true (Z. 20/21) … Canary Wharf, the skyscraper just across the Thames from the dome.
5. false (Z. 22/25)

zu 6: bug = Bazillus; Wanze

6. not in the text

Fragen zum Text

Wenn es die Fragestellung erlaubt, dürfen die Antworten wörtlich aus dem Text übernommen werden. Deshalb gibt es auch nur eine Mindestpunktzahl.

zu 7: to have in common = gemeinsam haben
to glow = glühen, leuchten
shape = Form, Gestalt

7. They both glow at night. (Z. 3) / The shape is similar. (Z. 5) / They both are gigantic. (Z. 5)

zu 8: in what ways = inwiefern? = Konkrete Beispiele sind verlangt, beachte dabei die Zukunft.

8. The classrooms will be crammed with computers. (Z. 16)
There will be new means of transport. / You will be able to travel to distant galaxies. (Z. 16/17)

zu 9: "According to an international agreement, this is the official place …" (Z. 24/25) ist inhaltlich falsch, denn der Satz ist keine Begründung für die Auswahl des Standorts.

9. They wanted to build it on the prime meridian. / The Greenwich Prime Meridian divides the western part of the world from the eastern. / It is the starting point for map-making, navigation and time-keeping all over the world. (Z. 22/23/24)

zu 10: not to manage to do = nicht können, nicht fertig bringen , nicht schaffen

10. They will not manage to read the year 2000. (Z. 35)

Zusatzfragen

Bei den Zusatzfragen sollst du dich frei und ausführlich äußern. Für eine inhaltlich oder sprachlich besonders gut formulierte Antwort erhältst du einen Zusatzpunkt.

zu 11: Verwende wieder die Zukunft, da deine Hoffnungen und Befürchtungen ja auf die Zukunft gerichtet sind.

11. I hope I will get a good job which I really enjoy and where I will be able to earn enough money (+ to support my family).
I hope I will find a nice partner who will understand my problems (+ and wants to found a family with me).
I fear that I'll get seriously ill / that the environment will be even more polluted (+ and there won't be left any natural resources in the near future.)

zu 12: Es reicht nicht, zwei Aspekte nur kurz zu nennen; du sollst sie näher ausführen (= explain). Auch musst du zwei verschiedene Gedanken erläutern.

12. I can take empty bottles to the bottle bank instead of throwing them away. / I can buy recycled things which are specially marked and I can avoid plastic bags and unnecessary packaging. (+)

I can go by bus, by train or public transport or I can walk or go by bike instead of using a car, because cars pollute the air. (+)

I can save water if I take a shower instead of a bath.

I can save energy if I use energy efficient light bulbs (Glühbirne) or if I switch the light off when I leave the room. (+)

13: We all will live together in peace /there will be no violence any more because the different races will tolerate each other. (+)

We won't have to go to school any longer because we'll have chips in our brains which will think for us. (+)

In the year 3000 everyone will have his own rocket /flying car which we'll use for travelling to other planets. (+)

Nobody will become ill any more, because there will be pills for all kinds of illnesses even against death.

Umgang mit einem Englisch-Lexikon

Englische Wörter haben im Deutschen oft verschiedene Bedeutungen; wähle die Bedeutung aus, die genau zu der angegebenen Textstelle passt.

14. passen (Nr. 2)   **15.** Recht haben (Nr. 3)   **16.** hinweisen auf (Nr. 4)
17. sogar (Nr. 1)

Suche die passenden Wörter aus dem Text

18. millennium   **19.** exhibition   **20.** forecast /prophecy

Paraphrases

Verändere die Bedeutung des Satzes nicht, sonst gibt es keinen Punkt. Achte auch auf den grammatikalisch richtigen Anschluss.

21. … there are no more /if there aren't any more /you can't buy /you can't receive.
Falsch: "… you have no /haven't got", da der Sinn nicht getroffen ist.

zu 22: "crammed" ist Partizip Perfekt Passiv, da es sich um einen verkürzten Relativsatz im Passiv handelt; entsprechend muss auch das Synonym in der richtigen Form stehen; "full" ist falsch, da die anschließende Präposition nicht passt: "to be full <u>of</u>".

22. filled
23. been wrong /not come completely /entirely true.

Wortfamilien

Achte auf Einzahl oder Mehrzahl.

24. visitors   **25.** distance   **26.** thought **27.** knowledge

Definitionen

Bilde vollständige Sätze und versuche das Wort so genau wie möglich zu definieren.

zu 28: "huge" oder "big" muss vorhanden sein, da sonst die Größe des Dinosauriers nicht erfasst wird.

28. A dinosaur is a huge/big animal (with a long neck) which lived thousands of years ago.

zu 29: Für die Höhe verwendet man "tall" oder "high"; "huge" ist riesig und passt hier nicht.

29. A skyscraper is a very high /tall building with a lot of storeys.

zu 30: burglar   = Einbrecher
       thief   = Dieb
       Der Unterschied zu "thief" muss deutlich werden, sonst gibt es keinen Punkt.
  30. A burglar is a person who breaks into houses to steal something/valuable things.

Gemischte Grammatik

Dieser Text enthält viele mit Fragezeichen versehene Lücken, die du sinngemäß füllen musst.
Überlege dir deshalb den Inhalt gründlich.

  31. <u>racing</u> (Partizip Präsens)
  32. <u>some</u> information ("some" im bejahten Aussagesatz, "any" in Frage und Verneinung)
  33. ... <u>goes dark</u> (Präsens analog zu "is", da Schilderung der Situation; 3. Personen-s;
        kein Adverb bei "dark")
  34. ... the <u>worst</u> (Superlative eingeleitet durch "the"; Steigerung "bad – worse – worst")
  35. ... heard <u>of/about</u>
  36. ... the problem also <u>known</u> as (verkürzter Relativsatz im Passiv: "which is also known
        as", siehe G 19)
  37. On 1st January 2000 ... <u>will be</u> (Zukunft aufgrund des Datums)
  38. ... the <u>beginning</u> of (Gerund als Subjekt)
  39. ... the year 2000 problem <u>is</u> (Tatsache)/<u>has been</u> (noch nicht abgeschlossen)/<u>is being
        greatly exaggerated</u> (gegenwärtige Handlung, also Verlaufsform Gegenwart; Passiv
        aufgrund des Sinns; Adverb bestimmt ein Vollverb näher, siehe G 1)
  40. ... to <u>make/earn/get</u> money
  41. ... no shortage of (Mangel, Knappheit an) <u>work/jobs/employment</u>
  42. ... those <u>who/that</u> (= „jene, die/welche", Relativpronomen für Personen siehe G 26)
  43. ... languages <u>which/that</u> (Relativpronomen für Dinge siehe G 26)
  44. ... are looking forward to <u>celebrating</u> (Gerund nach Verb + Präposition, siehe G 10)
  45. ... the <u>most</u> (Superlativ nach "the")
  46. ... on 31st December 1999 , when the Dome <u>is</u> (Tatsache)/<u>will officially be opened</u>
        (Zukunft aufgrund des Datums; Passiv; Adverb)
  47. confidence <u>in</u>
  48. ... <u>21st/new/next</u> century

Dialog

Dies soll ein Gespräch sein zwischen dir und deinem Freund über einen Besuch im „Millennium Dome". Übersetze so genau wie möglich und lasse keine Wörter aus.

zu 49: I would like to   = gerne etwas tun
  49. That's right./You are right./I agree with you. (= Zustimmung)
        I have already read a lot about it. (Present Perfect, da Bezug zur Gegenwart, noch
        nicht abgeschlossen)
        What/Which exhibition zone would you like to see?
  50. So do I.(Kurzantwort: Bezug auf das vorhergehende Vollverb "I really <u>want</u> to
        go ...")/Me too.
        That way you can go/travel everywhere/to all countries all over the world/wherever
        you want, even to Australia.
zu 51: to be interested in   = interessiert sein an
       development   = Entwicklung; to develop = entwickeln
       to mean   = bedeuten; nicht: meinen = to think, believe
       life, lives (Plural)   = das Leben (Substantiv); to live = leben (Verb)

51. I'm not interested in that, but I would like to see the zone which shows the development of human life.
What do you think?/What's your opinion?

zu 52: ticket = Fahrkarte, Fahrschein, Flugticket; Eintrittskarte
card = (Post)Karte, (Spiel)Karte
too = zu; auch

52. I hope that the tickets aren't/won't be too expensive.

Guided Writing (53.)

Brief an die Ferienagentur „British Tourist Authority", in dem du weitere Informationen einholen sollst über das Angebot in der Broschüre, die dir die Agentur bereits geschickt hat. Verwende dazu die in den Kästchen vorgegebenen Anhaltspunkte.

Vor allem aber ist es wichtig, die einzelnen Gedanken flüssig miteinander zu verbinden, so dass ein zusammenhängender Text entsteht. Für nur aneinander gereihte Fragen gibt es Punktabzüge. Es werden nämlich nicht nur Inhalt, Rechtschreibung und Grammatik bewertet, sondern auch das sprachliche Niveau.

Ein passender Anfang, in dem du deinen Wunsch äußerst, sowie ein geeigneter Schluss werden ebenfalls in die Bewertung mit einbezogen. Den Wortschatz des Inserats kannst du z. T. geschickt verwerten. Die Überleitungen werden in der Lösung fett gedruckt, damit sie dir auffallen.

Dear Sir or Madam,

Thank you very much for the brochure about your holiday apartments. We are especially interested in one of them and therefore I would like to ask you for further information.
Oder:
My family and I want to celebrate the millennium in England. Therefore we would like to stay in one of your apartments. But before we book could you send us more detailed information about Waverley Gardens Holiday Apartments?
Oder:
I have read the advertisement of Waverley Gardens Holiday Apartments in your brochure and I am especially interested in one of the apartments. Could you give me some more information, please?
We'll arrive in England at the end of December and we intend/would like to stay for two weeks. There are four of us./We are four people. **I would like to know** what the price is for four persons?/... how much you charge for four people?
You write/wrote in your brochure that we can use public transport. What sort/kind of public transport is it? How far is it to London?/How long does it take us to get to London?
In the brochure/information we got we read something about the attractive location near your apartments. Could you send me/enclose an extra brochure/leaflet with the most important/interesting sights there?
In the millennium package a visit to a musical is offered. We would prefer "Miss Saigon". Is it possible for you to get four tickets for us?/Could you get the tickets for us?
The package also includes a 5-course dinner in an elegant restaurant. Therefore I would like to know what kind of clothes/clothing we will have to wear if we want to have dinner there.
Thank you for your answer. I'm looking forward to hearing from you soon./I would be grateful if you answered soon.

Yours faithfully,

---

54. Greenwich – das Zentrum/der Mittelpunkt von Raum und Zeit

zu 55: puzzle = Rätsel; Problem, Schwierigkeit; hier falsch: Puzzle
throughout (zeitlich) = über ... hindurch, über ... hinweg, durch ... hindurch
century = Jahrhundert
millennium = Jahrtausend
how to = wie; Infinitiv nach Fragewörtern kann im Deutschen gut mit einem Nebensatz übersetzt werden.
across = über, hinüber, quer (Richtung)
the sea = das Meer, der Ozean, <u>die</u> See
lake = <u>der</u> (Binnen) See

55. Zwei der großen Rätsel/Probleme/Fragen durch die Jahrhunderte hindurch waren, wie man seinen Weg über die Ozeane/Meere finden sollte und wie man die genaue Zeit (an)sagen/angeben/bestimmen/anzeigen sollte.

zu 56: "especially" darf hier nicht mit „speziell" übersetzt werden
to explore = erforschen, erkunden
to discover = entdecken (ist hier falsch)

56. Das Problem der Orientierung wurde besonders ernst/schwer wiegend/schlimm/ wichtig, als Schiffe begannen (falsch: starteten), die Welt in großer Zahl/in einer großen Anzahl/in großer Menge zu erkunden/erforschen.

zu 57: only:
a) einzig   He is their only child.
b) nur   One person only
c) erst   It's only nine o'clock.
Konstruktion: help <u>which</u> they had had ... Relativpronomen kann im notwendigen Relativsatz im 3. und 4. Fall weggelassen werden, siehe G 26; Past Perfect muss mit 3. Vergangenheit übersetzt werden, um die Vorzeitigkeit auszudrücken.

57. Bis zu dieser/der Zeit war die einzige Hilfe, die sie gehabt hatten, die Sterne.

58. Wolkenreiche/Bewölkte Nächte oder plötzliche (falsch: heftige) Stürme auf See/auf dem Meer führten oft zu Schiffbruch/Schiffbrüchen/Schiffsuntergang.

zu 59: observatory = Sternwarte
astronomer = Astronom, Sternenforscher
royal = königlich
meridian = <u>der</u> Meridian, Längenkreis
prime meridian = Nullmeridian
to establish = gründen ist in diesem Zusammenhang falsch
Konstruktion: Auflösung eines Nebensatzes der Zeit, siehe G 18: after he had worked "for" 43 years darf nicht mit „seit" übersetzt werden, da kein Bezug zur Gegenwart besteht.

59. Nach 43-jähriger Arbeit/Nachdem der königliche Astronom John Flamsteed 43 Jahre (lang) in seiner Sternwarte gearbeitet hatte, richtete/führte er 1676 den Greenwich Meridian ein (setzte er ... fest).

zu 60: to enable s.o. to do s.th. = ermöglichen, möglich machen = object + infinitive nach bestimmten Verben, siehe G 14; kann im Deutschen mit einem Nebensatz (dass) auf- gelöst werden.

60. Dies ermöglichte (es) jedem Kapitän, die genaue Position/Lage seines Schiffes zu kennen/wissen/bestimmen.

zu 61: still   = immer noch
       to keep   = behalten, beibehalten, haben
       "its" bezieht sich auf „die Stadt" und darf nicht mit „seine" übersetzt werden.

61. Aber immer noch hatte/behielt jede Stadt auf der Welt ihre eigene Ortszeit. (falsch: lokale Zeit)

zu 62: not until   = nicht vor, erst
       according to   = gemäß (hier stilistisch nicht gut); auf, nach
       to set the clock = die Uhr einstellen auf, stellen nach

62. Es dauerte noch bis/Erst 1884/Nicht eher als 1884 wurde beschlossen/entschieden, alle Uhren nach der Greenwich-Zeit zu stellen/umzustellen/an die … Zeit anzupassen.

Hello, this is the listening exam 1999. I'm going to give you the instructions for the test. Don't worry; you'll hear each text twice. At the start of each piece you'll hear this sound: [Ton] You can answer the questions while you are listening, but you also have some time after each recording. There'll be a pause before each piece so that you can look at the questions, and other pauses to let you think about your answers. Please read the exercise and instructions for text 1. You've got 15 seconds.
(15 Sekunden Pause, dann Ton)
Now listen to the speakers of text 1. You'll have 5 seconds after the first listening and 5 seconds after the second listening.

LEISURE ACTIVITIES

Text 1: Plans for the Weekend

You will hear four conversations about people's plans for the weekend (conversation A, conversation B, conversation C and conversation D). What are the various people doing at the weekend? Write the correct letters in the boxes.

Conversation A
MALE: Hi, are you going to Janet's birthday on Saturday?
FEMALE: I'd love to, but my grandparents have invited us for dinner. Granny is an excellent cook, you know.
MALE: Do you really have to go there?
FEMALE: Unfortunately. They want to have the whole family around. After the meal they are going to show us the slides and photos they took on holiday in Scotland.

Conversation B
MALE: Hello Cathy, what are you doing on Saturday?
FEMALE: My parents are going out for dinner. It's their wedding anniversary. So I have to look after my little brother. Believe it or not, I'd prefer to do some work for school.
MALE: You could go to the cinema with him and see a Disney film.
FEMALE: He's only two. So I'll have to play with him.

Conversation C
MALE: Hi Helen, what are you doing on Saturday
FEMALE: We've got friends here from out of town. We don't see them very often but when they're here we usually eat out together.
MALE: What kind of restaurant do they prefer? Italian? Chinese? Mexican? I can recommend some good places.
FEMALE: No dining out this time. We managed to get tickets for *Starlight Express*. I haven't seen it myself although it's been on for ages. Of course, I know what it's about, but seeing it live on stage is different. I don't want to miss it.

Conversation D
MALE 1:   Hello Roger, what are you doing this weekend? Studying as usual?
MALE 2:   I really should. There's a chemistry test next Wednesday. My parents are away over the weekend, visiting relatives. So nobody will bother me.
MALE 1:   There's that new Steven Spielberg film on at the Royal. I would like to see it. Why don't you come along?
MALE 2:   Good idea. I need a change.
(5 seconds after first listening, 5 seconds after second listening)

Please read the exercises and instructions for text 2. You've got 45 seconds. (45 Sekunden Pause, dann Ton)
Now listen to text 2. You'll have 5 seconds after the first listening and 5 seconds after the second listening.

Text 2: Interview with a Pop Star

SUSAN NORMAN: Hello fans. Welcome once again to our show. First of all, I've got someone really special here in the studio, the one and only James Hetfield. Hello James, it's really fantastic to see you again.

JAMES HETFIELD: Thanks a lot Susan. It's a great pleasure to be here on your show tonight.

SUSAN NORMAN: Some people – mostly adults – say that the music you make – heavy metal – isn't music at all.

JAMES HETFIELD: Yeah, I know. But fortunately for *Metallica* and other groups like ours, there are plenty of young people who like loud sounds and especially the fast, screaming guitar solos that are typical of our band.

SUSAN NORMAN: There must be lots of people who are fascinated by your music since you've sold almost 60 million records during your career. By the way – where did it all begin?

JAMES HETFIELD: The group was formed in 1981 in my home town Los Angeles in California. Our songs about death and horror were even harder, faster and louder than those of other heavy metal bands and soon won us a big following of fans.

SUSAN NORMAN: Do you still like writing pessimistic songs?

JAMES HETFIELD: Personally I don't feel like writing happy music. So most of my songs are fast and angry or slow and sad.

SUSAN NORMAN: How come?

JAMES HETFIELD: Well, my childhood wasn't happy at all. My parents got divorced and my mother died early. I think this influenced my music. Most of the stuff I come up with is because of what I went through as a child.

SUSAN NORMAN: Whatever the reasons for your songs, they have brought you and your band enormous success.

JAMES HETFIELD: For people who buy our CDs, go to our concerts and hang our posters on their walls *Metallica* means more than just music. Our fans are not only music lovers, they are music livers.

(Fade)
(5 seconds after first listening, 5 seconds after second listening)

Please read the instructions and the exercise for text 3. You've got 1 minute.
(1 Minute Pause, dann Ton)
Now listen to text 3 and correct the text on your exam paper. You'll have 10 seconds after the first listening and 10 seconds after the second listening.

Text 3: Reading – a Favourite Pastime?

The writer of this article didn't listen carefully. He got several details wrong. Listen to the tape and write the corrections on the lines in the text:

In the age of TV, video and computers, the question is if reading is still a favourite pastime of the young. Of course, there are quite a lot of young **people** who are fond of reading in their spare time. But the number of those who don't read is increasing, even though they have got interesting books written for their age group at home and school libraries full of possibilities. For example: Crispin is 16. He likes sports and he's good at school. He likes studying French but ... he's never **read** a whole book. Crispin is only one of many youngsters who, according to surveys by educational experts, have never managed to go through a book from beginning

to end. He's read a good number of short pieces: stories, **fables,** cartoons and articles in teenage magazines … But the pleasure of reading has never motivated him to **choose** a book and read the whole of it. Crispin's case **worries** a lot of adults: parents and teachers, but also children's writers and editors. Who is to blame? Some say it's television – **because** it offers attractive programmes which don't require the effort of reading.
(10 seconds after first listening, 10 seconds after second listening)

Please read the instructions and the exercise for text 4. You've got 15 seconds.
(15 Sekunden Pause, dann Ton)
Now listen to text 4. You'll have 10 seconds after the first listening and 10 seconds after the second listening.

Text 4: Seeing a Film or a Musical

Linda Goolagong and Jim Baker are both visiting London. After a busy day of sightseeing they happen to meet at Covent Garden. They decide to relax and to go to the cinema. So they walk the short distance to Leicester Square to see what's on.

LINDA: Have you seen *Virus?*

JIM: No, never heard of it. What's it all about?

LINDA: Well, I don't really know, but I think it's a techno-thriller. Ship-wrecked people go aboard a top secret Russian ship. They discover that the Russians have been killed by aliens, who see humans as viruses that must be destroyed.

JIM: That sounds rather cruel, doesn't it? What else have we got? Oh yes, look over there. *The Prince of Egypt.* It's a history film which tells us the story of Moses. There are six new songs in the film composed – among others – by Hans Zimmer who wrote the music for *The Lion King.*

LINDA: I think they are distributing some leaflets in front of the *Odeon.* Let's see what they are. Well, this one's about musicals. First of all *Five Guys Named Moe.* There are only six characters in the entire show and they are: Eat Moe, Little Moe, Four-Eyed Moe, Big Moe and Nomax.
It opens with Nomax who is sad because he has no money at all and his girl friend's left him. He sings *It's Early in the Morning* and then the five guys named Moe jump out of a 1930's radio. Together, they sing a show full of songs. There's a running theme to the songs, but that's about all the plot there is. Still it's one of the most entertaining shows I've ever seen.

JIM: Fantastic, I love funny musicals. And what about the other one?

LINDA: It's *Mamma Mia.* It says it's based on the songs of ABBA. The story is set on an unnamed island where Donna is making preparations for her daughter's wedding. It uses ABBA songs to show the different opinions of two women: a 40-year-old of the seventies and a 20-year-old of the nineties.

JIM: Well, both musicals sound quite interesting.

(10 seconds after first listening, 10 seconds after second listening)

Please read the instructions and the exercise for text 5. You've got 30 seconds.
(30 Sekunden Pause, dann Ton)
Now listen to text 5. While listening, write your notes on your extra sheet. After the second listening write your answers on the exam paper. You'll have 20 seconds after the first listening and 2 minutes after the second listening. I'll remind you when there's one minute left so that you are sure to finish in time.

Text 5: What to Do in London

You are listening to a conversation between three young tourists, Helen, Kevin and Ray, who meet in the hotel lounge. They are talking about their stay in London.

RAY: Hi, Helen, what were you doing yesterday? I didn't see you all day.

HELEN: I'm only staying in London for a couple of days, you know. So I went on a sight-seeing tour.

KEVIN: Really? Isn't that rather expensive?

HELEN: You're right, Kevin. So first I thought about joining the cheap 'hop on, hop off' tour on one of those famous double-deckers, but then I chose the Classic Coach Tour for £13, which is not that cheap if you are on a tight budget like me.

RAY: And was it worth it?

HELEN: Well, they collect you at the hotel so I was waiting outside at 10 o'clock sharp, but they arrived half an hour late. And then there was a big group of noisy Germans on the bus and I had to listen closely to understand what the guide was explaining.

KEVIN: And now you are an expert on German!

HELEN: It wasn't that bad. The guide seemed to know everything about London history. It helped me a lot to understand what I was looking at. Are you thinking of doing this tour as well, Kevin?

KEVIN: Well, I'd rather be on my own when I explore the city. This morning I went to Westminster Abbey. Can you imagine that since the year 1300 English monarchs have sat on the Coronation Chair in the Abbey when they are crowned kings or queens of England? And in the Lady Chapel both Elizabeth I and her half-sister Mary Tudor are buried. You can see them there made of stone. It's a pity the place got crowded pretty soon and that definitely spoilt the atmosphere. Are you at all interested in history, Ray?

RAY: Not really. All that history stuff doesn't sound too exciting for me. Anyway, I've spent the last couple of days hunting for all sorts of souvenirs. Friends told me I shouldn't miss Camden Market, so I went there on Sunday. And you're right, Kevin, it's always a good idea to arrive early. You get the best bargains before the shoppers flock in.

HELEN: And did you buy anything?

RAY: Yes, a black leather jacket. The designer wear looked a bit overpriced to me, and, of course, they sell a lot of junk, too, but that's part of the fun. You have to watch out for pickpockets, though, they seem to be after your money, as well. It makes you feel unsafe.

(20 seconds after first listening and 2 minutes after second listening)

(1 minute)
You have one more minute left.
(1 minute)
That's the end of the test. Please stop now. Your teacher will collect all the exam papers. Thank you for listening. Goodbye.

Listening Tasks

POINTS

Text 1: Plans for the Weekend

You will hear four conversations about people's plans for the weekend (conversation A, conversation B, conversation C and conversation D). What are the various people doing at the weekend? Write the correct letters in the boxes.

1. eating out ☐
2. visiting relatives ☐
3. going to the cinema ☐

4. preparing for school ☐
5. babysitting ☐
6. going to a musical ☐

4

Text 2: Interview with a Pop Star

You are going to hear an interview with the famous pop singer James Hetfield.
One ending to the following sentences is correct. Tick it. ☑

1. James Hetfield

☐ has been on the show before.
☐ is appearing on the show for the first time.
☐ is a regular guest on the show.

2. Mr Hetfield's fans are

☐ sure heavy metal isn't music at all.
☐ shocked by the loud sounds of *Metallica*.
☐ fascinated by his band's fast guitar solos.

3. *Metallica* was formed

☐ in San Francisco in California.
☐ in California in the late eighties.
☐ in California in the early eighties.

4. James Hetfield doesn't feel like writing happy songs because

☐ his marriage broke up.
☐ his childhood was unhappy/sad.
☐ his parents both died early.

5. At the end James Hetfield tells Susan Norman that *Metallica*

☐ stands for a certain type of music.
☐ still tends to shock people with their music.
☐ also means a special life-style for their fans.

5

Text 3: Reading – a Favourite Pastime

The writer of this article didn't listen carefully. He got several details wrong. Write the corrections on the lines in the text. While listening the first time it may help you to underline the words or expressions which are different in the text. (6)

1. In the age of TV, video and computers, the question is if reading is still a

2. favourite pastime of the young. Of course, there are quite a lot of young pupils

3. who are fond of reading in their spare time. But the number of those who don't

4. read is increasing, even though they have got interesting books written for

5. their age group at home and school libraries full of possibilities. For example:

6. Crispin is 16. He likes sports and he's good at school. He likes studying French

7. but ... he's never had a whole book. Crispin is only one of many youngsters

8. who, according to surveys by educational experts, have never managed to go

9. through a book from beginning to end. He's read a good number of short

10. pieces: stories, facts, cartoons and articles in teenage magazines ...

11. But the pleasure of reading has never motivated him to buy a book and read

12. the whole of it. Crispin's case warns a lot of adults: parents and teachers, but

13. also children's writers and editors. Who is to blame? Some say it's television

14. – of course, it offers attractive programmes which don't require the effort of

15. reading.

Text 4: Seeing a Film or a Musical

Take notes on the conversation between Linda and Jim about their plans for the evening. You don't have to write complete sentences.

kind of film/musical	contents	
Virus **(techno-thriller)**	– who? **ship-wrecked people** – their enemies? _____ – enemies' plan? _____	1 1
The Prince of Egypt **(history film)**	– based on? _____ – Hans Zimmer? **wrote music for 'The Lion King'**	1
Five Guys Named Moe **(musical)**	– number of singers? _____ – opening song? _____	1 1
Mamma Mia **(musical)**	– based on? _____ – setting of the story ? _____ _____	1 1

A NEW MUSICAL

MAMMA MIA!

WORLD PREMIERE 6 APRIL
PRINCE EDWARD THEATRE, Old Compton Street

Text 5: What to Do in London

You are going to listen to a conversation between three young tourists, Helen, Kevin, and Ray, who meet in the hotel lounge. They are talking about their stay in London. **While listening:** Take down notes on your **extra sheet** so that you can answer the questions. **After listening:** You have got two minutes. Write the answers on your exam paper. You don't have to write complete sentences, but one word is not enough.

1. Which sightseeing tour did Helen do?

    _____ 1

2. What was bad about her tour? (two aspects)

    _____ 1
    _____ 1

3. What did Kevin learn about English history in Westminster Abbey? (two aspects)

        1

        1

4. Why did Ray decide to go to Camden Market early? (one aspect)

        1

5. Why do tourists have to be very careful at Camden Market (two aspects)

        1

        1

===

Lösung

Text 1: Wird ein Buchstabe mehrmals verwendet und /oder werden mehr als vier Kästchen beschriftet, erfolgt pro Fehler ein Punktabzug.
2 A, 3 D, 5 B, 6 C

Text 2:
1. James Hetfield has **been on the show before.**
2. Mr Hetfield's fans **are fascinated by his band's fast guitar solos.**
3. Metallica was formed **in California in the early eighties.**
4. James Hetfield doesn't feel like writing happy songs because **his childhood was unhappy / sad.**
5. At the end James Hetfield tells Susan Norman that *Metallica* **also means a special life style for their fans.**

Text 3: Bei dieser Aufgabe wird pro verbessertem Wort ein Punkt vergeben. Bei falsch verbesserten Ausdrücken wird pro Ausdruck ein Punkt abgezogen

	falsch	richtig
line 2	pupils	people
line 7	had	read
line 10	facts	fables
line 11	buy	choose
line 12:	warns	worries
line 14	of course	because

(Die Vergangenheitsform *chose* führt hier zu einem Punktabzug, da ein Unterschied in der Aussprache besteht.)

Text 4: Seeing a Film or a Musical

kind of film/musical	contents
Virus (techno-thriller)	– who? ship-wrecked people – their enemies? **aliens** – enemies' plan? **destroy humans/kill humans**
The Prince of Egypt (history film)	– based on? **the life of Moses (story of Moses/the Bible)** – Hans Zimmer? wrote music for 'The Lion King'
Five Guys Named Moe (musical)	– number of singers? **6** – opening song? **It's Early in the Morning**
Mamma Mia (musical)	– based on? **songs of ABBA** – setting of the story ? **unnamed island**

Text 5:

1. **Classic Coach Tour** (das Wort *classic* muss in der Lösung enthalten sein.)
2. – **rather expensive/not cheap**
   – **half an hour late/had to wait for half an hour**
   weitere Möglichkeiten: **noisy Germans/hard to understand/had to listen closely**
3. – **kings and queens (are) crowned here / Elizabeth and Mary (are) buried here**
   (Isolierte Begriffe, wie *Coronation Chair* oder *Lady Chapel* können nicht gewertet werden, da sie keine Antwort auf die Frage darstellen.)
   – **gothic architecture**
4. **best bargains/not so crowded/not many shoppers**
5. – **overpriced clothes /overpriced designer wear**
   (Die Schreibweise *where* oder *were* ist in diesem Fall als falsch zu bewerten.)
   – **a lot of junk/pickpockets steal money**

GOING HOME

They were going to Fort Lauderdale, Florida. There were six of them, three boys and three girls, all students, and they got on the bus at 34th street carrying sandwiches and wine in paper bags. They were dreaming of golden beaches as the grey, cold spring of New York disappeared behind them. Vingo was on the bus from the beginning. As the bus passed
5 through New Jersey, they began to notice that Vingo never moved. He sat in front of the young people, his dusty face hiding his age, dressed in a plain suit that did not fit him. He sat there in complete silence.

Deep into the night, the bus pulled into a Howard Johnson's restaurant and everybody got off the bus except Vingo. The young people began to wonder about him, trying to imagine
10 his life: perhaps he was a sea captain; maybe he had run away from his wife. When they went back to the bus, Julie, one of the girls, sat beside him and introduced herself. "We're going to Florida", she said brightly. "You're going that far?" "I don't know", Vingo said. "I've never been there", the girl said. "I hear it's beautiful." "It is", he said softly, as if remembering something he had tried to forget. After a while, Julie went back to the others
15 as Vingo fell asleep.

In the morning they awoke outside another Howard Johnson's and this time Vingo went in. The girl insisted that he should join them. He seemed very shy and ordered black coffee, as the young people chattered about sleeping on the beaches. When they went back on the bus, Julie sat with Vingo again. After a while, slowly and painfully, he began to tell
20 his story. He had been in jail for the last four years, and now he was going home.

"Are you married?" "I don't know." "You don't know?" she said. "Well, when I was in jail I wrote to my wife. I said, Martha, I understand if you can't stay married to me, if it hurts too much, just forget about me. I told her she didn't have to write me, and she didn't. Not for three and a half years." "And you are going home now, not knowing?"
25 "Yeah," he said slowly. "Well, last week, when I was sure the parole* was coming through I wrote her. I told her that if she had a new guy, I would understand it. But if she didn't, if she would take me back, she should let me know. We used to live in Brunswick, and there's a big oak tree just as you come into town. I told her if she wanted to take me back, she should put a yellow handkerchief on the tree, and I would come home. If she
30 didn't want me, forget it, no handkerchief and I'd keep going on through."

"Wow", Julie said. She told the others, and soon all of them were in it, interested in the approach of Brunswick. They were looking at the pictures Vingo showed them of his beautiful wife and three children. Now they were twenty miles from Brunswick. The young people took over window seats and waited for the approach of the great oak tree.
35 Then it was ten miles and then five, and the bus became very quiet.

Then suddenly all the young people were up out of their seats, screaming and crying, doing small dances, shaking their fists in triumph and joy. All except Vingo. Vingo sat there confused, staring at the oak tree. It was covered with yellow handkerchiefs, 20 of them, 30 of them, maybe hundreds. The tree stood like a huge sign of welcome, bowing
40 and waving in the wind. As the young people shouted, the ex-con** slowly rose from his seat, and made his way to the front of the bus to go home.

*   parole: Begnadigung
**   ex-con *(informal):* former prisoner

Going Home

POINTS

Understanding the text

**Which descriptions fit the three people from the text *best*?
Tick (✓) *two* items per person. You are allowed to use each
description only once. Be careful, there are more items
than you need.**

Yellow Ribbon Tree

	interested in other people	noisy	shy	forgiving	rich	attractive	quiet	has never been to Florida	
1 Vingo									2
2 Julie									2
3 Martha									2

Answer the following questions on the text. Write complete sentences.

4. What did the young people want to do in Florida?   1/1
5. How can you tell that Vingo has been to Florida?   1/1
6. What would Vingo have done if there had been no yellow handkerchiefs?   1/1
7. Why did the young people on the bus take over window seats?   1/1

**Additional questions and statements. Write complete sentences. You may get
one extra point for each answer.**

8. What kind of difficulties might an ex-prisoner have to face? Name two different ones.   2/2 (+1)
9. Martha didn't write to Vingo for three and a half years. Give two possible reasons and explain.   2/2 (+1)

Complete these sentences using the information in the text.

10. Vingo's dusty face didn't tell the students …   1/1
11. Julie wanted Vingo …   1/1

Vocabulary

**The following words have various meanings. Which of the meanings given in
the dictionary is the one used in the text? Underline the *best* German translation.**

12.
bright (line 12)
1. hell, leuchtend
2. *Aussichten:* viel versprechend
3. *Wetter usw.:* heiter
4. gescheit
5. strahlend

13.
soft (line 13)
1. *allg.:* weich
2. leise
3. *Beleuchtung usw.:* gedämpft
4. nachsichtig
5. *Droge:* weich

14.
painful (line 19)
1. *körperlich:* schmerzend
2. *seelisch:* schmerzerfüllt
3. *Vorfall:* unangenehm, peinlich

3

E 2000-2

15. **just** (line 28) 1. gerade (in diesem Moment) 2. bloß, nur 3. gleich (kurze Entfernung) 4. gerecht	16. **be in** (line 31) 1. etwas anhaben (Kleid, Anzug) 2. mitspielen (in einem Stück) 3. in einem Beruf arbeiten	17. **scream** (line 36) 1. schreien (fig. Farbe etc.) 2. kreischen 3. (schrill) pfeifen (Lokomotive etc.) 4. heulen (Wind etc.)	3

Paraphrase the underlined words or expressions from the text. Do not change the meaning of the sentences.

18. He sat there <u>in complete silence</u> (line 7) 1/1
19. <u>Everybody got off</u> (lines 8/9) the bus except Vingo. 1/1
20. One of the girls sat behind him and <u>introduced herself</u> (line 11). 1/1
21. He <u>rose from his seat</u> (line 40) and made his way to the front of the bus. 1/1

Use words from the same families as the ones in brackets to complete the sentences.

22. Vingo didn't get off the bus. He was the only (except, line 9) ... 1
23. In the students' (imagine, line 9) ... Vingo was a sea captain. 1
24. Vingo was afraid his wife might want an end of their (marry, line 22) ... 1
25. If his wife hadn't taken him back, Vingo would have been (home, line 29) ... 1
26. Finally the bus (approach, line 32) ... Brunswick. 1

Explain the following expressions as used in the text. Write complete sentences.

27. student (line 2) 1/2
28. jail (line 20) 1/2
29. confused (line 38) 1/2

Greyhound Line

Complete the following text. Use the correct form of the words in brackets and find words of your own to replace the question marks.

Tie A Yellow Ribbon ...

30. The song "Tie A Yellow Ribbon ..." (become) ... a national symbol for 1
    Americans during the period from November 1979 to January 1981.
31. They were waiting for 52 men and women to come home after they (hold) ... 1
32. prisoner in Iran for more (???) ... a year. 1
33. This was one of the (bad) ... periods in the US-Iranian relationship. 1
34. But the positive aspect was that a (???) ... remarkable spirit of national 1
35. unity developed. People took (???) ... in public prayers. 1
    They sent lots of letters to local newspapers and more and more Americans
36. used a yellow ribbon (show) ... their love and care for people in need. 1
37. 14 years (???) ..., two American aircraft mechanics, David Daliberti and 1
    Bill Barloon, experienced the power of that yellow ribbon, too.
38. On a March night in 1995, they were traveling (???) ... the desert along the 1
39. border of Iraq and Kuwait. As they (???) ... know the area 1
40. very (good) ..., they drove into Iraq territory 1
41. and (arrest) ... by armed soldiers. 1
42. They were (immediate) ... moved to Baghdad, 1

43. … (???) they faced a quick trial and were found guilty. Soon, the prisoners   1
   and their families were in the spotlight of the international media.
44. (David) …wife Kathy thought that the American government   1
45. wasn't doing (???) … and decided to go public. With the help of journalists   1
   she established the *Yellow Ribbon Home Page.*
46. Tens of thousands of (???) … visited the Web site   1
47. and (???) … messages of support. The *Yellow Ribbon* campaign became   1
48. a worldwide success. If the international public pressure (not, be) … so strong   1
   the two Americans wouldn't have been set free so soon.

Translate into German.   21
*The day after Vingo had come home the people in Brunswick read the following
article in their local paper:*
Yellow ribbons on the old oak tree
49. After four years of involuntary absence Vingo S., one of our citizens, was
   welcomed home spectacularly by his wife and three kids.   4
50. It was a happy ending to a story that had taken a tragic turn four years before,
   when Vingo was imprisoned in New York.   3
51. What was the crime he had committed?   1
52. As a young father of three kids he worked day and night in his uncle's building business.   2
53. He accepted orders, employed workers and didn't know that his uncle kept
   taking money out of the business for private purposes.   5
54. When the bank no longer cashed his checks, Vingo discovered too late that he
   had been cheated.   3
55. His uncle suddenly disappeared, the office was searched by the police and
   Vingo was accused of being a criminal.   3

Guided Writing
*You only have to do **one** of the following tasks. Write your answer in **about 130
words** on the opposite page, putting A or B in the box. **Important:** First read both
tasks, **then** decide whether you want to answer A or B. If you want to write your
ideas down before you write them on the exam paper use your extra sheet.*
56. **Task A**   12/6/6
   Vingo has read this advertisement, which he finds quite interesting. He wants
   to get some more information. Write Vingo's letter using the prompts given.

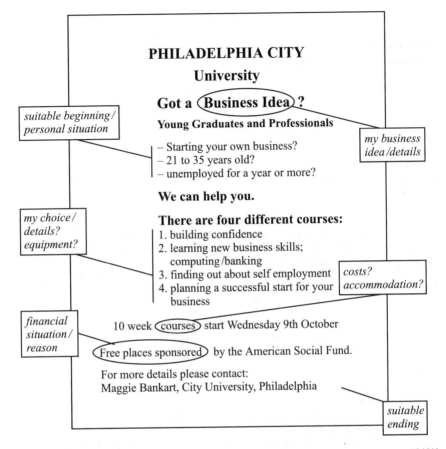

PHILADELPHIA CITY

University

Got a (Business Idea)?

suitable beginning/ personal situation

Young Graduates and Professionals

– Starting your own business?
– 21 to 35 years old?
– unemployed for a year or more?

my business idea/details

We can help you.

my choice/ details? equipment?

There are four different courses:

1. building confidence
2. learning new business skills; computing/banking
3. finding out about self employment
4. planning a successful start for your business

costs? accommodation?

financial situation/ reason

10 week (courses) start Wednesday 9th October

(Free places sponsored) by the American Social Fund.

For more details please contact:
Maggie Bankart, City University, Philadelphia

suitable ending

56. **Task B**   12/6/6

When Vingo was sure the parole was coming through he sent a letter to his wife. Imagine you are Vingo and write this **letter.** Include the following:

– reason for the letter
– your feelings
– yellow handkerchief
– plans for the future
– **and find two additional aspects.**

Lösung

Textverständnis

Personenbeschreibung anhand von Textstellen

1. Vingo: shy (Z. 17: "He seemed very shy ...")
   quiet (Z. 7: "He sat there in complete silence")
2. Julie: interested in other people (Z. 11–13; Z. 22)
   has never been to Florida (Z. 13: "I've never been there ...")
3. Martha: forgiving (Z. 38: "... It was covered with yellow handkerchiefs ...")
   attractive (Z. 33: "... beautiful wife ...")

Fragen zum Text

Wenn es die Fragestellung erlaubt, so dürfen die Fragen wörtlich aus dem Text übernommen werden. Entsprechend niedrig ist auch die Punkteverteilung angesetzt.

zu 4: spring = Frühling
4. They wanted to spend some time on the beach./They wanted to go to the golden beaches of Florida./They wanted to spend their holidays there. (Z. 3)
5. Vingo said in line 13 that Florida was beautiful./Vingo says that Florida is beautiful.
zu 6: Achte darauf, dass du im Conditional II antwortest.
6. Vingo would have gone through Brunswick./He would have stayed on the bus. (Z. 30)
zu 7: to take over = übernehmen
   window seats = Fensterplätze
   to approach = sich nähern, näher kommen
   the approach = (Heran)Nahen, Näherkommen
7. They wanted to see the oak tree./They wanted to see if there were handkerchiefs on the oak tree.

Zusatzfragen

Für inhaltlich und sprachlich besonders ausführlich oder gut formulierte Antworten erhältst du einen Zusatzpunkt.

zu 8: Du musst zwei verschiedene Schwierigkeiten näher ausführen.
8. He might have difficulties (in) finding a suitable job because of his bad reputation/because employers might have prejudices against an ex-prisoner. (+1)
   His family and friends might turn away from him because they are ashamed of him. (+1)
   Other people might discriminate against him because he was in prison.
zu 9: Die Gründe müssen ausführlich erklärt werden, da es pro "reason" zwei Sprachpunkte gibt.
9. She was angry with him because he left her alone with the children.
   She had no time/She was too busy looking after her children and she had to earn some money for their living. (+1)
   She tried to forget him because she was hurt too much and Vingo had written her that she didn't have to write him.

Weiterführen von begonnenen Sätzen

zu 10: Führe die begonnenen Sätze sinnvoll zu Ende, indem du die Informationen aus dem Text verwendest.
10. ... how old he was. (Z. 6)
11. ... to join them/to come with them/to tell her s.th. about himself and his family/to tell her about his life. (Z. 17/21)

Wortschatz

Umgang mit einem Englisch-Lexikon

Englische Wörter haben oft mehrere, verschiedene Bedeutungen (meanings); wähle die Bedeutung aus, die genau zu der Textstelle passt.

12. strahlend (Nr. 5) **13.** leise (Nr. 2) **14.** *seelisch* schmerzerfüllt (Nr. 2)
15. gleich (Nr. 3) **16.** mitspielen (Nr. 2) **17.** kreischen (Nr. 2)

Paraphrasieren

Verändere die Bedeutung des Satzes nicht. Achte auch auf den richtigen Anschluss und auf die Zeiten.

18. ... without saying a word/... and didn't say a word/... and was very quiet
19. They all left./All of them left./All the people/All the passengers went out of ...
20. ... and told him her name/said who she was.
21. stood up/got up

Wortfamilien

22. exception (Ausnahme) **23.** imagination (Fantasie, Vorstellungskraft)
24. marriage (Heirat, Hochzeit) **25.** homeless (heimatlos, obdachlos)
26. approached (näherte sich)

Definitionen

Da die Definitionen mit zwei Sprachpunkten bewertet werden, solltest du etwas ausführlicher antworten. Lies die Textstelle noch einmal nach, damit du den Sinn auch triffst. Bilde vollständige Sätze!

27. A student is a person/someone who goes to school/college/university.
28. A jail is a building where criminals are kept/imprisoned.
29. If someone is confused, he doesn't know what to do/to think/to say. ... he doesn't understand anything any more.

Gemischte Grammatik

Der Text enthält viele mit Fragezeichen versehene Lücken, die du sinngemäß füllen musst. Überlege dir deshalb den Inhalt gut.

30. became ... from November 1979 to January 1981 (Simple Past aufgrund der Zeitangabe)
31. ... after they were held (Simple Past; unregelmäßiges Verb: hold, held, held)/had been held (Past Perfect: vorzeitige Handlung)
32. ... for more than (Komparativ)
33. ... one of the worst (Superlativ; unregelmäßige Steigerung: bad – worse – worst; siehe G8)
34. really/very remarkable spirit (Gradadverb)
35. ... took part in (teilnehmen an)
36. ... a yellow ribbon which showed/showing (durch ein Partizip verkürzter Relativsatz; siehe G17)/to show (Infinitiv: um zu zeigen ...)
37. 14 years later/afterwards (später, danach)
38. through/across
39. As they didn't know (verneinter Aussagesatz in der 1. Vergangenheit, Umschreibung mit didn't)

40. <u>well</u> (Adverb bestimmt Vollverb „know" näher; siehe G1)
41. ... they ... <u>were arrested</u> by ... (Simple Past; Passiv: Signalwort „by")
42. <u>immediately</u> (Adverb: sofort) moved ...
43. to Baghdad, <u>where</u> (wo)
44. David's wife (Genitiv-s bei Personen: Singular: 's: The girl's dress is nice.
Plural: s': The girls' dresses are nice.
Unregelmäßige Pluralformen: 's: The children's bikes are old.)
45. <u>enough/anything/much</u>
46. ... thousands of <u>people</u>
47. <u>sent/wrote</u> messages (Simple Past)
48. If ... <u>hadn't been</u> ... wouldn't have been set free ...
(If-clause Typ 3: Past Perfect – Conditional II, siehe G13)

Übersetzung

zu 49: involuntary = unfreiwillig
absence = Abwesenheit
to be absent from = abwesend sein, fehlen
to welcome s.o. = begrüßen, willkommen heißen
spectacular = sensationell, spektakulär; atemberaubend
citizen = Bürger; Staatsbürger; Einwohner
49. Nach vier Jahren unfreiwilliger Abwesenheit wurde Vingo S., einer unserer Mitbürger/Einwohner, von seiner Frau und seinen drei Kindern auf sensationelle/spektakuläre Weise zu Hause/zu seiner Heimkehr begrüßt/willkommen geheißen.
zu 50: turn = Drehung; Kurve; Wendung; Wende
at the turn of the century = um die Jahrhundertwende
things take a tragic turn = die Dinge nehmen eine tragische Wendung/Verlauf
it's your turn = du bist an der Reihe/dran
to imprison = inhaftieren, einsperren
prison = Gefängnis
50. Es war ein glückliches Ende/ein guter Ausgang einer Geschichte, die vor vier Jahren/die vier Jahre zuvor eine tragische/verhängnisvolle Wendung/einen tragischen Verlauf genommen hatte, als Vingo inhaftiert/eingesperrt wurde.
zu 51: to commit a crime = ein Verbrechen begehen
Konstruktion: notwendiger Relativsatz, in dem das Relativpronomen „which" oder „that" im 3. und 4. Fall weggelassen werden kann. „... the crime **which/that** he had committed."
51. Was war das Verbrechen, das er begangen hatte?
52. Als junger Vater von drei Kindern arbeitete er Tag und Nacht im Baugeschäft/in der Baufirma seines Onkels.
zu 53: to accept orders = Bestellungen/Aufträge annehmen/entgegen nehmen
to employ = beschäftigen, einstellen
to keep doing s.th = etwas immer wieder/ständig/dauernd/ permanent tun
purpose = Absicht; Zweck
53. Er nahm Bestellungen/Aufträge an, stellte Arbeiter ein und wusste nicht, dass sein Onkel laufend/ständig/dauernd für private Zwecke Geld aus dem Geschäft/Betrieb/der Firma nahm.
zu 54: to cash = (Scheck) einlösen
cash = (Bar)Geld
to pay (in) cash = bar bezahlen
to discover = entdecken, herausfinden
discovery = Entdeckung
to cheat = betrügen, schwindeln

54. Als die Bank seine Schecks nicht mehr (länger) einlöste, entdeckte Vingo zu spät, dass er betrogen worden war.

zu 55:

to disappear	=	verschwinden
disappearance	=	das Verschwinden
to search	=	durchsuchen, durchstöbern
to search for	=	suchen, forschen nach
to accuse s.o. of	=	jdn. anklagen, beschuldigen
criminal	=	Verbrecher; adj.: verbrecherisch, kriminell, strafbar
crime	=	das Verbrechen

55. Sein Onkel verschwand plötzlich, das Büro wurde von der Polizei durchsucht und Vingo wurde angeklagt/beschuldigt, ein Verbrecher zu sein.

56. Guided Writing

*Es werden dir zwei Aufgabenstellungen angeboten, von welchen du **eine** aussuchen darfst.*
Task A ist ein formeller Brief an die City University von Philadelphia, in dem du „als Vingo"
nähere Informationen einholen sollst. Du musst dich in die Situation Vingos hineinversetzen,
gerade wenn es um die „personal/financial situation" geht.
Pro „prompt" gibt es maximal zwei Inhaltspunkte je nach inhaltlicher Qualität, Situationsan-
gemessenheit und Ausführlichkeit deiner Antwort.

Dear Mrs Bankart, **(Kontaktadresse angegeben)**
Referring to the advertisement of the Philadelphia City University I am very much interested in/I would like to take part in one of the courses which are offered/on offer.
My name is Vingo S., I'm 30 years old and married with three children. At the moment I am unemployed because I was in jail for four years for a crime which I didn't commit. Shortly my parole came through and so I am a free man again. **(suitable beginning/personal situation)** Therefore I want to begin a new life. I would like to start a building business of my own. Before I was in jail I worked in my uncle's building business, so I've already got some experience in this branch.
Oder:
Therefore I want to start a new life with a good business idea. I'd like to run a disco bus company which transports young people safely home from the disco at night. **(business idea/ details)**
In your advertisement you offer four different courses. As I lost all my confidence when I was in prison I want to choose the first course "building confidence". Could you send me more detailed information about it? Furthermore I would like to know whether I need some special equipment/material for it. **(choice/details? equipment?)**
You write in your advertisement that the courses will take/last ten weeks. How much do you charge for them?/How much do they cost? I would also be very grateful if you would send me some information about accommodation. Have you got your own accommodation service or do I have to look for the accommodation myself? **(costs? accommodation?)**
As you know I was in prison for four years so/as a consequence my financial situation is rather bad. Therefore I'd like to apply for one of the free places which are sponsored by the American Social Fund./I would be grateful if I could get one of the free places … **(financial situation/reason)** I hope you will give me the chance of finding/I hope you will help me to find my place in society again. I'm looking forward to hearing from you soon. **(suitable ending)**

Yours sincerely   *Vingo S.*

*In **Task B** wird ein persönlicher Brief an Martha, Vingos Ehefrau, verlangt. Es sind dir nur vier „prompts" vorgegeben, zwei weitere ‚verschiedene Aspekte musst du entsprechend ausführlich ausgestalten.*

Dear Martha,

Imagine what happened! To my great relief the parole came through yesterday and that's the reason why I'm writing to you. Let me know if you want me to come home to you and the children. **(reason for the letter)**
I'm so happy that I'll be a free man/that I'll be released soon. I'm looking forward to seeing you again, because you are the most beautiful woman in the world/because I have missed you so much. But at the same time I'm worried about the future as I don't know whether I will find my place in society again. **(feelings)** If you want to take me back, put a yellow handkerchief on the old oak tree where we met for the first time. If not, I'll go on through the town and will never come back again. **(yellow handkerchief)**
I've got a lot of plans for my – or our – future. First of all I want to look for a job and of course I want to spend a lot of/much time with you and the children.
Oder:
I definitely have got plans for the future like starting my own building business in another town. Moreover I intend to buy a bigger house for us all/move to another town where we can live peacefully without the prejudice of our neighbours. **(plans for the future)**
I haven't seen you for four years and I really wonder what you look like and how the children have changed. They must have grown a lot. **(additional aspect)**
Have you heard anything about my uncle? I'm so disappointed about him because I worked so hard for him and in return he cheated me. Why did he do that? **(additional aspect)**
Oder:
The time in prison was very hard and it never seemed to end. When I get back home let's go on holiday to Florida where we spent our honeymoon and let's forget about the bad times.
Oder:
By the way, I'll arrive with the bus at 4 p.m., April 17th. I would be the happiest person in the world if you and the children met me at the bus station.
Hope to see you soon!

Your ever loving husband

Vingo

ENVIRONMENTAL PROBLEMS

Hello, this is the listening exam 2000. I'm going to give you the instructions for the test. Don't worry; you'll hear each text twice. At the start of each piece you'll hear this sound: [Ton] You can answer the questions while you are listening, but you also have some time after each recording. There'll be a pause before each piece so that you can look at the questions, and other pauses to let you think about your answers. Please read the exercise and instructions for text 1. You've got 15 seconds. (15 Sekunden Pause, dann Ton)
Now listen to the speakers of text 1. You'll have 5 seconds after the first listening and 5 seconds after the second listening.

Text 1: News items

You will hear four news items about various environmental problems in the world (news item A, news item B, news item C and news item D). What are the news items about? Write the correct letters in the boxes.
(Nachrichtenmelodie)
Good evening ladies and gentlemen. Welcome to our popular programme "Save your own planet". First of all Richard Lewis will present today's news.

News item A

A recent report published by Greenpeace shows that despite the large number of international efforts to save our animals and plants quite a few of them are rapidly dying out. They do not have the slightest chance to survive because their natural home is being destroyed.

News item B

At a press conference in London following a national meeting of Friends of the Earth, a spokesman of the environmental group criticised the government for doing too little to protect people's health and to prevent dangerous lung diseases or asthma. He said that laws should have been passed long ago to stop the increase in road traffic.

News item C

According to a new study carried out by an Australian university there has been an increase in hearing problems among people in their teens and twenties. These age-groups often listen to extremely loud music on personal stereos or regularly go to discos or pop concerts where noise levels are dangerously high.

News item D

The long and unusual period of hot weather in the north of England is beginning to cause serious water supply problems. In most parts of Yorkshire water was cut for six hours today. Yesterday local authorities announced that this was the first step of an emergency plan.
(Nachrichtenmelodie)
(5 seconds after first listening, 5 seconds after second listening)

Text 2: Planning an environmental conference

You are going to listen to a conversation between two office clerks working for a firm that specialises in organising meetings and conferences.

(Bürogeräusch)

J. G.: Bob, I looked through the bills yesterday.

R. M.: Any problems?

J. G.: Oh no, we're well within our budget. What about your side of things? Is there much left to be done?

R. M.: Not really, well, at least not much that's going to cost a lot. But I'm a bit worried about Professor Ames. We invited him three months ago. He is one of the guest speakers. But so far we've only talked to his secretary.

J. G.: I'll see to it right away. Anything else?

R. M.: For the presentation we should have spare overhead and slide projectors, just in case one of them breaks down.

J. G.: Good idea! That shouldn't be a problem. If we can't get 'em from the hotel, we'll use ours. What about the brochures? Have they been printed yet?

R. M.: Unfortunately not. The firm that usually does this for us is booked out with a large order, but they've found someone else to do it.

J. G.: I hope they don't forget the brochures are being printed for environmentalists and use recycled paper. Do you know that other firm?

R. M.: Yes, a friend of mine works there. They're from Dawlish and quite reliable and efficient. They promised to deliver the brochures no later than Friday next week.

J. G.: Good. What about dinner on the opening evening?

R. M.: The menu was planned last week. The food sounds delicious and it's mostly vegetarian.

J. G.: Perfect, just the right thing for an environmental conference. Anything else?

R. M.: Nothing I can think of at the moment. Ah, yes. You wanted to call Prof. Ames.

J. G.: Oh, thank you for reminding me.

(Telefonläuten, Telefonhall)

SEC.: Hello, Prof. Ames's office, Mr Ryan speaking. What can I do for you?

J. G.: May I speak to Prof. Ames, please?

SEC.: Oh, er, he's away at the moment.

J. G.: Will he be away long?

SEC.: I'm not sure actually, you see he's been rather ill and ...

J. G.: Well, maybe you can help. Prof. Ames is supposed to be speaking at the environmental conference in Exeter next month, but we haven't had written confirmation yet.

SEC.: Oh, I'm sorry, but I don't think I can help you there. I'm only standing in and answering the phone. I'll leave Prof. Ames a note and he'll call you back as soon as he's here again. Can I have your number, please?

J. G.: Yes, certainly. It's Topsham 97330 ...

(Fade)

(5 seconds after first listening, 5 seconds after second listening)

Please read the instructions and the exercise for text 3. You've got 30 seconds. (30 Sekunden Pause, dann Ton)
Now listen to text 3 and correct the text on the exam paper. You'll have 10 seconds after the first listening and 10 seconds after the second listening.

Text 3: Mother Earth

Several details in the written version of the following poem are wrong. Write the corrections on the lines in the text.
(Musik)

Mother Earth

Mother Earth, you're a beautiful place
For those who travel far out in space.
You look like a planet perfect and blue
Without any problems – I wish it was true.

Back in your arms I hear you complain:
"Look at me closely, can't you see I'm in pain?
My air is polluted and my waters are, too.
Stop hurting me or my fears will come true."

Mother Earth, forgive us our sins.
You warned us so often; told us the things
To understand that our lives are tied to your fate
Don't let us down; it's never too late.
(Musik)
(10 seconds after first listening, 10 seconds after second listening)

Please read the instructions and the exercise for text 4. You've got 15 seconds. (15 Sekunden Pause, dann Ton)
Now listen to text 4. You'll have 10 seconds after the first listening and 10 seconds after the second listening.

Text 4: Save the planet, eat organic

Sue Simmons has found an ad about *Organic Living* in the papers. As she is interested in healthy food, she calls the number given in the ad:
(Nummer wählen, Telefonläuten, Telefonhall)

OL: Organic Living. What can I do for you?
SUE: This is Sue Simmons speaking. I'd like to enquire about organic food delivery.
OL: Is there anything special you are interested in?
SUE: Well, do you know what exactly is in such a vegetable box?
OL: It's seasonal vegetables, you know. So it varies a lot. I think at the moment the standard box contains carrots and beans, among others.
SUE: What about fruit?
OL: Of course, if you don't want the standard box, you can also choose from a wide range of seasonal fruit. Strawberries and cherries are the frontrunners just now.
SUE: I see. What about other groceries like eggs and cheese?
OL: You can also buy organic dairy products produced by small local farmers.
SUE: That sounds good. What's the price per box?
OL: It depends on where you live.
SUE: I live in Reading.
OL: In that case the standard 3 kg vegetable box would be £ 12.95.

SUE: Oh, that's a lot.
OL: But then you can order fruit and other groceries as well, without any extra charge for delivery.
SUE: That's a good idea. And what phone number do I have to call?
OL: In the Reading area the company is "Organics Direct". Let me just check their number. It's 0118 773 061.
SUE: 0118 773 061, thank you. Just one last question. What time of day do they deliver?
OL: All deliveries are made between 5 pm and 10 pm.
SUE: That would be fine with me. When do I have to order?
OL: You have to order 24 hours before delivery, as far as I know.
SUE: Thanks a lot for the information. I think I'll try it out. Bye.
(Hörer auflegen – Geräusch)
(10 seconds after first listening, 10 seconds after second listening)

Please read the instructions and the exercise for text 5. You've got 30 seconds. (30 Sekunden Pause, dann Ton)
Now listen to text 5. While listening, write your notes on your extra sheet. After the second listening write your answers on the exam paper. You'll have 20 seconds after the first listening and 2 ½ minutes after the second listening. I'll remind you when there's one minute left so that you are sure to finish in time.

Text 5: Is the sun good or bad for us?

You are going to listen to a conversation between three people who are talking about sunbathing.
(gepflegtes Partygeräusch)
JESSICA: Holidays at last! And next Saturday we're going to Spain. I'm really looking forward to leaving England. It's been raining for the last three weeks.
DAVID: Spain? You must be crazy! It's awfully hot there and the beaches will be packed with tourists basking in the sun.
JESSICA: I don't care, as long as there's some space left for me. You know, I need the sun. It always makes me feel better. When I'm on holiday in the South I'm always in a good mood, like lots of other people. As far as I know it has to do with a substance our brains produce – melatonin or something like that. I once read an article about it, but I have forgotten almost everything it said. It was too difficult to understand.
JOHN: Some people say the sun can even help us to keep slim, because in the sun we burn up more calories. Maybe I should come to Spain with you. I'd like to lose some weight!
DAVID: I don't like too much sunshine, although I know that sunlight can protect us against illnesses, like colds and coughs. My parents used to take me to Italy when I was a child because of my asthma. Believe it or not – a week in the sunshine and it was gone.
JOHN: I'm sure in those days you didn't know anything about the negative effects the sun might have, like skin cancer. Today everybody knows about them. People who stay in the sun too long run an enormous risk of developing cancer.
DAVID: And your skin gets older more quickly. You don't want to return from Spain with a lot of wrinkles, do you, Jessica?
JESSICA: Don't worry, I'll take care. I never go to the beach between midday and three pm; I stay in my air-conditioned hotel room.
DAVID: That's really the best thing to do.
JESSICA: Right. And when I go to the beach I avoid the blazing sun and stay in the shade as much as possible.
JOHN: Don't forget to buy enough sun cream!

E 2000-14

JESSICA: Of course not. I need quite a lot because I use it even when it's cloudy.
DAVID: So you're well-prepared for your trip. Have a good time. By the way, I'd love to get a postcard from Spain.
JOHN: And don't eat too much – the sun diet might not work!
(20 seconds after first listening and 2 ½ minutes after second listening)
(1 ½ minutes)

You have one more minute left.
(1 minute)

That's the end of the test. Please stop now. Your teacher will collect all the exam papers. Thank you for listening. We wish you all the best for the next part of your final exams.
(flotte Musik)

ENVIRONMENTAL PROBLEMS

Listening Tasks   POINTS

Text 1: News items
You will hear **four** news items about various environmental problems in the world (news item **A**, news item **B**, news item **C** and news item **D**). What are the news items about? Write the correct letters in the boxes.   4

1. noise pollution
2. shortage of water
3. misuse of chemicals

4. air pollution
5. increase in air traffic
6. destruction of wildlife

Text 2: Planning an environmental conference
You are going to listen to a conversation between two office clerks working for a firm that specialises in organising meetings and conferences. One ending to each of the following sentences is correct. Tick it.

1. Jane Ginger looked through the bills and saw
   ❑ they had enough money left.
   ❑ the money available wouldn't be enough.
   ❑ they had already spent too much money.   1

2. Robert Murdoch is worried that
   ❑ the lamps directly over their heads won't work.
   ❑ something will go wrong during the presentation.
   ❑ one of the sliding doors may break down.   1

3. Robert Murdoch is sure that the firm from Dawlish
   ❑ won't deliver the brochures in time.
   ❑ won't print the brochures on recycled paper.
   ❑ will deliver the brochures as promised.   1

4. Jane Ginger
   ❑ planned the menu last week.
   ❑ is worried about lunch on the opening day.
   ❑ thinks that the food on the menu is okay.   1

5. Jane Ginger
   ❑ can't think of Mr Ames's phone number.
   ❑ is speaking with Professor Ames.
   ❑ is talking to a temporary help.   1

Text 3: Mother Earth

Several details in the written version of the following poem are wrong. Write the corrections on the lines under the text. While listening the first time it may help you to underline the words or expressions which are different in the text.

Mother Earth

1. Mother Earth, you're a beautiful place

2. for these who travel far out in space.

3. You are like a planet perfect and blue

4. Without any problems – I wish it was true.

5. Back in your arms I hear you complain:

6. "Look at me closely, can't you see I'm insane?

7. My air is polluted and my rivers are, too.

8. Stop hurting me or my fears will come true."

9. Mother Earth, forgive us our sins.

10. You warned us so often; taught us the things

11. To understand that our lives are tied to your fate.

12. Don't let us down; it's not too late.

6

Text 4: Save the planet – eat organic

Sue Simmons has found an ad about *Organic Living* in the papers. As she is interested in healthy food, she calls the number given in the ad. Take notes on the telephone conversation between Sue and the person from *Organic Living*. You don't have to write complete sentences.

Memo		
contents of standard box	* _____ * _____	1 1
price of standard box	* _____	1
name of branch	* _____	1
phone number	* _____	1
time of delivery	* _____	1
last order	* _____	1

Text 5: Is the sun good or bad for us?

You are going to listen to a conversation between three people who are talking about sunbathing. While listening take down notes on your extra sheet so that you can answer the questions. After listening you have got 2 ½ minutes. Write the answers on the exam paper. You don't have to write complete sentences, but one word is not enough.

1. What positive effects can sunlight have?
   * _____   1
   * _____   1
   * _____   1

2. How can too much sunshine harm your skin?
   * _____   1
   * _____   1

3. What does Jessica do to avoid the negative effects of the sun?

   *_____ 1

   *_____ 1

   *_____ 1

 Good Luck

Lösung

Text 1: News items

Wird ein Buchstabe mehrmals verwendet und/oder werden mehr als vier Kästchen beschriftet, erfolgt pro Fehler ein Punktabzug.

1 C, 2 D, 4 B, 6 A

Text 2: Planning an environmental conference

1. Jane Ginger looked through the bills and saw **they had enough money left.**
2. Robert Murdoch is worried that **something will go wrong during the presentation.**
3. Robert Murdoch is sure that the firm from Dawlish **will deliver the brochures as promised.**
4. Jane Ginger **thinks that the food on the menu is okay.**
5. Jane Ginger **is talking to a temporary help.**

Text 3: Mother Earth

Bei dieser Aufgabe wird pro richtig verbessertem Wort ein Punkt vergeben. Übersteigt die Gesamtzahl der vom Schüler verbesserten Ausdrücke die Zahl der zu findenden Fehler, so wird pro überzähligem Ausdruck ein Punkt abgezogen.

line 2:	these	⇒	**those**
line 3:	are	⇒	**look**
line 6:	insane	⇒	**in pain**
line 7:	rivers	⇒	**waters**
line 10:	taught	⇒	**told**
line 12:	not	⇒	**never**

Text 4: Save the planet – eat organic

Memo	
contents of standard box	* **carrots** / **seasonal** * **beans** **vegetables** (gilt für 2 Punkte)
price of standard box	* **(£) 12.95**
name of branch	* **Organics Direct**
phone number	* **0118 773 061**
time of delivery	* **5 p.m. – 10 p.m.**
last order	* **24 hours before delivery**

Text 5: Is the sun good or bad for us?

1. **What positive effects can sunlight have?**
   * makes you feel better / getting into good mood
   * helps to keep slim / lose weight
   * can protect against illnesses (colds / coughs / asthma)

2. **How can too much sunshine harm your skin?**
   * you can develop skin cancer
   * skin gets older more quickly / gets (a lot of) wrinkles

3. **What does Jessica do to avoid the negative effects of the sun?**
   * stay in the shade
   * uses sun cream a lot
   * never goes to the beach between midday and 3 p.m. / stays in hotel room

/ RWM /

Richard Waldhofer, Blumenstr. 3, 86345 Auberg

Metallbau – Schlosserei

Tore, Geländer, Stahlkonstruktionen,
Blechverarbeitung

Als Mitarbeiter/Mitarbeiterin in der Abteilung Rechnungswesen des Unternehmens Richard Waldhofer Metallbau-Schlosserei, abgekürzt „RWM", sind Sie mit verschiedenen Aufgaben der Buchführung und Kalkulation betraut. Im Rahmen Ihrer Tätigkeit erhalten Sie eine Reihe von Aufgaben zur Bearbeitung. Hierbei müssen Sie folgende Vorgaben beachten:

– Bei Berechnungen sind jeweils alle notwendigen Lösungsschritte anzugeben.
– Bei Buchungssätzen sind stets Kontennummern, Kontennamen (abgekürzt möglich) und Beträge anzugeben.
– Soweit nicht anders vermerkt, gilt ein Umsatzsteuersatz von 16 %.
– Alle Ergebnisse sind in der Regel auf zwei Dezimalstellen genau anzugeben.

Aufgabe 1

1.1 Ihrem Unternehmen „RWM" liegt eine Rechnung der Südstahl AG vor (siehe Anlage, Beleg 1).

1.1.1 Der Beleg enthält den Vermerk „Wir lieferten Ihnen frei Haus:"
Erklären Sie, was dieser Vermerk bedeutet.

1.1.2 Dem Beleg kann unter anderem auch der Zieleinkaufspreis entnommen werden.
Geben Sie den Zieleinkaufspreis an.

1.2 Erstellen Sie jeweils den Buchungssatz

1.2.1 für die vorliegende Rechnung,

1.2.2 für die Rücksendung der leihweise überlassenen vier Transport-Gitterboxen, wenn das Unternehmen Südstahl AG die Gitterboxen am 15. April 1996 zum vollen Wert gutschreibt,

1.2.3 für die Begleichung des noch offenen Rechnungsbetrages am 19. April 1996 per Banküberweisung.

1.3 Eine weitere Rechnung soll ebenfalls am 19. April 1996 beglichen werden. Deshalb wird das Bankkonto von „RWM" bis zum nächsten Zahlungseingang am 27. April 1996 um 7.200,00 DM überzogen. Die Bank berechnet für den Überziehungszeitraum 18,40 DM Sollzinsen.
Welchen Zinssatz legte die Bank hierbei zugrunde?

Aufgabe 2

Herr Waldhofer beabsichtigt, eine neue, computergesteuerte Metallbiege- und Schneidemaschine zu kaufen. Diese Investition soll teilweise durch den Verkauf von Aktien finanziert
werden. Auf Anweisung des Betriebsinhabers geben Sie daher der Handwerksbank den Auftrag, aus dem Depot alle Maschinenbau-Aktien „bestens" zu verkaufen.

2.1 Die Abrechnung der Bank liegt Ihnen nun vor (siehe Anlage, Beleg 2).
     Erstellen Sie den Buchungssatz für den Aktienverkauf, wenn die Aktien mit
     51.510,22 DM zu Buche stehen.

2.2 Berechnen Sie

2.2.1 den Stückkurs (in EUR) beim Kauf der 120 Aktien (Spesen 1 % vom Kurswert) und

2.2.2 den Kursanstieg je Aktie (in EUR).

2.3 Während der Besitzdauer von 18 Monaten wurden 8,00 DM Stückdividende ausge-
     schüttet. Die Depotgebühren betrugen für diesen Zeitraum 250,00 DM.
     Berechnen Sie die effektive Verzinsung der Aktien unter Berücksichtigung der Spesen.

Aufgabe 3

Für die Anschaffung der computergesteuerten Metallbiege- und Schneidemaschine liegen
dem Unternehmen „RWM" verschiedene Angebote vor. Die Entscheidung fällt auf das
Modell der Firma Karl Uhlmann Maschinenbau in Beilheim. Die Maschine wird Mitte Mai
1996 geliefert und in Betrieb genommen.

3.1 Bilden Sie den Buchungssatz für die Eingangsrechnung vom 15. Mai 1996, wenn
     dieser Beleg unter anderem folgende Angaben enthält:
     – *Listenpreis 114.000,00 DM netto,*
     – *berechnete Kosten für Transport und Montage 3.200,00 DM netto,*
     – *Kosten für Installation und Inbetriebnahme 2.800,00 DM netto.*

3.2 Für die neue Maschine wird eine Anlagekarte angelegt.
     Nennen Sie **drei** mögliche Informationen, die daraus entnommen werden können.

3.3 Aufgrund der Angaben auf der Anlagekarte wird folgende Grafik zur Abschreibung
     der Maschine erstellt:

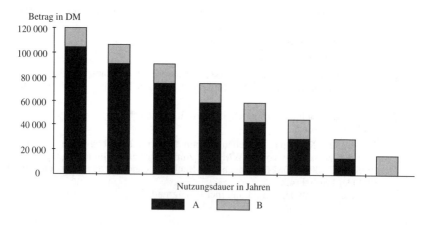

3.3.1   Welche Art der Abschreibung wird grafisch dargestellt (mit Begründung)?

3.3.2   Nennen Sie die Fachbegriffe, die die Säulen A (schwarz) und B (grau) in der Grafik darstellen.

3.3.3   Ermitteln Sie den Abschreibungssatz.

3.3.4   Berechnen Sie den Abschreibungsbetrag.

Aufgabe 4

Das Unternehmen „RWM" stellt für einen Kunden ein Ziergitter (Sonderanfertigung) her. Für die Kalkulation der Selbstkosten verwendet das Unternehmen folgendes Rechenblatt (Tabellenkalkulation):

	A	B	C	D
1		%	DM	DM
2	Fertigungsmaterial		800,00	
3	+ Materialgemeinkosten	25	200,00	
4	Materialkosten			1.000,00
5			1.200,00	
6	+ Fertigungsgemeinkosten	####	900,00	
7	+ Sondereinzelkosten der Fertigung		100,00	
8	Fertigungskosten			2.200,00
9	Herstellkosten			3.200,00
10	+ Verw.-/Vertr.-Gemeinkosten	12		384,00
11	Selbstkosten			3.584,00

4.1   Das Rechenblatt ist an einer Stelle nicht vollständig, an einer anderen nicht lesbar:

4.1.1   Welcher Fachbegriff fehlt in Feld A5?

4.1.2   Mit welchem Zuschlagsatz rechnet „RWM" bei den Fertigungsgemeinkosten (Feld B6)?

4.2   Welche Formel müsste im Rechenblatt jeweils eingegeben werden

4.2.1   zur Berechnung der Materialgemeinkosten in Feld C3,

4.2.2   zur Berechnung der Herstellkosten in Feld D9?

4.3   Nennen Sie ein Beispiel für Sondereinzelkosten der Fertigung.

4.4   Das Unternehmen „RWM" ermittelt in seiner Kalkulation einen Barverkaufspreis in Höhe von 4.659,20 DM netto.
Berechnen Sie den kalkulierten Gewinn in DM und in Prozenten.

4.5   Bilden Sie den Buchungssatz für den Verkauf des Ziergitters an den Kunden gegen Bankscheck.

Aufgabe 5

Zur Ergänzung des Sortiments bietet „RMW" neben den eigenen Erzeugnissen auch schmiedeeiserne Außenleuchten als Handelsware an. „RWM" bezieht diese Außenleuchten für 280,00 DM netto je Stück.

5.1	Ermitteln Sie den Listenverkaufspreis, wenn das Unternehmen mit 30 % Gemeinkosten für Handelswaren, 8 % Gewinn und 4 % Kundenrabatt kalkuliert.
5.2	Mit welchem Netto-Kalkulationsaufschlag in Prozenten rechnet das Unternehmen?
5.3	Einem Kunden werden Außenleuchten geliefert. „RWM" übernimmt die Frachtkosten in Höhe von netto 22,00 DM für die Lieferung. Bilden Sie den Buchungssatz für die Barzahlung der Frachtkosten.
5.4	Der Kunde zeigt telefonisch einen Lackmangel an und erhält eine Gutschrift über 71,92 DM brutto. Erstellen Sie den Buchungssatz.

Aufgabe 6

Für den erkrankten Buchhalter Niesbauer müssen Sie Buchungssätze bilden:

6.1 Die Summenzeile der Lohnliste weist Ende November 1996 unter anderem folgende Werte aus; die Bezahlung erfolgt gegen Banküberweisung.

Brutto-löhne (DM)	Abzüge			Netto-löhne (DM)
	Vermögenswirksame Leistung (DM)	Lohnsteuer, Kirchensteuer, Sol.-Zuschlag (DM)	Sozialversicherung Arbeitnehmer-anteil (DM)	
27.206,28	442,00	2.654,16	5.299,15	18.810,97

6.2 Aufgrund des Beleges vom 23. November 1996 wurde eine Barzahlung geleistet (siehe Anlage, Beleg 3).

6.3 Aus der örtlichen Tageszeitung erfahren Sie, dass gegen den Kunden Otto Reich das Insolvenzverfahren eröffnet wurde; die Forderung an Reich beträgt 4.060,00 DM.

Aufgabe 7

Zum 31. Dezember 1996 müssen Sie unter anderem folgende Vorabschlussbuchungen erstellen:

7.1   Für die zweifelhaften Forderungen ist erstmals eine Wertberichtigung zu bilden.
       Folgende zweifelhafte Forderungen wurden bereits bewertet:

Kunde	zweifelhafte Forderungen brutto	UST	zweifelhafte Forderungen netto	geschätzter Ausfall	geschätzter Ausfall
	(DM)	(DM)	(DM)	(%)	(DM)
Alfons Schmied	6.032,00	832,00	5.200,00	60	3.120,00
Erika Gabler	6.264,00	864,00	5.400,00	75	4.050,00

       Hinzu kommt die Forderung an den Kunden Otto Reich (vgl. Aufgabe 6.3), die mit 20 % bewertet wird.

7.2   Die im Mai angeschaffte Metallbiege- und Schneidemaschine wird, wie in der Anlagekarte vorgesehen, abgeschrieben (vgl. Aufgabe 3).

7.3   Die Kfz-Versicherung in Höhe von 4.200,00 DM wurde am 1. August 1996 für ein Jahr im Voraus bezahlt.

7.4   Für einen schwebenden Prozess rechnet „RWM" mit Kosten von etwa 6.000,00 DM.

7.5   Das Konto 3001 Privat weist einen Saldo von 146.000,00 DM auf (es liegen nur Privatentnahmen vor).

Südstahl AG
Stahlhandel

Blechstraße 17 • 84321 Eisenhofen
Tel. (08455) 3 45 67

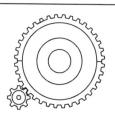

Metallbau – Schlosserei
R.Waldhofer
Blumenstr. 3

86345 Auberg   Eisenhofen, 12. April 1996

Rechnung

Rechnungsnr.: 4320
Kundennr.: 244

Wir lieferten Ihnen frei Haus:

Pos.	Stück	Einzelpreis DM	Gegenstand	Gesamtpreis DM
1	1.000	22,00	Vierkant-Eisenstangen 1000 × 40 × 20 mm	22.000,00
			abzüglich 10 % Rabatt	2.200,00
				19.800,00
			4 Stück Transport-Gitterboxen (leihweise)	600,00
				20.400,00
			+ 16 % Umsatzsteuer	3.264,00
			Rechnungsbetrag	23.664,00

Zahlungsbedingungen: 10 Tage 3 % Skonto / 60 Tage rein netto.
Die Ware bleibt bis zur vollständigen Bezahlung Eigentum der Südstahl AG.
Bankverbindung: Sparkasse Eisenhofen (BLZ 720 933 55) Konto • 34678

Beleg 2

Handwerksbank Filiale Auberg	Abrechnung Wertpapier-Verkauf		Datum: 22. April 1996
Stückzahl **120**	Ausführungstag **22. April 1996**	Depotnummer **655371**	Kurs/Börsenplatz **237,75 EUR/München**
WP-Kenn-Nr. **223552**	Wertpapierbezeichnung **Maschinenbau AG**		Auftragsnummer **304 / 355**

| Firma
Metallbau – Schlosserei
R.Waldhofer
Blumenstr. 3 | Kurswert in EUR 28.530,00 H
Spesen 1 % v. KW in EUR 285,30 S
Gutschrift in EUR 28.244,70 H
Gutschrift in DM 55.241,83 H |
| 86345 Auberg | Konto Wert
87870 23. April 1996 |

Kapitalerträge sind einkommenssteuerpflichtig.

Handwerksbank

Wenn nicht innerhalb von 30 Tagen Einwendungen erhoben werden, gilt diese Abrechnung als genehmigt. Die Abrechnung wird nicht unterschrieben.

Beleg 3

Minerol

Aktiengesellschaft

Herrn/Frau/Firma *Metallbau Waldhofer*

Liter	Produkt	DM	PF
	Benzin bleifrei		
	Super bleifrei		
	Super Plus bleifrei		
	Super verbleit		
120	Diesel à *1,38*		
zu zahlender Betrag inkl. 16 % UST.		*167*	*04*

Betrag dankend erhalten.

Auberg, *23. November 1996*   *Freundlich*
(Stempel und Unterschrift)

Im Gesamtbetrag sind 16 % UST enthalten.

Lösungsvorschlag

Aufgabe 1

1.1.1 Z. B.: Dem Unternehmen Richard Waldhofer werden keine Transportkosten
berechnet. (1 P.)

Erklärung: Der Vermerk „Wir lieferten Ihnen frei Haus" besagt, dass der
Lieferant Südstahl AG die Transportkosten bezahlt und somit die Firma
Waldhofer als Kunde keine Bezugskosten begleichen muss.

1.1.2 Zieleinkaufspreis = 19.800,00 DM (1 P.)

Erklärung: Der Zieleinkaufspreis ergibt sich, wenn vom Listenpreis der
Liefererrabatt abgezogen wird:

22.000,00 DM – 2.200,00 DM = 19.800,00 DM.

1.2.1	6000 AWR	19.800,00 DM				
	6001 BZKR	600,00 DM				
	2600 VST	3.264,00 DM	an	4400 VLL	23.664,00 DM	(4 P.)

Erklärung: Die Vierkant-Eisenstangen sind für die Firma Metallbau
R. Waldhofer Rohstoffe und werden als Aufwand im Konto 6000 AWR im
Soll mit dem Zieleinkaufspreis (Rabatt wird nicht gebucht!) gebucht. Die
Transport-Gitterboxen stellen Bezugskosten dar und werden auf dem
Unterkonto 6001 BZKR ebenfalls im Soll eingebucht.

Die insgesamt anfallende Umsatzsteuer wird als Vorsteuer (da Einkauf)
gleichfalls im Soll gebucht. Aufgrund dieser Eingangsrechnung werden die
Verbindlichkeiten der Firma Waldhofer im Haben (Passivkonto nimmt zu)
um den Bruttopreis erhöht.

1.2.2	4400 VLL	696,00 DM	an	6001 BZKR	600,00 DM	
				2600 VST	96,00 DM	(3 P.)

Erklärung: Die Gutschrift der Firma Südstahl aufgrund der Rücksendung
der Gitterboxen bedeutet für die Firma Waldhofer eine Verminderung ihrer
Verbindlichkeiten, also Buchung bei VLL im Soll (Abnahme des Passivkontos). Vermindert werden durch die Rücksendung auch die BZKR im
Haben. Berichtigt wird ebenfalls die Vorsteuer, also Buchung im Haben.

1.2.3	4400 VLL	22.968,00 DM	an	2800 BK	22.278,96 DM	
				6002 NR	594,00 DM	
				2600 VST	95,04 DM	(7 P.)

Erklärung: Zuerst muss der offen stehende Rechnungsbetrag ermittelt wer-
den: Eingangsrechnung 23.664,00 DM minus Rücksendung 696,00 DM
ergibt den Restbetrag von 22.968,00 DM. Nachdem die Begleichung dieses
Betrages am 19. April 1996 erfolgte, also noch innerhalb der Skontofrist
(Skontofrist vom 12. April 1996 plus 10 Tage = 22. April 1996), kann die
Firma Waldhofer den Restbetrag skontiert bezahlen.

Folgendes Rechenschema bietet sich bei Skontozahlungen an:

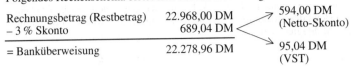

Rechnungsbetrag (Restbetrag)   22.968,00 DM   594,00 DM
– 3 % Skonto   689,04 DM   (Netto-Skonto)

= Banküberweisung   22.278,96 DM   95,04 DM
                                                (VST)

Die Verbindlichkeiten werden im Soll um den Restbetrag vermindert, das Bankkonto nimmt im Haben um den Überweisungsbetrag ab. Da 594,00 DM Netto-Skonto (= 3 % → Brutto-Skonto auf Netto und Umsatzsteuer aufspalten) abgezogen werden, wird dieser Betrag als Nachlass für Rohstoffe bei der Firma Waldhofer im Konto 6002 NR im Haben eingebucht. Die anteilige Umsatzsteuer wird ebenfalls im Haben des Vorsteuerkontos (hier Bezahlung der gekauften Rohstoffe) gebucht.

1.3 $\text{Zinssatz} = \dfrac{18{,}40 \cdot 100 \cdot 360}{7.200 \cdot 8} = 11{,}50\,(\%)$ (3 P.)

Erklärung: Zur Berechnung des Zinssatzes kommt folgende Formel zum Ansatz:

$$p = \frac{Z \cdot 100 \cdot 360}{K \cdot t}$$

t = Zeit vom 19. April 1996 bis 27. April 1996 = 8 Tage
K = der Überziehungsbetrag in Höhe von 7.200,00 DM
Z = Sollzinsen 18,40 DM

Aufgabe 2

2.1   2800 BK   55.241,83 DM   an   2700 WPUV   51.510,22 DM
                                              5784 EWPUV   3.731,61 DM   (4 P.)

Erklärung: Aus der vorliegenden Verkaufsabrechnung Beleg Nr. 2 kann die Bankgutschrift in Höhe von 55.241,83 DM entnommen werden. Nachdem der Buchwert der Aktien kleiner ist als die Bankgutschrift für den Verkauf, ergibt sich ein Kursgewinn in Höhe von 3.731,61 DM. Dieser Kursgewinn ist als Ertrag auf das Konto 5784 EWPUV im Haben zu buchen. Die Bank nimmt um den Gutschriftsbetrag im Soll zu. Der Bestand der Wertpapiere wird um den Buchwert (zu Buche stehen) weniger, die Einbuchung erfolgt im Konto 2700 WPUV im Haben.

2.2.1   Kurswert   26.076,00 EUR   100 %
        + Spesen   260,76 EUR   1 %

        Banklastschrift in EUR   26.336,76 EUR   101 %
        Banklastschrift in DM   51.510,22 DM

Stückkurs = 26.076,00 : 120 = 217,30 EUR   (3 P.)

Erklärung: Zuerst ist es wichtig, dass das Abrechnungsschema für den Aktienkauf erstellt wird. Der gegebene Buchwert ist die Banklastschrift, diese kann sofort eingetragen werden. Als nächstes werden die Prozentsätze zugeordnet, wobei zu beachten ist, dass der Kurswert 100 % entspricht. Die Banklastschrift ergibt dann den vermehrten Grundwert von 101 %, weil beim Kauf die Spesen addiert werden. Mithilfe des Dreisatzes kann dann der Kurswert berechnet werden. Aufgrund der gegebenen Stückzahl kann anschließend der Stückkurs ermittelt werden, indem der Kurswert durch die Stückzahl dividiert wird.

2.2.2 Kurs beim Verkauf   237,75 EUR
        – Kurs beim Kauf   217,30 EUR

        Kursanstieg   20,45 EUR   (2 P.)

Erklärung: Der Kursanstieg errechnet sich durch den Vergleich des Verkaufskurses mit dem Kaufkurs. Aus Beleg Nr. 2 kann der Verkaufskurs in Höhe von 237,75 EUR der Verkaufsabrechnung entnommen werden. Den Kaufkurs von 217,30 EUR ersieht man aus Teilaufgabe 2.2.1.

2.3 Dividenden (8 · 120)   960,00 DM
      + Kursgewinn   3.731,61 DM
      – Depotgebühren   250,00 DM

      Ertrag in 18 Monaten   4.441,61 DM

$$\text{Effektive Verzinsung} = \frac{4.441,61 \cdot 100 \cdot 12}{51.510,22 \cdot 18} = 5,75\ (\%)$$ (5 P.)

Erklärung: Als erstes ist die Gesamtdividende zu ermitteln, hierbei wird die Stückdividende mit der Stückzahl der Aktien multipliziert. Zur Gesamtdividende wird der Kursgewinn (siehe Aufgabe 2.1) addiert, die angefallenen Depotgebühren werden subtrahiert. Anschließend hilft die Formel

$$\text{effektive Verzinsung} = \frac{\text{Ertrag} \cdot 100 \cdot 12\ (360)}{\text{Kapitaleinsatz} \cdot \text{Besitzdauer}}$$

den Prozentsatz zu ermitteln. Wichtig ist dabei, dass der Kapitaleinsatz dem Buchwert (= Banklastschrift) entspricht.

Aufgabe 3

3.1 0700 M   120.000,00 DM
     2600 VST   19.200,00 DM   an   4400 VLL   139.200,00 DM   (4 P.)

Erklärung: Die Kosten für Transport und Montage sowie die Kosten für Installation und Inbetriebnahme zählen zu den so genannten aktivierungspflichtigen Anschaffungsnebenkosten, werden also zusammen mit dem Nettokaufpreis auf das Anlagekonto gebucht. Die darauf entfallende Umsatzsteuer wird als Vorsteuer im Soll gebucht. Der Bruttokaufpreis aus der Eingangsrechnung erhöht unsere Verbindlichkeiten, deshalb Einbuchung im Haben des Kontos 4400 VLL (Passivkonto nimmt zu).

3.2 Z. B.: Anschaffungskosten, Abschreibungssatz, Restbuchwert.   (3 P.)

Erklärung: Die Anlagekarte gibt auch noch Auskunft über die voraussichtliche Nutzungsdauer, Abschreibungsbetrag, Abschreibungsmethode und Abschreibungsverfahren, die Art des Anlagegutes, den Zeitpunkt der Anschaffung, den Lieferanten usw. Die Anlagekarte kann vom Unternehmen individuell für jedes Anlagegut geschrieben und gestaltet werden.

3.3.1 Lineare Abschreibung; Begründung: Z. B. bleiben die Abschreibungsbeträge gleich. (2 P.)

Erklärung: Nachdem die grauen Kästchen in gleicher Größe erscheinen und zudem die schwarzen Säulen genau um die Größe der grauen Kästchen kleiner werden, ist als Abschreibungsmethode die lineare AfA erkennbar. Zusätzlich ist erkennbar, dass die schwarze Säule den Nullpunkt erreicht, was wiederum auf die lineare AfA schließen lässt.

3.3.2 A: Restbuchwerte; B: Abschreibungsbeträge (2 P.)

Erklärung: Gleich bleibende Abschreibungsbeträge in den Säulen B (grau) erklären die konstante (lineare) Abnahme der Buchwerte in den Säulen A (schwarz), bis im 8. Jahr der Buchwert 0,00 DM ist.

3.3.3 Abschreibungssatz = 100 : 8 = 12,50 (%) (2 P.)

Erklärung: Die Anschaffungskosten, die den Grundwert von 100 % darstellen, werden auf die Jahre der Nutzung verteilt; somit werden die 100 % durch 8 Jahre ND dividiert.

3.3.4 Abschreibungsbetrag = 120.000,00 : 8 = 15.000,00 DM (1 P.)

Erklärung: Die Anschaffungskosten (also einschließlich der Anschaffungsnebenkosten) werden durch die Nutzungsdauer (= Anzahl der grauen Säulen – B –) dividiert.

Aufgabe 4

4.1.1 Fertigungslöhne (1 P.)

Erklärung: In Feld A5 fehlt der Eintrag Fertigungslöhne, die der wesentliche Bestandteil der Fertigungskosten sind.

4.1.2 Fertigungsgemeinkostenzuschlag = $\dfrac{900 \cdot 100}{1.200}$ = 75,00 (%) (1 P.)

Erklärung: Der Zuschlagssatz bei den Fertigungsgemeinkosten kann mittels Dreisatz berechnet werden, wobei die Fertigungslöhne (= 100 %) den Grundwert darstellen.

4.2.1 Z. B.: = C2/100 * B3 (3 P.)

Erklärung: Die Berechnung der Materialgemeinkosten in Feld C3 lässt sich auf herkömmliche Weise mithilfe der Prozentrechnung wie folgt durchführen ⇒ FM : 100 · 25; umgesetzt in die Tabellenkalkulation heißt dies ⇒ FM steht in Feld C2, der Zuschlagsatz für MGK in Feld B3, also folgt daraus ⇒ = C2/100 * B3.

Zu beachten ist, dass jede Formel mit dem „=“-Zeichen beginnt, für die Division der „/“ Schrägstrich steht und das Multiplikationszeichen ein „*“ Sternchen ist.

4.2.2 Z. B.: = D4 + D8 (2 P.)

Erklärung: Die Herstellkosten in Feld D9 ergeben sich, wenn die Materialkosten in Feld D4 und die Fertigungskosten in Feld D8 addiert werden.

4.3   Z. B.: Anfertigen einer Konstruktionsskizze   (1 P.)

Erklärung: Sondereinzelkosten in der Fertigung werden dann kalkuliert, wenn z. B. Entwicklungskosten, Patente, Lizenzen, Spezialwerkzeuge bzw. Spezialmaschinen oder Kosten für Modelle angefallen sind. Bei diesem Ziergitter als Sonderanfertigung ist die Konstruktionsskizze eine Form für Sondereinzelkosten der Fertigung.

4.4   Selbstkosten/Stück   3.584,00 DM $\downarrow$ = 100 %
       + Gewinn   1.075,20 DM $\uparrow$

       Barverkaufspreis   4.659,20 DM

$$\text{Gewinn} = \frac{1.075,20 \cdot 100}{3.584,00} = 30\,(\%)$$ (2 P.)

Erklärung: Der Gewinn in DM ergibt sich in Form der Differenzkalkulation. Als Grundwert für die Prozentangabe des Gewinns gilt der Selbstkostenpreis. Mithilfe der Formel lässt sich der Prozentsatz ermitteln:

$$\text{Gewinn}\,(\%) = \frac{\text{Gewinn in DM} \cdot 100}{\text{Selbstkostenpreis}}$$

4.5   2800 BK   5.404,67 DM   an 5000 UEFE   4.659,20 DM
                                         4800 MWST   745,47 DM   (3 P.)

Erklärung: Aufgrund des Verkaufs gegen Bankscheck nimmt das Bankguthaben der Firma RWM zu, Einbuchung im Konto 2800 BK im Soll. Die Umsatzerlöse für Fertigerzeugnisse (RWM stellt das Ziergitter selber her) – 5000 UEFE = Ertragskonto – mehren sich im Haben um den Barverkaufspreis (= netto). Davon sind 16 % UST zu berechnen und als Mehrwertsteuer im Haben einzubuchen, da es sich um einen Verkauf handelt.

Aufgabe 5

5.1   Einstandspreis   280,00 DM | 100 %
       + Gemeinkosten für HW(30 %)   84,00 DM | 30 %

       Selbstkostenpreis   364,00 DM | 130 % | 100 %
       + Gewinn (8 %)   29,12 DM | | 8 %

       Barverkaufspreis/Zielverkaufspreis 393,12 DM | 96 % | 108 %
       + Kundenrabatt (4 %)   16,38 DM | 4 %

       Listenverkaufspreis netto   409,50 DM $\downarrow$ | 100 %   (4 P.)

Erklärung: Mithilfe des **Kalkulationsschemas** der **Verkaufskalkulation** kann der Listenverkaufspreis berechnet werden; man trägt in dieses Schema die bekannten Zahlenangaben ein. Der Einstandspreis (RWM bezieht für 280,00 DM Außenleuchten) ist für die Berechnung der Gemeinkosten gleich 100 % (= Grundwert) zu setzen! Als Grundwert für den Gewinn gilt der Selbstkostenpreis. Für die Berechnung des Kundenrabatts ist der Barverkaufspreis (hier ist gleich Zielverkaufspreis, weil der Kundenskonto nicht gegeben ist) mit 96 % anzusetzen, da der Grundwert für den Rabattbetrag der Listenverkaufspreis netto ist.

5.2   Netto-Kalkulationsaufschlag $= \dfrac{(409,50-280,00)\cdot 100}{280,00} = 46,25\,(\%)$ (2 P.)

Erklärung: Der Netto-Kalkulationsaufschlag verlangt den Differenzbetrag zwischen Nettoverkaufspreis und Einstandspreis. Zudem ist bedeutsam, dass der Einstandspreis den Grundwert (= 100 %) für die Berechnung des Netto-Kalkulationsaufschlags darstellt. Mithilfe der folgenden Formel kann der Netto-Kalkulationsaufschlag berechnet werden:

$$\text{Netto-Kalkulationsaufschlag} = \frac{(\text{Netto-Verkaufspreis} - \text{Einstandspreis})\cdot 100}{\text{Einstandspreis}}$$

5.3   6140 AFR   22,00 DM
      2600 VST   3,52 DM   an 2880 K   25,52 DM   (3 P.)

Erklärung: Die übernommenen Frachtkosten verbucht die Firma RWM als Aufwendungen ins Soll des Kontos 6140 AFR (netto). Die angefallene UST wird als Vorsteuer (RWM zahlt) erfasst. Der Bruttobetrag vermindert den Kassenbestand im Haben des Kontos 2880 K (Aktivkonto nimmt ab).

5.4   5101 EBHW   62,00 DM
      4800 MWST   9,92 DM   an 2400 FLL   71,92 DM   (4 P.)

Erklärung: Die Forderungen der Firma RWM vermindern sich um den Brutto-Gutschriftsbetrag im Haben dieses Kontos (Aktivkonto nimmt ab). Die Erlöse aus den Handelswaren müssen um den Nettobetrag ($71,92 : 116 \cdot 100$) berichtigt werden, also Einbuchung im Soll dieses Kontos! Die anteilige Mehrwertsteuer wird im Soll zurückgebucht.

Aufgabe 6

6.1   6200 L   27.206,28 DM   an 2800 BK   18.810,97 DM
                               4830 VFA   2.654,16 DM
                               4840 VSV   5.299,15 DM
                               4860 VVL   442,00 DM

      6400 AGASV   an 4840 VSV   5.299,15 DM   (7 P.)

Erklärung: Der Bruttolohn erscheint als Aufwand im Soll des Kontos „Löhne". Die Nettolohnsumme, die per Bank überwiesen wird, erscheint im Konto 2800 BK auf der Habenseite. Die Abzüge in Form der Lohn- und Kirchensteuer einschließlich Sol.-Zuschlag, der AN-Anteil zur SV sowie die Vermögenswirksame Leistung werden auf drei separate Konten gebucht. Auf das Konto 4830 VFA wird die Lohn- und Kirchensteuer einschließlich Sol.-Zuschlag in Höhe von 2.654,16 DM gebucht, ebenso im Haben des Kontos 4840 VSV wird der AN-Anteil zur SV mit 5.299,15 DM gebucht, die Vermögenswirksame Leistung bucht man auch im Haben des Kontos 4860 VVL mit 442,00 DM. Der Arbeitgeberanteil zur SV ist ein „sozialer Aufwand" – Buchung bei 6400 AGASV im Soll –, die Gegenbuchung erfolgt im Konto 4840 VSV als Verbindlichkeit.

6.2	6030 AWB	144,00 DM			
	2600 VST	23,04 DM	an 2880 K	167,04 DM	(4 P.)

Erklärung: Der Beleg Nr. 3 zeigt, dass die Firma Waldhofer für 167,04 DM Diesel für ein Betriebsfahrzeug getankt hat. Der Betrag wurde bar bezahlt. Diesel zählt zu den Betriebsstoffen der Firma RWM und wird deshalb als Aufwand im Konto 6030 AWB zum Nettowert (167,04 DM : 116 · 100) im Soll gebucht. Die anfallende Umsatzsteuer, die im Bruttowert von 167,04 DM enthalten (inkl. 16 % UST) ist, wird als Vorsteuer ebenfalls im Soll des Kontos 2600 VST erfasst. Der Bruttobetrag vermindert den Kassenbestand im Haben des Kontos 2880 K (Aktivkonto nimmt ab).

6.3	2470 ZWF		an 2400 FLL	4.060,00 DM	(2 P.)

Erklärung: Ein Antrag auf Eröffnung des Insolvenzverfahrens durch einen Kunden bedeutet für die Firma RWM, dass sie die Forderung an diesen Kunden aussondern muss. Also ist die Umbuchung von einwandfreien auf zweifelhafte Forderungen die Konsequenz.

Aufgabe 7

7.1	Geschätzter Ausfall Kunde Schmied	3.120,00 DM	
	+ geschätzter Ausfall Kunde Gabler	4.050,00 DM	
	+ geschätzter Ausfall Kunde Reich	2.800,00 DM	(80 % aus netto 3.500,00)
	Summe der geschätzten Ausfälle	9.970,00 DM	

	6952 EEWBF	an 3670 EWBF	9.970,00 DM	(5 P.)

Erklärung: Nachdem für die Kunden Schmied und Gabler der geschätzte Ausfall bereits vorliegt (siehe Angabe), muss nur noch für den Kunden Reich der geschätzte Ausfall berechnet werden. Die zweifelhafte Forderung gegenüber Reich beträgt brutto 4.060,00 DM, netto entspricht das 3.500,00 DM (4.060,00 : 116 · 100).

Weil diese ZWF mit 20 % bewertet wird, beträgt der geschätzte Ausfall 80 % (100 % – 20 %) oder 2.800,00 DM (3.500,00 DM : 100 · 80). Insgesamt beträgt dann die Einzelwertberichtigung auf die zweifelhaften Forderungen 9.970,00 DM; dieser Betrag wird als Aufwand im Konto 6952 EEWBF im Soll erfasst. Die Gegenbuchung erfolgt im Haben des Passivkontos 3670 EWBF, um diese indirekte Abschreibung auf ZWF auszuweisen.

7.2	6520 ABSA	an 0700 M	15.000,00 DM	(2 P.)

Erklärung: Die Abschreibungen stellen einen betrieblichen Aufwand dar – Buchung bei 6520 ABSA im Soll –, der das Anlagevermögen im Haben vermindert – Buchung bei 0700 M im Haben. Abschreibungsmethode siehe 3.3.1, Abschreibungsbetrag siehe 3.3.4.

| 7.3 | 2900 ARA | an 6900 VBEI | 2.450,00 DM | (3 P.) |

Erklärung: Wenn ein Teil des vorausbezahlten Aufwands das neue Geschäftsjahr betrifft, muss er abgegrenzt werden. Die Abgrenzung der zu viel gezahlten KFZ-Versicherung erfolgt auf dem Konto 6900 VBEI im Haben (4.200,00 DM : 12 : 7 = 2.450,00 DM), d. h. der Aufwand wird korrigiert, damit für das alte Jahr der entsprechende Aufwand in die Erfolgsrechnung eingeht. Als Gegenkonto für die Abgrenzung von Aufwendungen dient das Konto „Aktive Rechnungsabgrenzung" 2900 ARA.

| 7.4 | 6770 RBK | an 3900 SORST | 6.000,00 DM | (2 P.) |

Erklärung: Die für einen schwebenden Prozess erwarteten Gerichtskosten werden als Rückstellungen erfasst; das Konto Rückstellungen 3900 SORST nimmt als Passivkonto im Haben zu. Die Aufwendungen für den Prozess werden netto im Soll von 6770 RBK gebucht.

| 7.5 | 3000 EK | an 3001 P | 146.000,00 DM | (2 P.) |

Erklärung: Nachdem nur Privatentnahmen vorliegen, muss das Konto 3001 P im Haben zum Ausgleich gebracht werden. Im Konto Eigenkapital wirken sich die Privatentnahmen mindernd im Soll aus (3000 EK = Passivkonto, nimmt im Soll ab).

Das Unternehmen Simone Zimmermann „SZ-Möbel" fertigt in seinem Stammwerk in Buchenhain hochwertige Massivholzmöbel aus heimischen Hölzern.

Als Mitarbeiter/Mitarbeiterin in der Abteilung Rechnungswesen sind Sie mit verschiedenen Aufgaben der Buchführung und Kalkulation betraut. Hierbei müssen Sie folgende Vorgaben beachten:

– Bei Berechnungen sind jeweils alle notwendigen Lösungsschritte anzugeben.

– Bei Buchungssätzen sind stets Kontennummern, Kontennamen (abgekürzt möglich) und Beträge anzugeben.
– Soweit nicht anders vermerkt, gilt ein Umsatzsteuersatz von 16 %.
– Alle Ergebnisse sind in der Regel auf zwei Dezimalstellen genau anzugeben.

Informationen zum Unternehmen „SZ-Möbel":

Inhaberin:	Simone Zimmermann
Rechtsform:	Einzelunternehmen
Anschrift (Firmensitz):	Am Fichtenweg 2, 82088 Buchenhain
Zweck des Unternehmens:	Fertigung und Verkauf von Massivholzmöbeln, z. B. Schränke, Tische, Sitzbänke, Bettgestelle
Geschäftsjahr:	1. Januar bis 31. Dezember
Stoffe und Handelswaren	
Rohstoffe:	Hölzer verschiedener Baumarten: Eiche, Buche, Fichte, ...
Vorprodukte/Fremdbauteile:	Türschlösser, Scharniere, ...
Hilfsstoffe:	Leim, Schrauben, sonstige Kleinteile, Farblasur, ...
Betriebsstoffe:	Strom, Gas, Wasser, Schmierstoffe, Dieselöl, ...
Handelswaren:	Teppiche, Leuchten, Gardinen, Sitzauflagen, ...

Im Rahmen Ihrer Tätigkeit erhalten Sie die nachfolgenden Aufträge zur Bearbeitung.

Aufgabe 1

Bei der Kalkulation einer Eckbankgruppe der Serie „Hüttenzauber" (Eckbank, Tisch und zwei Stühle) rechnet das Unternehmen „SZ-Möbel" mit folgenden Werten:

Fertigungskosten   1.400,00 DM
Herstellkosten   2.300,00 DM
Selbstkosten   2.500,00 DM
Materialgemeinkostenzuschlag   12,50 %

1.1   Berechnen Sie den Materialverbrauch je Eckbankgruppe.

1.2   Mit welchem gemeinsamen Zuschlagsatz rechnet „SZ-Möbel" bei den Verwaltungs- und Vertriebsgemeinkosten?

1.3   Das Unternehmen „SZ-Möbel" kalkuliert mit 17 % Gewinn und rechnet 2,50 % Skonto ein.
Ermitteln Sie den Listenverkaufspreis netto für eine Eckbankgruppe.

1.4   „SZ-Möbel" verkauft drei Eckbankgruppen an den Möbelmarkt Holzinger.
Bilden Sie den Buchungssatz für die Ausgangsrechnung (Rechnungsnummer 240/96) über 10.440,00 DM.

1.5   Einige Tage später erhält die Buchhaltung eine Gutschriftanzeige (siehe Anlage, Beleg 1). Erstellen Sie hierfür den Buchungssatz.

Aufgabe 2

2.1   Zur Ergänzung des Sortiments bezieht „SZ-Möbel" rustikale Messingleuchten. Aufgrund der Angaben des Lieferers hat das Unternehmen „SZ-Möbel" für die Einkaufskalkulation folgendes Rechenblatt (Tabellenkalkulation) erstellt:

	A	B	C
1		%	DM
2	Listeneinkaufspreis je Leuchte		124,00
3	– Liefererrabatt	15	18,60
4	Zieleinkaufspreis		105,40
5	+ Bezugskosten je Leuchte		6,10
6	Einstandspreis		

2.1.1   Für die Berechnung des Einstandspreises wurde in Feld C6 eine Formel eingegeben. Dabei erfolgte eine Fehlermeldung.
Wie muss die Formel richtig lauten?

2.1.2   Welche Formel müsste im Rechenblatt zur Berechnung des Liefererrabatts in Feld C3 eingegeben werden?

2.2   Dem Unternehmen „SZ-Möbel" liegt die Eingangsrechnung über 50 Messingleuchten vor. Der Lieferer stellt außerdem netto 305,00 DM Frachtkosten in Rechnung und gewährt den vereinbarten Rabatt. Bilden Sie den Buchungssatz für den Zieleinkauf.

2.3   Aufgrund einer Mängelrüge wegen kleiner Lackfehler erhält „SZ-Möbel" einen Preisnachlass in Höhe von 611,32 DM brutto.
Erstellen Sie den Buchungssatz für die Gutschriftanzeige des Lieferers.

2.4   „SZ-Möbel" rechnet mit einem Netto-Kalkulationsfaktor von 1,3000.
Berechnen Sie den Listenverkaufspreis netto für eine Leuchte.

Aufgabe 3

Das Unternehmen „SZ-Möbel" stellt in einem Zweigwerk im oberfränkischen Zahnstein Wohnzimmerschränke her. Die Kapazität ist bei einer Fertigung von 200 Stück voll ausgelastet. Für das laufende Quartal liegen folgende Zahlen vor:

Nettoverkaufspreis/Stück	5.000,00 DM
Variable Kosten/Stück	2.500,00 DM
Fixkosten	200.000,00 DM

3.1 Berechnen Sie die Selbstkosten je Schrank bei voller Kapazitätsauslastung.

3.2 Ermitteln Sie das Betriebsergebnis (Gewinn oder Verlust), wenn alle produzierten Schränke abgesetzt werden konnten.

3.3 Zur Veranschaulichung der Kosten-Erlös-Situation im Zweigwerk legen Sie der Unternehmensleitung eine Grafik vor (siehe Grafik auf S. 97-22). Sie zeigt den Verlauf der Kosten und Erlöse in Abhängigkeit der produzierten und abgesetzten Menge.

3.3.1 Wie lauten die Fachbegriffe der Deckungsbeitragsrechnung für die dargestellten Kurven A und B?

3.3.2 Geben Sie die Gewinnschwellenmenge (Break-even-point) an.

3.3.3 Erklären Sie den Begriff „Gewinnschwellenmenge".

Aufgabe 4

Das Unternehmen „SZ-Möbel" muss aufgrund gesetzlicher Auflagen zum Umweltschutz eine neue Filteranlage einbauen. Zur Finanzierung dieser Maßnahme ist beabsichtigt, einen Kredit aufzunehmen, der nach sechs Monaten zurückgezahlt werden soll.
Die Unternehmensleitung hat zwei Kreditangebote eingeholt; von diesen beiden Angeboten liegen Ihnen folgende Informationen vor:

Genossenschaftsbank Holzhausen	Bankhaus Buchenhain
Kreditsumme 80.000,00 DM Zinssatz 8 % p. a. Auszahlung 98 %	Kreditsumme 80.000,00 DM Zinsen/6 Monate 3.700,00 DM Bearbeitungsgebühr 1,4 % Auszahlung 100 %

4.1 Berechnen Sie für beide Angebote die tatsächlichen Kreditkosten.

4.2 Die Unternehmensleitung gibt zunächst wegen der geringeren Kreditkosten dem Angebot der Genossenschaftsbank Holzhausen den Vorzug. Sie geben zu bedenken, dass bei einem Kreditvergleich die effektive Verzinsung ausschlaggebend sei; diese liegt beim Kredit der Genossenschaftsbank Holzhausen bei 12,24 %.
Wie hoch ist die effektive Verzinsung für den Kredit des Bankhauses Buchenhain?

4.3 Sie konnten die Unternehmensleitung überzeugen, den Kredit beim Bankhaus Buchenhain aufzunehmen.
Bilden Sie jeweils den Buchungssatz

4.3.1 für die Bereitstellung des Kredits auf dem Bankkonto des Unternehmens „SZ-Möbel",

4.3.2 für die Belastung des Bankkontos mit der Bearbeitungsgebühr und

4.3.3 für die Tilgung des Kredits einschließlich der gesamten Zinsen nach sechs Monaten.

Aufgabe 5

In der Buchhaltung des Unternehmens „SZ-Möbel" sind unter anderem folgende Geschäftsfälle zu bearbeiten. Bilden Sie die Buchungssätze.

5.1 Verkauf einer gebrauchten Hobelmaschine für netto 3.000,00 DM gegen Bankscheck. Die Hobelmaschine steht noch mit 2.500,00 DM zu Buche.

5.2 Zielkauf von Türschlössern für die Fertigung von Schränken im Nettowert von 350,00 DM.

5.3 Selbst hergestellte Einbaumöbel werden in die Verwaltungsabteilung von „SZ-Möbel" übernommen. Die Herstellkosten betragen 2.500,00 DM.

5.4 Verkauf von 40 Chemie-Aktien zum Stückkurs von 107,37 EUR (Spesen 1 % vom Kurswert). Die Aktien stehen mit 9.090,00 DM zu buche.

Aufgabe 6

Zum Ende des Geschäftsjahres sind bei „SZ-Möbel" noch die vorbereitenden Abschlussbuchungen für folgende Geschäftsfälle zu bilden:

6.1 Volle Abschreibung der geringwertigen Wirtschaftsgüter mit 1.700,00 DM.

6.2 Der Bestand an Dieselöl weist gegenüber dem Jahresbeginn eine Minderung im Wert von 5.000,00 DM aus.

6.3 Die bestehende Pauschalwertberichtigung von 4.200,00 DM ist auf 3 % des neuen Bestandes an einwandfreien Forderungen in Höhe von 139.200,00 DM anzupassen.

6.4 Der Steuerberater teilt mit, dass für das abgelaufene Jahr mit einer Gewerbesteuernachzahlung in Höhe von etwa 7.000,00 DM zu rechnen sei.

6.5 Die Leasinggebühr für den Firmenwagen wurde Anfang November überwiesen (siehe Anlage, Beleg 2).

6.6 Die Dezembermiete von 840,00 DM für vermietete Geschäftsräume ist noch nicht eingegangen.

Aufgabe 7

Die aufbereitete, vereinfachte Bilanz des Unternehmens „SZ-Möbel" hat folgende Struktur:

Aktiva (DM)	Bilanz zum 31. Dez. 1996		Passiva (DM)
Anlagevermögen	2.200.000,00	Eigenkapital	3.600.000,00
Umlaufvermögen	4.800.000,00	Fremdkapital	3.400.000,00
	7.000.000,00		7.000.000,00

Außerdem sind folgende Werte bekannt:

Gesamtaufwendungen	380.000,00 DM	Gesamterträge	725.000,00 DM
Privateinlagen	6.000,00 DM	Privatentnahmen	133.600,00 DM

7.1 Berechnen Sie die Finanzierung (Eigenkapital-Anteil).

7.2 Der Eigenkapitalanteil hat sich gegenüber dem Vorjahr erhöht.
Nennen Sie einen Vorteil, den eine verbesserte Eigenkapitalausstattung für das Unternehmen „SZ-Möbel" haben kann.

7.3 Ermitteln Sie die Eigenkapitalrentabilität.

7.4 Beurteilen Sie die Kennzahl der Eigenkapitalrentabilität.

Anlage zu Gruppe B

Beleg 1

Gutschrift	
Empfänger Simone Zimmermann, SZ-Möbel	

Konto-Nr. des Empfängers 470582040		Bankleitzahl 70280000
bei Bankhaus Buchenhain		

	DM oder EUR **DM**	Betrag: 10.179,00

Verwendungszweck
Für Rechnung Nr. 240/96 abzüglich 2,5 % Skonto.

Auftraggeber
Möbelmarkt Holzinger

Konto-Nr. des Auftraggebers 22644	

Beleg 2

Leasing-Schnell
80637 München
Baldurstraße 5
Tel.: (089) 1 57 57 85

Leasing-Schnell, Baldurstraße 5, 80637 München

Simone Zimmermann
SZ-Möbel
Am Fichtenweg 2

82088 Buchenhain

Leasing-Schnell
Konto-Nr. 20/34567 bei
Spar-Bank München
BLZ 700 580 00

Rechnung für Ihre Leasingrate November 1996 bis Januar 1997

Pkw WOR-ZS 234 67 kW	900,00 DM
München, 27. Oktober 1996 Leasingraten netto + 16 % **UST**	900,00 DM 144,00 DM 1.044,00 DM

Grafik zur Aufgabe 3

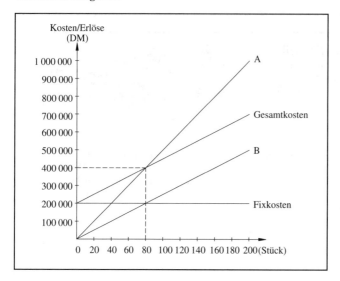

Lösungsvorschlag

Aufgabe 1

Bewertungs-einheiten

1.1

Fertigungsmaterial	800,00 DM	100,00 %
+ Material-GK	100,00 DM	12,50 %
Materialkosten	900,00 DM	112,50 %
+ Fertigungskosten (FK)	1.400,00 DM	
Herstellkosten (HK)	2.300,00 DM	(3 P.)

Erklärung: Mithilfe des Fertigungskalkulationsschemas ist es möglich, das Fertigungsmaterial (= Materialverbrauch) zu berechnen. Ausgehend von den Herstellkosten können in Form einer Rückwärtsrechnung die Materialkosten ermittelt werden. Die Materialkosten betragen 112,50 %, weil das Fertigungsmaterial als Zuschlagsgrundlage (= 100 %) für die Material-GK gilt. Zur Ermittlung des Materialverbrauchs werden die Materialkosten durch 112,50 (= vermehrter Grundwert) dividiert und das Ergebnis anschließend mit 100 multipliziert.

1.2

Herstellkosten	2.300,00 DM
+ Verw.-/Vtr. GK	200,00 DM
Selbstkosten	2.500,00 DM

$$\text{Verw.-/Vtr.-Gemeinkostenzuschlag} = \frac{200 \cdot 100}{2.300} = 8,70\ (\%)$$

(2 P.)

Erklärung: Nachdem die Herstellkosten und Selbstkosten gegeben sind, können die Verwaltungs- und Vertriebsgemeinkosten in DM in Form einer Differenzkalkulation berechnet werden. Als Grundwert (= 100 %) für die Berechnung des gemeinsamen Zuschlagssatzes gelten die Herstellkosten; somit kann mithilfe der Prozentsatzformel der entsprechende Zuschlag in Prozenten ermittelt werden.

1.3

Selbstkosten	2.500,00 DM	100 %	
+ Gewinn (17 %)	425,00 DM	17 %	
Barverkaufspreis	2.925,00 DM	117 %	97,50 %
+ Kundenskonto (2,50 %)	75,00 DM		2,50 %
Listenverkaufspreis netto	3.000,00 DM		100,00 %

(3 P.)

Erklärung: Mithilfe des Verkaufskalkulationsschemas kann der Listenverkaufspreis ermittelt werden. Der Gewinn wird vom Selbstkostenpreis (= 100 %) berechnet. Anschließend ist der Listenverkaufspreis (Zielverkaufspreis bzw. Rabatt sind nicht verlangt) gleich 100 % zu setzen, weil der Zielverkaufspreis = hier gleich dem Listenverkaufspreis entspricht und deshalb als Grundwert gilt. Somit wird der Barverkaufspreis kleiner 100 % (= verminderter Grundwert), nämlich mit 97,50 % besetzt (2.925,00 DM : 97,50 · 100 bzw. · 2,50).

1.4	2400 FLL	10.440,00 DM	an 5000 UEFE	9.000,00 DM	
			4800 MWST	1.440,00 DM	(4 P.)

Erklärung: Ausgangsrechnung bedeutet Verkauf auf Ziel, der Nettoverkaufspreis (10.440,00 DM : 116 · 100) bedeutet einen Umsatzerlös für Fertigerzeugnisse (Eckbände werden von der Firma „SZ-Möbel" selber hergestellt), der im Konto 5000 UEFE im Haben eingebucht wird. Die darauf entfallende Umsatzsteuer (Brutto 10.440,00 DM − Netto 9.000,00 DM) in Höhe von 16 % ist auf dem Passivkonto Mehrwertsteuer im Haben zu buchen. Den Bruttobetrag fordert die Firma „SZ-Möbel" von ihrem Kunden (Aktivkonto im Soll).

1.5	2800 BK	10.179,00 DM			
	5001 EBFE	225,00 DM			
	4800 MWST	36,00 DM	an 2400 FLL	10.440,00 DM	(7 P.)

Erklärung: Der vorliegende Gutschriftsbeleg (Beleg Nr. 1) besagt im Verwendungszweck, dass die Rechnung Nr. 240/96 (siehe Aufgabe 1.4) unter Abzug von 2,5 % Skonto mit 10.179,00 DM (= 97,5 %) vom Kunden Holzinger bezahlt wurde. Folgendes Berechungsschema bietet sich bei Skontozahlungen immer an:

Rechnungsbetrag	10.440,00 DM	225,00 DM
− 2,50 % Skonto	261,00 DM	Netto-Skonto (EBFE)
Gutschriftsbetrag	10.179,00 DM = 97,5 %	36,00 DM
		UST (MWST)

Die Forderungen nehmen im Haben um den Bruttobetrag ab (Aktivkonto nimmt ab). Auf dem Konto Bank erhält die Firma „SZ-Möbel" den Zahlungseingang im Soll (Aktivkonto nimmt zu), welcher um den Bruttoskonto vermindert ist (siehe Bankbeleg). Der Skontoabzug wird netto auf dem Konto EBFE im Soll gebucht. Die anteilige Mehrwertsteuer wird im Soll korrigiert.

Aufgabe 2

2.1.1	Z. B.: = C4 + C5	(2 P.)

Erklärung: Der Einstandspreis in Feld C6 ergibt sich, wenn der Zieleinkaufspreis in Feld C4 und die Bezugskosten in Feld C5 addiert werden.

2.1.2	Z. B.: = C2 / 100 ∗ B3	(3 P.)

Erklärung: Die Berechnung des Liefererrabatts in Feld C3 lässt sich auf herkömmliche Weise mithilfe der Prozentrechnung wie folgt durchführen ⇒ LEP : 100 · 15; umgesetzt in die Tabellenkalkulation heißt dies ⇒ der LEP steht in Feld C2, der gewährte Liefererrabatt in Prozent in Feld B3, also folgt daraus ⇒ = C2/100 ∗ B3. Zu beachten ist, dass jede Formel mit dem „="-Zeichen beginnt, für die Division der „/" Schrägstrich steht und das Multiplikationszeichen ein „∗" Sternchen ist.

2.2 Zieleinkaufspreis = 105,40 · 50 = 5.270,00 DM

6080 AWHW	5.270,00 DM				
6081 BZKHW	305,00 DM				
2600 VST	892,00 DM	an	4400 VLL	6.467,00 DM	(5 P.)

Erklärung: Durch diesen Zieleinkauf (Eingangsrechnung = Zieleinkauf = Rabatt wurde in Höhe von 15 % gleich beim Einkauf gewährt) erhöht sich unser Aufwand für Handelswaren (Messingleuchten sind bei der Firma „SZ-Möbel" Handelswaren) im Soll von AWHW um 5.270,00 DM (NR siehe oben!). Die in Rechnung gestellte Fracht wird netto auf das Konto „Bezugskosten für Handelswaren" im Soll gebucht. Die Umsatzsteuer in Höhe von 16 % (aus 5.575,00 DM) wird als Vorsteuer (da Einkauf) gleichfalls im Soll gebucht. Aufgrund der Eingangsrechnung (= Zieleinkauf) werden die Verbindlichkeiten (Passivkonto nimmt zu) der Firma „SZ-Möbel" im Haben um den Bruttopreis erhöht.

2.3	4400 VLL	611,32 DM	an	6082 NHW	527,00 DM
				2600 VST	84,32 DM	(4 P.)

Erklärung: Die Gutschriftsanzeige des Lieferers bedeutet für die Firma „SZ-Möbel", dass sie weniger Verbindlichkeiten hat, also Buchung des Bruttobetrages bei VLL im Soll (Abnahme des Passivkontos). Der Nachlass aufgrund einer Mängelrüge wird bei der Firma „SZ-Möbel" im Konto 6082 NHW (Nachlässe für Handelswaren = Messingleuchte) im Haben erfasst. Die Vorsteuer wird entsprechend im Haben gebucht, also berichtigt.

2.4

Zieleinkaufspreis je Leuchte	105,40 DM
+ Bezugskosten je Leuchte	6,10 DM
Einstandspreis	111,50 DM

LVP netto = 111,50 DM · 1,3000 = 144,95 (DM)   (3 P.)

Erklärung: Der Kalkulationsfaktor ist die Zahl, mit der der Einstandspreis multipliziert wird, um den Listenverkaufspreis zu erhalten. Aus dem vorliegenden Rechenblatt können die Einkaufskalkulationsdaten entnommen werden, um zuerst den Einstandspreis zu berechnen. Anschließend kann dann mithilfe des KF per Multiplikation der LVP ermittelt werden.

Aufgabe 3

3.1

Variable Kosten/Stück	2.500,00 DM
+ Fixkosten/Stück (200.000 : 200)	1.000,00 DM
Selbstkosten/Stück	3.500,00 DM	(2 P.)

Erklärung: Die Selbstkosten im Rahmen der Deckungsbeitragsrechnung ergeben sich, indem zu den variablen Kosten/Stück die Fixkosten je Stück (deshalb 200.000 : 200 Stück) addiert werden. In Form der Gesamtrechnung können die Selbstkosten ebenfalls errechnet werden:

2.500,00 DM · 200 = 500.000,00 DM + 200.000,00 DM =
700.000,00 DM : 200 Stück = 3.500,00 DM SK je Stück.

3.2	Nettoverkaufserlöse (5.000 · 200)	1.000.000,00 DM	
	– variable Kosten (2.500 · 200)	500.000,00 DM	

	Deckungsbeitrag	500.000,00 DM
	– Fixkosten	200.000,00 DM

	Betriebsergebnis (Gewinn)	300.000,00 DM	(2 P.)

Erklärung: Es ist sinnvoll, zunächst das Schema für die Deckungsbeitragsrechnung aufzustellen und alle Gesamtbeträge zu ermitteln. Da die Fixkosten niedriger sind als der gesamte Deckungsbeitrag, ergibt sich ein Betriebsgewinn.

3.3.1 Kurve A: Erlöse (2 P.)
Kurve B: Variable Kosten

Erklärung: Nachdem sich die Kurve A mit den Gesamtkosten schneidet, also vom Nullpunkt ausgeht, kann es sich nur um die Erlöskurve handeln. Die Erlösgerade zeigt die Gesamterlöse in Beziehung zur hergestellten und abgesetzten Stückzahl. Wenn nicht produziert und verkauft wird, sind die Erlöse gleich 0,00 DM.

Die Kurve B zeigt die variablen Kosten gesamt, weil diese Gerade linear zur hergestellten Menge steigt. Die variablen Kosten sind beschäftigungsabhängig, sie steigen proportional zur hergestellten Menge. Wird nichts hergestellt, also bei 0 Stück, wird der Nullpunkt der Geraden angezeigt.

3.3.2 Die Gewinnschwellenmenge liegt bei 80 Stück. (1 P.)

Erklärung: Die Gewinnschwellenmenge ergibt sich grafisch im Schnittpunkt der Erlösgeraden mit der Gesamtkostengeraden. Hier werden die 400.000,00 DM Gesamtkosten von den 400.000,00 DM erzielten Erlösen gedeckt. Diese Gewinnschwellenmenge liegt also bei 80 Stück.

3.3.3 Z. B.: Die Gewinnschwellenmenge ist die Absatzmenge, bei der das Betriebsergebnis von der Verlustzone in die Gewinnzone übergeht. (1 P.)

Erklärung: siehe grafische Darstellung bei 3.3.2.

Aufgabe 4

4.1 Zinsen (Genossenschaftsbank) = $\dfrac{80.000 \cdot 8 \cdot 6}{100 \cdot 12}$ = 3.200,00 (DM)

	Genossenschaftsbank		Bankhaus Buchenhain	
Zinsen / 6 Monate		3.200,00 DM		3.700,00 DM
+ Bearbeitungsgebühr			1,4 %	1.120,00 DM
+ Damnum	2 %	1.600,00 DM		
tatsächliche Kreditkosten		4.800,00 DM		4.820,00 DM (5 P.)

Erklärung: Die Zinsen für das Angebot der Genossenschaftsbank müssen berechnet werden; hierzu hilft folgende Formel:

$$\text{Zinsen} = \frac{K \cdot p \cdot t\,(Mt)}{100 \cdot 360\,(12)} = \frac{80.000 \cdot 8 \cdot 6}{100 \cdot 12} = 3.200,00\ \text{DM}$$

Die tatsächlichen Kreditkosten für das Angebot der Genossenschaftsbank ergeben sich, wenn zu den Zinsen das Damnum von 2 % (weil Auszahlung 98 %) aus 80.000,00 DM = 1.600,00 DM addiert werden.

Die tatsächlichen Kreditkosten für das Angebot des Bankhauses Buchenhain ergeben sich, wenn zu den gegebenen Zinsen in Höhe von 3.700,00 DM die Bearbeitungsgebühr von 1,4 % aus 80.000,00 DM = 1.120,00 DM addiert werden. Ein Damnum fällt hier nicht an, weil die Auszahlung zu 100 % erfolgt.

4.2   Effektive Verzinsung = $\dfrac{4.820 \cdot 100 \cdot 12}{80.000 \cdot 6} = 12,05\,(\%)$ (2 P.)

Erklärung: Für die Berechnung der effektiven Verzinsung ist folgende Formel anzusetzen:

$$EV_{(Kredit)} = \frac{\text{tatsächliche Kreditkosten} \cdot 100 \cdot 12\,(360)}{\text{Auszahlung} \cdot \text{Kreditlaufzeit}}$$

Nachdem die Auszahlung beim Bankhaus Buchenhain 100 % beträgt, sind die 80.000,00 DM als Auszahlungsbetrag anzugeben. Die tatsächlichen Kreditkosten können der Aufgabe 4.1 entnommen werden. Die Kreditlaufzeit wird mit 6 Monaten angegeben.

4.3.1   2800 BK   an 4200 KBKV   80.000,00 DM   (2 P.)

Erklärung: Der bereitgestellte Kredit erhöht das Bankguthaben der Firma „SZ-Möbel", deshalb Einbuchung im Konto 2800 BK auf der Sollseite (Aktivkonto nimmt zu). Aufgrund der Bereitstellung erhöhen sich die kurzfristigen Bankverbindlichkeiten der Firma „SZ-Möbel", der Kreditbetrag wird im Haben des Kontos 4200 KBKV (Laufzeit 6 Monate, also nicht länger als 1 Jahr) eingebucht.

4.3.2   6750 KGVK   an 2800 BK   1.120,00 DM   (2 P.)

Erklärung: Die Bearbeitungsgebühr stellt für die Firma „SZ-Möbel" einen Aufwand dar, deshalb Einbuchung im Konto 6750 KGVK im Soll. Die Belastung des Bankkontos führt zu einer Abnahme des Bankguthabens im Haben (Aktivkonto nimmt ab).

4.3.3   4200 KBKV   80.000,00 DM
        7510 ZAW   3.700,00 DM   an 2800 BK   83.700,00 DM   (3 P.)

Erklärung: Die Rückzahlung (= Tilgung) des Kredits bewirkt, dass die kurzfristigen Bankverbindlichkeiten abnehmen, Buchung im Konto 4200 KBKV im Soll (Passivkonto nimmt ab). Die zu zahlenden Zinsen werden als Aufwand im Soll des Kontos 7510 ZAW erfasst. Aufgrund der Tilgung wird unser Bankkonto belastet, Buchung im Konto 2800 BK im Haben (Aktivkonto nimmt ab).

Aufgabe 5

5.1

2800 BK	3.480,00 DM	an	5410 EAAV	3.000,00 DM
			4800 MWST	480,00 DM
5410 EAAV	3.000,00 DM	an	0700 M	2.500,00 DM
			5460 EAVG	500,00 DM (7 P.)

Erklärung: Die Buchung eines Anlagenverkaufs erfolgt immer in zwei Buchungsschritten:
Beim ersten Buchungsschritt wird der Verkaufserlös verbucht. Das Konto 5410 EAAV dient hierbei als Interimskonto (= Übergangskonto), um das umsatzsteuerpflichtige Entgelt beim Anlagenverkauf aufzunehmen, Einbuchung des Nettoverkaufslöses im Haben dieses Kontos. Die anfallende Umsatzsteuer (vom NVP zu berechnen) wird als MWST (= Verkauf) im Haben gebucht. Der Bruttoverkaufspreis erhöht das Bankguthaben der Firma „SZ-Möbel", deshalb Buchung im Soll von 2800 BK (Aktivkonto nimmt zu).

Beim zweiten Buchungsschritt wird das Interimskonto (= Übergangskonto) aufgelöst und der Buchwert ausgebucht. Vor Erstellen dieses Buchungssatzes muss immer geprüft werden, ob mit Gewinn (= Ertrag) oder Verlust (= Aufwand) verkauft wurde. Verglichen werden der Nettoverkaufspreis und der Buchwert:

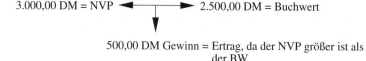

3.000,00 DM = NVP 　　　　2.500,00 DM = Buchwert

500,00 DM Gewinn = Ertrag, da der NVP größer ist als
der BW

Nun wird das Konto 5410 EAAV wieder aufgelöst, also Einbuchung im Soll mit 3.000,00 DM. Im Anlagekonto 0700 M wird der Buchwert (Verkauf der gebrauchten Hobelmaschine) im Haben eingebucht (Abnahme eines Aktivkontos), die Maschine ist also in unserer Anlagekartei nicht mehr vorhanden. Der erzielte Gewinn (= Ertrag), als Differenz zwischen NVP und BW, wird im Konto 5460 EAVG im Haben erfasst.

5.2

6000 AWR	350,00 DM			
2600 VST	56,00 DM	an	4400 VLL	406,00 DM (3 P.)

Erklärung: Die Türschlösser kauft die Firma „SZ-Möbel" als Fremdbauteile (**Vorsicht:** keine Handelswaren!) zu, sie werden auf dem Konto 6000 AWR als Aufwand im Soll gebucht. Die darauf anfallende Umsatzsteuer wird als Vorsteuer (da Einkauf) gleichfalls im Soll gebucht. Aufgrund des Zieleinkaufs werden die Verbindlichkeiten (Passivkonto nimmt zu) der Firma „SZ-Möbel" im Haben um den Bruttopreis erhöht.

5.3

0870 BA		an 5300 AE	2.500,00 DM (2 P.)

Erklärung: Das Aktivkonto „Büromöbel und sonstige Geschäftsausstattung" mehrt sich im Soll um die Herstellkosten. **Vorsicht:** keine Umsatzsteuer ansetzen, innerbetrieblicher Vorgang! Als Gegenkonto dient das Ertragskonto „Aktivierte Eigenleistungen", Einbuchung im Haben.

| 5.4 | Kurswert (40 Stück zu 107,37) | 4.294,80 EUR | 100 % |
| | – Spesen (1 % vom Kurswert) | 42,95 EUR | 1 % |

| | Bankgutschrift in EUR | 4.251,85 EUR ▼ | 99 % |
| | Bankgutschrift in DM | 8.315,90 DM | |

| 2800 BK | 8.315,90 DM | | | |
| 7460 VWPUV | 774,10 DM | an 2700 WPUV | 9.090,00 DM | (6 P.) |

Erklärung: Zuerst ist es wichtig, das **Abrechnungsschema** für den Aktienverkauf aufzustellen, eingetragen werden können die Stückzahl und der Verkaufskurs. Anschließend kann mittels Multiplikation (Stückzahl · Verkaufskurs) der Kurswert berechnet werden. Der Kurswert stellt die Berechnungsgrundlage (= 100 %) für die Spesen dar, die mithilfe des Dreisatzes einfach zu ermitteln sind. Durch Subtraktion lässt sich die Bankgutschrift berechnen. Die Bank (= Aktivkonto) nimmt um den Gutschriftsbetrag im Soll zu. Der Bestand an Aktien wird um den Buchwert (zu Buche stehen) von 9.090,00 DM weniger, die Einbuchung erfolgt im Konto 2700 WPUV im Haben (Aktivkonto nimmt ab). Somit ist die Differenz als „Verlust aus dem Abgang von Wertpapieren des Umlaufvermögens" im Konto 7460 im Soll zu buchen.

Aufgabe 6

| 6.1 | 6540 ABGWG | an 0890 GWG | 1.700,00 DM | (2 P.) |

Erklärung: Abschreibungen stellen einen betrieblichen Aufwand dar. **Vorsicht:** Für GWG gibt es ein eigenes Abschreibungskonto, Buchung bei 6540 ABGWG im Soll, es wird der volle Betrag (= 100 %) abgeschrieben (1.700,00 DM = mehrere GWG's). Die Gegenbuchung erfolgt im Konto 0890 GWG im Haben, Ausbuchung des vollen Betrages.

| 6.2 | 6030 AWB | an 2030 B | 5.000,00 DM | (2 P.) |

Erklärung: Dieselöl stellt für die Firma „SZ-Möbel" einen Betriebsstoff dar, die Bestandsminderung hierfür macht 5.000,00 DM aus. Ein Minderbestand ergibt sich, wenn der Schlussbestand kleiner ist als der Anfangsbestand; folglich muss im Bestandskonto 2030 B der Minderbestand im Haben als Ausgleich dieses Kontos eingebracht werden. Eine Bestandsminderung bei Werkstoffen liegt also immer dann vor, wenn im Abrechnungszeitraum **mehr verbraucht** als eingekauft wurde. Dieser Verbrauch stellt bei der Firma „SZ-Möbel" einen Aufwand dar, die Einbuchung erfolgt deshalb im Konto 6030 AWB im Soll (Minderbestand = Aufwand).

| 6.3 | Forderungsbestand brutto | 139.200,00 DM | : 116 · 16 |
| | – enthaltene Umsatzsteuer | 19.200,00 DM | |

| | Forderungsbestand netto | 120.000,00 DM | |

| | davon 3 % PWB | 3.600,00 DM | |
| | – vorhandene PWB | 4.200,00 DM | |

| | Herabsetzung der PWB (aufzulösende) | 600,00 DM | |

| | 3680 PWBF | an 5450 EAWBF | 600,00 DM | (5 P.) |

Erklärung: Aus dem Bruttobestand der Forderungen ist als erstes die Umsatzsteuer herauszurechnen, weil die Wertberichtigung vom Nettoforderungsbestand berechnet wird. Die 3 % PWB sind dann aus 120.000,00 DM zu ermitteln; die bestehende PWB von 4.200,00 DM ist anschließend von den ermittelten 3.600,00 DM zu subtrahieren. Es ergibt sich eine Herabsetzung der PWB, was einen „Ertrag aus der Auflösung bzw. Herabsetzung von Wertberichtigungen auf Forderungen" zur Folge hat, eingebucht wird dieser Ertrag im Konto 5450 EAWBF im Haben. Die Gegenbuchung erfolgt im Konto 3680 PWBF im Soll, weil sich die PWB verringert (Passivkonto nimmt ab).

6.4 7000 GWST   an 3800 STRST   7.000,00 DM   (2 P.)

Erklärung: Für eine zu erwartende Gewerbesteuernachzahlung wird eine Steuerrückstellung gebildet (Passivkonto nimmt zu), die entsprechenden Aufwendungen werden im Soll erfasst.

6.5 2900 ARA   an 6710 LS   300,00 DM   (4 P.)

Erklärung: Wenn ein vorausbezahlter Aufwand zum Teil das neue Geschäftsjahr betrifft, muss er abgegrenzt werden. Beleg Nr. 2 besagt, dass für die Zeit von November 1996 bis Januar 1997 1.044,00DM brutto als Leasingrate bezahlt wurden. Nachdem die Abgrenzung netto erfolgt (lt. Beleg 900,00 DM), sind 300,00 DM (900,00 : 3 Mt = 300,00 DM für den Monat Januar 1997) abzugrenzen. Die Abgrenzung der Leasingrate erfolgt auf dem Konto 6710 LS im Haben, d. h. der Aufwand wird korrigiert, damit für das alte Jahr die Erfolgsrechnung periodengerecht erfasst wird.

6.6 2690 SOF   an 5400 EMP   840,00 DM   (2 P.)

Erklärung: Damit der Ertrag des abgelaufenen Geschäftsjahres „periodenrichtig" erfasst wird, bucht man einstweilen die ausstehende Miete (für vermietete Geschäftsräume). Die Gegenbuchung erfolgt auf dem Konto „Sonstige Forderungen", da die Gutschrift erst im neuen Jahr getätigt wird.

Aufgabe 7

7.1 EK-Anteil = $\dfrac{3.600.000 \cdot 100}{7.000.000}$ = 51,43 (%)   (1 P.)

Erklärung: Bei der Ermittlung des Eigenkapitalanteils (= Finanzierung) wird das Eigenkapital (SB) in Beziehung zum Gesamtkapital gesetzt. Als Grundwert gilt das Gesamtkapital (= 100 %). Die Formel erleichtert die Berechnung des Prozentsatzes:

Eigenkapitalanteil = $\dfrac{\text{Eigenkapital} \cdot 100}{\text{Gesamtkapital}}$

7.2 Z. B.: Die Kreditwürdigkeit (und Kreditsicherheit) gegenüber Banken verbessert sich. (1 P.)

Erklärung: Ein hoher Eigenkapitalanteil gibt fremden Geldgebern die Gewähr, den gewährten Kredit in vollem Umfang zurückgezahlt zu erhalten. Außerdem ist für das eigene Unternehmen bei schlechter Wirtschaftslage eine Substanz (= eigenes Kapital) vorhanden.

7.3

Eigenkapital (Anfangsbestand)	3.382.600,00 DM
+ Jahresüberschuss	345.000,00 DM
+ Privateinlagen	6.000,00 DM
− Privatentnahmen	133.600,00 DM
Eigenkapital (Schlussbestand)	3.600.000,00 DM

$$\text{Eigenkapitalrentabilität} = \frac{345.000 \cdot 100}{3.382.600} = 10,20\,(\%)$$ (4 P.)

Erklärung: Für die Berechnung der Eigenkapitalrentabilität benötigt man das Eigenkapital am Jahresanfang (= Anfangsbestand). Ausgehend vom gegebenen Schlussbestand (aus Bilanz zum 31.12.1996) des Eigenkapitals wird in Form einer Rückwärtsrechnung der Anfangsbestand des Eigenkapitals berechnet. Die Privatentnahmen werden hierbei rückwärtsschreitend addiert, die Privateinlagen subtrahiert. Der Jahresüberschuss, der sich als Differenz zwischen Gesamterträgen und Gesamtaufwendungen (725.000,00 DM − 380.000,00 DM = 345.000,00 DM Jahresüberschuss) ergibt, wird ebenfalls in Form einer Rückwärtsrechnung abgezogen.
Abschließend kann mit folgender Formel die Eigenkapitalrentabilität berechnet werden:

$$\text{Eigenkapitalrentabilität} = \frac{\text{Gewinn (Jahresüberschuss)} \cdot 100}{\text{Eigenkapital (AB)}}$$

7.4 Z. B.: Die Eigenkapitalrentabilität ist im Vergleich zu anderen Anlageformen (aktuelles Zinsniveau) günstig. (1 P.)

Erklärung: Als Vergleichsmöglichkeit für die Eigenkapitalrentabilität gilt der Kapitalmarktzins (natürlich müssen auch andere Renditemöglichkeiten herangezogen werden), jedoch sollte die Rentabilität den Kapitalmarktzins übersteigen. Der Gewinn soll mehrere Bereich abdecken, wie z. B. Unternehmerlohn, Risiko, Zinsen usw.

Gisela Müller ist eine junge, dynamische Unternehmerin. Sie hat 1996 von ihrem Vater Gerhard Müller das Industrieunternehmen Gerhard Müller Holzprodukte, abgekürzt „GMH", übernommen.
„GMH" fertigt im schwäbischen Südendorf Holzprodukte und Inneneinrichtungen aller Art aus heimischen Hölzern.

Als Mitarbeiter/Mitarbeiterin in der Abteilung Rechnungswesen des Unternehmens „GMH" sind Sie mit verschiedenen Aufgaben der Buchführung und Kalkulation betraut. Im Rahmen Ihrer Tätigkeit erhalten Sie eine Reihe von Aufgaben zur Bearbeitung. Hierbei müssen Sie folgende Vorgaben beachten:
– Bei Berechnungen sind jeweils alle notwendigen Lösungsschritte anzugeben.
– Bei Buchungssätzen sind stets Kontennummern, Kontennamen (abgekürzt möglich) und Beträge anzugeben.
– Soweit nicht anders vermerkt, gilt ein Umsatzsteuersatz von 16 %.
– Alle Ergebnisse sind in der Regel auf zwei Dezimalstellen genau anzugeben.

Aufgabe 1

Das Unternehmen „GMH" produziert in seinem niederbayerischen Zweigwerk in Fichtenau Gartengerätehäuser in zwei Ausführungen. Für das erste Quartal 1997 liegen Ihnen folgende Angaben vor:

	Typ „Standard"	Typ „Exclusiv"
Nettoverkaufspreis/Stück	1.600,00 DM	?
Variable Kosten/Stück	900,00 DM	1.000,00 DM
Kapazität	1 200 Stück	800 Stück
Auslastung (Produktion $\hat{=}$ Absatz)	600 Stück	500 Stück
Fixkosten	1.065.000,00 DM	

Aufgrund von Billigimporten befindet sich das Zweigwerk gegenwärtig in einer schwierigen Konkurrenzsituation. Sie werden von der Geschäftsleitung beauftragt, die wirtschaftliche Lage des Zweigwerks zu untersuchen und Vorschläge für eine Umstrukturierung zu unterbreiten.

1.1   Im ersten Quartal 1997 ergab sich ein Betriebsverlust von 45.000,00 DM.

1.1.1   Zu welchem Nettoverkaufspreis wurde ein Gartengerätehaus des Typs „Exclusiv" abgesetzt?

1.1.2   Berechnen Sie die Auslastung bei Typ „Exclusiv" in Prozenten.

1.2   Wegen der Konkurrenzsituation wird die Produktion des Typs „Exclusiv" eingestellt. Die Fixkosten sinken dadurch um 365.000,00 DM.

1.2.1   Wie viel Stück des Typs „Standard" müssen nun produziert und abgesetzt werden, damit die Gewinnschwelle erreicht wird?

1.2.2   Ermitteln Sie die Höhe der Nettoverkaufserlöse bei der Gewinnschwelle.

Aufgabe 2

Das Unternehmen „GMH" stellt im Stammwerk unter anderem Werkbänke her. Die Stadt Berghausen beabsichtigt, die Werkräume ihrer Realschule neu auszustatten, und erbittet ein Angebot für 20 Schülerwerkbänke.
Aus dem Betriebsabrechnungsbogen für den Monat März 1997 liegen Ihnen folgende Angaben vor:

	Kostenstellen		
	Materialbereich	Fertigungsbereich	Verwaltungs- und Vertriebsbereich
Gemeinkosten	8.250,00 DM	33.750,00 DM	112.500,00 DM
Einzelkosten	33.000,00 DM	37.500,00 DM	------
Zuschlagsätze	25,00 %	?	5,00 %

2.1　Berechnen Sie den Zuschlagsatz für die Fertigungsgemeinkosten.

2.2　Ermitteln Sie die Höhe der Selbstkosten für eine Schülerwerkbank, wenn für die Herstellung einer Werkbank mit Materialkosten von 275,00 DM und Fertigungslöhnen von 250,00 DM gerechnet wird.

2.3　Aufgrund der ermittelten Selbstkosten ergibt sich je Schülerwerkbank ein Angebotspreis von 990,00 DM netto. Das Angebot umfasst unter anderem folgende Liefer- und Zahlungsbedingungen:
　　　– Lieferung frei Haus
　　　– 3 % Skonto bei Bezahlung innerhalb von 10 Tagen
　　　„GMH" erhält von der Stadt Berghausen den Auftrag für die 20 Werkbänke für die Realschule.
　　　Bilden sie den Buchungssatz für

2.3.1　die Ausgangsrechnung (Rechnung Nr. 112/97 vom 11. April 1997),

2.3.2　die Barzahlung an den Spediteur in Höhe von 262,00 DM netto für die Lieferung der Werkbänke an die Realschule.

2.4　Im Zusammenhang mit dem Verkauf der Schülerwerkbänke liegt Ihnen ein Beleg vor (siehe Anlage, Beleg 1).
　　　Bilden Sie hierfür den Buchungssatz.

2.5　In der Nachkalkulation für die 20 Schülerwerkbänke ergab sich bei den Selbstkosten insgesamt eine Unterdeckung von 880,00 DM.

2.5.1　Nennen Sie eine Ursache, die zu dieser Unterdeckung geführt haben könnte.

2.5.2　Berechnen Sie den tatsächlichen Gewinn in DM und in Prozenten, wenn der Barverkaufspreis insgesamt 19.206,00 DM betrug.

Aufgabe 3

Dem Unternehmen „GMH" liegt ein Mahnschreiben eines Hilfsstofflieferers vor (siehe Anlage, Beleg 2).
Aufgrund Ihrer Nachforschungen stellen Sie fest, dass der gesamte Vorgang noch nicht in der Buchhaltung erfasst worden ist. Sie holen deshalb die Buchungen nach.

3.1   Erstellen Sie den Buchungssatz für

3.1.1   die Rechnung vom 23. April 1997,

3.1.2   die Belastung mit Verzugszinsen aufgrund des Schreibens vom 23. Juni 1997,

3.1.3   die Banküberweisung des Gesamtbetrags an den Lieferer am 25. Juni 1997.

3.2   Welcher Zinssatz wurde der Berechnung der Verzugszinsen zugrunde gelegt?

Aufgabe 4

Zur Ergänzung des Sortiments bietet das Unternehmen „GMH" Fertigparkett als Handelsware an. Sie werden beauftragt, 1 200 qm Parkett einzukaufen. Dazu liegen Ihnen zwei Angebote vor:

	Firma Fritz Krass Geresburg	Firma Heinrich Liebl Weilhausen
Listenpreis netto je qm	23,50 DM	22,00 DM
Rabatt	20 %	ab 500 qm 10 % ab 1 000 qm 15 % ab 2 000 qm 20 %
Skonto	2 %	2,5 %
Lieferkosten	Rollgeld 140,00 DM netto	Frachtpauschale 80,00 DM netto

4.1   Beim Angebot der Firma Fritz Krass haben Sie den Einstandspreis bereits mit 22.248,80 DM ermittelt.
        Berechnen Sie den Einstandspreis für das Angebot der Fa. Heinrich Liebl.

4.2   Bilden Sie den Buchungssatz für den Zieleinkauf beim preisgünstigsten Anbieter.

4.3   Bei der Eingangskontrolle stellen Sie fest, dass 200 qm Fertigparkett beschädigt sind; Sie senden diesen Teil der Lieferung zurück.
        Bilden Sie den Buchungssatz für die Gutschriftanzeige des Lieferers über brutto 4.338,40 DM.

4.4   Die Schreinerei „Hobel-Haberl" erkundigt sich telefonisch nach dem Preis für einen größeren Posten Fertigparkett. Das Unternehmen „GMH" rechnet mit einem Kalkulationsaufschlagsatz von 160,00 %.
        Ermitteln Sie den Listenverkaufspreis je qm Fertigparkett, wenn der Einstandspreis 18,30 DM beträgt.

4.5   Sie hätten den Listenverkaufspreis auch über den Kalkulationsfaktor ermitteln können. Welchem Kalkulationsfaktor entspricht der Kalkulationsaufschlagsatz von 160,00 %?

Aufgabe 5

Das Unternehmen „GMH" besitzt eine veraltete EDV-Anlage, die durch eine neue ersetzt und deshalb veräußert werden soll. Für die bisherige EDV-Anlage liegt Ihnen das Rechenblatt einer Tabellenkalkulation vor (siehe Anlage, Tabellenkalkulation).

5.1 Der Abschreibungsbetrag in Feld B15 weicht von den anderen linearen Abschreibungsbeträgen ab. Begründen Sie diese Abweichung.

5.2 Wie hoch ist der Abschreibungssatz bei der im Rechenblatt verwendeten degressiven Abschreibung (rechnerische Begründung)?

5.3 Welche Formel wurde im Rechenblatt jeweils eingegeben

5.3.1 zur Berechnung des Wertes in Feld B7,

5.3.2 zur Berechnung des Wertes in Feld C15?

5.4 Nennen Sie zwei Vorteile der degressiven Abschreibung in den ersten Nutzungsjahren.

5.5 Das Unternehmen „GMH" hatte sich durchgängig für die degressive Abschreibung entschieden. Im Juni 1997 wird die EDV-Anlage für 2.800,00 DM netto verkauft. Bilden Sie die Buchungssätze, wenn der Verkauf gegen Bankscheck erfolgt.

5.6 Nach dem Einkommensteuerrecht hat das Unternehmen „GMH" die Wahl zwischen der linearen und der degressiven Abschreibung. Darüber hinaus lautet § 7 des Einkommensteuergesetzes wie folgt:
„Der Übergang von der Absetzung für Abnutzung in fallenden Jahresbeträgen zur Absetzung für Abnutzung in gleichen Jahresbeträgen ist zulässig."
Erklären Sie die rechtliche Bedeutung dieses Gesetzestextes mit eigenen Worten.

Aufgabe 6

In der Buchhaltung des Unternehmens „GMH" sind unter anderem noch folgende Geschäftsfälle zu bearbeiten. Bilden Sie die Buchungssätze.

6.1 Die neue EDV-Anlage wird Ende Mai 1997 gegen Bankscheck gekauft. Die Kosten für die Hardware betragen netto 75.000,00 DM. Für Software, fachgerechte Installation und Einweisung fallen zusätzlich netto 1.900,00 DM an.

6.2 Nach Abschluss des Insolvenzverfahrens über das Vermögen des Kunden Franz Bucher gehen durch Banküberweisung 406,00 DM ein, der Rest ist endgültig verloren. Die zweifelhafte Forderung beträgt 2.320,00 DM.

6.3 Banklastschrift für: – Handelskammerbeitrag   600,00 DM
                          – Kfz-Steuer   3.450,00 DM

6.4 Barauszahlung eines Lohnvorschusses in Höhe von 700,00 DM.

Aufgabe 7

Zum Ende des Geschäftsjahres 1997 fallen bei „GMH" noch folgende Arbeiten an.

7.1 Erstellen Sie zum 31. Dezember 1997 die vorbereitenden Abschlussbuchungen für folgende Geschäftsfälle:

7.1.1 Das Konto 6032 „Nachlässige Betriebsstoffe" weist einen Saldo von 950,00 DM aus.

7.1.2 Die neue EDV-Anlage (siehe Aufgabe 6.1) wird mit 30 % degressiv abgeschrieben.

7.1.3 Die Pauschalwertberichtigung zu Forderungen ist um 1.500,00 DM herabzusetzen.

7.1.4 Anfang November 1997 ging die Mietzahlung für einen vermieteten Lagerraum für die Monate November, Dezember und Januar in Höhe von 2.400,00 DM auf unserem Bankkonto ein.

7.1.5 Die Privatentnahmen betragen 37.000,00 DM, die Privateinlagen 47.000,00 DM.

7.2 Nach Erstellen des Jahresabschlusses führen Sie die Unternehmensanalyse durch. Hierfür liegt Ihnen die Kurzfassung der Bilanz (siehe Anlage, Bilanzkurzfassung) zur sachlichen Aufbereitung vor. Das kurzfristige Fremdkapital ist bereits zusammengefasst (siehe handschriftlicher Vermerk).

7.2.1 Die weitere Aufbereitung der Bilanz ergibt beim Posten „Forderungen" einen Betrag von 36.500,00 DM. In diesem Betrag sind unter anderem die „Forderungen aus Lieferungen und Leistungen" enthalten.
Welche weiteren Posten der Bilanz sind hier noch zu berücksichtigen?

7.2.2 Berechnen Sie die Kennzahl der Einzugsliquidität.

Anlage zu Gruppe A

Beleg 1

Konto-Nummer	Auszug	Blatt	Text/Verwendungszweck	PN	Wert		Umsätze	*
223 789 000	26	1						
			Überweisung von Stadtverwaltung Berghausen für Rechnung Nr. 112/97 vom 11. April 1997 abzüglich Skonto	204	18	04	22.278,96	H

Geschäftsstelle
Bahnhofstr. 15, 86499 Südendorf

Letzter Auszug
17. April 1997

Alter Kontostand
26.387,35 H

Firma

Kontoauszug vom
21. April 1997

Neuer Kontostand
48.666,31 H
Gegenwert in EUR
24.882,69 H

Gisela Müller Holzprodukte
Gartenstr. 3

* Lastschrift/Schuldensaldo = S
Gutschrift/Guthabensaldo = H

86499 Südendorf

Sparkasse Lechburg
BLZ 999 888 00

Konto-Auszug
Unstimmigkeiten bitten wir unserer Revision
mitzuteilen

Beleg 2

Josef Stahl, Eisenwarenhandel
Hauptstr. 5, 86005 Donaufurth

Gisela Müller Holzprodukte **Gartenstr. 3** **86499 Südendorf**	Josef Stahl Eisenwaren aller Art Tel.: (0821) 12 33 01/Fax: (0821)12 33 08 Bankverbindung: Sparkasse Lechburg BLZ 999 888 00 Kontonummer 123 765 000

Mahnung   Donaufurth, den 23. Juni 1997

Sehr geehrte Damen und Herren,

leider haben Sie unsere Rechnung Nr. 608/97 vom 23. April 1997, fällig am
23. Mai 1997, trotz Zahlungserinnerung bis heute, den 23. Juni 1997, noch nicht
beglichen.

Vereinbarungsgemäß belasten wir sie daher mit Verzugszinsen.
Unsere Forderung setzt sich wie folgt zusammen:

Rechnungsbetrag, fällig am 23. Mai 1997	2.900,00 DM
+ Verzugszinsen	29,00 DM
Gesamtbetrag per 23. Juni 1997	2.929,00 DM

Bitte überweisen Sie den Gesamtbetrag bis spätestens 30. Juni 1997.

Mit freundlichen Grüßen

Josef Stahl

Josef Stahl
Eisenwarenhandel

Zu Aufgabe 5: Rechenblatt (Tabellenkalkulation)

	A	B	C	D
1	Bezeichnung:	EDV-Anlage	Nutzungsdauer in Jahren:	5
2	Konto:	0860 BM		
3	Inventar-Nr.:	07023		
4	Anschaffungsdatum:	20. Mai 1992		
5		Lineare AfA (DM)	Degressive AfA (DM)	
6	Anschaffungskosten:	110.000,00	110.000,00	
7	AfA 31. Dez. 1992	22.000,00	33.000,00	
8	Restwert	88.000,00	77.000,00	
9	AfA 31. Dez. 1993	22.000,00	23.100,00	
10	Restwert	66.000,00	53.900,00	
11	AfA 31. Dez. 1994	22.000,00	16.170,00	
12	Restwert	44.000,00	37.730,00	
13	AfA 31. Dez. 1995	22.000,00	11.319,00	
14	Restwert	22.000,00	26.411,00	
15	AfA 31. Dez. 1996	21.999,00	7.923,30	
16	Restwert	1,00	18.487,70	

Zu Aufgabe 7: Kurzfassung der Bilanz des Unternehmens „GMH"

| Aktiva | Bilanz zum 31. Dezember 1997 | Passiva |

Aktiva		Passiva	
Anlagevermögen		**Eigenkapital**	545.600,00
Beb. Grundstücke	60.000,00	PWB zu Forderungen	2.000,00
Betriebsgebäude	140.000,00	**Fremdkapital**	
Anlagen u. Maschinen	850.000,00	Langfr. Bankverbindlichk.	600.000,00
Büromaschinen	75.000,00	Kurzfr. Bankverbindlichk.	55.000,00
Büromöbel/ Geschäftsausst.	27.000,00	Verbindlichk. aus L. u. L.	43.000,00
Umlaufvermögen		Mehrwertsteuer	9.000,00
Rohstoffe	18.000,00	Sonst. Verbindlichk. (FA)	6.300,00
Hilfsstoffe	7.500,00	Verbindlichk. geg. SV-Träger	6.800,00
Betriebsstoffe	3.600,00	Passive Rechnungsabgrenzung	4.600,00
Handelswaren	5.600,00		
Unfertige Erzeugnisse	3.400,00		
Fertige Erzeugnisse	7.800,00		
Forderungen aus L. u. L.	29.900,00		
Vorsteuer	4.600,00		
Bankguthaben	26.700,00		
Kassenbestand	9.200,00		
Akt. Rechnungsabgr.	4.000,00		
	1.272.300,00		1.272.300,00

*Kurz-
fristiges
Fremd-
kapital
124.700,00*

Aufgabe 1

1.1.1

	Typ „Standard" 600 Stück (DM)	Typ „Exclusiv" 500 Stück (DM)	gesamt (DM)
Nettoverkaufserlöse – variable Kosten	960.000,00 540.000,00	1.100.000,00 ▲④ 500.000,00	
Deckungsbeitrag – Fixkosten	②▼420.000,00 ⟶	600.000,00 ③	1.020.000,00 ▲① 1.065.000,00 ◀
Betriebsergebnis (Verlust)			–45.000,00

$$\text{Nettoverkaufspreis/Stück (Exclusiv) ⑤} = \frac{1.100.000,00}{500} = 2.200,00 \, (DM)$$

(5 P.)

Erklärung: Zunächst ist es sinnvoll, ein **Schema** für die Deckungsbeitrags-rechnung aufzustellen. Betriebsergebnis und Fixkosten können sofort einge-tragen werden. In Form einer Rückwärtsrechnung kann der Gesamtbetrag der Deckungsbeiträge von A + B ermittelt werden. Der Deckungsbeitrag für das Produkt Typ „Standard" kann als nächstes berechnet werden, indem die Nettoverkaufserlöse und variablen Kosten von Typ „Standard" in das Schema eingetragen werden. In einem weiteren Arbeitsschritt kann der DB von Typ „Exclusiv" durch Differenzierung zwischen dem Gesamtdeckungs-beitrag und dem DB vom Typ „Standard" angegeben werden. Anschließend kann in einer Rückwärtsrechnung die Gesamtsumme der Nettoverkaufs-erlöse von Typ „Exclusiv" ermittelt werden. Mittels Division erhält man den NVP von Typ „Exclusiv", indem die Nettoverkaufserlöse durch die Stückzahl (= Auslastung) von Typ „Exclusiv" dividiert werden.

1.1.2 $\text{Auslastung (Exclusiv)} = \frac{500 \cdot 100}{800} = 62,50 \, (\%)$

(1 P.)

Erklärung: Die Kapazitätsauslastung von Typ „Exclusiv" lässt sich mittels Dreisatz berechnen, wobei die Kapazität von 800 Stück 100 % entspricht.

1.2.1 Neue Fixkosten: $1.065.000 - 365.000 = 700.000,00 \, (DM)$
DB/St. (Standard): $1.600 - 900 = 700,00 \, (DM)$
Gewinnschwelle (Standard) $= 700.000 : 700 = 1.000 \, (St.)$
Die Gewinnschwelle wird bei 1.000 Stück erreicht.

(3 P.)

Erklärung: Aufgrund der Produkteinstellung vermindern sich die Fixkos-ten um 365.000,00 DM auf 700.000,00 DM. Zur Ermittlung der Gewinn-schwelle ist die Berechnung des Stückdeckungsbeitrages vom Typ „Stan-dard" erforderlich, also NVP/Stück – variable Kosten. Mittels der Formel kann die Gewinnschwelle (= Break-even-point) berechnet werden:

$$\text{Gewinnschwelle} = \frac{\text{Fixkosten}}{\text{DB/Stück}}$$

1.2.2 Nettoverkaufserlöse

für 1.000 St. = 1.600 · 1.000 = 1.600.000,00 (DM) (1 P.)

Erklärung: NVP je Stück von Typ „Standard" multipliziert mit der Gewinnschwellenmenge ergibt die gesamte Summe der Nettoverkaufserlöse.

Aufgabe 2

2.1 Fertigungsgemeinkostenzuschlagsatz $= \dfrac{33.750 \cdot 100}{37.500} = \underline{\underline{90,00\,(\%)}}$ (1 P.)

Erklärung: Der Zuschlagsatz bei den Fertigungsgemeinkosten kann mittels Dreisatz berechnet werden, wobei die Fertigungslöhne (= 100 %) den Grundwert darstellen.

2.2

Materialkosten	275,00 DM	
+ Fertigungslöhne	250,00 DM	100 %
+ Fertigungs-GK 90 %	225,00 DM	90 %
Herstellkosten	750,00 DM	100 %
+ Verw.-/Vertr.-GK 5 %	37,50 DM	5 %
Selbstkosten	787,50 DM	(3 P.)

Erklärung: Für die zu berechnenden Fertigungsgemeinkosten gelten die Fertigungslöhne als Zuschlagsgrundlage (= 100 %). Der Zuschlagsatz für die zu ermittelnden Fertigungsgemeinkosten ist der Teilaufgabe 2.1 zu entnehmen. Die Selbstkosten ergeben sich, indem zu den Herstellkosten die Vw-/VtrGK addiert werden. Zur Berechnung der Vw-/VtrGK benötigt man die Herstellkosten als Zuschlagsgrundlage (= 100 %).

2.3.1

2400 FLL	22.968,00 DM	an	5000 UEFE	19.800,00 DM	
			4800 MWST	3.168,00 DM	(4 P.)

Erklärung: Ausgangsrechnung bedeutet Zielverkauf. Durch den Zielverkauf von 20 Werkbänken erhöhen sich unsere „Umsatzerlöse für Fertigerzeugnisse" (von der Fa. „GMH" hergestellt) um den Nettobetrag (= 20 Stück · 990,00 DM = 19.800,00 DM), also Einbuchung im Haben des Kontos 5000 UEFE. Die darauf entfallende Umsatzsteuer in Höhe von 16 % ist auf dem Passivkonto Mehrwertsteuer im Haben zu buchen. Den Bruttobetrag fordern wir von unserem Kunden (Aktivkonto im Soll).

2.3.2

6140 AFR	262,00 DM				
2600 VST	41,92 DM	an	2880 K	303,92 DM	(3 P.)

Erklärung: Die Zahlung an den Spediteur verbucht die Fa. „GMH" als Aufwendungen im Soll des Kontos 6140 AFR (netto). Die angefallene UST wird als Vorsteuer („GMH" zahlt) erfasst. Der Bruttobetrag vermindert den Kassenbestand im Haben des Kontos 2880 K (Aktivkonto nimmt ab).

2.4   2800 BK   22.278,96 DM
       5001 EBFE   594,00 DM
       4800 MWST   95,04 DM   an   2400 FLL   22.968,00 DM   (6 P.)

Erklärung: Der vorliegende Kontoauszug (Beleg Nr. 1) besagt im Verwendungszweck, dass die Rechnung Nr. 112/97 v. 11. April 1997 (siehe Aufgabe 2.3.1) abzüglich Skonto mit 22.278,96 DM von der Stadtverwaltung Berghausen (= Kunde der Fa. „GMH") bezahlt wurde. Folgendes Berechnungsschema bietet sich bei Skontozahlungen immer an:

Rechnungsbetrag	22.968,00 DM	594,00 DM
− 3 % Skonto	689,04 DM	$: 116 \times 100$ → Netto-Skonto (EBFE)
Gutschriftsbetrag	22.278,96 DM	$= 97\%$ → 95,04 DM USt (MWST)

(3 P.)

Die Forderungen nehmen im Haben um den Bruttobetrag ab (Aktivkonto nimmt ab). Auf dem Konto Bank erhält die Firma „GMH") den Zahlungseingang (Aktivkonto nimmt zu), welcher um den Bruttoskonto vermindert ist (siehe Kontoauszug). Der Skontoabzug wird netto auf dem Konto EBFE im Soll gebucht. Die anteilige MWST wird im Soll korrigiert.

2.5.1   z. B.: Die Rohstoffpreise sind gestiegen.   (1 P.)

Erklärung: Eine Unterdeckung bedeutet, dass die geplanten Kosten (= Normalkosten) kleiner sind als die tatsächlichen Kosten (= Istkosten). Preis- oder Lohnsteigerungen können zu dieser Situation führen.

2.5.2

Selbstkosten (Vorkalk.)	15.750,00 DM	(787,50 · 20) aus Aufgabe 2.2
+ Unterdeckung	880,00 DM	
Selbstkosten (Nachkalk.)	16.630,00 DM	

Selbstkosten (Nachkalk.)	16.630,00 DM
+ Gewinn	2.576,00 DM
Barverkaufspreis	19.206,00 DM

$$\text{Gewinn} = \frac{2.576,00 \cdot 100}{16.630,00} = 15,49\ (\%)$$

(4 P.)

Erklärung: Eine Unterdeckung besagt, dass die Selbstkosten der Vorkalkulation kleiner sind als die Selbstkosten der Nachkalkulation. Der Betrag der Unterdeckung wird zu den Selbstkosten der Vorkalkulation addiert, somit erhält man die tatsächlichen Selbstkosten der Nachkalkulation. Mithilfe eines Ausschnittes aus dem Kalkulationsschema lässt sich der tatsächliche Gewinn in Form einer Differenzkalkulation ermitteln. Der Gewinnprozentsatz kann mit der Formel berechnet werden.

Aufgabe 3

3.1.1

6020 AWH	2.500,00 DM				
2600 VST	400,00 DM	an	4400 VLL	2.900,00 DM	(4 P.)

Erklärung: Die am 23. Mai 1997 fällige Rechnung muss auf netto umgerechnet werden (2.900,00 DM : 116 · 100 = 2.500,00 DM). Der Nettobetrag (Einkauf) erhöht die Aufwendungen für Hilfsstoffe (Mahnschreiben eines Hilfsstofflieferers), Einbuchung im Soll des Kontos 6020 AWH. Die Umsatzsteuer wird als Vorsteuer (Hilfsstofflieferer) gleichfalls im Soll gebucht. Die Verbindlichkeiten erhöhen sich um den Bruttorechnungsbetrag im Haben (Passivkonto nimmt zu).

3.1.2

7510 ZAW		an	4400 VLL	29,00 DM	(2 P.)

Erklärung: Die Verzugszinsen stellen für die Fa. „GMH" einen Aufwand dar, deshalb Einbuchung im Konto 7510 ZAW im Soll. **Vorsicht:** Zinsen sind **umsatzsteuerfrei!** Die Belastung führt zu einer Zunahme der Verbindlichkeiten bei der Fa. „GMH", deshalb Einbuchung im Haben des Kontos 4400 VLL (Passivkonto nimmt zu).

3.1.3

4400 VLL		an	2800 BK	2.929,00 DM	(2 P.)

Erklärung: Die Banküberweisung an den Lieferer führt bei der Fa. „GMH" zu einer Abnahme der Verbindlichkeiten, Einbuchung im Soll des Kontos 4400 VLL (Passivkonto nimmt ab). Gleichzeitig verringert sich das Bankguthaben bei der Fa. „GMH", deshalb Einbuchung im Haben des Kontos 2800 BK (Aktivkonto nimmt ab).

3.2
$$\text{Zinssatz} = \frac{29,00 \cdot 100 \cdot 360}{2.900,00 \cdot 30} = \underline{\underline{12,00\,(\%)}} \qquad (3\ P.)$$

Erklärung: Durch Umstellung der allgemeinen Zinsformel kann der Zinssatz der Verzugszinsen berechnet werden. Zuvor müssen aber noch die Zinstage ermittelt werden! Fällig war die Rechnung am 23. Mai 1997 (Rechnung vom 23. April 97, fällig am 23. Mai 97); am 23. Juni 1997 erhält die Fa. „GMH" ein Mahnschreiben, in dem der Gesamtbetrag einschließlich der Verzugszinsen nochmals gefordert wird (Zeit vom 23. Mai 97 bis 23. Juni 97 = 30 Tage)

$$Z = \frac{k \cdot p \cdot t}{100 \cdot 360} \quad \text{daraus folgt: } p = \frac{Z \cdot 100 \cdot 360}{k \cdot t}$$

Aufgabe 4

4.1

Listeneinkaufspreis	26.400,00 DM	100 %	
– Liefererrabatt 15 %	3.960,00 DM	15 %	
Zieleinkaufspreis	22.440,00 DM	85 %	100 %
– Liefererskonto 2,5 %	561,00 DM		2,5 %
Bareinkaufspreis	21.879,00 DM		97,5 %
+ Bezugskosten	80,00 DM		
Einstandspreis	21.959,00 DM		(4 P.)

Erklärung: Man rechnet mit dem ersten Teil des Kalkulationsschemas (= **Bezugskalkulation**) den Einstandspreis für 1.200 qm Parkett für das Angebot der Fa. Heinrich Liebl aus. Die Basis (= Zuschlagsgrundlage) für den Lieferrabatt stellt der Listeneinkaufspreis (= 100 %) dar (22,00 DM · 1.200 qm = 26.400,00 DM). Da 1.200 qm gekauft werden, werden 15 % Rabatt gewährt. Für die Liefererskontoberechnung ist der Zieleinkaufspreis die Basis.

4.2	6080 AWHW	22.440,00 DM				
	6081 BZKHW	80,00 DM				
	2600 VST	3.603,20 DM	an	4400 VLL	26.123,20 DM	(4 P.)

Erklärung: Die Fa. „GMH" kauft den Parkett als Handelsware von der Fa. Liebl (= preisgünstigster Anbieter), somit werden die Aufwendungen für Handelswaren im Soll des Kontos 6080 AWHW mit dem Zieleinkaufspreis (Rabatt wird nicht gebucht) erhöht. Die Frachtpauschale stellt Bezugskosten dar und wird auf dem Unterkonto 6081 BZKHW ebenfalls im Soll eingebucht.
Die insgesamt anfallende Umsatzsteuer wird als Vorsteuer (da Einkauf) gleichfalls im Soll gebucht. Aufgrund dieses Zielkaufs werden die Verbindlichkeiten der Fa. „GMH" im Haben (Passivkonto nimmt zu) um den Bruttopreis erhöht.

4.3	4400 VLL	4.338,40 DM	an	6080 AWHW	3.740,00 DM	
				2600 VST	598,40 DM	(4 P.)

Erklärung: Die Gutschriftsanzeige des Lieferers aufgrund der Rücksendung von 200 qm beschädigten Fertigparketts bedeutet für die Fa. „GMH" eine Verminderung ihrer Verbindlichkeiten, also Buchung bei VLL im Soll (Abnahme des Passivkontos). Vermindert werden durch die Rücksendung auch die Aufwendungen für Handelswaren im Haben des Kontos 6080 AWHW. Berichtigt wird ebenfalls die Vorsteuer, also Buchung im Haben.

4.4	Einstandspreis je qm	18,30 DM	100 %	
	+ Kalkulationsaufschlag 160 %	29,28 DM	160 %	
	Listenverkaufspreis je qm	47,58 DM	260 % ▼	(1 P.)

Erklärung: Der Einstandspreis gilt als Zuschlagsgrundlage (= 100 %) für den Kalkulationsaufschlag. Mithilfe der Dreisatzrechnung lässt sich dann das Ergebnis bestimmen. Sinnvoll dabei ist der Ansatz des oben genannten Schemas.

4.5   Kalkulationsfaktor = 2,6000   (1 P.)

Erklärung: Wenn der Kalkulationsaufschlagsatz gegeben ist, kann man den Kalkulationsfaktor folgendermaßen errechnen:

$$\text{Kalkulationsfaktor} = \frac{\text{Kalkulationsaufschlagsatz} + 100}{100}$$

Aufgabe 5

5.1   z. B.: Bei linearer Abschreibung wurde im letzten Jahr der Nutzung nur bis
auf den Erinnerungswert abgeschrieben.   (1 P.)

Erklärung: Die Nutzungsdauer der EDV-Anlage endet 1996; im Jahr 1997
wird die EDV-Anlage jedoch weiterhin genutzt. Wird ein Anlagegut über
die Nutzungsdauer im Betrieb noch weiter genutzt, wird sie nicht auf Null,
sondern auf einen **Erinnerungswert** von 1,00 DM abgeschrieben. Der
letzte Abschreibungsbetrag ist deshalb um 1,00 DM niedriger als die bisherigen Abschreibungsbeträge.

5.2   Abschreibungssatz (degr.) = 30,00 (%)   (1 P.)

$$\text{z. B.: } = \frac{33.000,00 \cdot 100}{110.000,00} = 30,00\,(\%)$$

Erklärung: Die Formel für die Ermittlung des Abschreibungssatzes lautet
folgendermaßen:

$$\text{Abschreibungssatz} = \frac{\text{Abschreibungsbetrag} \cdot 100}{\text{Anschaffungskosten}}$$

oder:

$$\text{Abschreibungssatz} = \frac{\text{Abschreibungsbetrag} \cdot 100}{\text{Restbuchwert}}$$

5.3.1   z. B.: = B6 / D1   (2 P.)

Erklärung: In Feld B7 ist der lineare Abschreibungsbetrag für den 31. Dez.
1992 angesetzt. Ermittelt wird dieser Betrag mittels folgender Formel:

$$\text{Abschreibungsbetrag} = \frac{\text{Anschaffungskosten}}{\text{Nutzungsdauer}}$$

also Feld B6 (Anschaffungskosten) dividiert (/) durch Feld D1 (Nutzungsdauer).

5.3.2   z. B.: = C14 / 100 * 30   (3 P.)

Erklärung: In Feld C15 ist der degressive Abschreibungsbetrag für den
31. Dez. 1996 angesetzt. Ermittelt wird dieser Betrag mittels folgender
Formel:

$$\text{Abschreibungsbetrag} = \frac{\text{Restbuchwert} \cdot \text{Abschreibungssatz}}{100}$$

also C14 (Restbuchwert) dividiert (/) durch 100, multipliziert mit dem
Abschreibungssatz, siehe Teilaufgabe 5.2.

Anmerkung zu 5.3.1 und 5.3.2:
Je nach Art der verwendeten Software, der Art der Programmierung und der
Art der Adressierung kann bei dieser Teilaufgabe eine andere Lösungs-
variante zutreffen.

5.4 z. B.: – größere Steuerersparnis in den ersten Nutzungsjahren
– entspricht eher dem tatsächlichen Wertverlust (2 P.)

Erklärung: Degressive Abschreibung ermöglicht in den ersten Nutzungs-
und Abschreibungsjahren einen hohen Abschreibungsbetrag, was zu erhöhten Aufwendungen führt und somit den Gewinn schmälert. Die steuer-
liche Ersparnis ist dann entsprechend. Selbstverständlich orientiert sich
diese Abschreibungsmethode eher an der Realität, was auch der wirklichen
Abnutzung eher entspricht.

5.5

2800 BK	3.248,00 DM	an	5410 EAAV	2.800,00 DM
			4800 MWST	448,00 DM
5410 EAAV	2.800,00 DM			
6960 VAVG	15.687,70 DM	an	0860 BM	18.487,70 DM

(8 P.)

Erklärung: Die Buchung eines Anlagenverkaufs erfolgt immer in zwei
Buchungsschritten:
Beim ersten Buchungsschritt wird der Verkaufserlös verbucht. Das Konto
5410 EAAV dient hierbei als Interimskonto (= Übergangskonto), um das
umsatzsteuerpflichtige Entgelt beim Anlagenverkauf aufzunehmen, Einbu-
chung des Nettoverkaufserlöses im Haben dieses Kontos. Die anfallende
Umsatzsteuer (vom NVP zu berechnen) wird als MWST (= Verkauf) im
Haben gebucht. Der Bruttoverkaufspreis erhöht das Bankguthaben der
Fa. „GMH", deshalb Buchung im Soll von 2800 BK (Aktivkonto nimmt
zu).
Beim zweiten Buchungsschritt wird das Interimskonto aufgelöst und der
Buchwert ausgebucht. Vor Erstellen dieses Buchungssatzes muss immer
geprüft werden, ob mit Gewinn (= Ertrag) oder Verlust (= Aufwand) ver-
kauft wurde. Verglichen werden der Nettoverkaufspreis und der Buchwert:

2.800,00 DM = NVP ◄─────────────────────► 18.487,70 DM = BW

15.687,70 DM **Verlust** = Aufwand,
da der NVP kleiner
ist als der BW!

Nun wird das Konto 5410 EAAV wieder aufgelöst, also Einbuchung im
Soll mit 2.800,00 DM. Im Anlagenkonto 0860 BM wird der Buchwert
(Verkauf der gebrauchten EDV-Anlage – siehe Belegblatt C16 – im Haben
eingebucht (Abnahme eines Aktivkontos), die EDV-Anlage ist also in unserer Anlagenkartei nicht mehr vorhanden. Der erzielte Verlust (= Aufwand),
als Differenz zwischen NVP und BW, wird im Konto 6960 VAVG im Soll
erfasst.

5.6 z. B.: Der Übergang von der degressiven Abschreibung zur linearen Abschreibung ist zulässig. (1 P.)

Erklärung: Um ein Anlagegut voll abzuschreiben, geht man regelmäßig
gegen Ende der Nutzungsdauer von der degressiven zur linearen Abschreibung über. Dabei wird der Buchwert zum Zeitpunkt des Übergangs verteilt
auf die Restnutzungsdauer des Anlagegegenstandes. Sinnvoll und üblich ist
ein Übergang zur linearen AfA in dem Jahr, in dem die gleichmäßige Verteilung des Buchwertes auf die restliche Nutzungsdauer höhere Abschreibungsbeträge ergibt als die Fortführung der degressiven Methode.

Aufgabe 6

6.1
0860 BM	76.900,00 DM				
2600 VST	12.304,00 DM	an	2800 BK	89.204,00 DM	(4 P.)

Erklärung: Die Software, die fachgerechte Installation und die Einweisung zählen zu den sog. aktivierungspflichtigen Anschaffungsnebenkosten, werden also zusammen mit dem Nettokaufpreis auf das Anlagekonto gebucht. Die darauf entfallende Umsatzsteuer wird als Vorsteuer im Soll gebucht. Der Bruttokaufpreis mindert unser Konto 2800 BK im Haben (Aktivkonto nimmt ab).

6.2
Bruttoforderung	2.320,00 DM
– Zahlungseingang	406,00 DM
Ausfall brutto	1.914,00 DM
– UST	264,00 DM
Ausfall netto	1.650,00 DM

2800 BK	406,00 DM				
6951 ABF	1.650,00 DM				
4800 MWST	264,00 DM	an	2470 ZWF	2.320,00 DM	(6 P.)

Erklärung: Das Konto 2800 BK nimmt im Soll um den Zahlungseingang zu. Durch den teilweisen Forderungsverlust ist die Mehrwertsteuer zu berichtigen, hierzu ist das oben stehende Berechnungsschema von großer Bedeutung. Der Mehrwertsteueranteil für den Bruttoausfall ist im Soll des Kontos 4800 MWST auszubuchen. Der Nettoausfall ist abzuschreiben und wird auf dem Konto 6951 ABF im Soll erfasst. Im Konto 2470 ZWF führen die 2.320,00 DM im Haben zum Ausgleich dieses Kontos.

6.3
6920 BEIWB	600,00 DM				
7030 KFZST	3.450,00 DM	an	2800 BK	4.050,00 DM	(3 P.)

Erklärung: Als Aufwand gilt der Handelskammerbeitrag, Buchung im Soll des Kontos „Beiträge zu Wirtschaftsverbänden und Berufsvertretungen". Die Kfz-Steuer ist als betriebliche Steuer angegeben, Buchung im Konto 7030 KFZST im Soll. Aufgrund der Lastschrift wird unser Bankkonto weniger, die Einbuchung erfolgt im Haben (Aktivkonto nimmt ab).

6.4
2650 FMI		an	2880 K	700,00 DM	(2 P.)

Erklärung: Die Auszahlung des Lohnvorschusses erhöht unsere Forderungen gegenüber Mitarbeitern, also Einbuchung im Konto 2650 im Soll (Aktivkonto nimmt zu). Der Kassenbestand nimmt ab, hier wird im Haben gebucht (Aktivkonto nimmt ab).

Aufgabe 7

7.1.1   6032 NB   an   6030 AWB   950,00 DM   (2 P.)

Erklärung: Der Abschluss des Kontos 6032 NB findet in diesem auf der Sollseite statt, das Konto 6030 AWB vermindert sich dadurch im Haben, weil die Nachlässe für Betriebsstoffe unsere Aufwendungen für Betriebsstoffe verringern.

7.1.2   6520 ABSA   an   0860 BM   23.070,00 DM   (3 P.)
(30 % von 76.900,00 DM = 23.070,00 DM)

Erklärung: Die Abschreibungen stellen einen betrieblichen Aufwand dar – Buchung bei 6520 ABSA im Soll –, der das Anlagevermögen im Haben vermindert. Degressiv abschreiben bedeutet, dass vom Restbuchwert abgeschrieben wird. In diesem Beispiel liegt jedoch die Abschreibung im 1. Jahr vor und wird deshalb von den Anschaffungskosten berechnet. Zu bedenken ist, dass von 76.900,00 DM netto (siehe Aufgabe 6.1) ausgegangen werden muss. Dieser Betrag schließt die Anschaffungsnebenkosten ein.

7.1.3   3680 PWBF   an   5450 EAWBF 1.500,00 DM   (2 P.)

Erklärung: Das Konto „Pauschalwertberichtigung zu Forderungen" ist ein Passivkonto, das sich bei Herabsetzung im Soll vermindert. Dafür ergibt sich ein „Ertrag aus der Herabsetzung von Wertberichtigung auf Forderungen", welcher im Haben einzubuchen ist.

7.1.4   5400 EMP   an   4900 PRA   800,00 DM   (3 P.)

Erklärung: Die im Voraus erhaltenen Mieterträge müssen abgegrenzt werden, weil sie zum Teil das neue Geschäftsjahr betreffen. Die Abgrenzung der zuviel erhaltenen Miete erfolgt auf dem Konto 5400 EMP im Soll (2.400,00 DM : 3 = 800,00 DM, ein Monat betrifft das neue Jahr), d. h. der Ertrag wird korrigiert, damit für das alte Jahr der entsprechende Ertrag in die Erfolgsrechnung eingeht. Als Gegenkonto für die Abgrenzung von Erträgen dient das Konto „Passive Rechnungsabgrenzung".

7.1.5   3001 P   an   3000 EK   10.000,00 DM   (3 P.)

Erklärung: Das Konto 3001 P ist ein Unterkonto des Eigenkapitalkontos und wird über dieses abgeschlossen. Nachdem die Privateinlagen überwiegen, wird im Konto 3001 P im Soll der Abschlusssaldo erfasst. Die Gegenbuchung im Eigenkapitalkonto im Haben erhöht das Eigenkapital (Überwiegen der Privateinlagen).

7.2.1 – Vorsteuer
– Aktive Rechnungsabgrenzung
– Pauschalwertberichtigung zu Forderungen (3 P.)

Erklärung: Die Bilanzen enthalten oft zu viele Einzelposten, deshalb ist es erforderlich, sie entsprechend aufzubereiten. Folgende Vorgänge können sich ergeben:

a) Die Bilanz ist zu **strukturieren,** d. h. die fachlich und sachlich zusammengehörigen Bilanzposten sind in Gruppen **zusammenzufassen** (z. B.: Forderungen aus L. u. L. plus Vorsteuer).

b) Die Bilanz ist zu **bereinigen,** d. h. unechte Posten wie Wertberichtigungen zu Forderungen sind mit den dazugehörigen Bestandskonten (FLL minus PWBF) zu **saldieren.**

c) Die Aktiven Rechnungsabgrenzungsposten werden den Forderungen **zugeordnet** (FLL + ARA).

7.2.2 Einzugsliquidität $= \dfrac{(35.900,00 + 36.500,00) \cdot 100}{124.700,00} = \underline{\underline{58,06\,(\%)}}$ (2 P.)

Erklärung: Bei dieser Kennzahl werden beide Seiten der Bilanz betrachtet. Folgende allgemeine Formel gilt zur Berechnung:

$$\text{Einzugsliquidität} = \frac{(\text{flüssige Mittel} + \text{Forderungen}) \cdot 100}{\text{kurzfristiges Fremdkapital}}$$

Der aufbereitete Bilanzwert der Forderungen liegt in der Aufgabenstellung bereits vor. Zu den flüssigen Mitteln zählen „Bankguthaben" und „Kassenbestand" (siehe Belegblatt). Im Vergleich zur Barliquidität wird bei der Einzugsliquidität zu den flüssigen Mitteln noch der aufbereitete Posten Forderungen addiert. Das Ergebnis dieser Addition wird also (siehe Formel) ins Verhältnis gesetzt zum „kurzfristigen Fremdkapital", dieser Posten liegt ebenfalls bereits aufbereitet vor (siehe Belegblatt).

Siegfried Wagner
Porzellanherstellung

Frankenwaldstr. 3
96345 Ludwigsberg

Lohengrin

Porzellan

Das Unternehmen Siegfried Wagner Porzellanherstellung hat sich unter dem Markennamen *„Lohengrin-Porzellan "* auf die Fertigung von Kaffeeservicen und Porzellanfiguren spezialisiert. Dieses mittelständische Unternehmen im Herzen Oberfrankens stellt mit 200 Beschäftigten, überwiegend Frauen aus der näheren Umgebung, einen für diese Region mit ihren hohen Arbeitslosenzahlen wichtigen Arbeitgeber dar. Um das Unternehmen und die Arbeitsplätze erhalten zu können, ist die Unternehmensleitung vor allem darauf bedacht, kostengünstig zu produzieren.

Als Mitarbeiter/Mitarbeiterin in der Abteilung Rechnungswesen sind Sie mit verschiedenen Aufgaben der Buchführung und Kalkulation betraut. Hierbei müssen Sie folgende Vorgaben beachten:

– Bei Berechnungen sind jeweils alle notwendigen Lösungsschritte anzugeben.
– Bei Buchungssätzen sind stets Kontennummern, Kontennamen (abgekürzt möglich) und Beträge anzugeben.
– Soweit nicht anders vermerkt, gilt ein Umsatzsteuersatz von 16 %.
– Alle Ergebnisse sind in der Regel auf zwei Dezimalstellen genau anzugeben.

Im Rahmen Ihrer Tätigkeit erhalten Sie die nachfolgenden Aufträge zur Bearbeitung.

Aufgabe 1

Die Unternehmensleitung möchte sich ein genaues Bild von der Entwicklung des Unternehmens im Zeitraum von 1993 bis 1996 machen. Sie erhielten deshalb den Auftrag, für die nächste Abteilungsleitersitzung das Zahlenmaterial grafisch aufzubereiten. Sie legen nun zwei Grafiken vor (siehe Anlage, Geschäftsgrafiken).

1.1   Beschreiben Sie die Entwicklung der Kosten und des Umsatzes.

1.2   Neben der Entwicklung der Kosten und des Umsatzes spielt bei der Beurteilung eines Unternehmens auch die Eigenkapitalrentabilität eine Rolle.
Beurteilen Sie die Eigenkapitalrentabilität zum Ende des Jahres 1996.

1.3   Als weitere Informationsquelle zur Beurteilung des Unternehmens ziehen Sie die aufbereitete Bilanz des Geschäftsjahres 1996 heran (siehe Anlage, Aufbereitete Bilanz):

1.3.1   Berechnen Sie die Kennzahl der Einzugsliquidität.

1.3.2   Beurteilen Sie die Einzugsliquidität.

1.3.3 Ermitteln Sie die Kennzahl der Finanzierung (Eigenkapitalanteil).

1.3.4 Nennen Sie zwei Gründe, warum der Eigenkapitalanteil eines Unternehmens möglichst hoch sein sollte.

Aufgabe 2

Aufgrund der Ergebnisse der Abteilungsleitersitzung wurden Maßnahmen zur Kostensenkung beschlossen und teilweise schon durchgeführt. Für das 2. Quartal 1997 ist nunmehr eine Neufestsetzung der Gemeinkostenzuschlagsätze erforderlich. Die Zuschlagsätze für die Materialgemeinkosten und für die Fertigungsgemeinkosten wurden bereits ermittelt:

	Kostenstellen			
Bereiche	Material	Fertigung	Verwaltung	Vertrieb
Gemeinkosten	80.675,00 DM	902.850,00 DM	79.903,75 DM	127.846,00 DM
Zuschlagsätze	35,00 %	195,00 %	?	

2.1 Berechnen Sie den gemeinsamen Zuschlagsatz für die Verwaltungs- und Vertriebsgemeinkosten, wenn die Herstellkosten der Erzeugung 1.689.525,00 DM betragen und bei den unfertigen und fertigen Erzeugnissen eine Bestandsmehrung von insgesamt 91.450,00 DM vorliegt.

2.2 „*Lohengrin-Porzellan*" fertigt unter anderem bayerische Porzellanlöwen. Für die Herstellung eines Porzellanlöwen ergeben sich laut Kostenrechnung Materialkosten von 29,70 DM, Fertigungslöhne von 120,00 DM und Sondereinzelkosten von 4,00 DM.

2.2.1 Berechnen Sie die Selbstkosten je Porzellanlöwe.

2.2.2 „*Lohengrin-Porzellan*" bietet die Porzellanlöwen zum Listenverkaufspreis in Höhe von netto 575,50 DM je Stück an.
Wie hoch ist der einkalkulierte Rabatt in DM und in Prozenten, wenn mit 12,00 % Gewinn und 2,00 % Skonto gerechnet wird?

2.3 Die Porzellanlöwen sollen in repräsentativen Geschenkkartons verpackt werden. Erstellen Sie den Buchungssatz für den Kauf von Geschenkkartons im Gesamtwert von netto 1.500,00 DM gegen Bankscheck.

2.4 Im Zusammenhang mit dem Verkauf von Porzellanlöwen liegt Ihnen ein Beleg vor. Bilden sie den Buchungssatz für

2.4.1 den vorliegenden Beleg (siehe Anlage, Beleg 1),

2.4.2 die Rücksendung der Transportcontainer, wenn „*Lohengrin-Porzellan*" diese zum vollen Wert gutschreibt,

2.4.3 die Begleichung des noch offenen Rechnungsbetrages am 12. Mai 1997 durch Banküberweisung.

Aufgabe 3

Zur Verbesserung der Wettbewerbsfähigkeit muss nach den Vorstellungen der Unternehmensleitung die Produktivität in der Fertigung erhöht werden. Deshalb ist unter anderem geplant, eine neue computergesteuerte Fertigungsmaschine einzusetzen, die teilweise durch den Verkauf von Kommunalobligationen und von 1000 Chemie-Aktien finanziert werden soll.

3.1 Ihnen liegt die Verkaufsabrechnung der Hausbank für die Kommunalobligationen mit einer Bankgutschrift über 63.981,50 DM zur Überprüfung vor. Die Abrechnung enthält unter anderem folgende Angaben:
- *Nennwert 60.000,00 DM*
- *6,50 % Kommunalobligationen mit Zinszahlung jeweils am 15. Juli*
- *Verkauf am 30. April 1997 zum Kurs von 102,00 %*
- *Spesen 0,50 % vom Kurswert*

Überprüfen Sie die Höhe der Bankgutschrift, indem Sie eine eigene Abrechnung erstellen.

3.2 Für den Verkauf der 1000 Chemie-Aktien liegt Ihnen eine Bankgutschrift über 156.420,00 DM vor.
Bilden Sie den Buchungssatz für den Aktienverkauf (Buchwert 161.600,00 DM).

3.3 Berechnen Sie die effektive Verzinsung dieses Aktiengeschäfts, wenn während des Besitzzeitraums von 10 Monaten insgesamt 8.000,00 DM an Dividenden ausgeschüttet wurden.

Aufgabe 4

Neben dem Verkauf von Wertpapieren sollen 490.000,00 DM der Anschaffungskosten für die Fertigungsmaschine über einen Kredit finanziert werden. Hierfür haben sie die Angebote zweier Banken eingeholt. Für den Vergleich der beiden Angebote wurde ein Rechenblatt erstellt (siehe Anlage, Rechenblatt).

4.1 Begründen Sie, warum sich die Unternehmensleitung für das Angebot der Franken-Bank entscheidet.

4.2 Weshalb ist die Kreditsumme bei der Franken-Bank höher als bei der Genossenschaftsbank?

4.3 Welche Formel musste im Rechenblatt für die Berechnung der effektiven Verzinsung beim Kreditangebot der Genossenschaftsbank im Feld C15 eingegeben werden?

4.4 Sie haben angesichts der Liquiditätslage des Unternehmens „*Lohengrin-Porzellan*" auch die Finanzierungsform Leasing in Erwägung gezogen und besprechen diese im Vergleich zu den beiden Kreditangeboten mit der Unternehmensleitung.

4.4.1 Erklären Sie in diesem Zusammenhang den Begriff Leasing.

4.4.2 Stellen Sie gegenüber der Unternehmensleitung einen Vorteil und einen Nachteil von Leasing dar.

4.5 Entsprechend der Entscheidung der Unternehmensleitung wird der Kredit nunmehr bei der Franken-Bank aufgenommen.
Bilden Sie die Buchungssätze für

4.5.1 die Bereitstellung des Kredits auf dem Bankkonto,

4.5.2 die Belastung des Bankkontos mit der Bearbeitungsgebühr.

4.6   Die neue Fertigungsmaschine wird Anfang Mai 1997 geliefert und montiert. Nach der Inbetriebnahme geht nun die Rechnung ein (siehe Anlage, Beleg 2).
Bilden Sie den Buchungssatz für

4.6.1   die vorliegende Rechnung,

4.6.2   den Rechnungsausgleich am 11. Juni 1997 gegen Banküberweisung.

Aufgabe 5

Das Unternehmen „*Lohengrin-Porzellan*" führt in seinem Sortiment auch Tischdecken als Handelsware. Sie holen telefonisch von verschiedenen Herstellern Angebote über 800 Tischdecken ein. Zum Angebot der „Frankenwald-Textil" notieren Sie sich folgende Liefer- und Zahlungsbedingungen:
– *Listenpreis insgesamt: 28.000,00 DM netto*
– *Skonto: 2,00 % bei Zahlung innerhalb von 8 Tagen*
– *Lieferung frei Haus*

5.1   Berechnen Sie den Einstandspreis für die 800 Tischdecken aufgrund des Angebots von „Frankenwald-Textil".

5.2   Das Angebot von „Frankenwald-Textil" ist das günstigste. Sie bestellen deshalb 800 Tischdecken.
Bilden Sie den Buchungssatz für

5.2.1   die Eingangsrechnung über die Lieferung von 800 Stück,

5.2.2   die Begleichung der Eingangsrechnung innerhalb der Skontofrist mit Bankscheck.

5.3   Das Unternehmen „*Lohengrin-Porzellan*" rechnet mit einem Kalkulationsfaktor von 1,8000.
Ermitteln Sie den Listenverkaufspreis je Stück, wenn der Einstandspreis je Tischdecke 34,30 DM beträgt.

Aufgabe 6

Aus der Personalabteilung erhalten sie folgenden Computerausdruck:

Monat September	(DM)	Summen (DM)
Bruttolöhne Arbeiter		162.080,00
Lohnsteuer	29.456,40	
Solidaritätszuschlag	2.209,23	
Kirchensteuer	2.356,51	
	34.022,14	– 34.022,14
vermögenswirksame Anlage		– 312,00
Arbeitnehmeranteil SV		– 31.605,60
auszuzahlender Betrag		96.140,26
Arbeitgeberanteil SV		31.605,60

6.1 Bilden Sie die Buchungssätze für

6.1.1 die Erfassung der Personalaufwendungen (Auszahlung per Banküberweisung) aufgrund obiger Lohnliste und

6.1.2 die Banküberweisung der gesamten Sozialversicherungsbeiträge.

6.2 Arbeitnehmer- und Arbeitgeberanteil zur gesetzlichen Sozialversicherung beinhalten die Beiträge zu vier Pflichtversicherungen.
Nennen Sie diese vier Pflichtversicherungen.

6.3 Im nächsten Jahr soll die Buchführung auf ein Finanzbuchhaltungsprogramm am PC umgestellt werden. Als Vorbereitung auf diese Umstellung wird bereits jetzt zusätzlich mit einem Vorkontierungsblatt gearbeitet. Dieses weist im Zusammenhang mit der Lohnbuchung für September unter anderem folgenden Eintrag auf.
Welcher Geschäftsfall liegt dem Eintrag im Vorkontierungsblatt zugrunde?

BA	Datum	Soll	Haben	BNR	Text	Betrag (DM) B/N		UCo
B	08.10.	4830	2800	4	-------		34.022,14	----

Aufgabe 7

Zum Ende des Geschäftsjahres 1997 sind bei „*Lohengrin-Porzellan*" noch die vorbereitenden Abschlussbuchungen für folgende Geschäftsfälle zu bilden:

7.1 Die neue Fertigungsmaschine (siehe Aufgabe 4.6) wird mit 30 % degressiv abgeschrieben.

7.2 Der Gesamtwert der geringwertigen Wirtschaftsgüter über 2.400,00 DM wird voll abgeschrieben.

7.3 Das Konto 5001 EBFE weist einen Saldo von 1.600,00 DM aus.

7.4 Sie haben die Pauschalwertberichtigung zu Forderungen mit 3.450,00 DM neu berechnet. Aus dem Vorjahr besteht eine Pauschalwertberichtigung von 2.400,00 DM.

7.5 Die Zinsgutschrift der Bank für eine kurzfristige Geldanlage (Zinssatz 4 %) in Höhe von 45.000,00 DM für die Monate November, Dezember und Januar erfolgt vereinbarungsgemäß im Nachhinein.

7.6 Die Kfz-Steuer in Höhe von 1.920,00 DM wurde am 1. Oktober 1997 für ein Jahr im Voraus überwiesen.

7.7 Bei den unfertigen Erzeugnissen liegt ein Mehrbestand von 1.800,00 DM vor.

Anlage zu Gruppe B

Zu Aufgabe 1: Geschäftsgrafiken

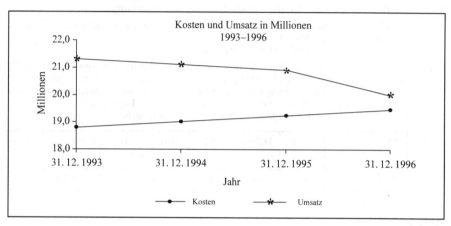

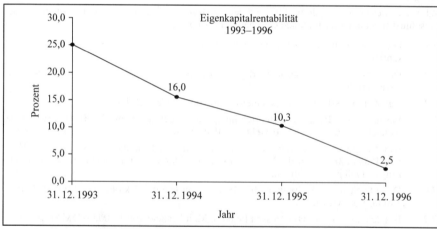

Zu Aufgabe 1: Aufbereitete Bilanz

Aktiva (DM)	aufbereitete Bilanz		Passiva (DM)
Anlagevermögen	29.860.000,00	**Eigenkapital**	10.400.000,00
Umlaufvermögen Vorräte Forderungen flüssige Mittel	2.500.000,00 920.000,00 320.000,00	**Fremdkapital** langfr. Fremdkapital kurzfr. Fremdkapital	20.000.000,00 3.200.000,00
Gesamtvermögen	33.600.000,00	**Gesamtkapital**	33.600.000,00

Zu Aufgabe 4: Rechenblatt (Tabellenkalkulation)

	A		B	C
1	**Kreditvergleich-Angebot**		**Franken-Bank**	**Genossenschaftsbank**
2				
3	Kreditsumme	(DM)	500.000,00	490.000,00
4	Damnum	(%)	2,00	---
5	Bearbeitungsgebühr	(%)	1,50	2,00
6	Zinssatz	(%)	7,20	8,20
7	Laufzeit	(Monate)	18	13
8				
9	Zinsen	(DM)	54.000,00	43.528,33
10	Bearbeitungsgebühr	(DM)	7.500,00	9.800,00
11	Damnum	(DM)	10.000,00	0,00
12	Kreditkosten, gesamt	(DM)	71.500,00	53.328,33
13	Kreditkosten/Jahr	(DM)	47.666,67	49.226,15
14	Auszahlungsbetrag		490.000,00	490.000,00
15	effektive Verzinsung	(%)	9,73	10,05

Beleg 1 (zu Aufgabe 2)

Lohengrin-Porzellan
Frankenwaldstr. 3

96345 Ludwigsberg

Lohengrin-Porzellan, Frankenwaldstr. 3, 96345 Ludwigsberg

Tourismusverein Weiß-Blau
König-Ludwig-Str. 1

<u>10539 Berlin</u>   Rechnungsdatum 15. April 1997

Rechnung Nr. 258

Art.	Artikelbezeichnung	Menge	Einzelpreis netto (DM)	Gesamtpreis netto (DM)
PL-12	Porzellan-Löwe 50 cm	50 Stk.	575,50	28.775,00
	– Rabatt			3.740,75
	Warenwert netto			25.034,25
	+ Fracht			300,00
	+ Transportcontainer			700,00
	+ Umsatzsteuer 16 %			4.165,48
	Rechnungsbetrag			**30.199,73**

Zahlung innerhalb von 30 Tagen rein netto oder
bei Bezahlung innerhalb von 10 Tagen 2 % Skonto vom Warenwert

Sitz der Firma: Ludwigsberg
Registergericht: Amtsgericht Ludwigsberg
Geschäftsführung: Siegfried Wagner

Bankverbindung:
Franken-Bank Ludwigsberg BLZ 790 560 00
Konto-Nr. 588 268

Beleg 2 (zu Aufgabe 4)

Maschinenfabrik Meier
GmbH & Co. KG

Fa. Meier GmbH & Co. KG, Bamberger Str. 20, 96317 Kronach

Firma Lohengrin-Porzellan
Siegfried Wagner
Frankenwaldstr. 3

96345 Ludwigsberg

Ihr Zeichen, Ihre Nachricht vom	Unser Zeichen	Telefon	Datum
5. Mai 1997	W-Re	09261/490-0	14. Mai 1997

Rechnung

Sehr geehrte Damen und Herren,

aufgrund Ihrer Bestellung haben wir Ihnen am 9. Mai 1997 die vollautomatische Granulat-Sinter-Maschine vom Typ Kaolin-SuperMix-2000 geliefert. Wir erlauben uns, Ihnen nun nach Inbetriebnahme folgende Beträge in Rechnung zu stellen:

Angebotspreis inklusive EDV-Programm, netto	650.000,00 DM
– Rabatt 5 %	32,500,00 DM
Nettopreis	617.500,00 DM
+ Lieferung, Montage und Einweisung, netto	7.500,00 DM
Gesamtpreis	625.000,00 DM
+ Umsatzsteuer	100.000,00 DM
Rechnungsbetrag	725.000,00DM

Wir hoffen, den Auftrag zu Ihrer vollen Zufriedenheit ausgeführt zu haben.

Mit freundlichen Grüßen

Maria Peltzig

i. A. Maria Peltzig

Zahlungsziel: 30 Tage netto
Die Maschine bleibt bis zur vollständigen Bezahlung Eigentum der Maschinenfabrik Meier
Bankverbindung: Genossenschaftsbank Kronach (BLZ 745 800 00), Konto 2346   .

Lösungsvorschlag

Aufgabe 1

1.1   z. B.: Die Kosten sind im Zeitraum von 1993 bis 1996 stetig leicht gestiegen, während sich der Umsatz rückläufig entwickelt hat.   (2 P.)

Erklärung: Bei der Interpretation der Grafik sind zum einen die Zeichen
für die Kosten (—•—) und für den Umsatz (—*—) sowie zum anderen die
Darstellung auf der x-Achse (Zeit) und auf der y-Achse (DM-Millionen) zu
beachten. Somit können die stetig steigende Kostensumme und der leicht
fallende Umsatzerlös festgestellt werden. Als Folgerung aus dieser Entwicklung kann ein immer geringer werdender Gewinn beschrieben werden.

1.2   z. B.: Die Eigenkapitalrentabilität ist mit 2,5 % im Vergleich zu anderen
Anlageformen (vgl. aktuelles Zinsniveau) sehr niedrig.   (1 P.)

Erklärung: Als Vergleichsmöglichkeit für die Eigenkapitalrentabilität gilt
der Kapitalmarktzins, jedoch sollte die Rentabilität den Kapitalmarktzins
übersteigen. Der Gewinn soll ja mehrere Bereiche abdecken, z. B. Unternehmerlohn, Risiko, Zinsen.

1.3.1 $\text{Einzugsliquidität} = \dfrac{(920.000,00 + 320.000,00) \cdot 100}{3.200.000,00} = \underline{\underline{38,75\,(\%)}}$ (2 P.)

Erklärung: Bei dieser Kennzahl werden beide Seiten der Bilanz betrachtet.
Folgende allgemeine Formel gilt zur Berechnung:

$$\text{Einzugsliquidität} = \frac{(\text{flüssige Mittel} + \text{Forderungen}) \cdot 100}{\text{kurzfristiges Fremdkapital}}$$

Im Vergleich zur Barliquidität werden bei der Einzugsliquidität zu den flüssigen Mitteln noch die Forderungen addiert. Das Ergebnis dieser Addition
wird also (siehe Formel) ins Verhältnis zum „kurzfristigen Fremdkapital"
gesetzt. Die einzelnen Beträge können der bereits aufbereiteten Bilanz
(siehe Belegblatt) entnommen werden.

1.3.2   z. B.: Die Einzugsliquidität ist sehr ungünstig (Idealwert 100 %)   (1 P.)
Erklärung: Die Zahlungsbereitschaft ist umso schlechter, je weniger flüssige Mittel den kurzfristigen Verbindlichkeiten gegenüberstehen.

Anhaltspunkte für die Bewertung der Einzugsliquidität:
L = 100 %   die kurzfristigen Zahlungsverpflichtungen können erfüllt wer-
             den,
L > 100 %   vermutlich „totes Kapital",
L < 100 %   Zahlungsschwierigkeiten können auftreten, dies liegt in dieser
             Aufgabe vor, die EL ist sehr ungünstig.

1.3.3   Finanzierung (EK-Anteil) $= \dfrac{10.400.000,00 \cdot 100}{33.600.000,00} = 30,95\,(\%)$ (1 P.)

Erklärung: Bei der Ermittlung des Eigenkapitalanteils wird das Eigenkapital in Beziehung zum Gesamtkapital gesetzt. Als Grundwert gilt das Gesamtkapital (= 100 %). Die Formel erleichtert die Berechnung des Prozentsatzes:

$$\text{Eigenkapitalanteil} = \dfrac{\text{Eigenkapital} \cdot 100}{\text{Gesamtkapital}}$$

1.3.4   z. B.: – höhere Kreditwürdigkeit,
                  – geringere Krisenanfälligkeit   (2 P.)

Erklärung: Ein hoher Eigenkapitalanteil gibt fremden Geldgebern die Gewähr, den gewährten Kredit in vollem Umfang zurückgezahlt zu bekommen. Außerdem ist für das eigene Unternehmen bei schlechter Wirtschaftslage eine Substanz (= eigenes Kapital) vorhanden.

Aufgabe 2

2.1

Herstellkosten d. Erz.	1.689.525,00 DM
– Mehrbestand (UFE/FE)	91.450,00 DM
Herstellkosten des Umsatzes	1.598.075,00 DM

Verw.-/Vertr.-/GK-Zuschag $= \dfrac{(79.903,75 + 127.846,00) \cdot 100}{1.598.075,00} = 13,00\,(\%)$ (3 P.)

Erklärung: Als Grundwert (= 100 %) für die Berechnung des Zuschlagsatzes für Verwaltungs-/Vertriebsgemeinkosten gelten die Herstellkosten des Umsatzes. Man erhält diese HKdU, indem von den HKdE der Mehrbestand abgezogen wird. Mittels der Prozentsatzformel kann der Zuschlagsatz berechnet werden.

2.2.1

Materialkosten	29,70 DM	
+ Fertigungslöhne	120,00 DM	100 %
+ Fertigungs-GK (195 %)	234,00 DM	195 %
+ Sondereinzelkosten	4,00 DM	
Herstellkosten	387,70 DM	100 %
+ Verw.-/Vertr.-GK (13 %)	50,40 DM	13 %
Selbstkosten	438,10 DM	

(4 P.)

Erklärung: Zur Ermittlung der Selbstkosten ist es günstig, das Fertigungskalkulationsschema anzusetzen. Die erforderlichen Zuschlagsätze werden der Kostenstellenrechnung bzw. der Teilaufgabe 2.1 (VWGK/VtrGK) entnommen. Die Fertigungsgemeinkosten werden mittels gegebenem Zuschlagsatz in Höhe von 195 % von den FL ermittelt (120,00 DM : 100 · 195 = 234,00 DM). Die Materialkosten ergeben zusammen mit den Fertigungskosten (einschl. SEKF) die Herstellkosten; diese sind der Ausgangswert für die Berechnung der Verw.-/Vertr.-Gemeinkosten in Höhe von 13 % (aus Aufgabe 2.1!). Die Addition ergibt die Selbstkosten.

2.2.2	Selbstkosten	438,10 DM	100 %	
	+ Gewinn (12 %)	52,57 DM	12 %	
	Barverkaufspreis	490,67 DM	112 %	98 %
	+ Kundenskonto	10,01 DM		2 %
	Zielverkaufspreis	500,68 DM		100 %
	+ Kundenrabatt	74,82 DM	x %	
	Listenverkaufspreis	575,50 DM	100 %	

$$\text{Rabatt} = \frac{74,82 \cdot 100}{575,50} = 13,00\,(\%) \qquad \text{(4 P.)}$$

Erklärung: Zunächst erstellt man mit den Angaben ein Kalkulationsschema und übernimmt den Selbstkostenpreis aus Teilaufgabe 2.2.1. Der Selbstkostenpreis ist für die Berechnung des Gewinns der Grundwert (= 100 %), somit kann der Barverkaufspreis berechnet werden. Der Kundenskonto wird in einer im-Hundert-Rechnung (490,67 DM : 98 · 2 = 10,01 DM) vom Barverkaufspreis ermittelt. In Form einer Addition wird der Zielverkaufspreis berechnet. Als Differenz zwischen Zielverkaufspreis und Listenverkaufspreis ergibt sich der Kundenrabatt in DM. Der Grundwert für die Prozentangabe des Kundenrabatts ist der Listenverkaufspreis (= 100 %). Man kann mit dem Dreisatz oder der Prozentsatzformel das Ergebnis ermitteln.

$$\text{Kundenrabatt (\%)} = \frac{\text{Kundenrabatt in DM} \cdot 100}{\text{Listenverkaufspreis}}$$

2.3	6040 AWVM	1.500,00 DM			
	2600 VST	240,00 DM	an	2800 BK	1.740,00 DM (3 P.)

Erklärung: Die Geschenkkartons stellen Aufwendungen für Verpackungsmaterial (für Verkauf der Porzellanlöwen bestimmt) dar und werden auf dem Aufwandskonto 6040 AWVM im Soll zum Nettowert erfasst. Die anfallende Umsatzsteuer wird als Vorsteuer im Soll dieses Kontos erfasst. Das Bankguthaben vermindert sich um den Bruttopreis im Haben.

2.4.1	2400 FLL	30.199,73 DM	an	5000 UEFE	26.034,25 DM
				4800 MWST	4.165,48 DM (4 P.)

Erklärung: Der vorliegende Beleg stellt eine Ausgangsrechnung der Fa. *Lohengrin-Porzellan* dar und wird als Zielverkauf (Rabatt wird in Abzug gebracht) mit dem Bruttobetrag im Konto 2400 FLL im Soll erfasst (Aktivkonto nimmt zu). Der Nettowarenwert sowie die in Rechnung gestellte Fracht und der in Rechnung gestellte Transportcontainer werden im Haben des Kontos 5000 UEFE gebucht; die Fracht und der Transportcontainer erhöhen somit die Umsatzerlöse für Fertigerzeugnisse. Die anfallende Umsatzsteuer in Höhe von 16 % ist auf dem Passivkonto Mehrwertsteuer im Haben zu buchen.

2.4.2 | 5000 UEFE | 700,00 DM | | | | (3 P.)
5000 UEFE   700,00 DM
4800 MWST   112,00 DM   an   2400 FLL   812,00 DM   (3 P.)

Erklärung: Die Rücksendung des Transportcontainers durch den Kunden führt zu einer Verminderung der Umsatzerlöse (siehe 2.4.1) in Höhe des Nettowertes von 700,00 DM. Berichtigt wird durch diese Stornobuchung auch die Mehrwertsteuer, also Buchung im Soll. Aufgrund der Gutschrift an den Kunden vermindern sich die Forderungen in Höhe des Bruttobetrages, also Buchung bei FLL im Haben (Abnahme des Aktivkontos).

2.4.3 Offener Re.-Betrag = 30.199,73 DM – 812,00 DM = 29.387,73 DM

2800 BK   an   2400 FLL   29.387,73 DM   (3 P.)

Erklärung: Zuerst muss der offen stehende Rechnungsbetrag ermittelt werden: Ausgangsrechnung 30.199,73 DM minus Rücksendung 812,00 DM ergibt den Restbetrag von 29.387,73 DM. Nachdem die Begleichung dieses Betrages erst am 12. Mai 1997 erfolgt, also **außerhalb** der **Skontofrist** (Skontofrist vom 15. April 1997 plus 10 Tage= 25. April 1997), ist **kein Skontoabzug** mehr möglich. Das Bankkonto nimmt im Soll um den Überweisungsbetrag (= Restbetrag) zu, die Forderungen werden im Haben um den Restbetrag vermindert.

Aufgabe 3

3.1 Verkauf am 30. April 1997:

60.000,00 DM 6,50 % Komm.-Obl. zu 102 %	61.200,00 DM
+ Stückzinsen 6,50 %/285 Tage	3.087,50 DM
Tageswert am 30. April 1997	64.287,50 DM
– Spesen 0,50 % v. KW	306,00 DM
Bankgutschrift am 30. April 1997	63.981,50 DM

$$\text{Stückzinsen} = \frac{60.000,00 \cdot 6,5 \cdot 285}{100 \cdot 360} = 3.087,50 \text{ DM} \qquad (5 \text{ P.})$$

Erklärung: Die Verkaufsabrechnung für diese Kommunalobligationen beginnt mit der Ermittlung des Kurswertes, die mit folgender Formel durchgeführt wird:

$$KW = \frac{NW \cdot Kurs}{100} = \frac{60.000,00 \cdot 102}{100} = 61.200,00 \text{ DM}$$

Anschließend werden die Stückzinsen für die Zeit vom 15. Juli bis zum 30. April = 285 Tage berechnet. Mittels Addition ergibt sich der Tageswert zum 30. April 1997. Aufgrund des Verkaufs werden die Spesen

$$(0,5\% \text{ v.KW} = \frac{61.200 \cdot 0,5}{100} = 306,00 \text{ DM})$$

vom Tageswert subtrahiert.
Die Bankgutschrift in Höhe von 63.981,50 DM stellt sich als richtig heraus.

3.2   2800 BK   156.420,00 DM
      7460 VWPUV   5.180,00 DM   an   2700 WPUV   161.600,00 DM   (4 P.)

Erklärung: Die Bank (= Aktivkonto) nimmt um den Gutschriftsbetrag im Soll zu. Der Bestand an Aktien wird um den Buchwert von 161.600,00 DM weniger, die Einbuchung erfolgt im Konto 2700 WPUV im Haben (Aktivkonto nimmt ab). Somit ist die Differenz als „Verlust aus dem Abgang von Wertpapieren des Umlaufvermögens" im Konto 7460 im Soll zu buchen.

3.3   Dividenden   8.000,00 DM
      − Kursverlust   5.180,00 DM
      _____
      Ertrag in 10 Monaten   2.820,00 DM

$$\text{Effekt. Verzinsung} = \frac{2.820,00 \cdot 100 \cdot 12}{161.600,00 \cdot 10} = \underline{\underline{2,09\ (\%)}}$$ (3 P.)

Erklärung: Von der gesamten Dividende ist der Kursverlust (siehe 3.2) zu subtrahieren. Anschließend hilft die Formel

$$\text{Effekt. Verzinsung} = \frac{\text{Ertrag} \cdot 100 \cdot 12(360)}{\text{Kapitaleinsatz} \cdot \text{Besitzdauer}}$$

(Buchwert o. Banklastschrift)

den Prozentsatz zu ermitteln. Wichtig ist dabei, dass der Kapitaleinsatz dem Buchwert (= Banklastschrift) entspricht.

Aufgabe 4

4.1   Die Unternehmensleitung entscheidet sich für das Angebot der Franken-Bank, da dort die effektive Verzinsung niedriger ist.   (1 P.)

Erklärung: Um unterschiedliche Kreditangebote vergleichen zu können, ist es wichtig, die effektiven Zinssätze zu vergleichen. Der effektive Zinssatz ermöglicht einen zuverlässigen Vergleich, da er neben den Zinsen auch das Damnum und weitere Bankgebühren in seine Berechnung einbezieht. Der effektive Zinssatz der Franken-Bank ist günstiger als der der Genossenschaftsbank.

4.2   Die Kreditsumme bei der Franken-Bank ist höher, weil ein Damnum in Abzug gebracht wird.   (1 P.)

Erklärung: Die „*Lohengrin-Porzellan* " benötigt noch 490.000,00 DM für die Anschaffung der Fertigungsmaschine. Dieser Betrag muss als Auszahlungsbetrag zur Verfügung stehen. Nachdem die Franken-Bank im Kreditangebot ein Damnum von 2 % verlangt, muss die wirkliche Kreditsumme höher als der Auszahlungsbetrag sein; d. h. die 2 % Damnum vermindern die Kreditsumme von 500.000,00 DM um 10.000,00 DM. Bei der Genossenschaftsbank ist die Kreditsumme gleich dem Auszahlungsbetrag, weil kein Damnum angesetzt wird.

4.3   z. B.: = C13 * 100 / C14   (3 P.)

Anmerkung: Je nach Art der verwendeten Software, der Art der Programmierung und der Art der Adressierung kann bei dieser Teilaufgabe eine andere Lösungsvariante zutreffen.

Erklärung: Die Berechnung der effektiven Verzinsung im Feld C15 lässt sich auf herkömmliche Weise mithilfe der Prozent- bzw. Zinsrechnung wie folgt durchführen: Kreditkosten/Jahr · 100 : Auszahlungsbetrag *oder* Kreditkosten · 100 · 12 : Auszahlungsbetrag : 13; umgesetzt in die Tabellenkalkulation heißt dies: Kreditkosten/Jahr stehen in Feld C13, der Auszahlungsbetrag im Feld C14, also folgt daraus = C13 * 100 / C14 *oder* Kreditkosten gesamt stehen in Feld C12, der Auszahlungsbetrag im Feld C14, die Laufzeit in Feld C7, daraus folgt C12 * 100 * 12 / C14 / C7.

Zu beachten ist, dass jede Formel mit dem „="-Zeichen beginnt, für die Division der „/" Schrägstrich und das Multiplikationszeichen ein „*" Sternchen ist.

4.4.1   z. B.: Leihweise Überlassung von Anlagegütern gegen Gebühr.   (1 P.)

Erklärung: Mit dem Leasingvertrag überträgt der Leasinggeber dem Leasingnehmer die Nutzung an einer Sache (Maschinen, Fahrzeuge usw. = Mobilienleasing; Gebäude, Fabrik- und Lagerhallen usw. = Immobilienleasing) auf eine bestimmte Zeit gegen Entgelt (Miete).

4.4.2   Vorteil: z. B. geringerer Liquiditätsbedarf gegenüber dem Kauf
Nachteil: z. B. kein Eigentumserwerb   (2 P.)

Erklärung: Mittels Leasing hat der Unternehmer stets die neueste Technik bei den Anlagegütern vorliegen. Er kann die Leasingrate als Betriebsausgabe geltend machen.

4.5.1   2800 BK   490.000,00 DM
7510 ZAW   10.000,00 DM   an   4250 LBKV   500.000,00 DM   (3 P.)

Erklärung: Die Bereitstellung des Kredits ergibt zum einen eine Erhöhung des Bankguthabens, zum anderen werden die langfristigen Bankverbindlichkeiten ebenfalls erhöht, Einbuchung deshalb im Konto 4250 LBKV im Haben (Zunahme eines Passivkontos). Auf dem Bankkonto wird der Auszahlungsbetrag (Kredit – Damnum) im Soll erfasst, das Damnum in Höhe von 10.000,00 DM wird als zinsähnlicher Aufwand im Konto 7510 ZAW ebenfalls im Soll gebucht.

4.5.2   6750 KGVK   an   2800 BK   7.500,00 DM   (2 P.)

Erklärung: Die Belastung durch die Bank mit der Bearbeitungsgebühr wird im Soll des Kontos 6750 KGVK als Aufwand gebucht. Aufgrund dieser Belastung vermindert sich unser Bankguthaben, das im Haben die Einbuchung erhält (Aktivkonto nimmt ab). **Vorsicht! Keine Umsatzsteuer!** Bankgebühren sind umsatzsteuerfrei!

4.6.1   0700 M   625.000,00 DM
        2600 VST   100.000,00 DM   an   4400 VLL   725.000,00 DM   (4 P.)

Erklärung: Die Kosten für Lieferung, Montage und Einweisung zählen zu den sog. aktivierungspflichtigen Anschaffungsnebenkosten, werden also zusammen mit dem Nettokaufpreis auf das Anlagekonto gebucht. Die darauf entfallende Umsatzsteuer wird als Vorsteuer im Soll gebucht. Der Bruttokaufpreis aus der Eingangsrechnung erhöht unsere Verbindlichkeiten, deshalb Einbuchung im Haben des Kontos 4400 VLL (Passivkonto nimmt zu).

4.6.2   4400 VLL   an   2800 BK   725.000,00 DM   (2 P.)

Erklärung: Der Rechnungsausgleich ist „netto" durchzuführen, es darf also kein Skonto abgezogen werden. Die Verbindlichkeiten werden im Soll (Passivkonto nimmt ab) um den Bruttorechnungsbetrag gemindert, aufgrund der Banküberweisung wird das Bankguthaben weniger (Aktivkonto nimmt ab).

Aufgabe 5

5.1

Listeneinkaufspreis/800 Stück	28.000,00 DM	100 %	
– Liefererskonto 2 %	560,00 DM	2 %	
Einstandspreis/800 Stück	27.440,00 DM ▼	98 %	(1 P.)

Erklärung: Die Zahlungsbedingungen besagen, dass 2 % Skonto bei Zahlung innerhalb von 8 Tagen in Abzug gebracht werden können. Nachdem kein Rabatt gewährt wird, stellt der Listeneinkaufspreis die Berechnungsbasis (= 100 %) für den Liefererskonto dar. Die Lieferbedingung „Lieferung frei Haus" bedeutet, dass keine Bezugskosten anfallen. Somit entspricht der Bareinkaufspreis dem Einstandspreis.

5.2.1   6080 AWHW   28.000,00 DM
        2600 VST   4.480,00 DM   an   4400 VLL   32.480,00 DM   (3 P.)

Erklärung: Die Tischdecken werden als Handelsware geführt und erhöhen somit den Aufwand im Konto 6080 AWHW im Soll mit dem Listeneinkaufspreis (**Vorsicht,** nicht Einstandspreis): Eingangsrechnung. Die anfallende Umsatzsteuer wird als Vorsteuer (da Einkauf) gleichfalls im Soll gebucht. Aufgrund des Zieleinkaufs (**Eingangsrechnung heißt Zieleinkauf**) werden unsere Verbindlichkeiten (Passivkonto nimmt zu) im Haben um den Bruttopreis erhöht.

5.2.2   4400 VLL   32.480,00 DM   an   2800 BK   31.830,40 DM
                                            6082 NHW   560,00 DM
                                            2600 VST   89,60 DM   (6 P.)

Erklärung: Folgendes Berechnungsschema bietet sich bei Skontozahlungen an:

Rechnungsbetrag	32.480,00 DM	: 116 × 100	560,00 DM
– 2 % Skonto	649,60 DM		Netto-Skonto (NWH)
Überweisungsbetrag (= Zahlung)	31.830,40 DM	: 116 × 16	89,60 DM UST (VST)

Die Verbindlichkeiten werden im Soll um den Bruttorechnungsbetrag vermindert, unser Bankkonto nimmt im Haben um den Überweisungsbetrag ab. Da 560,00 DM Netto-Skonto (= 2 % → Bruttoskonto auf Netto und Umsatzsteuer aufspalten) abgezogen werden, wird dieser Betrag als Nachlass für Handelswaren im Konto 6082 NHW im Haben eingebucht. Die anteilige Umsatzsteuer wird ebenfalls im Haben des Vorsteuerkontos (hier Bezahlung der gekauften Handelswaren) gebucht.

5.3   Listenverkaufspreis/Stück = 34,30 DM · 1,8000 = $\underline{\underline{61,74}}$ (DM)   (1 P.)

Erklärung: Der Kalkulationsfaktor ist die Zahl, mit der der Einstandspreis multipliziert werden muss, um den Listenverkaufspreis zu erhalten.

Aufgabe 6

6.1.1   6200 L   162.080,00 DM   an   2800 BK   96.140,26 DM

                                               4830 VFA   34.022,14 DM

                                               4840 VSV   31.605,60 DM

                                               4860 VVL   312,00 DM

       6400 AGASV   an   4840 VSV   31.605,60 DM   (7 P.)

Erklärung: Die Bruttolöhne erscheinen als Aufwand im Soll des Kontos „Löhne". Der auszuzahlende Betrag (= Nettolohn), der per Bank überwiesen wird, erscheint im Konto 2800 BK auf der Habenseite. Die Abzüge in Form der Lohn- und Kirchensteuer einschl. Sol. Zuschlag, der AN-Anteil zur SV sowie die Vermögenswirksame Leistung werden auf drei separate Konten gebucht. Auf das Konto 4830 VFA wird die Lohn- und Kirchensteuer einschl. Sol. Zuschlag in Höhe von 34.022,14 DM im Haben gebucht, ebenso im Haben des Kontos 4840 VSV wird der AN-Anteil zur SV mit 31.605,60 DM gebucht, die Vermögenswirksame Leistung bucht man auch im Haben des Kontos 4860 VVL mit 312,00 DM. Der Arbeitgeberanteil zur SV ist ein „sozialer Aufwand" – Buchung bei 6400 AGASV im Soll –, die Gegenbuchung erfolgt im Konto 4840 VSV als Verbindlichkeit.

6.1.2   4840 VSV   an   2800 BK   63.211,20 DM   (3 P.)

Erklärung: Die Verbindlichkeiten gegenüber Sozialversicherungsträgern werden weniger (**Vorsicht, Betrag:** ANA + AGA = 2 × 31.605,60 DM = 63.211,20 DM), deshalb Einbuchung im Konto 4840 VSV (Passivkonto nimmt ab) im Soll. Vermindert wird ebenfalls das Konto 2800 BK (Aktivkonto nimmt ab), hier Einbuchung im Haben.

6.2   – Arbeitslosenversicherung
        – Rentenversicherung
        – Krankenversicherung
        – Pflegeversicherung   (4 P.)

Erklärung: Diese vier Pflichtversicherungen werden je zur Hälfte von Arbeitnehmer und Arbeitgeber getragen. Zu beachten ist, dass die Unfallversicherung, die der Arbeitgeber an die Berufsgenossenschaft bezahlt, zu 100 % vom Arbeitgeber getragen wird und bei dieser Aufgabe deshalb nicht zum Ansatz kommt.

6.3   z. B.: Banküberweisung der einbehaltenen Lohn- und Kirchensteuer und
       des Solidaritätszuschlages in Höhe von insgesamt 34.022,14 DM an
       das Finanzamt.   (2 P.)

       Erklärung: Ein Passivkonto im Soll und das Bankkonto im Haben bedeu-
       ten Begleichung von Verbindlichkeiten, in diesem Fall Überweisung der
       einbehaltenen Steuerabzüge aus der Lohnabrechnung.

Aufgabe 7

7.1   6520 ABSA   an   0700 M   187.500,00 DM   (3 P.)
       (30 % von 625.000,00 DM = 187.500,00 DM)

       Erklärung: Abschreibungen stellen einen betrieblichen Aufwand dar –
       Buchung bei 6520 ABSA im Soll –, der das Anlagevermögen im Haben
       vermindert. Degressiv abschreiben bedeutet, dass vom Restbuchwert abge-
       schrieben wird. In diesem Beispiel liegt jedoch die Abschreibung im
       1. Jahr vor und wird deshalb von den Anschaffungskosten berechnet. Zu
       bedenken ist, dass von 625.000,00 DM netto ausgegangen werden muss.
       Dieser Betrag schließt die Anschaffungsnebenkosten ein.

7.2   6540 ABGWG   an   0890 GWG   2.400,00 DM   (2 P.)
       Erklärung: Geringwertige Wirtschaftsgüter können am Jahresende zu
       100 % (also ganz) abgeschrieben werden. Die 2.400,00 DM besagen, dass
       es mehrere Anlagegüter sind, die jeweils 800,00 DM netto nicht über-
       schreiten **Vorsicht:** Eigenes Abschreibungskonto für GWG → 6540
       ABGWG.

7.3   5000 UEFE   an   5001 EBFE   1.600,00 DM   (2 P.)
       Erklärung: Das Konto 5001 EBFE ist ein Unterkonto und wird im Rahmen
       der vorbereitenden Abschlussbuchungen abgeschlossen. Der Abschluss fin-
       det in diesem Konto im Haben statt; das Konto 5000 UEFE vermindert sich
       dadurch auf der Sollseite, weil Erlösberichtigungen unsere Erlöse (Erträge)
       schmälern.

7.4   6953 EPWBF   an   3680 PWBF   1.050,00 DM   (3 P.)
       Erklärung: Für die Betragsermittlung ist folgendes Schema bedeutsam:

neu berechnete PWB	3.450,00 DM
– vorhandene PWB	2.400,00 DM
zu erhöhende PWB	1.050,00 DM

       Die zu erhöhende PWB wird auf dem Aufwandskonto 6953 EPWBF im
       Soll erfasst, das Passivkonto 3680 PWBF nimmt im Haben entsprechend zu.

7.5 $\quad$ Zinsen $= \dfrac{45.000,00 \cdot 4 \cdot 90}{100 \cdot 360} = 450,00\,(\text{DM})$

2690 SOF	an	5710 ZE	300,00 DM	(4 P.)
			$(450,00 : 3 \cdot 2)$	

Erklärung: Mithilfe der Zinsformel müssen zuerst die Zinsen für die 3 Monate (= 90 Tage) ausgerechnet werden. Nachdem die Zinsgutschrift erst im Nachhinein geschieht, muss für die Monate November und Dezember (= noch altes Jahr) periodengerecht der Zinsertrag (450,00 DM : 3 Monate · 2 Monate = 300,00 DM) gebucht werden.

7.6	2900 ARA	an	7030 KFZST	1.440,00 DM	(3 P.)
				$(1.920,00 : 12 \cdot 9)$	

Erklärung: Wenn ein Teil des vorausbezahlten Aufwands das neue Geschäftsjahr betrifft, muss er abgegrenzt werden.
Die Abgrenzung der zuviel gezahlten Kfz-Steuer erfolgt auf dem Konto 7030 KFZST im Haben, d. h. der Aufwand wird korrigiert, damit für das alte Jahr der entsprechende Aufwand in die Erfolgsrechnung eingeht. Als Gegenkonto für die Abgrenzung von Aufwendungen dient das Konto „Aktive Rechnungsabgrenzung".

7.7	2100 UFE	an	5200 BV	1.800,00 DM	(2 P.)

Erklärung: Der Mehrbestand wird als Ertrag im Haben des Kontos BV gebucht. Das Konto 2100 UFE wird somit im Soll ausgeglichen. Es ist also der vorbereitende Abschlussbuchungssatz zu tätigen.

Das Unternehmen Alois Hauser Nudelwerke stellt in Kempten im Allgäu unter dem Firmennamen „AHA-NUDELN" bereits in vierter Generation verschiedene Nudelarten her.
Alois Hauser ist eingetragener Kaufmann, die Firma wird unter der Registernummer 1221/1898 beim Registergericht Kempten geführt.

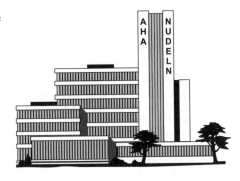

Als Mitarbeiter/Mitarbeiterin in der Abteilung Rechnungswesen des Unternehmens „AHA-NUDELN" sind Sie mit verschiedenen Aufgaben der Buchführung und Kalkulation betraut. Im Rahmen Ihrer Tätigkeit erhalten Sie eine Reihe von Aufgaben zur Bearbeitung. Hierbei müssen Sie folgende Vorgaben beachten:

- Bei Berechnungen sind jeweils alle notwendigen Lösungsschritte anzugeben.
- Bei Buchungssätzen sind stets Kontennummern, Kontennamen (abgekürzt möglich) und Beträge anzugeben.
- Umsatzsteuer: allgemeiner Steuersatz 16 %, ermäßigter Steuersatz 7 %
- Alle Ergebnisse sind in der Regel auf zwei Dezimalstellen genau anzugeben.

Informationen zum Unternehmen „AHA-NUDELN":

Inhaber	Alois Hauser, e. Kfm.
Rechtsform	Einzelunternehmen
Anschrift (Firmensitz)	Cannellonigasse 1, 87499 Kempten/Allgäu
Zweck des Unternehmens	Fertigung und Verkauf verschiedener Nudelarten, z. B. Bandnudeln, Spiralnudeln, Spaghetti usw.
Geschäftsjahr	1. Januar bis 31. Dezember
Stoffe und Handelswaren Rohstoffe	Hartweizengrieß, Weichweizengrieß, ...
Hilfsstoffe	Salz, Gewürze, natürliche Farbstoffe, ...
Betriebsstoffe	Strom, Gas, Wasser, Schmierstoffe, Dieselöl, ...
Handelswaren	Fertigsoßen

Im Rahmen Ihrer Tätigkeit erhalten Sie die nachfolgenden Aufträge zur Bearbeitung.

Aufgabe 1

Ihnen liegt eine Eingangsrechnung zur Bearbeitung vor (siehe Beiblatt, Beleg 1).

1.1   Zunächst überprüfen Sie diesen Beleg.

1.1.1   Der Lieferer gewährt uns einen Sofortrabatt.
Nennen Sie hierfür einen Grund.

1.1.2   Erklären Sie die im Beleg genannte Zahlungsbedingung „60 Tage rein netto".

1.1.3   In der Rechnung sind 7 % USt ausgewiesen.
Warum wurde hier der ermäßigte Steuersatz angewandt?

1.2   Bilden Sie den Buchungssatz für den vorliegenden Beleg.

1.3   Das Guthaben auf dem Bankkonto in Höhe von 7.189,90 DM reicht derzeit nicht aus, um den Rechnungsbetrag begleichen zu können, da aufgrund der schlechten Zahlungsmoral noch Kundenforderungen im Wert von rund 30.000,00 DM ausstehen. Das Unternehmen „AHA-Nudeln" kann jedoch über einen Kontokorrentkredit (Sollzinsen 11,25 %) verfügen.

Berechnen Sie

1.3.1   die Höhe des benötigten Kontokorrentkredits, wenn der Rechnungsbetrag innerhalb der Skontofrist beglichen werden soll,

1.3.2   die Einsparung in DM, wenn der Skonto in Anspruch genommen wird.

1.4   Zwischenzeitlich ist ein Teil der Kundenforderungen eingegangen, so dass das Bankkonto ein ausreichendes Guthaben aufweist, um die Rechnung der Mühlenwerke begleichen zu können.
Bilden Sie den Buchungssatz für die Begleichung der Eingangsrechnung durch Banküberweisung am 29. Januar 1998.

Aufgabe 2

Für den Monat März 1998 haben Sie den Betriebsabrechnungsbogen erstellt (siehe Beiblatt, Beleg 2).

2.1   Nennen Sie eine Aufgabe, die der Betriebsabrechnungsbogen erfüllt.

2.2   Der gemeinsame Zuschlagsatz für die Verwaltungs- und Vertriebsgemeinkosten wurde mit Hilfe des BAB mit 18,40 % ermittelt.
Nennen Sie die Grundlage für die Berechnung des gemeinsamen Zuschlagsatzes für die Verwaltungs- und Vertriebsgemeinkosten.

2.3   Welche der im Betriebsabrechnungsbogen enthaltenen Kostenarten sind

2.3.1   Anderskosten,

2.3.2   Zusatzkosten?

2.4   Auf der Grundlage des Betriebsabrechnungsbogens ist der Zuschlagsatz für die Fertigungsgemeinkosten mit 150 % berechnet worden.

2.4.1   Nennen Sie die Berechnungsgrundlage für diesen Zuschlagsatz.

2.4.2   Ermitteln Sie die Höhe dieser Berechnungsgrundlage in DM.

2.5 Im Rahmen des diesjährigen Firmenjubiläums will das Unternehmen „AHA-NUDELN" die Nudelmarke „Gloria" als Jubiläumspackung anbieten. Für die Gesamtproduktion von 50 000 Jubiläumspackungen wird mit folgenden Einzelkosten gerechnet:

Fertigungsmaterial 50.000,00 DM	Fertigungslöhne 25.000,00 DM	Sondereinzelkosten 6.000,00 DM

2.5.1 Berechnen Sie die Höhe der Selbstkosten für die Gesamtproduktion aufgrund der Zuschlagsätze, die sich aus dem BAB vom März 1998 ergeben haben.

2.5.2 Ermitteln Sie die Selbstkosten für eine Jubiläumspackung.

2.6 Die Handelskette OPTIMA ist bereit, 12 000 Jubiläumspackungen der Nudelmarke „Gloria" zu bestellen, wenn auf den Listenverkaufspreis von 3,60 DM je Packung ein Rabatt von 15 % gewährt wird.

2.6.1 Berechnen Sie, wie viel Gewinn in DM und in Prozenten für eine Jubiläumspackung verbleiben würde.

2.6.2 Der Auftrag wird zu den Bedingungen der Handelskette ausgeführt.
Bilden Sie den Buchungssatz für die Ausgangsrechnung über den Verkauf der 12 000 Jubiläumspackungen (ermäßigter Steuersatz).

Aufgabe 3

Die Unternehmensleitung hat sich entschlossen, den alten Firmen-Lkw durch ein neues Modell mit größerer Ladefläche zu ersetzen. Für die Anschaffung des neuen Lkw wird ein Finanzierungsplan erstellt, der unter anderem den Verkauf von festverzinslichen Wertpapieren vorsieht.

3.1 Sie erhalten den Auftrag, über die Hausbank die im Depot befindlichen 4,5%igen Bundesanleihen, Nennwert 90.000,00 DM, zu verkaufen.
Berechnen Sie die zu erwartende Bankgutschrift aufgrund des Verkaufs der Anleihen zum 16. April 1998, wenn ein Kurs von 101 % zugrunde gelegt wird und 0,5 % Spesen vom Kurswert zu berücksichtigen sind (Zinstermin: 1. Oktober).

3.2 Der alte Lkw wird am 28. April 1998 verkauft. In diesem Zusammenhang liegt Ihnen unter anderem die Anlagekarte vor (siehe Beiblatt, Beleg 3).

3.2.1 Nach welchem Abschreibungsverfahren wurden die Abschreibungsbeträge ermittelt?

3.2.2 Nennen Sie ein Merkmal dieses Abschreibungsverfahrens.

3.2.3 Welchen Buchwert hat der alte Lkw bei seinem Verkauf?

3.2.4 Der Verkauf erfolgt für netto 75.000,00 DM gegen Bankscheck.
Erstellen Sie die Buchungssätze.

3.3 Für den Kauf des neuen Lkw unterbreitet unser Kfz-Händler folgendes Angebot:

Lkw Modell XXL 2000, 38 to, Listenpreis netto 187.000,00 DM
5 % Sonderrabatt auf den Listenpreis 9.350,00 DM
Werbeschriftzug „AHA-NUDELN 1.150,00 DM
Überführungskosten 1.200,00 DM

Bilden Sie den Buchungssatz für den Kauf des neuen Lkw Ende April 1998 gegen Rechnung.

3.4 Der Erlös aus dem Verkauf der Wertpapiere und des alten Lkw reicht nicht aus, um die Anschaffung des neuen Lkw zu finanzieren.

3.4.1 Berechnen Sie die Höhe der verbleibenden Finanzierungslücke.

3.4.2 Wie könnte diese Finanzierungslücke geschlossen werden?

Aufgabe 4

Das Unternehmen „AHA-NUDELN" nimmt zur Abrundung seines Sortiments auch Fertig-
soßen in Gläsern in sein Angebot auf. Für den Bezug von 1 000 Gläsern der Fertigsoße wurden zwei Angebote eingeholt: Von der Firma *Lola-Lecker-Feinkostwerke* in Schweinfurt
könnten 1 000 Gläser Fertigsoße für 2.180,00 DM netto bezogen werden. Zum Angebot für
die Fertigsoße Marke „Julias Höllenfeuer" der Firma JULIA BENGEL LEBENSMITTELWERKE in
Hettingen liegen Ihnen folgende Informationen vor:

– *Listenpreis je Glas*   *2,20 DM*
– *Wiederverkäuferrabatt*   *8%*
– *Frachtkosten*   *10 % vom Warenwert, jedoch höchstens 60,00 DM*

4.1   Die Unternehmensleitung gibt dem Angebot der Firma JULIA BENGEL den Vorzug.
        Berechnen Sie den Preisvorteil in DM.

4.2   Beim Kauf der 1 000 Gläser Fertigsoße stellt die Eingangskontrolle fest, dass 250
        Gläser nicht vakuumdicht verschlossen sind und sendet diese zurück.
        Bilden Sie den Buchungssatz für die Gutschriftanzeige des Lieferers in Höhe von
        541,42 DM brutto (ermäßigter Steuersatz).

4.3   Das Unternehmen „AHA-NUDELN" rechnet mit einem Kalkulationsfaktor von 1,3500.
        Ermitteln Sie den Listenverkaufspreis brutto (ermäßigter Steuersatz), wenn der
        Bezugspreis je Glas 2,08 DM beträgt.

4.4   Das Unternehmen „AHA-NUDELN" betreibt an seinem Stammsitz einen Werksverkauf
        an Endverbraucher. Dort wird ein Glas Fertigsoße der Marke „Julias Höllenfeuer" für
        2,99 DM brutto angeboten.
        Nennen Sie einen Grund für die Preisfestsetzung auf 2,99 DM.

Aufgabe 5

Im Juli 1998 feiert das Unternehmen „AHA-NUDELN" das 100-jährige Firmenjubiläum. In
diesem Zusammenhang sind folgende Vorgänge zu bearbeiten und die Buchungssätze zu bilden:

5.1   Im Rahmen des Firmenjubiläums wurden im „Kemptener Tagblatt" verschiedene
        Werbeanzeigen abgedruckt. Dazu liegt Ihnen nun die Rechnung der Anzeigenabtei-
        lung (Rechnung Nr. 1665/98) über netto 46.200,00 DM (zuzüglich 16 % USt) vor.

5.2   Der Firmenchef Alois Hauser ist zu einer Tagung des Verbandes bayerischer Nudel-
        hersteller zum Thema „Der Euro kommt – die Zeit wird knapp" eingeladen. Sie kau-
        fen die Bahnfahrkarte und zahlen 394,40 DM in bar. Auf dem Fahrschein ist ein
        USt-Anteil von 54,40 DM ausgewiesen.

5.3   Die Handelskette OPTIMA erhält einen Jubiläumsbonus über 8.025,00 DM einschließ-
        lich 7 % Umsatzsteuer für die Großabnahme von Teigwaren.

5.4   Die Fassade des Verwaltungsgebäudes wurde mit einem neuen Anstrich versehen.
        Nun liegt Ihnen die Rechnung der Malerfirma „Weiß & Bunt" vor (siehe Beiblatt,
        Beleg 4).

5.5   Der Kontoauszug vom 29. Juni 1998 ist in der Buchhaltung noch zu erfassen (siehe
        Beiblatt, Beleg 5). Bilden Sie den Buchungssatz für

5.5.1   die Buchung mit Wertstellung 25. Juni 1998,

5.5.2   die Buchung mit Wertstellung 26. Juni 1998.

Aufgabe 6

Im Rahmen einer betriebsinternen Fortbildung für die Mitarbeiterinnen und Mitarbeiter der Rechnungswesenabteilung zum Thema „Finanzbuchhaltung am PC" werden unter anderem Übungen zu Vorkontierungen durchgeführt. Dazu liegt Ihnen folgender Auszug aus einem Vorkontierungsblatt vor:

BA	Datum	Soll	Haben	BNR	Text	Betrag (DM) B /N		UCo
B	18.09.	2650	2880	6	–		2.000,00	–
B	21.09.	6800	4400	7	–	N	750,00	V 16

Welche Geschäftsfälle (Text, Beträge) liegen den Eintragungen im Vorkontierungsblatt

6.1   zum 18. September,

6.2   zum 21. September zugrunde?

Aufgabe 7

Zum Ende des Geschäftsjahres 1998 müssen Sie unter anderem die Buchungssätze für die folgenden vorbereitenden Abschlussbuchungen erstellen:

7.1   Auszug aus der Inventurliste „Lagerbestände" zum 31. Dezember (siehe Beiblatt, Beleg 6).

7.2   Der Dezemberbeitrag für den Verband der schwäbischen Industrie mit 120,00 DM ist noch nicht abgebucht.

7.3   Der Beitrag zur Kfz-Versicherung in Höhe von 1.776,00 DM für den neuen Lkw wurde bereits am 1. Mai für ein Jahr im Voraus überwiesen.

7.4   Die Summe der geschätzten Ausfälle bei den zweifelhaften Forderungen wurde für 1998 mit netto 16.820,00 DM ermittelt; aus dem Vorjahr besteht eine Wertberichtigung von 29.500,00 DM.

Anlage zu Gruppe A

Beleg 1

Zu Aufgabe 1:

Mühlenwerke Max Mehltau GmbH
„Mehltaus Mühlen mahlen mächtig"

Am Mühlbach 2
86332 Mühldorf/Lech

☎ Telefon (0 82 71) 20 33
Telefax (0 82 71) 20 34

Mühlenwerke Max Mehltau • Am Mühlbach 2 • 86332 Mühldorf/Lech

Nudelwerke Alois Hauser
Canellonigasse 1

87499 Kempten/Allgäu

Rechnung

Ihr Auftrag vom:	Auftrags-Nr.:	Kunden-Nr.:	Rechnungs-Nr.:	Rechnungsdatum
98-01-14	I /405	1099	3748	98-01-22

Aufgrund Ihrer Bestellung lieferten wir Ihnen frei Haus:

Pos.	Menge	Einheit	Artikel	Einzelpreis (DM je kg)	Gesamtpreis (DM)
1	37 500	kg	Hartweizengrieß Type 202, doppelgriffig	0,76	28.500,00
			abzüglich 12 % Rabatt		3.420,00
			Warenwert		25.080,00
			zuzüglich Verpackung		120,00
					25.200,00
			zuzüglich 7 % USt		1.764,00
			Rechnungsbetrag		**26.964,00**

Skonto brutto	anteilige Umsatzsteuer	Skonto netto	Überweisungsbetrag
674,10 DM	44,10 DM	630,00 DM	26 289,90 DM

Wir danken für Ihren Auftrag.

Zahlungsbedingungen: 8 Tage 2,5 % Skonto / 60 Tage rein netto.
Die Ware bleibt bis zur vollständigen Bezahlung Eigentum der Mühlenwerke Max Mehltau.
Unternehmenssitz: Mühldorf/Lech · Registergericht Augsburg Nr. 5678/65
Bankverbindung: Bankhaus Mühldorf, BLZ 720 832 78, Konto 334 455
Es gelten unsere allgemeinen Geschäftsbedingungen.

Beleg 2

Zu Aufgabe 2:

Betriebsabrechnungsbogen für den Monat März 1998						
Kostenarten	Summen	Verteilungs-grundlage	Material-bereich	Fertigungs-bereich	Verwaltungs-bereich	Vertriebs-bereich
Hilfsstoffe	2.400,00	direkt	300,00	2.100,00		
Betriebsstoffe	6.000,00	kWh	500,00	3.300,00	400,00	1.800,00
Hilfslöhne	84.000,00	Lohnlisten	20.000,00	42.000,00		22.000,00
Gehälter	116.000,00	Gehaltslisten		71.000,00	36.000,00	9.000,00
Soziale Abgaben	44.000,00	Lohn-/Gehaltslisten	3.200,00	26.400,00	7.000,00	7.400,00
Kalk. Abschreib.	5.600,00	Anlagekartei	500,00	3.000,00	600,00	1.500,00
Betriebssteuern	3.000,00	Verhältniszahlen		1.200,00	1.500,00	300,00
Sonst. Kosten	16.000,00	direkt	1.000,00	12.000,00	2.000,00	1.000,00
Kalk. Untern.-L.	6.000,00	Verhältniszahlen	500,00	4.000,00	500,00	1.000,00
Summe der Gemeinkosten:	283.000,00		26.000,00	165.000,00	48.000,00	44.000,00
		Zuschlagsätze:	13,00 %	150 %	9,60 %	8,80 %
					gemeinsamer Zuschlagsatz: 18,40 %	

Beleg 3

Zu Aufgabe 3.2:

Bezeichnung:	Lastkraftwagen			Abschreibungssatz: 30 %	
Konto	0840				
Inventar-Nummer:	0840/3				
Datum	Anschaffungs-kosten (DM)	AfA-Satz (%)	AfA-Betrag (DM)	Restbuchwert (DM)	
20. März 1996	146.000,00				
31. Dez. 1996		30	43.800,00	102.200,00	
31. Dez. 1997		30	30.660,00	71.540,00	

Beleg 4

Zu Aufgabe 5.4:

Weiß & Bunt – Malerfachbetrieb
Inhaber: Hans Schwarz, e. Kfm.
Rotstr. 8, 87538 Fischen
Tel.: (083 26) 99 88 77 • Fax: (083 26) 99 88 76

Weiß & Bunt, Rotstr. 8, 87538 Fischen

Alois Hauser
AHA-Nudelwerke
Canellonigasse 1

87499 Kempten

Weiß & Bunt
Malerfachbetrieb
Registergericht Kempten
Handelsregister Nr. 334/88

Bankverbindung:
Kontonummer 345 543
Wertachbank Fischen
BLZ 744 223 21

Rechnung Nr. 23/98

Fischen, den 15. Juli 1998

Für ausgeführte Malerarbeiten an Ihrem Verwaltungsgebäude in der Zeit vom 4. bis 10. Juni 1998 erlauben wir uns, Ihnen zu berechnen:

40 Meisterstunden zu je 84,00 DM	3.360,00 DM
80 Facharbeiterstunden zu je 66,00 DM	5.280,00 DM
Material laut Angebot	2.280,00 DM
Gerüst	3.400,00 DM
Fahrtpauschale	500,00 DM
Kleinmaterial und Sonstiges laut Angebot	1.480,00 DM
Gesamt netto	16.300,00 DM
zuzüglich 16 % Umsatzsteuer	2.608,00 DM
Gesamt brutto	18.908,00 DM

Bitte überweisen Sie den Betrag ohne jeden Abzug innerhalb von 30 Tagen auf unser oben angegebenes Bankkonto.
Wir danken für Ihren Auftrag.

Beleg 5

Zu Aufgabe 5.5:

Konto-Nummer 440 678 901	Auszug 45	Blatt 1	Text/Verwendungszweck	PN	Wert		Umsätze	*
			Überweisung an das Altenheim „St. Lorenz" (Spende)	114	25	06	3.500,00	S
			Überweisung an Kemptener Tagblatt für Rechnung Nr. 1665/98	102	26	06	53.592,00	S

Geschäftsstelle Schwabenstr. 1, 87499 Kempten	Letzter Auszug vom 24. Juni 1998	Alter Kontostand 52.412,60 H
	Kontoauszug vom 29. Juni 1998	Neuer Kontostand 4.679,40 S
		Gegenwert in EUR 2.392,54 S
	* Lastschrift/Schuldensaldo = S Gutschrift/Guthabensaldo = H	
Firma **Alois Hauser** **Cannellonigasse 1** **87499 Kempten**	**Genossenschaftsbank Schwaben** BLZ 765 567 02	
	Konto-Auszug Unstimmigkeiten bitten wir unserer Revision mitzuteilen.	

Beleg 6

Zu Aufgabe 7.1:

Inventur 1998: Lagerbestände zum 31. Dez. 1998			Blatt 11	
			Bestand in DM	
Bezeichnung	Einheit	Einheit in DM	1. Jan. 1998	31. Dez. 1998
... Bandnudeln	... kg	... 2,60	... 3.510,00	... 2.275,00
... Maschinenöl	... Kanister	... 86,80	... 2.251,60	... 3.550,60
...	...	...	...	...

Lösungsvorschlag

Aufgabe 1

Bewertungs-
einheiten

1.1.1   Z. B.: Mengenrabatt (1 P.)

Erklärung: Beim Einkauf von Werkstoffen und Handelswaren können Rabatte gewärt werden. Rabatte, die sofort – also bereits auf der Eingangsrechnung ausgewiesen – gewährt werden, sog. **Sofortrabatte**, stellen eine Minderung der Rechnungsbeträge dar und werden **buchhalterisch nicht** gesondert **ausgewiesen**, also nicht gebucht. Als Sofortrabatte gelten der **Mengenrabatt** (weil eine bestimmte Menge abgenommen wird), der **Treuerabatt** (wird aufgrund langjähriger Geschäftsverbindung gewährt) sowie der **Wiederverkäuferrabatt** (Handelsrabatt).

1.1.2   Z. B.: Wenn das Zahlungsziel von 60 Tagen ausgeschöpft wird, ist der Rechnungsbetrag ohne Abzug zu begleichen. (1 P.)

Erklärung: Die Zahlungsbedingung „60 Tage rein netto" bedeutet, dass die Zahlung ohne Abzug von Skonto (= rein netto) zu erfolgen hat, in diesem Falle innerhalb von 60 Tagen.

Vorsicht: Natürlich muss die Rechnung brutto beglichen werden!

1.1.3   Bei Grundnahrungsmitteln wird der ermäßigte Umsatzsteuersatz angewandt. (1 P.)

Erklärung: Laut § 12 USTG gilt für Grundnahrungsmittel der ermäßigte Umsatzsteuerumsatz von derzeit 7 %. Laut der Anlage zu § 12 Abs. 2 Nr. 1 und 2 USTG zählt der Hartweizengrieß zu den Grundnahrungsmitteln lt. lfd. Nr. 14 = Müllereierzeugnisse.

1.2

6000 AWR	25.080,00 DM		
6001 BZKR	120,00 DM		
2600 VST	1.764,00 DM an 4400 VLL	26.964,00 DM	(5 P.)

Erklärung: Der Hartweizengrieß wird bei der Fa. „AHA-Nudeln" als Rohstoff (lt. Firmeninfo) verwendet und als Aufwand auf dem Konto 6000 AWR im Soll mit dem Zieleinkaufspreis (Rabatt wird nicht gebucht – siehe 1.1.1) gebucht. Die in Rechnung gestellte Verpackung wird als Bezugskosten auf dem Unterkonto 6001 BZKR ebenfalls im Soll gebucht. Die insgesamt anfallende ermäßigte Umsatzsteuer (siehe 1.1.3) wird als Vorsteuer (da Einkauf) gleichfalls im Soll gebucht. Aufgrund dieser Eingangsrechnung werden die Verbindlichkeiten der Firma „AHA-Nudeln" im Haben (Passivkonto nimmt zu) um den Bruttopreis erhöht.

1.3.1

Überweisungsbetrag lt. Beleg	26.289,90 DM
– Guthaben Bankkonto	7.189,90 DM
Kontokorrentkredit	19.100,00 DM

(2 P.)

Erklärung: Die Begleichung der Rechnung innerhalb der Skontofrist bedeutet, dass statt 26.964,00 DM um 674,10 DM weniger bezahlt werden müssen, also nur noch 26.289,90 DM. Nachdem das Bankkonto jedoch nur mehr 7.189,90 DM Guthaben aufweist, muss ein Kontokorrentkredit in Höhe von 19.100,00 DM aufgenommen werden. Die ausstehenden 30.000,00 DM Kundenforderungen haben momentan keinen Einfluss auf den Lösungsgang.

1.3.2 Zinsen = $\dfrac{19.100,00 \cdot 11,25 \cdot 52}{100 \cdot 360}$ = 310,38 (DM)

Skonto (netto)	630,00 DM
– Zinsaufwand	310,38 DM
Einsparung	319,62 DM

(4 P.)

Erklärung: Bevor die Einsparung ermittelt werden kann, müssen zuerst die Kreditzinsen berechnet werden. Der Kreditzins kann mithilfe der allgemeinen Zinsformel ermittelt werden, wobei sich die 52 Tage als Unterschied zwischen dem Skontozeitraum von 8 Tagen und den 60 Tagen Zahlungsziel ergeben. Nachdem der Skonto-Vorteil mit 630,00 DM netto größer ist als die zu bezahlenden Kreditzinsen in Höhe von 310,38 DM, ergibt sich eine Einsparung durch die Inanspruchnahme des Skontos in Höhe von 319,62 DM.

1.4

4400 VLL	26.964,00 DM	an	2800 BK	26.289,90 DM
			6002 NR	630,00 DM
			2600 VST	44,10 DM

(5 P.)

Erklärung: Die Begleichung der Rechnung vom 22. 01. 1998 durch Banküberweisung am 29. 01. 1998 ermöglicht die Inanspruchnahme des Skontos. (→ Skontofrist endet am 30. 01 1998). Die Verbindlichkeiten werden im Soll um den Rechnungsbetrag vermindert, das Bankkonto nimmt im Haben um den Überweisungsbetrag ab. Da 630,00 DM Netto-Skonto abgezogen werden, wird dieser Betrag als Nachlass für Rohstoffe bei der Fa. „AHA-Nudeln" im Konto 6002 NR im Haben eingebucht. Die anteilige Umsatzsteuer wird ebenfalls im Haben des Vorsteuerkontos (hier Bezahlung der gekauften Rohstoffe) gebucht.

Aufgabe 2

2.1 Z. B.: Verursachungsgerechte Zuordnung der Gemeinkosten auf die Kostenstellen.

(1 P.)

Erklärung: Die regelmäßige Erstellung eines BAB ermöglicht der Unternehmensleitung neben der Kostenartenkontrolle eine Überwachung der Kosten einzelner Kostenstellen. Dadurch können im Falle starker Schwankungen und unveränderter Beschäftigung und Preissituation die Ursachen der Abweichungen leichter herausgefunden werden. Mithilfe von Belegen, Zähl- und Meßeinrichtungen oder mithilfe von Verteilungsschlüsseln werden die Gemeinkosten verursachungsgerecht auf die Kostenstellen verteilt.

2.2 Herstellkosten des Umsatzes

(1 P.)

Erklärung: Die angefallenen Verwaltungs- und Vertriebsgemeinkosten jeder Unternehmung entstehen im Zusammenhang mit der Herstellung und dem Vertrieb. Deshalb bilden die Herstellkosten der umgesetzten Erzeugnisse eine geeignete Grundlage für die Berechnung dieses Zuschlagsatzes.

2.3.1   Kalkulatorische Abschreibung (1 P.)

Erklärung: Wegen der unterschiedlichen Zielsetzung erfassen Geschäftsbuchführung (= Finanzbuchhaltung) und Kosten- und Leistungsrechnung unterschiedlichen Werteverzehr,
– die Geschäftsbuchführung erfasst alle Aufwendungen der Unternehmung,
– die Kosten- und Leistungsrechnung erfasst alle Kosten des Betriebes.
Die Kosten- und Leistungsrechnung verrechnet sog. kalkulatorische Kosten z. B. **Anderskosten** (= aufwandsungleiche Kosten) wie die **kalkulatorische Abschreibung.** Die bilanzielle Abschreibung, die in die GUV-Rechnung eingeht, hat eine **andere** Höhe als die kalkulatorische Abschreibung.

2.3.2   Kalkulatorischer Unternehmerlohn (1 P.)

Erklärung: Die Kosten- und Leistungsrechnung verrechnet neben den Anderskosten auch Zusatzkosten (= aufwandslose Kosten); als Beispiel für die Zusatzkosten gilt der **kalkulatorische Unternehmerlohn.** Dem kalkulatorischen Unternehmerlohn stehen **keine Aufwendungen** in der **Geschäftsbuchführung** gegenüber. Daher handelt es sich um **echte Zusatzkosten.**

2.4.1   Fertigungslöhne (1 P.)

Erklärung: Mithilfe der Kostenstellenrechnung wird ermittelt, an welchen Stellen die Gemeinkosten angefallen sind. Da die einzelnen Kostenstellen in unterschiedlichem Maße von den Kostenträgern beansprucht werden, muss eine Zuschlags- oder Vergleichsgrundlage für die Gemeinkosten gefunden werden, die das Verhältnis der Beanspruchung durch den Kostenträger wiedergibt. Es muss eine Größe sein, von der die Gemeinkosten des einzelnen Kostenträgers abhängig sind. Für die Fertigungsgemeinkosten sind die Fertigungslöhne die Bezugsgröße (= Berechnungsgrundlage).

2.4.2   Fertigungslöhne $= \dfrac{165.000,00 \cdot 100}{150} = 110.000,00$ (DM) (2 P.)

Erklärung: Der Fertigungsgemeinkostenzuschlagssatz beträgt 150 %, die Fertigungsgemeinkosten 165.000,00 DM. Mittels Dreisatz können die Fertigungslöhne (= 100 % = Grundwert) berechnet werden.

2.5.1

Fertigungsmaterial	50.000,00 DM	
+ MGK (13 %)	6.500,00 DM	
Materialkosten		56.500,00 DM
Fertigungslöhne	25.000,00 DM	
+ FGK (150 %)	37.500,00 DM	
+ SEK der Fertigung	6.000,00 DM	
Fertigungskosten		68.500,00 DM
Herstellkosten		125.000,00 DM
+ Verw. + Vtr.-GK (18,40 %)		23.000,00 DM
Selbstkosten		148.000,00 DM ▼

(4 P.)

Erklärung: Zur Ermittlung der Selbstkosten ist es günstig, das Fertigungskalkulationsschema anzusetzen. Die erforderlichen Zuschlagssätze können alle dem Belegblatt (siehe BAB) entnommen werden. Die Materialgemeinkosten werden mittels gegebenen Zuschlagssatz in Höhe von 13 %

vom FM ermittelt (50.000,00 : 100 · 13), die Addition von FM und MGK ergibt die MK. Anschließend können die Fertigungsgemeinkosten berechnet werden (FL : 100 · 150 = 25.000,00 : 100 · 150) zusammengezählt ergeben FL, FGK und SEKF die Fertigungskosten. Dann können die HK mittels Addition von MK und FK ermittelt werden. Die Herstellkosten sind der Ausgangswert für die Berechnung der Verw.-/Vertr.-Gemeinkosten in Höhe von 18,40 %. Die Addition ergibt die Selbstkosten.

2.5.2   Selbstkosten je Jubiläumspackung = 148.000,00 DM : 50.000 = 2,96 (DM)   (1 P.)

Erklärung: Mittels Division können die Selbstkosten für eine Jubiläumspackung berechnet werden.

2.6.1

Selbstkosten	2,96 DM	
+ Gewinn	0,10 DM	
Barverkaufspreis	3,06 DM	85 %
+ Kundenrabatt	0,54 DM	15 %
Listenverkaufspreis	3,60 DM	100 %

$$\text{Gewinn} = \frac{0,10 \cdot 100}{2,96} = 3,38 \ (\%)$$ (3 P.)

Erklärung: Zunächst erstellt man sich mit den Angaben ein Kalkulationsschema. In Form einer Rückwärtsrechnung lässt sich der Gewinn in DM berechnen. Für die Ermittlung des Kundenrabatts ist der Listenverkaufspreis netto der Grundwert (= 100 %). Durch Abziehen des Rabatts vom Listenverkaufspreis erhält man den Barverkaufspreis (der Kundenskonto fehlt bei dieser Aufgabe, deshalb ist der Zielverkaufspreis gleich dem Barverkaufspreis). Der Gewinn in DM kann mittels Differenzkalkulation berechnet werden. Als Grundwert für die Prozentangabe des Gewinns gilt der Selbstkostenpreis. Mithilfe der Formel lässt sich der Prozentsatz ermitteln:

$$\text{Gewinn in } (\%) = \frac{\text{Gewinn in DM} \cdot 100}{\text{Selbstkostenpreis}}$$

2.6.2   2400 FLL   39.290,40 DM   an   5000 UEFE   36.720,00 DM

                                                     4800 MWST   2.570,40 DM   (4 P.)

Erklärung: Aufgrund des Zielverkaufs (= Ausgangsrechnung) steigen unsere Forderungen, Einbuchung im Konto 2400 FLL im Soll. Die Umsatzerlöse für Fertigungerzeugnisse (Nudelmarke „Gloria" ist eigen gefertigtes Produkt der Firma „AHA-Nudeln") – 5000 UEFE = Ertragskonto – mehren sich im Haben um den Nettoverkaufspreis.

Vorsicht: 12000 Stück! Davon sind 16 % UST zu berechnen und als Mehrwertsteuer im Haben einzubuchen, da es sich um einen Verkauf handelt.

Aufgabe 3

3.1 Verkauf am 16. April 1998:

90.000,00 DM 4,50 % Bundesanl. zu 101,00 %	90.900,00 DM
+ Stückzinsen 4,50 % / 195 Tage	2.193,75 DM
Tageswert am 16. April 1998	93.093,75 DM
– Spesen 0,5 % v. KW	454,50 DM
Bankgutschrift am 16. April 1998	92.639,25 DM

```
        195 Tage
   ┌──────────────┐
├──────────────┬──────────────┤
1. Okt.      16. April      1. Okt.
```

$$\text{Stückzinsen} = \frac{90.000 \cdot 4,5 \cdot 195}{100 \cdot 360} = 2.193,75 \text{ (DM)}$$ (5 P.)

Erklärung: Die Verkaufsabrechnung für diese Bundesanleihen (= Ermittlung der Bankgutschrift) beginnt mit der Berechnung des Kurswertes, die mit folgender Formel durchgeführt wird:

$$KW = \frac{NW \cdot Kurs}{100} = \frac{90.000,00 \cdot 101}{100} = 90.900,00 \text{ DM}$$

Anschließend werden die Stückzinsen für die Zeit vom 1. Oktober bis zum 16. April = 195 Tage ermittelt. Mittels Addition ergibt sich der Tageswert zum 16. April 1998. Aufgrund des Verkaufs werden die Spesen

$$\left(0,5 \% \text{ v. } KW = \frac{90.900,00 \cdot 0,5}{100} = 454,50 \text{ DM}\right)$$

vom Tageswert subtrahiert, somit ergibt sich eine Bankgutschrift in Höhe von 92.639,25 DM.

3.2.1 Die Abschreibungsbeträge wurden nach dem degressiven Abschreibungsverfahren ermittelt. (1 P.)

Erklärung: Nachdem es sich um fallende Abschreibungsbeträge (1996 $\Rightarrow$ 43.800,00 DM, 1997 $\Rightarrow$ 30.660,00 DM) handelt, ist die Rede von der degressiven Abschreibung.

3.2.2 Z. B.: Fallende Abschreibungsbeträge (1 P.)

Erklärung: Bei der degressiven Abschreibung wird der Abschreibungsbetrag durch die Anwendung eines **gleichbleibenden Abschreibungssatzes** auf **den jeweiligen Rest- oder Buchwert** des Anlagegutes berechnet. Dadurch ergibt sich ein von Jahr zu Jahr **fallender Abschreibungsbetrag**, der in den ersten Jahren der Nutzung sehr hoch und in den späteren Nutzungsjahren niedrig ausfällt. Bei dieser Methode wird nie der Endwert Null in der geschätzten Nutzungsdauer erreicht.

3.2.3 Buchwert beim Verkauf: 71.540,00 DM (1 P.)

Erklärung: Da der alte LKW am 28. April 1998 verkauft wird, gilt der Buchwert vom 31. Dez. 1997 in Höhe von 71.540,00 DM. Es ist der Wert, der am 1.1.1998 in der Eröffnungsbilanz (Bilanz zum 1.1.1998) als Bestandswert (= Buchwert) vorgetragen wurde.

3.2.4   2800 BK   87.000,00 DM   an   5410 EAAV   75.000,00 DM
                                                4800 MWST   12.000,00 DM

         5410 EAAV   75.000,00 DM   an   0840 FP   71.540,00 DM
                                               5460 EAVG   3.460,00 DM   (7 P.)

Erklärung: Die Buchung eines Anlagenverkaufs erfolgt immer in zwei Schritten:
Beim ersten Buchungsschritt wird der Verkaufserlös verbucht. Das Konto 5410 EAAV dient hierbei als Interimskonto (= Übergangskonto), um das umsatzsteuerpflichtige Entgelt beim Anlagenverkauf aufzunehmen, Einbuchung des Nettoverkaufserlöses im Haben dieses Kontos. Die anfallende Umsatzsteuer (vom NVP zu berechnen) wird als MWST (= Verkauf) im Haben gebucht. Der Bruttoverkaufspreis erhöht das Bankguthaben der Firma „AHA-Nudeln", deshalb Buchung im Soll 2800 BK (Aktivkonto nimmt zu).
Beim zweiten Schritt wird das Interimskonto (= Übergangskonto) aufgelöst und der Buchwert ausgebucht. Vor Erstellen dieses Buchungssatzes muss immer geprüft werden, ob mit Gewinn (= Ertrag) oder Verlust (= Aufwand) verkauft wurde. Verglichen werden der Nettoverkaufspreis und der Buchwert:

75.000,00 DM = NVP   71.540,00 DM = BW

3.460,00 DM Gewinn = Ertrag,
da der NVP größer ist als der BW

Nun wird das Konto 5410 EAAV wieder aufgelöst, also Einbuchung im Soll mit 75.000,00 DM. Im Anlagenkonto 0840 FP wird der Buchwert (Verkauf des gebrauchten LKW's) im Haben eingebucht (Abnahme eines Aktivkontos), der LKW ist also in unserer Anlagekartei nicht mehr vorhanden. Der erzielte Gewinn (= Ertrag), als Differenz zwischen NVP und BW, wird im Konto 5460 EAVG im Haben erfasst.

3.3   Listenpreis, netto   187.000,00 DM
         – Sonderrabatt (5 %)   9.350,00 DM
         + Anschaffungsnebenkosten   2.350,00 DM

         Anschaffungskosten   180.000,00 DM

         0840 FP   180.000,00 DM
         2600 VST   28.800,00 DM   an   4400 VLL   208.800,00 DM   (5 P.)

Erklärung: Der 5 %-ige Sonderrabatt gilt als Anschaffungkostenminderung und ist nach § 255 Abs. 1 HGB abzusetzen: Der Werbeschriftzug und die Überführungskosten zählen zu den sog. aktivierungspflichtigen Anschaffungsnebenkosten, werden also zusammen mit dem Nettoverkaufspreis auf das Anlagekonto gebucht. Die darauf entfallende Umsatzsteuer wird als Vorsteuer im Soll gebucht. Der Bruttokaufpreis erhöht unsere Verbindlichkeiten, deshalb Einbuchung im Haben des Kontos 4400 VLL (Passivkonto nimmt zu).

3.4.1 Rechnungsbetrag   208.800,00 DM
       – Erlös aus Wertpapierverkauf   92.639,25 DM
       – Erlös aus LKW-Verkauf   87.000,00 DM
       ───
       Finanzierungslücke   29.160,75 DM   (2 P.)

Erklärung: Die Finanzierungslücke lässt sich ermitteln, indem vom Bruttorechnungsbetrag die Erlössummen aus dem Wertpapierverkauf sowie dem
LKW-Verkauf subtrahiert werden.

3.4.2 Z. B.: Die Finanzierungslücke könnte durch Aufnahme eines Kredits ge-
       schlossen werden.   (1 P.)

Erklärung: Zur Finanzierung dieses Differenzbetrages stehen verschiedene
Möglichkeiten zur Verfügung:
– Kreditaufnahme,
– Verkauf von Aktien
– Leasing des LKW.

Aufgabe 4

4.1 Listeneinkaufspreis (2,20 · 1.000)   2.200,00 DM | 100 %
     – Liefererrabatt (8 %)   176,00 DM | 8 %
     ──
     Zieleinkaufspreis   2.024,00 DM | 92 %
     + Bezugskosten   60,00 DM
     ──
     Einstandpreis Fa. Bengel   2.084,00 DM ▼

     Einstandspreis Fa. Lecker   2.180,00 DM
     – Einstandspreis Fa. Bengel   2.084,00 DM
     ──
     Preisvorteil Fa. Bengel   96,00 DM

                                                                               (5 P.)

Erklärung: Man errechnet zuerst mit dem Schema der Bezugskalkulation
den Einstandspreis für 1000 Gläser Fertigsoße für das Angebot der Fa. Bengel. Die Basis (= Zuschlagsgrundlage) für den Liefererrabatt (= Wiederverkäuferrabatt) stellt der Listeneinkaufspreis (= 100 %) dar (2,20 DM · 1000
= 2.200,00 DM). Das Angebot der Fa. Bengel enthält keinen Skonto, sodass
die Bezugskosten (Frachtkosten) zum Zieleinkaufspreis addiert werden
können. Mittels Angebotsvergleich ergibt sich ein Preisvorteil des Angebots
der Fa. Bengel.

4.2 4400 VLL   541,42 DM   an   6080 AWHW   506,00 DM
                                       2600 VST   35,42 DM   (4 P.)

Erklärung: Die Gutschriftsanzeige des Lieferers aufgrund der Rücksendung von 250 Gläsern, die nicht vakuumdicht verschlossen waren,
bedeutet für die Fa. „AHA-Nudeln" eine Verminderung ihrer Verbindlichkeiten, also Buchung bei VLL im Soll (Abnahme des Passivkontos).
Vermindert werden durch die Rücksendung auch die Aufwendungen für
Handelswaren (siehe Firmeninfo) im Haben des Kontos 6080 AWHW.
Berichtigt wird ebenfalls die Vorsteuer, also Buchung im Haben.

4.3 Listenverkaufspreis (netto) = 2,08 · 1,3500 = 2,81 (DM)

Listenverkaufspreis (netto)	2,81 DM
+ Umsatzsteuer (7 %)	0,20 DM
Listenverkaufspreis (brutto)	3,01 DM

(2 P.)

Erklärung: Der Kalkulationsfaktor ist die Zahl, mit der der Einstandspreis multipliziert wird, um den Listenverkaufspreis netto zu erhalten (2,08 · 1,3500 = 2,81 DM). Anschließend kann die ermäßigte Umsatzsteuer in Höhe von 7 % (siehe auch 1.1.3) berechnet und zum LVP netto addiert werden.

4.4 Z. B.: Werbepsychologische Gründe (1 P.)

Erklärung: Aus Gründen der Preis- und Marktpolitik können Unternehmen regional unterschiedliche Preise kalkulieren.

Aufgabe 5

5.1 6870 WERB 46.200,00 DM
2600 VST 7.392,00 DM an 4400 VLL 53.592,00 DM (3 P.)

Erklärung: Die Aufwendungen für Werbung nehmen im Soll zu, die anfallende Umsatzsteuer wird als Vorsteuer (Eingangsrechnung) im Konto 2600 VST ebenfalls im Soll gebucht. Aufgrund der Eingangsrechnung werden unsere Verbindlichkeiten (Passivkonto nimmt zu) im Haben um den Bruttobetrag erhöht.

5.2 6850 REIS 340,00 DM
2600 VST 54,40 DM an 2880 K 394,40 DM (3 P.)

Erklärung: Die Bahnfahrtkarte wird als Reisekostenaufwand verbucht. Im Konto 6850 REIS wird im Soll der Nettobetrag (394,40 DM – 54,40 DM UST-Anteil = 340,00 DM netto) erfasst. Der UST-Anteil wird als Vorsteuer im Soll des Kontos 2600 VST eingebucht. Die Bahnfahrtkarte wurde bar bezahlt, deshalb nimmt das Konto Kasse (Aktivkonto) im Haben ab.

5.3 5001 EBFE 7.500,00 DM
4800 MWST 525,00 DM an 2400 FLL 8.025,00 DM (4 P.)

Erklärung: Die Forderungen der Fa. „AHA-Nudeln" vermindern sich um den Brutto-Gutschriftsbetrag (8.025,00 DM einschl. 7 % UST) im Haben dieses Kontos (Aktivkonto nimmt ab). Die Erlöse aus den Fertigungserzeugnissen (Jubiläumsbonus) müssen um den Nettobetrag (8.025,00 DM : 107 · 100) berichtigt werden, also Einbuchung im Soll dieses Kontos. Die anteilige Mehrwertsteuer wird im Soll zurückgebucht.

5.4 6160 FRI 16.300,00 DM
2600 VST 2.608,00 DM an 4400 VLL 18.908,00 DM (4 P.)

Erklärung: Der neue Fassadenanstrich zählt zu den sog. werterhaltenden Maßnahmen. Zum Erhaltungsaufwand zählen die Aufwendungen, die
– die Wesensart des Gegenstandes nicht verändern und
– den Gegenstand in ordnungsgemäßem Zustand erhalten sollen und
– regelmäßig in ungefähr gleicher Höhe wiederkehren.

Zum Erhaltungsaufwand rechnen vor allem die laufenden Aufwendungen (wie z. B. Malerarbeiten) zur Instandhaltung, Pflege und Wartung. Diese werterhaltenden Reparaturen werden als Aufwand auf dem Konto 6160 FRI zum Nettowert (= 16.300,00 DM) gebucht. Die anfallende Umsatzsteuer wird als Vorsteuer (= Eingangsrechnung) im Konto 2600 VST ebenfalls im Soll erfasst. Aufgrund der Eingangsrechnung werden unsere Verbindlichkeiten (Passivkonto nimmt zu) im Haben um den Bruttobetrag erhöht.

5.5.1   3001 P   an   2800 BK   3.500,00 DM   (2 P.)

Erklärung: Der vorliegende Kontoauszug (Buchung mit Wertstellung 25. 06. 1998) besagt im Verwendungszweck, dass an das Altenheim „St. Lorenz" eine Überweisung als Spende getätigt wurde. Diese Spende gilt als Privatentnahme und wird deshalb im Konto 3001 P im Soll verbucht. Das Bankkonto (Aktivkonto nimmt ab) vermindert sich im Haben (S = Lastschrift) um die 3.500,00 DM.

5.5.2   4400 VLL   an   2800 BK   53.592,00 DM   (2 P.)

Erklärung: Der vorliegende Kontoauszug (Buchung mit Wertstellung 26. 06. 1998) besagt im Verwendungszweck, dass die Rechnung Nr. 1665/98 (siehe Aufgabe 5.1) an das Kemptener Tagblatt überwiesen wird. Die Verbindlichkeiten nehmen im Soll um den Überweisungsbetrag (= Bruttobetrag) von 53.592,00 DM ab (Passivkonto nimmt ab). Das Bankkonto (Aktivkonto nimmt ab) vermindert sich im Haben (S = Lastschrift) um 53.592,00 DM.

Vorsicht: Keine Umsatzsteuer verbuchen; UST wurde bereits bei der Rechnungsstellung erfasst (5.1). Es handelt sich hier um einen reinen Zahlungsvorgang!

Aufgabe 6

6.1   Z. B.: AHA-Nudeln zahlt einen Lohnvorschuss in Höhe von 2.000,00 DM an einen Mitarbeiter bar aus.   (2 P.)

Erklärung: Das Aktivkonto 2650 steht im Soll als Mehrung, das Aktivkonto 2880 erfährt im Haben einen Minderung. Diese Kontenreihenfolge besagt, dass die Fa. „AHA-Nudeln" eine Auszahlung getätigt hat, in diesem Falle für einen Lohnvorschuss an einen Arbeitnehmer.

6.2   Z. B.: AHA-Nudeln kauft Kopierpapier für netto 750,00 DM gegen Rechnung.   (3 P.)

Erklärung: Das Konto 6800 BMAT steht im Soll, in der Betragsspalte sind 750,00 DM netto ausgewiesen. Beim Umsatzsteuercode zeigt V 16 die Vorsteuer an. Nachdem im Haben das Konto 4400 erscheint, liegt in diesem Fall eine Eingangsrechnung für z. B.: Kopierpapier vor.

Aufgabe 7

7.1 5200 BV   an   2200 FE   1.235,00 DM   (3 P.)
     2030 B   an   6030 AWB   1.299,00 DM   (3 P.)

Erklärung: Bandnudeln sind lt. Firmen-INFO Fertigerzeugnisse bei der Fa. „AHA-Nudeln". Die Inventur 1998 zeigt, dass sich bei den Bandnudeln eine Bestandsminderung ergibt, weil der Schlussbestand (31. 12. 98) kleiner ist als der Anfangsbestand (1. 1. 98). Der Minderbestand in Höhe von 1.235,00 DM wird als Aufwand im Soll des Kontos 5200 BV (= Mischkonto) gebucht. Das Konto 2200 FE wird somit im Haben ausgeglichen. Maschinenöl stellt für die Fa. „AHA-Nulden" einen Betriebsstoff dar. Die Inventur 1998 zeigt, dass sich beim Maschinenöl eine Bestandsmehrung ergibt, weil der Schlussbestand (31. 12. 98) größer ist als der Anfangsbestand (1. 1. 98). Im Bestandskonto 2030 B muss also der Mehrbestand in Höhe von 1.299,00 DM im Soll als Ausgleich dieses Kontos eingebucht werden. Eine **Bestandsmehrung bei Werkstoffen** liegt immer dann vor, wenn im Abrechnungszeitraum **weniger verbraucht als eingekauft** wurde. Dieser geringere Verbrauch (= Mehrung) mindert bei der Fa. „AHA-Nudeln" die Betriebsstoffaufwendungen, die Einbuchung erfolgt deshalb im Konto 6030 AWB im Haben (Mehrbestand = Aufwandsminderung bzw. Ertrag). Bei beiden Buchungen liegt hier eine vorbereitende Abschlussbuchung vor.

7.2 6920 BEIWB   an   4890 SOV   120,00 DM   (2 P.)

Erklärung: Nachdem der Dezemberbeitrag für den Verband der schwäbischen Industrie noch nicht bezahlt ist, entstehen bei uns „sonstige Verbindlichkeiten", welche im Haben erfasst werden. Die Aufwendungen für Beiträge zu Wirtschaftsverbänden (= Verband der schwäbischen Industrie) werden im Soll des Kontos 6920 BEIWB verbucht.

7.3

```
                          4 Monate
          8 Monate      ⌒‾‾⌒‾‾
   |---------------------|---------|---------|
   1. Mai              31. Dez.   30. April
```

2900 ARA   an   6900 VBEI   592,00 DM   (3 P.)
(1.776,00 : 12 · 4)

Erklärung: Wenn ein Teil des vorausbezahlten Aufwands das neue Geschäftsjahr betrifft, muss er abgegrenzt werden. Die Abgrenzung der zuviel gezahlten Kfz-Versicherung erfolgt auf dem Konto 6900 VBEI im Haben, d. h. der Aufwand wird korrigiert, damit für das alte Jahr der entsprechende Aufwand in die Erfolgsrechnung eingeht. Als Gegenkonto für die Abgrenzung von Aufwendungen dient das Konto „Aktive Rechnungsabgrenzung".

7.4

Erforderliche EWBF	16.820,00 DM
– vorhandene EWBF	29.500,00 DM
aufzulösende EWBF	–12.680,00 DM

3670 EWBF   an   5450 EAWBF   12.680,00 DM   (3 P.)

Erklärung: Die aufzulösende EWBF führt zu einer Minderung des Kontos 3670 EWBF (Passivkonto nimmt ab), deshalb Einbuchung im Soll dieses Kontos. Zugleich stellt dieser Betrag einen Ertrag dar, der im Konto 5450 EAWBF im Haben erfasst wird.

Stefanie H. Bauer, e. Kfr.
Hochwertige Holzspielwaren
93057 Regensburg, Donaustr. 24
Telefon (09 41) 50 71 09 – Telefax (09 41) 50 71 10

Das Unternehmen STEFANIE BAUER HOLZSPIELWAREN stellt im Stammwerk Regensburg hochwertige Holzspielwaren her.

In diesem Stammwerk sind **Sie** als Mitarbeiter/Mitarbeiterin in der Abteilung Rechnungswesen mit verschiedenen Aufgaben der Buchführung und Kalkulation betraut. Hierbei müssen Sie folgende Vorgaben beachten:

– Bei Berechnungen sind jeweils alle notwendigen Lösungsschritte anzugeben.
– Bei Buchungssätzen sind stets Kontennummern, Kontennamen (abgekürzt möglich) und Beträge anzugeben.
– Soweit nicht anders vermerkt, gilt ein Umsatzsteuersatz von 16 %.
– Alle Ergebnisse sind in der Regel auf zwei Dezimalstellen genau anzugeben.

Aufgabe 1

Im Rahmen Ihrer Tätigkeit erhalten Sie zunächst einen Beleg (siehe Belegblatt, Beleg 1) zur Bearbeitung:

1.1   Der Beleg enthält unter anderem die Zahlungsbedingung „Bei Überschreiten des Zahlungsziels werden 12 % Verzugszinsen p. a. berechnet".
       Bis zu welchem Datum muss der Rechnungsbetrag spätestens beglichen sein, damit keine Verzugszinsen anfallen?

1.2   Bei der Lieferung der Holzzug-Garnituren fallen Frachtkosten von 98,00 DM an.
       Warum werden diese Frachtkosten nicht im Beleg ausgewiesen?

1.3   Bilden Sie den Buchungssatz für den vorliegenden Beleg.

1.4   Nach mehreren erfolglosen Zahlungserinnerungen erstellen Sie ein Mahnschreiben, in dem Sie die Firma Spielzeugwelt H. Aichinger mit Verzugszinsen und 25,00 DM Mahnspesen belasten.

1.4.1 Berechnen Sie die Verzugszinsen in DM, wenn die Belastung zum 30. Juli 1998 erfolgt.

1.4.2 Bilden Sie den Buchungssatz für die Belastung der Firma H. Aichinger mit Verzugszinsen und Mahnspesen.

1.4.3 Ermitteln Sie die Höhe der Gesamtforderung zum 30. Juli 1998.

1.5   Im dritten Mahnschreiben haben Sie der Firma Spielzeugwelt H. Aichinger eine Zahlungsfrist bis zum 9. August 1998 eingeräumt. Die Frist ist abgelaufen, ohne dass die Firma H. Aichinger auf die wiederholten Mahnungen reagiert hat.
       Bilden Sie den Buchungssatz.

1.6   Am 12. August 1998 begleicht die Firma Spielzeugwelt H. Aichinger die Gesamt-
       forderung per Banküberweisung.
       Erstellen Sie den Buchungssatz.

Aufgabe 2

Um das unternehmerische Risiko zu streuen, beschließt das Unternehmen STEFANIE BAUER
HOLZSPIELWAREN, ein Zweigwerk im oberbayerischen Penzberg aufzubauen und an diesem
Standort die Produktion von Saunen aufzunehmen. Im Finanzierungsplan ist zusätzlich zu den
Eigenmitteln ein Kreditbedarf von 2 Millionen DM angesetzt. Sie haben zwei Kreditangebote
für eine Laufzeit von jeweils 60 Monaten eingeholt. Beim Angebot der Sparbank Oberpfalz
ergibt sich eine effektive Verzinsung von 8,22 %. Das Angebot der Donau-Isar-Bank umfasst
folgende Informationen:

– *Zinsen für 60 Monate*   *825.000,00 DM*
– *Bearbeitungsgebühr*   *0,50 %*
– *Auszahlung*   *100 %*

2.1   Ermitteln Sie die effektive Verzinsung für den Kredit der Donau-Isar-Bank.

2.2   Die Entscheidung für die Kreditaufnahme wurde zugunsten der Sparbank Oberpfalz
       getroffen. Bilden Sie den Buchungssatz für die Bereitstellung des Kredits, wenn 2 %
       Damnum zu berücksichtigen sind.

2.3   Der aufgenommene Kredit wird unter anderem für die Anschaffung einer computer-
       gesteuerten Fertigungsanlage verwendet. Bilden Sie den Buchungssatz für den Kauf
       der Fertigungsanlage gegen Rechnung, wenn die Anschaffungskosten netto
       1.100.000,00 DM betragen.

2.4   Ein Teil des Kredits wird für die Ausstattung der Verwaltung verwendet. Nach dem
       Einkommensteuergesetz nutzt das Unternehmen STEFANIE BAUER HOLZSPIELWAREN
       alle Möglichkeiten der Steuerersparnis und setzt z. B. selbstständig nutzbare
       Sachanlagen als Geringwertige Vermögensgegenstände der Betriebs- und Geschäfts-
       ausstattung (GWG) an.

2.4.1 Wie hoch dürfen die Nettoanschaffungskosten für eine solche Sachanlage höchstens
       sein?

2.4.2 Bilden Sie den Buchungssatz für den Beleg vom 15. Juni 1998 (siehe Belegblatt,
       Beleg 2).

Aufgabe 3

Im August 1998 wurde die Herstellung von Massivholz-Saunen im Zweigwerk in Penzberg
aufgenommen. Für den August liegen Ihnen folgende Zahlen vor:

Nettoverkaufspreis/Stück   *2.750,00 DM*
Variable Kosten/Stück   *1.800,00 DM*
Fixkosten   *182.600,00 DM*
Kapazität   *200 Stück*
Auslastung   *75 %*

3.1   Ermitteln Sie das Betriebsergebnis (Gewinn oder Verlust), wenn alle produzierten
       Saunen abgesetzt werden konnten.

3.2   Ab welcher produzierten und abgesetzten Stückzahl erwirtschaftet das Unternehmen
       STEFANIE BAUER HOLZSPIELWAREN erstmals einen Gewinn?

3.3   Eine Baumarktkette ist bereit, einen Auftrag über 30 Saunen zu erteilen, wenn auf den
       Nettoverkaufspreis ein Sonderrabatt von 20 % gewährt wird. Die Unterneh-

mensleitung entscheidet sich dafür den Zusatzauftrag anzunehmen um das Betriebsergebnis zu verbessern.

3.3.1 Berechnen Sie das neue Betriebsergebnis aufgrund der Hereinnahme des Zusatzauftrages.

3.3.2 Ermitteln Sie die Veränderung des Betriebsergebnisses in DM und begründen Sie die Verbesserung.

3.4 Zur Verbesserung der wirtschaftlichen Situation sollen vor allem die variablen Kosten gesenkt werden. Nennen Sie hierfür eine Möglichkeit.

Aufgabe 4

Zum 31. Dezember 1998 sind beim Unternehmen STEFANIE BAUER HOLZSPIELWAREN die Vorabschlussbuchungen vorzubereiten und die Buchungssätze zu bilden:

4.1 Die neue Fertigungsanlage (siehe Aufgabe 2.3) wird mit 30 % degressiv abgeschrieben

4.2 Volle Abschreibung der geringwertigen Wirtschaftsgüter mit 2.340,00 DM.

4.3 Für den Bestand an zweifelhaften Forderungen ist die Wertberichtigung neu zu bilden. Zur Berechnung der geschätzten Ausfälle haben Sie folgendes Rechenblatt (Tabellenkalkulation) entworfen:

	A	B	C	D	E	F
1			*Kunde Blank*		*Kunde Marklos*	*Ausfall gesamt*
2		in %	in DM	in %	in DM	in DM
3	ZWF brutto		3.944,00		6.380,00	
4	– USt-Anteil	16	544,00	16	880,00	
5	ZWF netto		3.400,00		5.500,00	
6	geschätzter Ausfall	50	1.700,00	70	3.850,00	5.550,00

4.3.1 Welche Formel wurde im Rechenblatt zur Berechnung des Betrages in Feld E6 eingegeben?

4.3.2 Im Rechenblatt wurde bei der Programmierung die Formel = C6 + E6 eingegeben. In welchem Feld wurde diese Formel eingegeben und welche Größe wird damit berechnet?

4.3.3 Erstellen Sie den Buchungssatz für die Neubildung der Wertberichtigung.

4.4 Laut Schreiben unseres Steuerberaters ist für 1998 mit einer Gewerbesteuernachzahlung von voraussichtlich 6.500,00 DM zu rechnen.

4.5 Die Privatentnahmen betragen 72.000,00 DM, die Privateinlagen 48.000,00 DM.

4.6 Bei den unfertigen Erzeugnissen liegt ein Mehrbestand von 8.000,00 DM vor.

4.7 Die jährliche Zinslastschrift in Höhe von 42.000,00 DM für ein langfristiges Bankdarlehen erfolgt vereinbarungsgemäß am 1. Juni 1999 im Nachhinein.

Aufgabe 5

Zu Beginn des neuen Geschäftsjahres 1999 liegt Ihnen nun der Jahresabschluss von 1998 zur Auswertung vor. Sie erhalten den Auftrag, eine Unternehmensanalyse durchzuführen; unter anderem sind folgende Werte bekannt:

Eigenkapital (Endbestand zum 31. Dez. 1998)	*10.353.000,00 DM*
Gesamtkapital	*21.000.000,00 DM*
Jahresüberschuss	*1.365.000,00 DM*
Privatentnahmen insgesamt	*88.300,00 DM*

5.1 Ermitteln Sie die Kennzahl der Finanzierung (Eigenkapitalanteil) zum Ende des Jahres 1998.

5.2 Nennen Sie zwei Gründe, warum der Eigenkapitalanteil eines Unternehmens möglichst hoch sein sollte.

5.3 Berechnen Sie die Kennzahl der Eigenkapitalrentabilität.

5.4 Warum sollte die Eigenkapitalrentabilität deutlich über dem durchschnittlichen Marktzins liegen?
Nennen Sie hierfür zwei Gründe.

Aufgabe 6

Im Laufe des neuen Geschäftsjahres 1999 sind in der Buchhaltung des Unternehmens STEFANIE BAUER HOLZSPIELWAREN unter anderem folgende Geschäftsfälle zu bearbeiten und die Buchungssätze zu bilden:

6.1 Am 17. Februar 1999 geht der Gewerbesteuerbescheid des Finanzamtes über eine Nachzahlung in Höhe von 7.200,00 DM ein (vergleiche Aufgabe 4.4). Die Begleichung erfolgt durch Banküberweisung.

6.2 Als Anlage zum Kontoauszug vom 24. Februar 1999 liegt Ihnen die Durchschrift eines Überweisungsauftrages vor (siehe Belegblatt, Beleg 3).

6.3 Einer Wertpapierabrechnung der Sparbank Oberpfalz entnehmen Sie folgende Angaben: Kauf von 35 Aktien der Isartaler-Süd-Bahn (ISB) zum Kurs von 94,08 EUR je Stück (Spesen 1 % vom Kurswert).

6.4 Die Sparbank Oberpfalz belastet das Bankkonto vereinbarungsgemäß am 1. Juni 1999 mit den Jahreszinsen in Höhe von 42.000,00 DM für das langfristige Bankdarlehen (siehe Aufgabe 4.7).

6.5 Am 8. Juni 1999 werden die einbehaltenen Sozialversicherungsabzüge (Arbeitnehmer- und Arbeitgeberanteile) in Höhe von 16.524,80 DM überwiesen.

Aufgabe 7

Im Stammwerk des Unternehmens STEFANIE BAUER HOLZSPIELWAREN werden seit Beginn des Jahres 1999 auch Kinderroller aus Hartholz gefertigt. Für den letzten Abrechnungszeitraum liegen Ihnen hierzu folgende Ist-Werte vor:

Fertigungsmaterial	*12.000,00 DM*
Materialgemeinkosten	*960,00 DM*
Fertigungslöhne	*11.200,00 DM*
Fertigungskosten	*28.000,00 DM*

7.1 Sie wurden beauftragt, die Kostenkontrollrechnung für die Produktion der Kinderroller durchzuführen.

7.1.1 Mit welchem Zuschlagsatz rechnet das Unternehmen bei den Fertigungsgemeinkosten?

7.1.2 Ermitteln Sie die Höhe der tatsächlichen Selbstkosten, wenn bei den Verwaltungs-und Vertriebsgemeinkosten mit einem gemeinsamen Zuschlagsatz von 12,50 % gerechnet wird.

7.2 Im Rahmen der Vorkalkulation ergaben sich Selbstkosten von 43.380,00 DM.

7.2.1 Ermitteln Sie bei den Selbstkosten Art und Höhe der Abweichung gegenüber der Vorkalkulation.

7.2.2 Nennen Sie zwei Ursachen, die zu der Abweichung bei den Selbstkosten geführt haben könnten.

7.3 Auf der Grundlage der vorliegenden Kostenrechnung ergibt sich für einen Kinderroller ein Selbstkostenpreis von 64,00 DM.
Berechnen Sie den Listenverkaufspreis für einen Kinderroller, wenn das Unternehmen mit 8 % Gewinn und 2 % Kundenskonto kalkuliert.

Anlage zu Gruppe B
Beleg 3

Durchschrift für Kontoinhaber	**Überweisungsauftrag an 720 687 00**
	Sparbank Oberpfalz

Empfänger
Brennstoffhandel Bruno Aschenbrenner, Regensburg

Konto-Nr. des Empfängers		Bankleitzahl
480 337 850		**720 687 00**

bei (Kreditinstitut)
Sparbank Oberpfalz

*Bis zur Einführung des Euro (= EUR) nur DM; danach DM oder EUR	DM od. EUR*	Betrag:
	DM	**14.250,60**

Kunden- Referenznummer – noch Verwendungszweck, ggf. Name und Anschrift des Auftraggebers (nur für Empfänger)
Rechnung 246/99 für Dieselöl vom 17. Februar 1999 abzüglich 2,5 % Skonto

Kontoinhaber
Stefanie Bauer Holzspielwaren, Regensburg

Konto-Nr. des Kontoinhabers
480 582 850

22. Februar 1999   S. Bauer
_____
Datum   Unterschrift

Beleg 1

STEFANIE H. BAUER, E. KFR.
Hochwertige Holzspielwaren
93057 Regensburg, Donaustr. 24
Telefon (09 41) 50 71 09 – Telefax (09 41) 50 71 10

Stefanie Bauer Holzspielwaren, Donaustr. 24, 93057 Regensburg

Spielzeugwelt H. Aichinger
Wasserburger Str. 46

83268 Traunfels   Regensburg, den 18. April 1998

Rechnung Nr. 322/98 · Kunden-Nr. 123   **Durchschrift**

Aufgrund Ihrer Bestellung vom 10. April 1998 lieferten wir Ihnen frei Haus:

Pos.	Menge	Artikel	Einzelpreis (DM)	Gesamt (DM)
1	25	Garnitur Holzzug „Orientexpress"	120,00	3.000,00
		– 5 % Mengenrabatt		150,00
		Warenwert + 16 % Umsatzsteuer		2.850,00 456,00
		Rechnungsbetrag		3.306,00

Wir danken für Ihren Auftrag.

Zahlungsbedingungen: 10 Tage 2 % Skonto, 60 Tage rein netto
Bei Überschreiten des Zahlungsziels werden 12 % Verzugszinsen p. a. berechnet.
Die gelieferte Ware bleibt bis zur vollständigen Bezahlung unser Eigentum.
Bankverbindung: Sparbank Oberpfalz, BLZ 720 687 00, Konto 480 582 850
Unternehmenssitz: Regensburg · Registergericht Regensburg Nr. 2233/67

Beleg 2

Schreiner & Söhne
Büroeinrichtungen · Bürosysteme
Seestraße 11 · 86938 Schondorf/Ammersee
Tel. (0 81 92) 93 30 · Fax (0 81 92) 93 10

Schreiner & Söhne, Seestr. 11, 86938 Schondorf a. A.

Stefanie Bauer Holzspielwaren
Donaustr. 24

93057 Regensburg

Schreiner & Söhne Bürosysteme
Registergericht München HRG Nr. 124/93

Bankverbindung: Kontonummer 280 543
Ammerseebank Schondorf
BLZ 772 200 31

RECHNUNG Nr. 345/98   Schondorf, den 15. Juni 1998

Aufgrund Ihrer Bestellung vom 2. Juni 1998 lieferten wir Ihnen frei Haus:

Art.-Nr.	Artikel	Einzelpreis (DM)	Gesamtpreis (DM)
0152	8 PC-Kompaktsysteme	18.750,00	150.000,00
0000	Installation/Schulung zu 0152		5.000,00
6577	3 Faxgeräte FX 800	780,00	2.340,00
9854	3 Paletten Kopier- und Drucker-papier zu je 100 000 Blatt	950,00	2.850,00
	Gesamtbetrag netto		160.190,00
	+ 16 % Umsatzsteuer		25.630,40
	Rechnungsbetrag		185.820,40

Bitte überweisen Sie den Betrag ohne jeden Abzug innerhalb 30 Tagen auf unser oben stehendes Bankkonto.

Wir danken für Ihren Auftrag.

Aufgabe 1

Bewertungs-
einheiten

1.1   Z. B.: Der Rechnungsbetrag muss spätestens bis zum 18 Juni beglichen sein, wenn keine Verzugszinsen anfallen sollen.   (1 P.)

Erklärung: Die Rechnung (siehe Beleg Nr.1) ist auf 18. April 1998 datiert. Als Zahlungsziel lt. Rechnung ergeben sich 60 Tage, somit muss die Rechnung 2 Monate später, also am 18. Juni 1998, bezahlt sein.

1.2   Z. B.: Die Frachtkosten trägt das Unternehmen Stefanie Bauer, da auf der Rechnung „... lieferten wir Ihnen frei Haus" vermerkt ist.   (1 P.)

Erklärung: Der Vermerk „... lieferten wir Ihnen frei Haus" besagt, dass der Lieferer, in diesem Fall die Fa. Stefanie Bauer die Frachtkosten bezahlt und somit der Kunde keine Bezugskosten begleichen muss.

1.3   2400 FLL   3.306,00 DM   an   5000 UEFE   2.850,00 DM

                                          4800 MWST   456,00 DM   (3 P.)

Erklärung: Der vorliegende Beleg stellt eine Ausgangsrechnung der Fa. Stefanie Bauer dar und wird als Zielverkauf (Rabatt wird in Abzug gebracht) mit dem Bruttobetrag im Konto 2400 FLL im Soll erfasst (Aktivkonto nimmt zu). Der Nettowarenwert wird im Haben des Kontos 5000 UEFE gebucht. Die anfallende UST in Höhe von 16 % ist auf dem Passivkonto Mehrwertsteuer im Haben zu buchen.

1.4.1

42 Tage

Re. Datum	Ziel	Mahnschr.
18. April	18. Juni	30. Juli

$$\text{Verzugszinsen} = \frac{3.306,00 \cdot 12 \cdot 42}{100 \cdot 360} = 46,28 \,(\text{DM})$$

   (3 P.)

Erklärung: Fällig war die Rechnung am 18. Juni (18. April + 60 Tage Ziel); am 30. Juli erstellen wir ein Mahnschreiben und belasten unseren Kunden für 42 Tage mit den Verzugszinsen. Die Berechnung der Verzugszinsen erfolgt mittels der allgemeinen Zinsformel:

$$Z = \frac{K \cdot p \cdot t}{100 \cdot 360}$$

Zu beachten ist, dass der Bruttorechnungsbetrag als Kapital eingesetzt wird.

1.4.2   2400 FLL   71,28 DM   an   5710 ZE   46,28 DM

                                          5430 ASBE   25,00 DM   (3 P.)

Erklärung: Die Verzugszinsen stellen für die Fa. Stefanie Bauer einen Ertrag dar, deshalb Einbuchung im Konto 5710 ZE im Haben. Ebenfalls einen Ertrag stellen die dem Kunden H. Aichinger belasteten Mahnspesen dar, diese werden auch auf einem Ertragskonto im Haben erfasst, 5430 ASBE.

Vorsicht: Zinsen und Mahnspesen sind **umsatzsteuerfrei**! Die Belastung des Kunden H. Aichinger führt bei der Fa. Stefanie Bauer zu einer Zunahme der Forderungen, deshalb Einbuchung im Soll des Kontos 2400 FLL (Aktivkonto nimmt zu).

1.4.3	Rechnungsbetrag, fällig am 18. April	3.306,00 DM	
	+ Forderungsbetrag zum 30. Juli	71,28 DM	
	Gesamtforderung zum 30. Juli	3.377,28 DM	(1 P.)

Erklärung: Die Gesamtforderung der Fa. Stefanie Bauer gegenüber dem Kunden H. Aichinger ergibt sich aus dem ursprünglichen Bruttorechnungsbetrag sowie der in Rechnung gestellten Verzugszinsen und Mahnspesen (1.3 und 1.4.2).

1.5	2470 ZWF	an	2400 FLL	3,377,28 DM	(2 P.)

Erklärung: Forderungen sind mit einem bestimmten Ausfallrisiko behaftet. Kunden können in Zahlungsschwierigkeiten geraten und es muss damit gerechnet werden, dass die Forderungen ganz oder nur teilweise ausfallen. Verschiedene Anzeichen können auf Zahlungsschwierigkeiten hinweisen:
- mehrmalige Mahnung,
- Kunde beantragt Zahlungsaufschub,
- Kunde stellt seine Zahlungen ein.

Es ist aus Gründen der Vorsicht, Wahrheit und Klarheit wichtig, diese nun zweifelhafte Forderung von den einwandfreien Forderungen zu trennen und auf ein separates Konto umzubuchen.

Vorsicht: Keine Umsatzsteuer ansetzen!

1.6	2800 BK	an	2470 ZWF	3.377,28 DM	(2 P.)

Erklärung: Die Banküberweisung durch die Fa. Aichinger erhöht das Bankguthaben bei der Fa. Stefanie Bauer, deshalb Einbuchung im Soll des Kontos 2800 BK (Aktivkonto nimmt zu). Außerdem vermindern sich die zweifelhaften Forderungen der Fa. Stefanie Bauer gegenüber dem Kunden H. Aichinger um 3.377,28 DM, deshalb Einbuchung im Haben des Kontos 2470 ZWF (Aktivkonto nimmt ab).

Aufgabe 2

2.1	Zinsen für 60 Monate	825.000,00 DM	
	+ Bearbeitungsgebühr (0,5 % v. 2 Mio. DM)	10.000,00 DM	
	tats. Kreditkosten (Donau-Isar-Bank)	835.000,00 DM	

$$\text{Eff. Verzinsung} = \frac{835.000,00 \cdot 100 \cdot 12}{2.000.000,00 \cdot 60} = 8,35 \ (\%) \qquad \text{(3 P.)}$$

Erklärung: Für die Berechnung der effektiven Verzinsung ist folgende Formel anzusetzen:

$$EV_{(Kredit)} = \frac{\text{tatsächliche Kreditkosten} \cdot 100 \cdot 12(360)}{\text{Auszahlung} \cdot \text{Kreditlaufzeit}}$$

Die tatsächlichen Kreditkosten für das Angebot der Donau-Isar-Bank ergeben sich, wenn zu den gegebenen Zinsen in Höhe von 825.000,00 DM die Bearbeitungsgebühr von 0,50 % aus 2 Millionen DM = 10.000,00 DM addiert werden. Ein Damnum fällt hier nicht an, weil die Auszahlung zu 100 % erfolgt. Die Kreditlaufzeit wird mit 60 Monaten angegeben.

2.2   2800 BK   1.960.000,00 DM
        7510 ZAW   40.000,00 DM   an   4250 LBKV   2.000.000,00 DM   (4 P.)

Erklärung: Der bereitgestellte Kredit erhöht das Bankguthaben der Fa. Stefanie Bauer. Nachdem 2 % Damnum anfallen, werden auf dem Bankkonto 98 % aus 2.000.000,00 DM = 1.960.000,00 DM im Soll gebucht (Aktivkonto nimmt zu). Das Damnum in Höhe von 2 % = 40.000,00 DM gilt als zinsähnlicher Aufwand und wird im Konto 7510 ZAW ebenfalls im Soll erfasst. Aufgrund der Bereitstellung erhöhen sich die langfristigen Bankverbindlichkeiten der Fa. Stefanie Bauer, der Kreditbetrag wird im Haben des Kontos 4250 LBKV (Laufzeit länger als 1 Jahr) eingebucht.

2.3   0700 M   1.100.000,00 DM
        2600 VST   176.000,00 DM   an   4400 VLL   1.276.000,00 DM   (3 P.)

Erklärung: Die Anschaffungskosten netto werden auf dem Anlagekonto im Soll gebucht. Die darauf entfallende Umsatzsteuer wird als Vorsteuer ebenfalls im Soll erfasst. Der Bruttopreis erhöht unsere Verbindlichkeiten, deshalb Einbuchung im Haben des Kontos 4400 VLL (Passivkonto nimmt zu).

2.4.1   Die Anschaffungskosten dürfen höchstens netto 800,00 DM betragen.   (1 P.)

Erklärung: Nach § 6 Abs 2 ESTG sind Wirtschaftsgüter des Anlagevermögens dann als geringwertige Wirtschaftsgüter zu bezeichnen, wenn sie
- abnutzbar,
- beweglich,
- selbstständig nutzbar und
- ihre Anschaffungskosten **800,00 DM netto** nicht übersteigen.

2.4.2   0860 BM   155.000,00 DM
        0890 GWG   2.340,00 DM
        6800 BMAT   2.850.00 DM
        2600 VST   25.630,40 DM   an   4400 VLL   185.820,40 DM   (6 P.)

Erklärung: Die PC-Kompaktsysteme werden einschließlich der Installation (= Anschaffungsnebenkosten → aktivieren) mit dem Nettopreis (150.000,00 DM + 5.000,00 DM) – siehe Beleg Nr. 2 – auf dem Anlagekonto gebucht. Die Faxgeräte werden mit dem Gesamtbetrag von 2.340,00 DM deshalb auf das Konto 0890 GWG gebucht, weil ihr Einzelpreis 800,00 DM netto nicht überschreitet. Das Kopier- und Druckpapier gilt als Büromaterial und wird im Konto 6800 BMAT als Aufwand erfasst. Die insgesamt anfallende Umsatzsteuer wird als Vorsteuer im Soll gebucht. Der Bruttopreis der Eingangsrechnung erhöht unsere Verbindlichkeiten, deshalb Buchung im Haben des Kontos 4400 VLL (Passivkonto nimmt zu).

Aufgabe 3

3.1 Produzierte Menge = 75 % von 200 Stück = 150 Stück

Nettoverkaufserlöse (150 · 2750)	412.500,00 DM
– variable Kosten (150 · 1800)	270.000,00 DM
Deckungsbeitrag	142.500,00 DM
– Fixkosten	182.600,00 DM
Betriebsergebnis (Verlust)	(–) 40.100,00 DM ▼

(3 P.)

Erklärung: Zuerst muss die produzierte Stückzahl berechnet werden, wenn die Auslastung 75 % beträgt. Anschließend können alle bekannten Größen in das Schema eingetragen werden. Der NVP/Stück wird mit der Kapazitätsauslastung (150 Stück) multipliziert, ebenso die variablen Stückkosten. Als Differenz erhält man den Deckungsbeitrag. Das Betriebsergebnis lässt sich ermitteln, indem die Fixkosten vom DB subtrahiert werden. Insgesamt ergibt sich ein Betriebsverlust von 28.100,00 DM.

3.2

Nettoverkaufspreis /Stück	2.750,00 DM
– variable Kosten/Stück	1.800,00 DM
Deckungsbeitrag/Stück	950,00 DM

Gewinnschwellenmenge = 182.600,00 : 950 = 192,21 Stück
Das Unternehmen erwirtschaftet erstmals ab 193 Stück einen Gewinn.

(3 P.)

Erklärung: Der Break-even-point lässt sich mit folgender Formel ermitteln: Fixkosten : DB/Stück = Gewinnschwelle (BEP)

Zunächst muss der DB/Stück berechnet werden, anschließend kann der BEP ermittelt werden. Bei der Stückzahl von 192,21 Stück ist der Betriebsgewinn 0,00 DM. Übersteigt die Produktion diese kritische Menge, so ergibt sich ein Gewinn. Die Aufgabenstellung zielt darauf ab, ab welcher Menge erstmals ein Gewinn erwirtschaftet wird. Hier ist die Stückzahl auf 193 ganze Stück festzulegen; eigentlich produziert die Fa. bei jedem Ergebnis, das größer ist als 192,21 Stück (theoretisch 192,22 Stück), einen Gewinn.

3.3.1

bisheriger Nettoverkaufspreis/Stück	2.750,00 DM
– Sonderrabatt (20 %)	550,00 DM
neuer Nettoverkaufspreis/Stück	① 2.200,00 DM

	Normalprod. 150 Stück (DM) ②	Zusatzprod. 30 Stück (DM) ③	Gesamt (DM)
Nettoverkaufserlöse	412.500,00	66.000,00	
– variable Kosten	270.000,00	54.000,00	
Deckungsbeitrag	142.500,00	12.000,00	④ 154.500,00
– Fixkosten			182.600,00
Betriebsergebnis (Verlust)			⑤ (–) 28.100,00 ▼

(4 P.)

Erklärung: Zunächst muss der neue NVP für den Zusatzauftrag berechnet werden; hierbei ist der Sonderrabatt von 20 % vom bisherigen NVP zu ermitteln. Anschließend können die Zahlen der Normalproduktion (3.1) in das DB-Schema übernommen werden, dazu sind die Zahlen des Zusatzauftrages ebenfalls in das DB-Schema einzutragen. Nun wird der gesamte DB den Fixkosten gegenübergestellt, daraus ergibt sich das neue Betriebsergebnis in Höhe von 28.100,00 DM als Betriebsverlust.

3.3.2
bisheriger Betriebsverlust	40.100,00 DM
– neuer Betriebsverlust	28.100,00 DM
Verminderung des Verlustes	12.000,00 DM

Z. B.: Durch die Hereinnahme des Zusatzauftrages wird ein zusätzlicher Beitrag zur Deckung der Fixkosten erwirtschaftet. (2 P.)

Erklärung: Die Veränderung des Betriebsergebnisses lässt sich durch die positiven Deckungsbeiträge erklären, die durch den Zusatzauftrag erzielt werden. Dadurch kommt es zu einer zusätzlichen Deckung der Fixkosten.

3.4   **Z. B.:** Die variablen Kosten könnten durch einen preisgünstigeren Einkauf von Rohstoffen gesenkt werden. (1 P).

Erklärung: Weitere Möglichkeiten zur Senkung der variablen Kosten können sein:
– Senkung der Lohnkosten,
– Zeitmanagement,
– Angebotsvergleich,
– weitere Rationalisierung und Automatisierung usw..

Aufgabe 4

4.1   30 % von 1.100.000,00 DM = 330.000,00 DM

6520 ABSA   an   0700 M   330.000,00 DM (3 P.)

Erklärung: Abschreibungen stellen einen betrieblichen Aufwand dar – Buchung bei 6520 ABSA im Soll – der das Anlagevermögen im Haben vermindert. Degressiv abschreiben bedeutet, dass vom Restbuchwert abgeschrieben wird. In diesem Beispiel (siehe Aufgabe 2.3) liegt jedoch die Abschreibung im **1. Jahr** vor und wird deshalb von den Anschaffungskosten netto berechnet.

4.2   6540 ABGWG   an   0890 GWG   2.340,00 DM (2 P.)

Erklärung: Geringwertige Wirtschaftsgüter können am Jahresende zu 100 % (also ganz) abgeschrieben werden. Die 2.340,00 DM besagen, dass es mehrere Anlagegüter sind (siehe Beleg Nr. 2), die jeweils 800,00 DM netto nicht überschreiten.

Vorsicht: Eigenes Abschreibungskonto für GWG → 6540 ABGWG.

4.3.1   **Z. B.:** = E5/100*D6 (3 P.)

Erklärung: In Feld E6 ist der geschätzte Ausfall in DM für den Kunden Marklos angesetzt. Ermittelt wird dieser Betrag mittels folgender Formel:

$$\text{Geschätzter Ausfall (DM)} = \frac{\text{ZWF netto} \cdot \text{geschätzter Ausfall in \%}}{100}$$

also E5 (ZWF netto) dividiert (/) durch 100, multipliziert (*) mit D6 (dem geschätzten Ausfall in % des Kunden Marklos).

Anmerkung zu 4.3.1:
Je nach Art der verwendeten Software, der Art der Programmierung und der Art der Adressierung kann bei dieser Teilaufgabe eine andere Lösungsvariante zutreffen.

4.3.2   Feld F6: Summe der geschätzten Ausfälle gesamt   (2 P.)

Erklärung: Die Formel C6 + E6 ermittelt die Summe der geschätzten Ausfälle gesamt. In Feld F6 ist dieser Betrag ablesbar.

4.3.3   6952 EEWBF   an   3670 EWBF   5.550,00 DM   (2 P.)

Erklärung: Die neu zu bildende EWBF wird auf dem Aufwandskonto 6952 EEWBF im Soll erfasst, das Passivkonto 3670 EWBF nimmt im Haben entsprechend zu.

4.4   7000 GWST   an   3800 STRST   6.500,00 DM   (2 P.)

Erklärung: Für eine zu erwartende Gewerbesteuernachzahlung wird eine Steuerrückstellung gebildet (Passivkonto nimmt zu), die entsprechenden Aufwendungen werden im Soll des Kontos 7000 GWST erfasst.

4.5   3000 EK   an   3001 P   24.000,00 DM   (3 P.)

Erklärung: Das Konto 3001 P ist ein Unterkonto des Eigenkapitalkontos und wird über dieses abgeschlossen. Nachdem die Privatentnahmen überwiegen, wird im Konto 3001 P im Haben der Abschlusssaldo erfasst. Die Gegenbuchung im Eigenkapitalkonto im Soll schmälert das Eigenkapital (Überwiegen der Privatentnahmen).

4.6   2100 UFE   an   5200 BV   8.000,00 DM   (2 P.)

Erklärung: Der Mehrbestand wird als Ertrag im Haben des Kontos BV gebucht. Das Konto 2100 UFE wird somit im Soll ausgeglichen. Es ist also der vorbereitende Abschlussbuchungssatz zu tätigen.

4.7

```
        7 Monate
  ┌──────────────┐
                    5 Monate
  ├──────────────┼──────────┤
1. Juni         31. Dez.    31. Mai
```

7510 ZAW   an   4890 SOV   24.500,00 DM   (3 P.)

Erklärung: Die Zinsbelastung erfolgt im Nachhinein, deshalb muss für die Zeit vom 1. Juni bis 31. Dez. der Zinsaufwand periodengerecht (42.000,00 DM : 12 Monate · 7 Monate = 24.500,00 DM) gebucht werden, um eine Verzerrung der GUV-Rechnung zu vermeiden. Der Betrag wird als Sonstige Verbindlichkeit erfasst (Passivkonto nimmt zu).

Aufgabe 5

5.1   EK-Anteil = $\dfrac{10.353.000,00 \cdot 100}{21.000.000,00} = 49,30 \ (\%)$ (1 P.)

Erklärung: Bei der Ermittlung des Eigenkapitalanteils (= Finanzierung) wird das Eigenkapital (SB) in Beziehung zum Gesamtkapital gesetzt. Als Grundwert gilt das Gesamtkapital (= 100 %). Die Formel erleichtert die Berechnung des Prozentsatzes:

$$\text{Eigenkapitalanteil} = \frac{\text{Eigenkapital} \cdot 100}{\text{Gesamtkapital}}$$

5.2   Z. B.: – höhere Kreditwürdigkeit
            – finanzielle Unabhängigkeit   (2 P.)

Erklärung: Ein hoher Eigenkapitalanteil gibt fremden Geldgebern die Gewähr, den gewährten Kredit in vollem Umfang zurückgezahlt zu erhalten. Außerdem ist für das eigene Unternehmen bei schlechter Wirtschaftslage eine Substanz (= eigenes Kapital) vorhanden.

5.3
Eigenkapital (Anfangsbestand)	9.076.300,00 DM
+ Jahresüberschuss	1.365.000,00 DM
– Privatentnahmen	88.300,00 DM
Eigenkapital (Endbestand)	10.353.000,00 DM

$$\text{Eigenkapitalrentabilität} = \frac{1.365.000,00 \cdot 100}{9.076.300,00} = 15,04 \ (\%)$$ (3 P.)

Erklärung: Für die Berechnung der Eigenkapitalrentabilität benötigt man das Eigenkapital am Jahresanfang (= Anfangsbestand). Ausgehend vom gegebenen Schlussbestand des Eigenkapitals wird in Form einer Rückwärtsrechnung der Anfangsbestand des Eigenkapitals berechnet. Die Privatentnahmen werden hierbei rückwärtsschreitend addiert, der Jahresüberschuss subtrahiert.
Anschließend kann mit folgender Formel die Eigenkapitalrentabilität berechnet werden!

$$\text{Eigenkapitalrentabilität} = \frac{\text{Jahresüberschuss} \cdot 100}{\text{Eigenkapital(AB)}}$$

5.4   Z. B.: Die Eigenkapitalrentabilität sollte deutlich über dem durchschnittlichen Marktzins liegen, weil Unternehmerlohn und unternehmerisches Risiko abgedeckt sein sollten.   (2 P.)

Erklärung: Als Vergleichsmöglichkeit für die Eigenkapitalrentabilität gilt der Kapitalmarktzins (natürlich müssen auch andere Renditemöglichkeiten herangezogen werden), jedoch sollte die Rentabilität den Kapitalmarktzins übersteigen. Der Gewinn soll mehrere Bereiche abdecken, wie z. B. Unternehmerlohn, Risiko, Zinsen usw.

Aufgabe 6

6.1   3800 STRST   6.500,00 DM
      6990 ASBAW   700,00 DM   an   2800 BK   7.200,00 DM   (4 P.)

Erklärung: Für die Gewerbesteuernachzahlung wurde am 31. 12. 98 eine Rückstellung in Höhe von 6.500,00 DM gebildet, deshalb hier die Auflösung im Soll des Kontos 3800 STRST (Passivkonto nimmt ab) bei der Begleichung. Aufgrund der höheren Nachzahlung (Rückstellung war zu niedrig – siehe Aufgabe 4.4) ergibt sich ein zusätzlicher Aufwand in Höhe von 700,00 DM, der auf dem Konto 6990 ASBAW im Soll erfasst wird. Insgesamt werden per Banküberweisung 7.200,00 DM bezahlt, unser Bankguthaben mindert sich im Haben (Aktivkonto nimmt ab).

6.2   Rechnungsbetrag   14.616,00 DM ▲ 100,00 %
      – Brutto-Skonto   365,40 DM │   2,50 %
      ──
      Überweisungsbetrag   14.250,60 DM │ 97,50 %

Netto-Skonto = 365,40 : 1,16 = 315,00 (DM)

4400 VLL   14.616,00 DM   an   2800 BK   14.250,60 DM
                                  6032 NB   315,00 DM
                                  2600 VST   50,40 DM   (8 P.)

Erklärung: Aus dem Überweisungsauftrag (siehe Beleg Nr. 3) geht hervor, dass die Fa. Stefanie Bauer eine Rechnung über Dieselöl abzüglich 2,5 % Skonto begleicht. Der Überweisungbetrag entspricht also 97,5 %, somit kann mittels Dreisatz (14.250,60 : 97,50 · 100) der Rechnungsbetrag brutto berechnet werden. Der Bruttoskontobetrag muss in Netto und Umsatzsteuer aufgespalten werden. Anschließend kann der Buchungssatz erstellt werden. Die Verbindlichkeiten werden im Soll um den Bruttorechnungsbetrag vermindert, unser Bankkonto nimmt im Haben um den Überweisungsbetrag ab. Da 315,00 DM Netto-Skonto (= 2,5 % → Bruttoskonto auf Netto und Umsatzsteuer aufgespalten) abgezogen werden, wird dieser Betrag als Nachlass für Betriebsstoffe (Dieselöl = Betriebsstoff) im Konto 6032 NB im Haben eingebucht. Die anteilige Umsatzsteuer wird ebenfalls im Haben des Vorsteuerkontos (hier Bezahlung der gekauften Betriebsstoffe) gebucht.

6.3   Kurswert (35 Stück zu 94,08 EUR)   3.292,80 EUR │ 100 %
      + Spesen (1 % vom Kurswert)   32,93 EUR │   1 %
      ──
      Banklastschrift in EUR   3.325,73 EUR ▼ 101 %
      Banklastschrift in DM   6.504,56 DM

2700 WPUV   an   2800 BK   6.504,56 DM   (4 P.)

Erklärung: Zuerst ist es wichtig, das **Abrechnungsschema** aufzustellen, eingetragen werden können die Stückzahl und der Kaufkurs. Anschließend kann mittels Multiplikation (Stückzahl · Kaufkurs) der Kurswert berechnet werden. Der Kurswert stellt die Berechnungsgrundlage (= 100 %) für die Spesen dar, die mithilfe des Dreisatzes einfach zu ermitteln sind. Durch Addition lässt sich die Banklastschrift berechnen. Der Bestand an Wertpapieren nimmt durch diesen Kauf zu, deshalb Einbuchung im Konto 2700 WPUV im Soll (Aktivkonto nimmt zu). Die Lastschrift vermindert unser Bankguthaben, deshalb Einbuchung im Bankkonto im Haben (Aktivkonto nimmt ab).

6.4   7510 ZAW   17.500,00 DM
        4890 SOV   24.500,00 DM   an   2800 BK   42.000,00 DM   (4 P.)

Erklärung: Die jährliche Zinslastschrift für ein langfristiges Darlehen erfolgt vereinbarungsgemäß im Nachhinein (siehe Aufgabe 4.7). Am 31.12.1998 wurden für 7 Monate Zinsaufwendungen – periodengerecht – erfasst und deshalb Sonstige Verbindlichkeiten im Konto 4890 SOV im Haben gebucht (24.500,00 DM). Mit der Zinsbelastung am 1. Juni 1999 werden unsere Sonstigen Verbindlichkeiten wieder ausgeglichen, also Einbuchung im Konto 4890 SOV im Soll (Passivkonto nimmt ab). Zudem müssen für die Zeit vom 1.1.99 bis 31.5.99 die Zinsen für 5 Monate als Aufwand erfasst werden, im Konto 7510 ZAW wird deshalb der Betrag von 17.500,00 DM (42.000,00 DM : 12 · 5) im Soll gebucht. Die gesamte Bankbelastung in Höhe von 42.000,00 DM schmälert unser Bankguthaben, deshalb Einbuchung im Konto 2800 BK auf der Habenseite(Aktivkonto nimmt ab).

6.5   4840 VSV   an   2800 BK   16.524,80 DM   (2 P.)

Erklärung: Die Verbindlichkeiten gegenüber Sozialversicherungsträgern werden weniger (**Vorsicht:** Es liegt bereits der gesamte Betrag vor = ANA + AGA), deshalb Einbuchung im Konto 4840 VSV (Passivkonto nimmt ab) im Soll. Vermindert wird ebenfalls das Konto 2800 BK (Aktivkonto nimmt ab), hier Einbuchung im Haben.

Aufgabe 7

7.1.1
Fertigungslöhne	11.200,00 DM ↓
+ Fertigungsgemeinkosten	16.800,00 DM
Fertigungskosten	28.000,00 DM ↑

$$\text{Fertigungsgemeinkostenzuschlagsatz} = \frac{16.800,00 \cdot 100}{11.200,00} = 150,00\ (\%) \qquad (2\ P.)$$

Erklärung: Mittels Schemaansatz können die Fertigungsgemeinkosten als Differenz aus den Fertigungskosten und Fertigungslöhnen ermittelt werden. Anschließend kann der Zuschlagsatz bei den Fertigungsgemeinkosten mithilfe des Dreisatzes berechnet werden, wobei die Fertigungslöhne (= 100 %) den Grundwert darstellen.

7.1.2
Fertigungsmaterial	12.000,00 DM	
+ Material-GK	960,00 DM	
Materialkosten	12.960,00 DM	
+ Fertigungskosten	28.000,00 DM	
Herstellkosten	40.960,00 DM	100,00 %
+ Verw.-/Vertr.-GK (12,50 %)	5.120,00 DM	12,50 %
Selbstkosten	46.080,00 DM ↓	112,50 %

(3 P.)

Erklärung: Zur Ermittlung der Selbstkosten ist es günstig, das Fertigungskalkulationsschema anzusetzen. Die Materialkosten ergeben sich aus der Addition von Fertigungsmaterial und Materialgemeinkosten. Materialkosten und Fertigungskosten ergeben zusammen die Herstellkosten, die als Grundwert = 100 % für die gemeinsame Berechnung der Verwaltungs- und Vertriebsgemeinkosten gelten.

7.2.1	Selbstkosten (Vorkalk.)	43.380,00 DM	
	– Selbstkosten (Nachkalk.)	46.080,00 DM	
	Unterdeckung	–2.700,00 DM	(2 P.)

Erklärung: In der Nachkalkulation ergeben sich Selbstkosten in Höhe von 46.080,00 DM, das sind um 2.700,00 DM mehr als in der Vorkalkulation veranschlagt wurden. Nachdem die tatsächlichen Selbstkosten größer sind als die geplanten, spricht man von einer Unterdeckung.

7.2.2   Z. B.: – gestiegene Rohstoffpreise
        – gestiegene Fertigungslöhne.   (2 P.)

Erklärung: Die Abweichung der Selbstkosten kann folgende Ursachen haben:
- Preisabweichungen (teuere Rohprodukte, höhere Lohnkosten)
- Mengenabweichungen (mehr Materialverbrauch)
- Abweichung in die Wirtschaftlichkeit(z. B. fehlerhafte Ware → also Ausschuss)

7.3	Selbstkosten	64,00 DM	100 %	
	+ Gewinn (8 %)	5,12 DM	8 %	$: 100 \cdot 8$
	Barverkaufspreis	69,12 DM	108 % 98 %	$: 98 \cdot 2$
	+ Kundenskonto (2 %)	1,41 DM	2 %	
	Listenverkaufspreis	70,53 DM	100 %	(3 P.)

Erklärung: Zunächst erstellt man mit den Angaben ein Kalkulationsschema und übernimmt den Selbstkostenpreis aus der Angabe. Der Selbstkostenpreis ist für die Berechnung des Gewinns der Grundwert (= 100 %), somit kann der Barverkaufspreis berechnet werden. Der Kundenskonto wird in einer in – Hundert – Rechnung (69,12 DM : 98 · 2) vom Barverkaufspreis ermittelt. Nachdem kein Kundenrabatt kalkuliert wird, ergibt die Addition vom Barverkaufspreis und Kundenskonto den Listenverkaufspreis (netto).

Susanne Altmann, e. Kfr.
Holzweg 7
82066 Holzhausen

BGA

Block- und Gartenhausbau
Gartenhäuser, Gartenpavillons, Pergolen,
Massivholzmöbel für den Garten

Das Unternehmen Block- und Gartenhausbau Susanne Altmann, abgekürzt „BGA", fertigt im südbayerischen Holzhausen Block- und Gartenhäuser, die über Bauunternehmen und Baumärkte vertrieben werden.

Als Mitarbeiter/in in der Abteilung Rechnungswesen des Unternehmens „BGA" sind Sie mit verschiedenen Aufgaben der Buchführung und Kalkulation betraut. Im Rahmen Ihrer Tätigkeit erhalten Sie eine Reihe von Aufgaben zur Bearbeitung. Hierbei müssen Sie folgende Vorgaben beachten:

– Bei Berechnungen sind jeweils alle notwendigen Lösungsschritte anzugeben.
– Bei Buchungssätzen sind stets Kontennummern, Kontennamen (abgekürzt möglich) und Beträge anzugeben.
– Soweit nicht anders vermerkt, gilt ein Umsatzsteuersatz von 16 %.
– Alle Ergebnisse sind in der Regel auf zwei Dezimalstellen genau anzugeben.

Aufgabe 1

Für die Produktion von Gartenhäusern bezieht das Unternehmen „BGA" Fichtenholz von der Firma Holzhandel Baumberger in Holzkirchen.

1.1 Bilden Sie die Buchungssätze für

1.1.1 die Eingangsrechnung Nr. 246/99 in Höhe von 14.616,00 DM brutto,

1.1.2 die Barzahlung der Frachtkosten in Höhe von netto 640,00 DM an die Spedition Schleppmann,

1.1.3 den Rechnungsausgleich laut vorliegendem Ausdruck zum Onlinebanking (**siehe Beleg Nr. 1**).

1.2 Wieviel Prozent Skonto wurden in Abzug gebracht?

Aufgabe 2

„BGA" bietet im Rahmen einer Gesamtausstattung der Blockhäuser auch Kachelöfen an. Im Vorkontierungsblatt der Buchhaltung von „BGA" wurde folgender Eintrag vorgenommen:

BA	Datum	Soll	Haben	BNR	Text	B/N	Betrag (DM)	UCo
B	14.04.	6080	4400	6	--------	N	19.200,00	V16
B	14.04.	6081	4400		--------	N	800,00	V16

2.1 Welcher Geschäftsfall (Text, Beträge) liegt den oben stehenden Eintragungen zugrunde?

2.2 Die Ermittlung des Einstandspreises von acht Kachelöfen wurde bei „BGA" mit Hilfe der Tabellenkalkulation durchgeführt:

	A	B	C
1		%	DM
2	Listeneinkaufspreis		24.000,00
3	– Liefererrabatt	20	4.800,00
4	Zieleinkaufspreis		19.200,00
5	+ Bezugskosten		800,00
6	Einstandspreis/Bezugspreis		20.000,00

2.2.1 Welche Formel wurde im Rechenblatt zur Berechnung des Liefererrabatts in Feld C3 eingegeben?

2.2.2 Nennen Sie die drei Eingabefelder für die in diesem Rechenblatt durchgeführten Berechnungen.

2.3 „BGA" bietet einen Kachelofen zum Listenverkaufspreis von netto 3.125,00 DM an. Mit welchem Kalkulationsaufschlagsatz rechnet das Unternehmen „BGA"?

2.4 Das Unternehmen „BGA" gewährt seinen Kunden 2 % Skonto und rechnet mit 5 % Gemeinkosten für Handelswaren.
Berechnen Sie den kalkulierten Gewinn in DM und in Prozenten.

2.5 „BGA" liefert an einen Baumarkt drei Kachelöfen zum kalkulierten Verkaufspreis.
Bilden Sie den Buchungssatz für die Ausgangsrechnung, wenn dem Baumarkt Transportkosten in Höhe von insgesamt 200,00 DM netto berechnet werden.

2.6 Der Baumarkt begleicht die Rechnung, bringt aber 3 % Skonto in Abzug. „BGA" akzeptiert den höheren Skontoabzug.
Wie wirkt sich der höhere Skontoabzug auf den tatsächlichen Gewinn aus (keine Berechnung)?

Aufgabe 3

Für Holztransporte muss ein neuer Lkw angeschafft werden. Um diese Investition finanzieren zu können, wurden Sie beauftragt, im Bankdepot befindliche Maschinenbau-Aktien zu verkaufen. Hierfür liegt Ihnen nun die Abrechnung der Bayern-Bank vor.

3.1 Zunächst werten Sie die Bankabrechnung aus (siehe Beleg Nr. 2):

3.1.1 Zu welchem Stückkurs wurden die Maschinenbau-Aktien verkauft?

3.1.2 Welche Bedeutung hat der Ausdruck „Wert 18. Juni 1999"?

3.2 Die Maschinenbau-Aktien stehen mit 335.320,00 DM zu Buche.
Bilden Sie den Buchungssatz nach vorliegendem Beleg (siehe Beleg Nr. 2).

3.3 Die Maschinenbau-Aktien wurden am 28. April 1998 erworben.
Berechnen Sie die effektive Verzinsung der Aktien unter Berücksichtigung der Spesen, wenn während der Besitzdauer insgesamt 7.200,00 DM Dividenden gutgeschrieben wurden und 150,00 DM Depotgebühren anfielen.

Aufgabe 4

Für die geplante Anschaffung des neuen Lkw haben Sie verschiedene Angebote von Autohändlern eingeholt.

4.1 Die Entscheidung fiel trotz insgesamt höherer Anschaffungskosten auf das Angebot des Autohauses Freundlich, das im Nachbarort ansässig ist.
Nennen Sie einen Grund für diese Entscheidung.

4.2 Der Kauf des neuen Lkw erfolgt am 21. Juni 1999. Der Lkw wird am selben Tag zugelassen und in Betrieb genommen.
Bilden Sie jeweils den Buchungssatz für

4.2.1 die vorliegende Rechnung (siehe Beleg Nr. 3),

4.2.2 die Barzahlung der Zulassungsgebühren in Höhe von netto 210,00 DM, wenn das Unternehmen „BGA" die Zulassung selbst vornimmt.

4.3 Für den neuen Lkw wird eine Anlagekarte erstellt. Die voraussichtliche Nutzungsdauer des Lkw beträgt sechs Jahre. Zur Wahl stehen das lineare und das degressive Abschreibungsverfahren.

4.3.1 Nennen Sie einen Grund, weshalb sich das Unternehmen für die degressive Abschreibung entscheidet.

4.3.2 Berechnen Sie den Abschreibungsbetrag im ersten Nutzungsjahr bei degressiver Abschreibung mit dem höchstzulässigen Abschreibungssatz.

4.4 Der alte Lkw, der bis auf 73.500,00 DM abgeschrieben ist, wird an ein Bauunternehmen für 65.000,00 DM netto gegen Bankscheck verkauft.
Bilden Sie die Buchungssätze.

Aufgabe 5

„BGA" hat sich in seinem schwäbischen Zweigwerk in Unterholzingen ausschließlich auf die Produktion der beiden Gartenhaustypen „Baltik" und „Nordic" spezialisiert. Der Zweigbetrieb verfügt über eine eigene Verwaltungs- und Vertriebsabteilung.
Für das erste Quartal 1999 liegen folgende Zahlen vor:

	Typ „Baltik"	Typ „Nordic"
Nettoverkaufspreis/Stück	8.000,00 DM	12.000,00 DM
variable Kosten/Stück	3.500,00 DM	5.500,00 DM
Produktion $\hat{=}$ Absatz	50 Stück	40 Stück

Sie werden von der Geschäftsleitung beauftragt, die wirtschaftliche Lage des Zweigwerks zu untersuchen und Vorschläge für die weitere Entwicklung des Zweigwerks zu unterbreiten.

5.1 Berechnen Sie die Gesamtkosten, wenn ein Betriebsgewinn von 170.000,00 DM erwirtschaftet wurde.

5.2 Aufgrund gestiegener Fertigungslöhne erhöhen sich die variablen Kosten bei beiden Gartenhaustypen um 5 %. Bei Typ „Baltik" lässt der Markt derzeit keine Preiserhöhung zu.

5.2.1 Um wie viel DM müsste der bisherige Verkaufspreis von Typ „Nordic" erhöht werden, um das Betriebsergebnis halten zu können? (Produktion und Absatz beider Gartenhaustypen sollen unverändert bleiben.)

5.2.2   Die Produktion von Gartenhaustyp „Baltik" wird eingestellt. Dadurch verringern sich
die Fixkosten für den Typ „Nordic" auf 250.000,00 DM.
Ermitteln Sie die Gewinnschwellenmenge für den Typ „Nordic", wenn die Preiserhöhung (vgl. 5.2.1) am Markt durchgesetzt werden kann.

Aufgabe 6

Gegen Ende des Geschäftsjahres sind in der Buchhaltung von „BGA" unter anderem noch
folgende Geschäftsfälle zu bearbeiten. Bilden Sie die Buchungssätze.

6.1   Erfassung der Personalaufwendungen (Auszahlung per Banküberweisung). Die Summenzeile der Gehaltsliste des Unternehmens „BGA" weist zum 15. Dezember 1999
unter anderem folgende Werte aus:

Bruttogehälter (DM)	Abzüge			Nettoauszahlung (DM)
	Lohnsteuer, Kirchensteuer, Sol.-Zuschlag (DM)	Sozialversicherung Arbeitnehmeranteil (DM)	verrechnete Vorschüsse (DM)	
16.400,00	2.180,00	3.115,00	450,00	10.655,00

6.2   Der Beitrag zur gesetzlichen Unfallversicherung in Höhe von 2.250,00 DM wird per
Lastschrift abgebucht.

6.3   Für eine bereits vollständig abgeschriebene Forderung über 6.960,00 DM gehen wider
Erwarten 1.392,00 DM (netto 1.200,00 DM, Umsatzsteueranteil 192,00 DM) auf dem
Bankkonto ein.

6.4   Zum 31. Dezember 1998 wurde für ein schwebendes Verfahren eine Rückstellung
von 2.500,00 DM gebildet. Das Verfahren ist abgeschlossen, das Unternehmen
„BGA" hat die Kosten zu tragen. Die am 20. Dezember 1999 eingehende Rechnung
des Rechtsanwalts in Höhe von 3.300,00 DM zuzüglich 16 % Umsatzsteuer wird noch
am selben Tag per Banküberweisung beglichen.

Aufgabe 7

Zum 31. Dezember 1999 müssen Sie unter anderem die Buchungssätze für die folgenden
vorbereitenden Abschlussbuchungen erstellen:

7.1   Bei den unfertigen Erzeugnissen liegt eine Bestandsminderung von 23.000,00 DM
vor.

7.2   Für ein Darlehen über 40.000,00 DM belastet die Bank das Unternehmen „BGA" mit
den Darlehenszinsen von 9 % für die Monate November, Dezember und Januar vereinbarungsgemäß erst am 31. Januar 2000.

7.3   Die Wertberichtigung für die einwandfreien Forderungen ist um 2.300,00 DM herabzusetzen.

Anlage zu Gruppe A

Beleg 1

<table>
<tr><td colspan="3" align="center">Onlinebanking Überweisungen</td></tr>
<tr><td></td><td align="right">Kontoinhaber:
Bank:
Kontonummer:
Druckdatum:</td><td>Susanne Altmann, Fa. BGA
Bayernbank Holzhausen
57088
99-04-26</td></tr>
<tr><td>Datum</td><td>Empfänger
Verwendungszweck</td><td>Kontonummer 566 33
BLZ   707 566 08</td></tr>
<tr><td>26. Apr. 1999</td><td>Fa. Holzhandel
Baumberger</td><td>Betrag (DM od. EUR)</td></tr>
<tr><td></td><td>Rechnung 246/99
vom 19. April 1999
abzüglich Skonto</td><td>14.250,60 DM</td></tr>
</table>

Beleg 2

Bayern-Bank
Hauptstelle München

Wertpapierabrechnung
Verkauf von Wertpapieren 17. Juni 1999

ST 800   Maschinenbau-Union Aktien   WKN 656800

Kommissionsgeschäft in München   Kurswert .... EUR 179.976,00
Kurs in EUR .... 224,97 Spesen .... EUR   1.799,76
Verwahrung .... Girosammeldepot
Beleg-Nr. 61785
Schlusstag 17. Juni 1999   Wert am 18. Juni 1999
                              Gutschrift .... EUR 178.176,24
                                       DM 348.482,43

Susanne Altmann Block- und Gartenhausbau
82066 Holzhausen   Depot 1827880 00   Konto 57088 60

Beleg 3

Autohaus Freundlich
Neu- und Gebrauchtwagenverkauf Lkw – Busse
82070 Bad Hausen
Dieselstr. 10
Telefon (0 80 41) 91 25 * Telefax (0 80 41) 9 20 18
E-Mail: auto.freundlich@intercom.de

Autohaus Freundlich * Dieselstr. 10 * 82070 Bad Hausen

Block- und Gartenhausbau
Susanne Altmann
Holzweg 7

82066 Holzhausen

Rechnung Nr. 118 863   **Bad Hausen, den 21. Juni 1999**

Fabrikat:	Transporter
Farhrgestellnummer:	JMBG13D200005675432999
Modellbezeichnung:	40635L
Kfz-Brief:	AB5647998
Polizeil. Kennzeichen:	TÖL-RS 701
Schlüssel-Nr.:	19876
Typ:	406 3,0i LX
Fahrzeugart:	Lkw
Karosserie/Aufbau:	2-türig
Farbcode/Farbe:	SGH4/KM-Schwarz
Polsterung:	blau gemustert
Bereifung:	395R15 78S
Motor/ccm/KW/PS:	Diesel/2895/098/134

Fahrzeugpreis	317.500,00 DM
Überführung	2.500,00 DM
Nettobetrag	320.000,00 DM
Umsatzsteuer 16 %	51.200,00 DM
Gesamtbetrag	371.200,00 DM

Betrag in EUR: 189.791,54

Zahlbar sofort ohne Abzug

Bankverbindung: Sparkasse Bad Hausen, BLZ 702 543 08, Konto Nr. 480 582 840

Lösungsvorschlag

Aufgabe 1

1.1.1 6000 AWR   12.600,00 DM
       2600 VST   2.016,00 DM an 4400 VLL   14.616,00 DM   (4 P.)

Erklärung: Durch diesen Zieleinkauf (**Eingangsrechnung = Zieleinkauf**) erhöht sich unser Aufwand für Rohstoffe (Fichtenholz ist für das Unternehmen „BGA" ein Rohstoff) im Soll von 6000 AWR um 12.600,00 DM netto (14.616,00 DM brutto: 116 · 100). Die Umsatzsteuer in Höhe von 16 % (Differenz zwischen brutto und netto) wird als Vorsteuer (da Einkauf) gleichfalls im Soll gebucht. Aufgrund der Eingangsrechnung (= Zieleinkauf) werden die Verbindlichkeiten (Passivkonto nimmt zu) der Firma „BGA" im Haben um den Bruttopreis erhöht.

1.1.2 6001 BZKR   640,00 DM
       2600 VST   102,40 DM an 2880 K   742,40 DM   (3 P.)

Erklärung: Die Kosten der Anlieferung (**Fracht**) stellen für das Unternehmen „BGA" Bezugskosten dar, Buchung im Konto 6001 BZKR im Soll. Die Umsatzsteuer in Höhe von 102,40 DM wird als Vorsteuer im Soll dieses Kontos erfasst. Der Kassenbestand vermindert sich um den Bruttopreis.

1.1.3 Rechnungsbetrag   14.616,00 DM ↓
       – Brutto – Skonto   365,40 DM ↑
       ───
       Überweisungsbetrag   14.250,60 DM

Netto – Skonto = 365,40 DM : 116 · 100 = 315,00 DM

4400 VLL   14.616,00 DM an 2800 BK   14.250,60 DM
                                 6002 NR   315,00 DM
                                 2600 VST   50,40 DM   (7 P.)

Erklärung: Die Verbindlichkeiten werden im Soll um den Bruttorechnungsbetrag (siehe Aufgabe 1.1.1 Konto 4400 VLL) vermindert, das Bankkonto der Fa. „BGA" nimmt im Haben um den Überweisungsbetrag (siehe Beleg Onlinebanking – Überweisungsauftrag – Empfänger Fa. Holzhandel Baumberger) in Höhe von 14.250,60 DM ab. Die Rechnung wurde abzüglich Skonto (hier Differenz zwischen Rechnungsbetrag und Überweisungsbetrag) beglichen. Der Bruttoskonto von 365,40 DM wird aufgespalten in Nettoskonto 315,00 DM (365,40 DM : 116 · 100) und Umsatzsteuer 50,40 DM. Nachdem der Nettoskonto den Einstandspreis der Rohstoffe mindert, wird der Betrag von 315,00 DM auf dem Konto 6002 NR im Haben erfasst. Die anteilige Umsatzsteuer wird ebenfalls im Haben des Kontos Vorsteuer (hier Bezahlung der gekauften Rohstoffe) gebucht.

1.2   z. B.: $\text{Skonto} = \dfrac{365,40 \cdot 100}{14.616,00} = 2,50\ (\%)$ (1 P.)

Erklärung: Der **Rechnungsbetrag brutto** ist für die Berechnung des Skontos in Prozent der **Grundwert** = 100 %. Mit Hilfe der Prozentsatzformel kann der Skonto in Prozent ermittelt werden.

Aufgabe 2

2.1   z. B.: Zielkauf von Handelswaren (Kachelöfen) für netto 19.200,00 DM, in
        Rechnung gestellte Fracht netto 800,00 DM.   (4 P.)
        Erklärung: Das Konto 6080 steht im Soll, ebenso das Konto 6081. In der
        Betragsspalte sind netto 19.200,00 DM und netto 800,00 DM ausgewiesen.
        Beim Umstatzsteuercode zeigt V16 die Vorsteuer an. Nachdem im Haben
        das Konto 4400 erscheint, liegt in diesem Fall ein Zieleinkauf von Handels-
        waren (Kachelöfen sind bei der Fa. „BGA" als Handelswaren geführt) vor,
        wobei Bezugskosten, wie z. B. Fracht, anfallen.

2.2.1   z. B.: = C2/100*B3   (3 P.)
        Erklärung: Die Berechnung des Liefererrabatts in Feld C3 lässt sich auf
        herkömmliche Weise mithilfe der Prozentrechnung wie folgt durchführen
        $\Rightarrow$ LEP /100 *20; umgesetzt in die Tabellenkalkulation heißt dies $\Rightarrow$ der
        LEP steht in Feld C2, der gewährte Liefererrabatt in Prozent in Feld B3,
        also folgt daraus $\Rightarrow$ = C2/100*B3. Zu beachten ist, dass jede Formel mit
        dem „=" -Zeichen beginnt, für die Division der „/" Schrägstrich steht und
        das Multiplikationszeichen ein „*" Sternchen ist.

2.2.2   C2 (bzw. Listeneinkaufspreis in DM)
        B3 (bzw. Liefererrabatt in Prozenten)
        C5 (bzw. Bezugskosten in DM)   (3 P.)
        Erklärung: Diese 3 Werte gelten als feste Größen. Mithilfe dieser Werte
        können einzelne Größen im Rechenblatt ermittelt werden.

2.3   Einstandspreis je Stück = 20.000,00 : 8 = 2.500,00 DM

$$\text{Kalkulationsaufschlagsatz} = \frac{(3.125,00 - 2.500,00) \cdot 100}{2.500,00} = 25,00\ (\%)$$ (3 P.)

        Erklärung: Der Kalkulationsaufschlagsatz verlangt den Differenzbetrag
        zwischen Nettoverkaufspreis je Stück und Einstandspreis je Stück ($\Rightarrow$ aus
        Aufgabe 2.2: Einstandspreis : 8 Stück). Zudem ist bedeutsam, dass der
        Einstandspreis den **Grundwert** (=100 %) für die Berechnung des Kalku-
        lationsaufschlagsatzes darstellt. Mithilfe der folgenden **Formel** kann der Kal-
        kulationsaufschlagsatz ermittelt werden:

$$\text{Kalkulationsaufschlagsatz} = \frac{(\text{Netto-Verkaufspreis-Einstandspreis}) \cdot 100}{\text{Einstandspreis}}$$

| 2.4 | Einstandspreis je Stück | 2.500,00 DM | 100 % |
| | + Gemeinkosten f. HW (5 %) | 125,00 DM | 5 % |

| | Selbstkostenpreis | 2.625,00 DM | 105 % |
| | + Gewinn | 437,50 DM | |

| | Barverkaufspreis | 3.062,50 DM | 98 % |
| | + Kundenskonto 2 % | 62,50 DM | 2 % |

| | Listenverkaufspreis | 3.125,00 DM | 100 % |

$$\text{Gewinn } (\%) = \frac{437,50 \cdot 100}{2.625,00} = 16,67 \ (\%)$$

(4 P.)

Erklärung: Zunächst erstellt man sich mit den Angaben ein **Kalkulationsschema** und übernimmt den Einstandspreis von Aufgabe 2.3. Der Einstandspreis ist für die Berechnung der Gemeinkosten der Grundwert (=100 %), somit kann dann der Selbstkostenpreis ermittelt werden. In Form einer Rückwärtsrechnung lässt sich der Gewinn in DM berechnen. Für die Ermittlung des Kundenskontos ist der Listenverkaufspreis netto der Grundwert (=100 %) – hier fehlt der Kundenrabatt, somit fehlt auch die Zeile des Zielverkaufspreises, welche normalerweise der Grundwert für den Kundenskonto wäre –. Durch Abziehen des Skontos vom Listenverkaufspreis erhält man den Barverkaufspreis. Der Gewinn in DM kann mittels Differenzkalkulation berechnet werden. Als Grundwert für die Prozentermittlung des Gewinns gilt der Selbstkostenpreis. Mithilfe der Formel lässt sich der Prozentsatz ermitteln.

$$\text{Gewinn } (\%) = \frac{\text{Gewinn in DM} \cdot 100}{\text{Selbstkostenpreis}}$$

2.5 Listenverkaufspreis gesamt = 3.125,00 DM · 3 = 9.375,00 DM

| 2400 FLL | 11.107,00 DM | an | 5100 UEHW | 9.575,00 DM | |
| | | | 4800 MWST | 1.532,00 DM | (5 P.) |

Erklärung: Ausgangsrechnung bedeutet **Zielverkauf.** Der Verkauf von 3 Kachelöfen an einen Baumarkt führt zu Umsatzlösen aus Handelswaren („BGA" bietet im Rahmen einer Gesamtausstattung der Blockhäuser auch Kachelöfen an ⇒ Handelswaren). Der gesamte Nettoverkaufserlös errechnet sich aus 3.125,00 DM NVP/je Stück · 3 = 9.375,00 DM plus Transportkosten 200,00 DM = 9.575,00 DM. Die in Rechnung gestellten **Transportkosten** dürfen nicht auf ein Bezugskostenkonto oder auf 6140 gebucht werden, sondern stellen eine **Erhöhung der Umsatzerlöse** dar, was bedeutet, dass im Konto 5100 UEHW insgesamt 9.575,00 DM im Haben eingebucht werden. Die darauf entfallende Umsatzsteuer in Höhe von 16 % ist auf dem Passivkonto Mehrwertsteuer im Haben zu buchen. Den Bruttobetrag erfasst die Fa. „BGA" als Forderung auf dem Konto 2400 FLL (Aktivkonto nimmt zu) im Soll.

2.6 Der tatsächliche Gewinn sinkt. (1 P.)

Erklärung: Kalkuliert wurden 2 % Skonto, siehe Aufgabe 2.4. Aufgrund des erhöhten Skontoabzugs und gleich bleibenden Selbstkostenpreises wird der Gewinn geschmälert.

Aufgabe 3

3.1.1 Kurs beim Verkauf: 224,97 **(EUR)** (1 P.)

Erklärung: Seit dem 1.1.1999 werden alle Wertpapiergeschäfte im Euroland in Euro abgewickelt. Der Kurs ist deshalb in Euro auf der Wertpapierabrechnung ausgewiesen.

3.1.2 z. B.: Zum 18. Juni 1999 erfolgt die Gutschrift auf dem Bankkonto (1 P.)

Erklärung: Die Wertpapierabrechnung kann verschiedene Terminangaben enthalten: Ausführungstag, Abrechnungstag, Wertstellung. Diese Tage müssen nicht dieselben Termine sein. Die Angabe des Wertes, banktechnisch auch **Valuta** besagt, dass ab diesem Tag der Betrag bei der – Verkaufsabrechung – dem Bankkonto gutgeschrieben wird.

3.2 2800 BK 348.482,43 DM an 2700 WPUV 335.320,00 DM
5784 EWPUV 13.162,43 DM (5 P.)

Erklärung: Aus der vorliegenden Verkaufsabrechnung kann die Bankgutschrift in DM (**Vorsicht:** nicht in Euro!) in Höhe von 348.482,43 DM entnommen werden. Nachdem der Buchwert der Aktien kleiner ist als die Bankgutschrift für den Verkauf, ergibt sich ein Kursgewinn in Höhe von 13.162,43 DM.
Dieser Kursgewinn ist als Ertrag auf das Konto 5784 EWPUV im Haben zu buchen. Die Bank nimmt um den Gutschriftsbetrag im Soll zu. Der Bestand der Wertpapiere wird um den Buchwert (zu Buche stehen) weniger, die Einbuchung erfolgt im Konto 2700 WPUV im Haben.

3.3

Dividenden	7.200,00 DM
+ Kursgewinn	13.162,43 DM
– Depotgebühren	150,00 DM
Ertrag in 410 Tagen	20.212,43 DM

Kauf   410 Tage   Verkauf

28. April 1998   18. Juni 1999

$$\text{Effekt. Verz.} = \frac{20.212,43 \cdot 100 \cdot 360}{335.320,00 \cdot 410} = 5,29\,(\%)$$ (5 P.)

Erklärung: Als Gesamtdividende fielen 7.200,00 DM an. Zur Gesamtdividende wird der Kursgewinn in Höhe von 13.162,43 DM (siehe Aufgabe 3.2) addiert, die angefallenen Depotgebühren in Höhe von 150,00 DM werden subtrahiert. Die Besitzdauer belief sich auf 410 Tage (28. April 1998 bis 18. Juni 1999). Mithilfe der folgenden **Formel** lässt sich der Prozentsatz der eff. Verz. ermitteln:

$$\text{Effekt. Verz.} = \frac{\text{Ertrag} \cdot 100 \cdot 360}{\text{Kapitaleinsatz} \cdot \text{Besitzdauer}}$$

Wichtig ist dabei, dass der Kapitaleinsatz dem Buchwert (= Banklastschrift) entspricht.

Aufgabe 4

4.1 z. B.: Das Autohaus Freundlich ist für etwaige Reparaturen oder für den Kundendienst schnell erreichbar. (1 P.)

Erklärung: Die Anschaffungskosten können ein Kriterium unter vielen sein, sich für den Kauf bei einer bestimmten Firma zu entscheiden. Genau so wichtig sind aber auch der Service und die Erreichbarkeit bei Störfällen.

4.2.1

0840 FP	320.000,00 DM			
2600 VST	51.200,00 DM	an	4400 VLL	371.200,00 DM

(4 P.)

Erklärung: Die **Überführungskosten** zählen zu den sog. **aktivierungspflichtigen Anschaffungskosten**, werden also zusammen mit dem Fahrzeugpreis auf das Anlagekonto gebucht. Die darauf entfallende Umsatzsteuer wird als Vorsteuer im Soll gebucht. Der Bruttokaufpreis der **Eingangsrechnung** erhöht unsere Verbindlichkeiten, deshalb Buchung im Haben des Kontos 4400 VLL (Passivkonto nimmt zu).

4.2.2

0840 FP	210,00 DM			
2600 VST	33,60 DM	an	2880 K	243,60 DM

(3 P.)

Erklärung: Die **Zulassungskosten** zählen zu den sog. **aktivierungspflichtigen Anschaffungsnebenkosten**, werden also auf dem Anlagekonto aktiviert (Aktivkonto 0840 FP nimmt im Soll zu). Die darauf entfallende Umsatzsteuer wird als Vorsteuer ebenfalls im Soll erfasst. Der Bruttobetrag mindert unser Konto 2880 K im Haben.

4.3.1 z. B.: Der tatsächliche Wertverlust stimmt in den ersten Nutzungsjahren bei degressiver Abschreibung mit den gebuchten Abschreibungsbeträgen besser überein. (1 P.)

Erklärung: Bei der degressiven Abschreibung wird der Abschreibungsbetrag durch die Anwendung eines **gleich bleibenden Abschreibungssatzes auf den jeweiligen Rest – oder Buchwert** des Anlagegutes berechnet. Dadurch ergibt sich ein von Jahr zu Jahr **fallender Abschreibungsbetrag**, der in den ersten Jahren der Nutzung sehr hoch und in den späteren Nutzungsjahren niedrig ausfällt (stimmt mit der Wertminderung besser überein). Bei dieser Methode wird nie der Endwert Null in der geschätzten Nutzungsdauer erreicht.

4.3.2 30 % von 320.210,00 DM = 96.063,00 DM (3 P.)

Erklärung: Der Abschreibungssatz wird durch § 7 Einkommenssteuergesetz (ESTG) bestimmt. In Absatz 2 des § 7 ESTG heißt u. a. „... der dabei anzuwendende Hundertsatz darf höchstens das Dreifache des bei der Absetzung für Abnutzung in gleichen Jahresbeträgen in Betracht kommenden Hundertsatzes betragen und 30 von Hundert nicht übersteigen ...". Der **höchstzulässige AfA-Satz** beträgt demnach **30 %**. Im ersten Nutzungsjahr wird bei degressiver Abschreibung von den Anschaffungskosten abgeschrieben. Hier ist zu bedenken, dass die Anschaffungsnebenkosten die Abschreibungsbasis (= Anschaffungskosten) erhöhen: Fahrzeugpreis 317.500,00 DM + Überführung 2.500,00 DM + Zulassung 210,00 DM = **gesamte Anschaffungskosten 320.210,00 DM netto**. Davon werden 30 % (= 320.210,00 DM : 100 · 30) degressiv abgeschrieben = 96.063,00 DM.

2800 BK	75.400,00 DM	an	5410 EAAV	65.000,00 DM
			4800 MWST	10.400,00 DM
5410 EAAV	65.000,00 DM			
6960 VAVG	8.500,00 DM	an	0840 FP	73.500,00 DM (7 P.)

Erklärung: Die **Buchung eines Anlagenverkaufs** erfolgt immer in **zwei Buchungsschritten:**
Beim **ersten Buchungsschritt** wird der **Verkaufserlös** verbucht. Das Konto 5410 EAAV dient hierbei als Interimskonto (= Übergangskonto), um das umsatzsteuerpflichtige Entgelt beim Anlagenverkauf aufzunehmen, Einbuchung des Nettoverkaufserlöses im Haben dieses Kontos. Die anfallende Umsatzsteuer (von NVP zu berechnen) wird als MWST (=Verkauf) im Haben gebucht. Der Bruttoverkaufspreis erhöht das Bankguthaben der Fa. „BGA", deshalb Buchung im Soll von 2800 BK (Aktivkonto nimmt zu). Beim **zweiten Buchungsschritt** wird das **Interimskonto aufgelöst** und der **Buchwert ausgebucht.** Vor Erstellen dieses Buchungssatzes muss immer geprüft werden, ob mit Gewinn (= Ertrag) oder Verlust (= Aufwand) verkauft wurde. Verglichen werden Nettoverkaufspreis und der Buchwert:

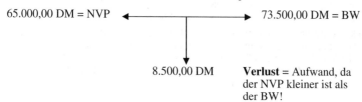

65.000,00 DM = NVP ←──────────────→ 73.500,00 DM = BW

8.500,00 DM   **Verlust** = Aufwand, da
                der NVP kleiner ist als
                der BW!

Nun wird das Konto 5410 EAAV wieder aufgelöst, also Einbuchung im Soll mit 65.000,00 DM. Im Anlagekonto 0840 FP wird der **Buchwert** (⇒ abgeschrieben bis auf **73.500,00 DM**) im Haben eingebucht (Abnahme eines Aktivkontos), der alte LKW ist also in unserer Anlagenkartei nicht mehr vorhanden. Der erzielte Verlust (= Aufwand), als Differenz zwischen NVP und BW, wird im Konto 6960 VAVG im Soll erfasst.

Aufgabe 5:

5.1

	Typ Baltik 50 St. (DM)	Typ Nordic 40 St. (DM)	gesamt (DM)
Nettoverkaufserlöse	400.000,00	480.000,00	
– variable Kosten	175.000,00	220.000,00	
Deckungsbeitrag ①	225.000,00 ②	260.000,00	485.000,00
– Fixkosten		③	315.000,00 ④
Betriebsergebnis (Gewinn)			170.000,00

Variable Kosten „Baltik"	175.000,00 DM
+ Variable Kosten „Nordic"	220.000,00 DM
+ Fixkosten	315.000,00 DM
= Gesamtkosten	710.000,00 DM ⑤ (6 P.)

Erklärung: Zunächst ist es sinnvoll, ein **Schema** für die Deckungsbeitragsrechnung aufzustellen. Auf Grund der gegebenen Daten können die Deckungsbeiträge für Produkt „Baltik" und „Nordic" ermittelt werden. Anschließend lässt sich daraus der Gesamtdeckungsbeitrag für „Baltik" und „Nordic" zusammen ermitteln. Das Betriebsergebnis in Höhe von 170.000,00 DM (Betriebsgewinn) kann ebenfalls der Aufgabenstellung entnommen und in das Schema übertragen werden. In Form einer Differenzrechnung lässt sich nun der Fixkostenbetrag berechnen. Anschließend können der Schematik die entsprechenden Kostenbeträge entnommen und die Summe der Gesamtkosten ermittelt werden.

5.2.1

	Typ Baltik 50 St. (DM)	Typ Nordic 40 St. (DM)	gesamt (DM)
Nettoverkaufserlöse	400.000,00	499.750,00	
– variable Kosten	183.750,00	④ 231.000,00	
Deckungsbeitrag ①	216.250,00	268.750,00	485.000,00
– Fixkosten	③	③	② 315.000,00
Betriebsergebnis (Gewinn)			170.000,00

Neuer NVP/Stück „Nordic" = 499.750,00 : 40 = 12.493,75 (DM)
⑤

Neuer NVP/Stück	12.493,75 DM
– bisheriger NVP/Stück	12.000,00 DM
Preiserhöhung/Stück	493,75 DM ⑥

(7 P.)

Erklärung: Auch bei dieser Teilaufgabe ist es zunächst sinnvoll, ein **Schema** für die Deckungsbeitragsrechnung aufzustellen. Die variablen Kosten sind um 5 % bei beiden Gartenhaustypen zu erhöhen. Anschließend kann der Deckungsbeitrag für den Typ „Baltik" ermittelt werden. In Form einer Rückwärtsrechnung kann der Gesamtbetrag der Deckungsbeiträge von A und B berechnet werden, indem der gegebene Betriebsgewinn von 170.000,00 DM und die Fixkosten addiert werden. Es lässt sich nun leicht der DB für das Produkt „Nordic" als Differenz – von Produkt „Baltik" und gesamt – ermitteln. In einer weiteren Rückwärtsrechnung kann der NVP von Produkt „Nordic" berechnet werden. Mittels Division erhält man den neuen NVP/Stück für das Produkt „Nordic", indem der gesamte NVP von Nordic durch die Stückzahl von Typ „Nordic" geteilt wird. Die Preiserhöhung für das Produkt „Nordic" ermittelt man, indem neuer Preis minus alter Preis gerechnet wird.

5.2.2   DB/Stück „Nordic" = 268.750,00 DM : 40 = 6.718,75 DM

$$\text{Gewinnschwellenmenge} = \frac{250.000,00}{6.718,75} = 37,21$$

Die Gewinnschwellenmenge liegt bei 38 Stück.

(3 P.)

Erklärung: Zur Ermittlung der Gewinnschwellenmenge ist die Berechnung des Stückdeckungsbeitrages von Typ „Nordic" erforderlich, also Gesamt-DB für Typ „Nordic": Stückzahl von Typ „Nordic". Mittels der Formel kann die Gewinnschwelle berechnet werden:

$$\text{Gewinnschwelle} = \frac{\text{Fixkosten}}{\text{DB /Stück}}$$

Das rechnerische Ergebnis von 37,21 Stück besagt, dass weder Gewinn noch Verlust erzielt wird. Die Gewinnschwellenmenge beträgt als 38 Stück, weil ab dieser Stückzahl = größer als 37,21 Gewinn erzielt wird.

Aufgabe 6

6.1	6300 G	16.400,00 DM	an	2800 BK	10.655,00 DM	
				2650 FMI	450,00 DM	
				4830 VFA	2.180,00 DM	
				4840 VSV	3.115,00 DM	
	6400 AGASV		an	4840 VSV	3.115,00 DM	(7 P.)

Erklärung: Die Bruttogehälter erscheinen als Aufwand im Soll des Kontos „Gehälter". Als Abzüge erscheinen die Lohn- und Kirchensteuer einschl. Soli-Zuschlag, der Arbeitnehmeranteil zur Sozialversicherung sowie ein verrechneter Vorschuss; insgesamt ergeben die Abzüge 5.745,00 DM, so dass ein Nettogehalt von 10.655,00 DM auf dem Bankkonto (im Haben) zur Auszahlung kommt. Die Lohn- und Kirchensteuer einschl. Soli-Zuschlag erscheint im Konto 4830 VFA (= kurzfristige Verbindlichkeiten) im Haben, ebenso im Haben des Kontos 4840 VSV (= kurzfristige Verbindlichkeiten) wird der Arbeitnehmeranteil gebucht. Aufgrund der Verrechnung des Lohnvorschusses werden unsere Forderungen an Mitarbeiter weniger, deshalb Buchung im Konto 2650 FMI (Aktivkonto) im Haben. Der Arbeitgeberanteil zur Sozialversicherung (wohl nicht direkt gegeben – ist aber genauso hoch wie der Arbeitnehmeranteil –) ist ein „sozialer" Aufwand – Buchung bei 6400 AGASV im Soll –, die Gegenbuchung erfolgt im Konto 4840 VSV als Verbindlichkeit.

6.2	6420 BEIBG		an	2800 BK	2.250,00 DM	(2 P.)

Erklärung: Der Beitrag zur gesetzlichen Unfallversicherung wird als Aufwand (Arbeitgeber zahlt 100 %) im Konto 6420 BEIBG im Soll gebucht. Die Bank nimmt aufgrund der Lastschrift im Haben ab.

6.3	2800 BK	1.392,00 DM	an	5495 EABF	1.200,00 DM	
				4800 MWST	192,00 DM	(3 P.)

Erklärung: Der Zahlungseingang wird auf dem Bankkonto im Soll (Aktivkonto – nimmt zu) gebucht. Nachdem die Forderung bereits vollständig abgeschrieben wurde, ist der Nettobetrag aus dem Zahlungseingang ($\Rightarrow$ 1.200,00 DM netto) als Ertrag im Konto „Erträge aus dem Eingang abgeschriebener Forderungen" – 5495 EABF – zu buchen. **Wichtig** $\Rightarrow$ Die hierbei ermittelte Umsatzsteuer gilt wieder als Mehrwertsteuer, Buchung im Konto 4800 im Haben, da durch den Zahlungseingang die Steuerschuld gegenüber dem Finanzamt wieder auflebt.

6.4 3900 SORST   2.500,00 DM
     6990 ASBAW   800,00 DM
     2600 VST   528,00 DM an 2800 BK   3.828,00 DM   (5 P.)

Erklärung: Für ein schwebendes Verfahren wurde am 31.12.1998 eine Rückstellung in Höhe von 2.500,00 DM gebildet, deshalb hier die **Auflösung** im Soll des Kontos 3900 SORST (Passivkonto nimmt ab) bei der Begleichung. Aufgrund der höheren Rechnung (Rückstellung war zu niedrig ⇒ RST 2.500,00 DM Rechnung 3.300,00 DM netto) ergibt sich ein zusätzlicher Aufwand in Höhe von 800,00 DM, der auf dem Konto 6990 ASBAW im Soll erfasst wird. Die anfallende Umsatzsteuer in Höhe von 16 % wird aus dem Rechnungsbetrag netto (3.300,00 DM : 100 · 16) ermittelt und im Konto 2600 VST ebenfalls im Soll gebucht. Insgesamt werden per Banküberweisung 3.828,00 DM bezahlt, unser Bankguthaben mindert sich im Haben (Aktivkonto nimmt ab).

Aufgabe 7

7.1 5200 BV   an 2100 UFE   23.000,00 DM   (2 P.)

Erklärung: Die Bestandsminderung wird als Aufwand im Soll des Kontos 5200 BV (= Mischkonto) gebucht. Das Konto 2100 UFE wird somit im Haben ausgeglichen.

7.2 $\text{Zinsen} = \dfrac{40.000,00 \cdot 9 \cdot 90}{100 \cdot 360} = 900,00 \text{ DM}$

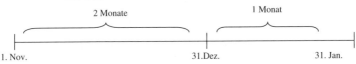

	2 Monate		1 Monat	

1. Nov.   31. Dez.   31. Jan.

7510 ZAW   an 4890 SOV   600,00 DM   (4 P.)

Erklärung: Mithilfe der Zinsformel müssen zuerst die Zinsen für die 3 Monate ausgerechnet werden. Nachdem die Zinsbelastung erst im Nachhinein (am 31. Januar 2000 für November, Dezember und Januar) geschieht, muss für die Zeit vom 1. November bis 31. Dezember der Zinsaufwand periodengerecht (900,00 DM : 3 · 2) gebucht werden, um eine „Verzerrung" der GUV-Rechnung zu vermeiden. Der Betrag wird als Sonstige Verbindlichkeit erfasst (Passivkonto nimmt zu).

7.3 3680 PWBF   an 5450 EAWBF   2.300,00 DM   (2 P.)

Erklärung: Die herabzusetzende PWBF (Wertberichtigung für die einwandfreien Forderungen) führt zu einer Minderung des Kontos 3680 PWBF (Passivkonto nimmt ab), deshalb Einbuchung im Soll dieses Kontos. Zugleich stellt dieser Betrag einen Ertrag dar, der im Konto 5450 EAWBF im Haben erfasst wird.

Das Unternehmen Florian-Saubermann-Hausgeräte, abgekürzt „FSH", fertigt in seinem Stammwerk im oberfränkischen Tannenberg hochwertige Reinigungsgeräte, unter anderem Staubsauger und Allessauger.

Als Mitarbeiter/in in der Abteilung Rechnungswesen sind Sie mit verschiedenen Aufgaben der Buchführung und Kalkulation betraut. Hierbei müssen Sie folgende Vorgaben beachten:

- Bei Berechnungen sind jeweils alle notwendigen Lösungsschritte anzugeben.
- Bei Buchungssätzen sind stets Kontennummern, Kontennamen (abgekürzt möglich) und Beträge anzugeben.
- Soweit nicht anders vermerkt, gilt ein Umsatzsteuersatz von 16 %.
- Alle Ergebnisse sind in der Regel auf zwei Dezimalstellen genau anzugeben.

Informationen zum Unternehmen „FSH":

Inhaber	Florian Saubermann, e. Kfm.
Rechtsform	Einzelunternehmen
Anschrift (Firmensitz)	Fichtelgebirgstr. 12, 95094 Tannenberg
Zweck des Unternehmens	Fertigung und Verkauf von hochwertigen Reinigungsgeräten
Handelsregister	Registergericht Würzburg Nr. 4455/68
Geschäftsjahr	1. Januar bis 31. Dezember
Stoffe und Handelswaren	
Rohstoffe	Stahl-, Messing- und Aluminiumbleche, Kunststoffgranulate, …
Vorprodukte/Fremdbauteile	Leiterplatten, Elektromotoren, diverse Elektroteile, Saugschläuche, …
Hilfsstoffe	Dichtungs- und Isoliermaterial, Schrauben, Kleinteile, Farben, …
Betriebsstoffe	Strom, Gas, Schmierstoffe, Dieselöl, …
Handelswaren	Bürstenaufsätze, Filtertüten, …

Im Rahmen Ihrer Tätigkeit erhalten Sie die nachfolgenden Aufträge zur Bearbeitung.

Aufgabe 1

Für die Herstellung von Allessaugern der Serie „Saugfix" sind Ihnen vom Monat Februar unter anderem folgende Werte bekannt:

Materialkosten	324,00 DM/Stück	Fertigungslöhne	200,00 DM/Stück
Sondereinzelkosten der Fert.	10,00 DM/Stück	Fertigungskosten	420,00 DM/Stück
Materialgemeinkostenzuschlagsatz	8 %		

In der Kosten- und Leistungsrechnung sollen Sie folgende Aufgaben lösen:

1.1 Ermitteln Sie den Rohstoffverbrauch für einen Allessauger.

1.2 Berechnen Sie die Herstellkosten je Stück.

1.3 Ermitteln Sie den zugrunde gelegten Zuschlagsatz für die Fertigungsgemeinkosten.

1.4 Nennen Sie je ein Beispiel für

1.4.1 Materialgemeinkosten,

1.4.2 Sondereinzelkosten der Fertigung und

1.4.3 Verwaltungsgemeinkosten.

1.5 Die Nachkalkulation im Monat März ergibt Selbstkosten von 800,00 DM je Stück.

1.5.1 Ermitteln Sie bei den Selbstkosten Art und Höhe der Abweichung gegenüber der Vorkalkulation, wenn bei den Verwaltungs- und Vertriebsgemeinkosten mit einem gemeinsamen Zuschlagsatz von 5 % gerechnet wurde.

1.5.2 Nennen Sie einen Grund für die Abweichung bei den Selbstkosten.

Aufgabe 2

Für den Monat April werden die tatsächlichen Werte der Nachkalkulation des Monats März zugrunde gelegt. Aus Konkurrenzgründen liegt bei einem Auftrag der Listenverkaufspreis mit 960,00 DM je Stück fest. Zur Berechnung des verbleibenden Stückgewinns setzen Sie folgendes Rechenblatt zur Tabellenkalkulation ein:

	A	B	C
1		%	DM
2	Selbstkosten/Stück		800,00
3	+ Gewinn	2,90	23,20
4	Barverkaufspreis		823,20
5	+ Kundenskonto	2,00	16,80
6	Zielverkaufspreis		840,00
7	+ Kundenrabatt	###	120,00
8	Listenverkaufspreis netto		960,00

2.1 Das Rechenblatt ist an einer Stelle (Feld B7) nicht lesbar.
Ermitteln Sie den Kundenrabatt in Prozenten.

2.2 Welche Formel wurde im Rechenblatt jeweils eingegeben

2.2.1 zur Berechnung des verbleibenden Gewinns in DM (Feld C3),

2.2.2 zur Berechnung des Gewinns in Prozenten (Feld B3)?

2.3 „FSH" liefert an ein Kaufhaus 15 Allessauger zum vorgegebenen Verkaufspreis.
Bilden Sie den Buchungssatz für den Zielverkauf, wenn der Rabatt sofort gewährt wird und 300,00 DM netto für Verpackung berechnet werden.

2.4 Das Kaufhaus zeigt per Telefax an, dass an einigen Geräten Farbmängel festgestellt wurden und erhält eine Gutschrift in Höhe von 1.740,00 DM brutto.
Bilden Sie den Buchungssatz.

2.5 Noch vor Fälligkeit des verbleibenden Rechnungsbetrages erhält „FSH" die Mitteilung, dass das Kaufhaus wegen Überschuldung zahlungsunfähig ist. Der noch offene Restbetrag ist als uneinbringlich zu betrachten.
Erstellen Sie den Buchungssatz.

Aufgabe 3

Ihnen liegt die Durchschrift einer Rechnung an das Elektrohaus Stromlos vor (**siehe Anlage, Beleg Nr. 1**).

3.1 Von den nachstehenden Aussagen zur vorliegenden Rechnung sind nur drei richtig. Geben Sie auf Ihrem Lösungsblatt die Kennbuchstaben für die drei richtigen Aussagen an.

Aussage	Kenn-buchstabe
Bürstenaufsätze sind für das Unternehmen „FSH" Handelswaren.	A
Aus der Rechnung ergbt sich als Zahlungsziel der 7. Juli 1999.	B
Falls Stromlos die Rechnung in Euro begleicht, spart er etwa die Hälfte des Rechnungsbetrages.	C
Rabatt und Skonto der vorliegenden Rechnung betragen zusammen 17 % des Gesamtbetrages.	D
Der Rabatt in Höhe von 15 % ist ein nachträglicher Preisnachlass.	E
Die vorliegende Rechnung enthält einen Eigentumsvorbehalt.	F

3.2 Die Rechnung wird nicht fristgerecht beglichen. Das Unternehmen Elektrohaus Stromlos erhält deshalb von Ihnen ein Schreiben, dem unter anderem Folgendes zu entnehmen ist:
„Leider haben Sie die Rechnung Nr. 855/99 trotz unserer Mahnung bis heute, den 30. August 1999, noch nicht beglichen. Vereinbarungsgemäß belasten wir Sie daher mit 12 % Verzugszinsen ..."

3.2.1 Berechnen Sie die Höhe der Gesamtforderung zum 30. August 1999.

3.2.2 Bilden Sie den Buchungssatz für die Belastung des Elektrohauses Stromlos mit den Verzugszinsen.

3.3 Das Elektrohaus Stromlos überweist am 1. September 1999 den Gesamtbetrag.
Erstellen Sie den Buchungssatz für die Bankgutschrift

Aufgabe 4

Eine Fertigungsmaschine, die zur Herstellung von Staubsaugergehäusen eingesetzt war, fällt wegen Überhitzung aus und kann nicht mehr repariert werden. Um einen längeren Produktionsausfall zu vermeiden, muss schnellstens eine neue Fertigungsmaschine angeschafft werden. Dies ist aber nur möglich, durch Aufnahme eines kurzfristigen Kredits. Dafür kommt derzeit nur die Hauptbank von „FSH", die Genossenschaftsbank Tannenberg, in Frage.

4.1 Die alte Fertigungsmaschine, die noch mit 1.500,00 DM zu Buche steht, wird zum Schrottwert von 300,00 DM netto bar verkauft.
Bilden Sie die Buchungssätze.

4.2 Vom Kreditangebot der Genossenschaftsbank Tannenberg sind Ihnen folgende Angaben bekannt:
Kreditbetrag 60.000,00 DM, Laufzeit 6 Monate, Auszahlungsbetrag 58.800,00 DM, Zinsen für 6 Monate 1.440,00 DM (fällig bei Tilgung des Kredits).

4.2.1 Ermitteln Sie das Damnum in Prozenten.

4.2.2 Berechnen Sie die effektive Verzinsung des Kredits.

4.3 Bilden Sie jeweils den Buchungssatz für

4.3.1 die Bereitstellung des Kredits auf dem Bankkonto des Unternehmens „FSH",

4.3.2 die Zinsbelastung und die Tilgung des Kredits nach sechs Monaten.

Aufgabe 5

Bilden Sie die Buchungssätze für folgende Vorgänge:

5.1 Verkauf von 60 Maschinen-Aktien, Bankgutschrift 5.011,17 EUR, das sind umgerechnet 9.801,00 DM. Die Aktien stehen mit 8.484,00 DM zu Buche.

5.2 Banküberweisung an einen Lieferer von Kunststoffgranulat: 4.774,56 DM nach Abzug von 2 % Skonto.

5.3 Der Tageszeitung entnehmen Sie folgende Notiz:

Amtsgericht Bayreuth
Insolvenzverfahren 34 J 665/99: Über das Vermögen der Firma Hans Bruckhuber Haushaltswaren, Seilerstr. 5, 94080 Griesental, ist am 9. September 1999, 14:00 Uhr, das Insolvenzverfahren eröffnet worden, da die Firma überschuldet und zahlungsunfähig ist. Die Rechtsanwältin Antonia Meier wurde zur Insolvenzverwalterin ernannt. ...

Die Forderung an die Fa. Hans Bruckhuber beträgt 6.380,00 DM.

5.4 Ihnen liegt ein Kontoauszug vor **(siehe Beleg Nr. 2)**:

5.4.1 Buchung mit Wertstellung zum 9. September 1999,

5.4.2 Buchung mit Wertstellung zum 10. September 1999.

5.5 Barkauf eines Aktenvernichters für netto 750,00 DM.

5.6 Banklastschrift: Überweisung der einbehaltenen Sozialversicherungsbeiträge in Höhe von 84.252,50 DM.

5.7 Am 20. Oktober geht ein Schreiben der Fa. Fritz Feuerstein Brennstoffhandel ein **(siehe Beleg Nr. 3)**.

Aufgabe 6

Zum 31. Dezember 1999 müssen Sie unter anderem die Buchungssätze für die folgenden vorbereitenden Abschlussbuchungen erstellen:

6.1 Die im Juni 1999 zu Nettoanschaffungskosten von 55.000,00 DM gekaufte Fertigungsmaschine wird degressiv mit 30 % abgeschrieben.

6.2 Volle Abschreibung auf geringwertige Wirtschaftsgüter mit 1.300,00 DM.

6.3 Die Forderung an die Firma Hans Bruckhuber (vgl. Aufgabe 5.3) wird mit 20 % bewertet. Bei einer weiteren zweifelhaften Forderung an die Firma Robert Kotton in Höhe von 5.220,00 DM ist mit einem Ausfall von netto 1.350,00 DM zu rechnen. Aus dem letzten Jahr liegt keine Wertberichtigung vor.

6.4 Die Kfz-Steuer in Höhe von 2.400,00 DM wurde am 1. September für ein Jahr im Voraus vom Bankkonto abgebucht.

Aufgabe 7

Sie haben für das Unternehmen „FSH" folgende aufbereitete Bilanz erstellt:

Aktiva (DM)	Bilanz zum 31.Dez. 1999		Passiva (DM)
Anlagevermögen	850.000,00	Eigenkapital	820.000,00
Umlaufvermögen		Fremdkapital	
Vorräte	48.500,00	langfristig	285.400,00
Forderungen	184.000,00	kurzfristig	74.800,00
flüssige Mittel	97.700,00		
Gesamtvermögen	1.180.200,00	Gesamtkapital	1.180.200,00

Außerdem sind folgende Werte bekannt:

Jahresüberschuss	158.000,00 DM		
Privatentnahmen	97.315,00 DM	Privateinlagen	1.315,00 DM

7.1 Berechnen Sie die Kennzahl der Einzugsliquidität.

7.2 Beurteilen Sie die Kennzahl der Einzugsliquidität.

7.3 Ermitteln Sie die Kennzahl der Eigenkapitalrentabilität.

7.4 Beurteilen Sie die Kennzahl der Eigenkapitalrentabilität.

Anlage zu Gruppe B

Beleg 1

Florian Saubermann, e. Kfm.
Hausgeräte
95094 Tannenberg
Fichtelgebirgstr. 12

F. Saubermann, Fichtelgebirgstr. 12, 95094 Tannenberg

Elektrohaus Stromlos
Voltstraße 3

96065 Ohmstadt   7. Juni 1999

Rechnung Nr. 855/99
Kundennummer 007

Ihre Zeichen, Ihre Nachricht vom	Unsere Zeichen	Telefon	Telefax
14. Mai 1999	Ws-Opp	(09 21) 15 55	(09 21) 15 60

Rechnung   **Durchschrift**

Aufgrund Ihrer Bestellung vom 14. Mai 1999 lieferten wir Ihnen:

50	Bürstenaufsätze für Allessauger, Bestellnr. 20/800	3.250,00 DM
20	Packungen Filtertüten Nr. 4	350,00 DM
abzügl. 15 %Rabatt	540,00 DM
		3.060,00 DM
zuzügl. 16 % Umsatzsteuer	489,60 DM
Gesamtbetrag	3.549,60 DM

Der Gesamtbetrag entspricht 1.814,88 EUR

Wir danken für Ihren Auftrag

Zahlung: 8 Tage 2 %Skonto, 30 Tage netto.
Die gelieferte Ware bleibt bis zur vollständigen Bezahlung unser Eigentum.

Bankverbindung: Genossenschaftsbank 95095 Tannenberg
BLZ 999 888 00, Konto 123 789 000

Beleg 2

Konto-Nummer 123 789 000	Auszug 155	Blatt I	Text / Verwendungszweck	PN	Wert		Umsätze DM	*
Einkommensteuerrückerstattung				947	09	09	1.315,00	H
Überweisung an Brennstoffhandel Fritz Feuerstein für Rechnung Nr. 12 vom 30. Aug. 1999				215	10	09	4.312,50	S

Geschäftsstelle Marktplatz	Letzter Auszug 8. Sep. 1999	Alter Kontostand 26.387,35	H

	Kontoauszug vom 13. Sept. 1999	Neuer Kontostand 23.389,85 in EUR: 11.959,04	H

Firma
Florian Saubermann Hausgeräte
Fichtelgebirgstr. 12
95094 Tannenberg

* Lastschrift / Schuldensaldo = S
Gutschrift / Guthabensaldo = H

Genossenschaftsbank Tannenberg
BLZ 999 888 00

Konto-Auszug
Unstimmigkeiten bitten wir unserer
Revision mitzuteilen.

Beleg 3

Fritz Feuerstein Brennstoffhandel
Dieselweg 10, 95094 Tannenberg

Florian Saubermann Hausgeräte Fichtelgebirgstr. 12 **95094 Tannenberg**	Fritz Feuerstein Mineralöl/Brennstoffe Tel.: (09 21) 12 33 01 /Fax: (09 21) 12 33 08 Bankverbindung: Genossenschaftsbank Tannenberg BLZ 999 888 00 Kontonummer 123 765 000

Umsatzvergütung 34/1999   Tannenberg, 18. Oktober 1999

Sehr geehrte Damen und Herren,

im abgelaufenen Quartal haben Sie für insgesamt **41.760,00 DM** (inklusive 16 % Umsatzsteuer) Mineralölprodukte bei uns bezogen.
Wir danken Ihnen für das entgegengebrachte Vertrauen. Wir haben Ihnen einen Bonus in Höhe von **1.044,00 DM** brutto (900,00 DM netto, 144,00 DM USt) gutgeschrieben.

Wir werden uns auch in Zukunft bemühen, Sie zuverlässig und preisgünstig zu beliefern.

Mit freundlichen Grüßen

Fritz Feuerstein

Fritz Feuerstein
Mineralölprodukte /Brennstoffe

Lösungsvorschlag

Aufgabe 1

1.1

Fertigungsmat. (Rohst. Verbr.)/Stück	300,00 DM	100 %	
+ Materialgemeinkosten	24,00 DM	8 %	
Materialkosten	324,00 DM	108 %	(2 P.)

Erklärung: Die Materialkosten betragen 108 %, weil das Fertigungsmaterial als Zuschlagsgrundlage (= 100 %) für die Material-GK gilt. Zur Ermittlung des Materialverbrauchs = Rohstoffverbrauch werden die Materialkosten durch 108 % (= vermehrter Grundwert) dividiert und das Ergebnis anschließend mit 100 % multipliziert.

1.2

Materialkosten/Stück	324,00 DM	
+ Fertigungskosten/Stück	420,00 DM	
Herstellkosten/Stück	744,00 DM	(1 P.)

Erklärung: Zu den Herstellkosten zählen die Material- und Fertigungskosten.

1.3

Fertigungslöhne/Stück	200,00 DM	
+ Fertigungsgemeinkosten	210,00 DM	
+Sondereinzelkosten der Fertigung	10,00 DM	
Fertigungskosten/Stück	420,00 DM	

$$\text{Fertigungsgemeinkostenzuschlag} = \frac{210,00 \cdot 100}{200,00} = 105,00 \ (\%)$$
(3 P.)

Erklärung: Die Fertigungsgemeinkosten können mithilfe des Fertigungskalkulationsschemas in Form einer Differenzrechnung ermittelt werden. Zu beachten ist, dass die Sondereinzelkosten der Fertigung in den Fertigungskosten enthalten sind. Für die Fertigungsgemeinkosten in Prozent stellen die Fertigungslöhne die Zuschlagsgrundlage (=100 %) dar.

1.4.1 z. B.: Kosten für Holzleim. (1 P.)

Erklärung: Gemeinkosten, die im Materialbereich anfallen, können vielfältig sein:
Lohn für Lagerverwalter, Licht, Heizung, Miete, Abschreibung auf Lagergebäude, aber auch Kosten für Holzleim.

1.4.2 z. B.: Kosten für die Anfertigung eines Spezialwerkzeugs. (1 P.)

Erklärung: Sondereinzelkosten fallen außerhalb des gewöhnlichen Produktionsrahmens an. Bei den Sondereinzelkosten der Fertigung können z. B. Kosten für Modelle, Konstruktionspläne usw. anfallen.

1.4.3 z. B.: Gehalt für Angestellte in der Buchhaltung. (1 P.)

Erklärung: Gemeinkosten, die im Verwaltungsbereich anfallen, können vielfältig sein:
Gehalt der Chefsekretärin, Licht, Heizung, Miete, Abschreibung auf Verwaltungsgebäude, Büromaterialien usw.

1.5.1

Herstellkosten/Stück	744,00 DM	100 %
+ Verwalt.-/Vertr. Gemeinkosten 5 %	37,20 DM	5 %
Selbstkosten/Stück (Vorkalkulation)	781,20 DM	105 %
Selbstkosten (Vorkalkulation)	781,20 DM	
+ Unterdeckung	18,80 DM	
Tatsächliche Selbstkosten (Nachkalkulation)	800,00 DM	

(3 P.)

Erklärung: Die Herstellkosten sind der Ausgangswert für die Berechnung der Verw.-/Vert.-Gemeinkosten in Höhe von 5 %. Die Addition ergibt die Selbstkosten. In der Nachkalkulation ergeben sich Selbstkosten in Höhe von 800,00 DM, das sind um 18,80 DM mehr, als in der Vorkalkulation veranschlagt wurden. Nachdem die tatsächlichen Selbstkosten größer sind als die geplanten, spricht man von einer Unterdeckung.

1.5.2 z. B.: Unerwartete Erhöhung von Fertigungslöhnen (1 P.)

Erklärung: Die Abweichung der Selbstkosten kann folgende Ursachen haben:
– Preisabwicklungen (teure Rohprodukte, höhere Lohnkosten)
– Mengenabweichungen (mehr Materialverbrauch)
– Abweichung in der Wirtschaftlichkeit (z. B. fehlerhafte Ware → also Ausschuss.)

Aufgabe 2

2.1
$$\text{Kundenrabatt} = \frac{120,00 \cdot 100}{960,00} = 12,50 \, (\%)$$

(2 P.)

Erklärung: Der Grundwert für die Prozentangabe des Kundenrabatts ist der Listenverkaufspreis (= 100 %). Man kann mit dem Dreisatz oder der Prozentsatzformel das Ergebnis ermitteln.

$$\text{Kundenrabatt} \, (\%) = \frac{\text{Kundenrabatt in DM} \cdot 100}{\text{Listenverkaufspreis}}$$

2.2.1 z. B.: = C4 – C2 (2 P.)

Erklärung: Der Gewinn in Feld C3 ergibt sich, wenn vom Barverkaufspreis in Feld C4 der Selbstkostenpreis in Feld C2 abgezogen wird (Differenzkalkulation).

2.2.2   z. B.: = C3 * 100/C2   (3 P.)

Anmerkung zu 2.2.1 und 2.2.2:
Je nach Art der verwendeten Software, der Art der Programmierung und der
Art der Adressierung kann bei dieser Teilaufgabe eine andere Lösungs-
variante zutreffen.

Erklärung: In Feld B3 ist der Gewinn in Prozent angesetzt. Ermittelt wird
dieser Prozentsatz mittels folgender Formel:

$$\text{Gewinn (\%)} = \frac{\text{Gewinn in DM} \cdot 100}{\text{Selbstkostenpreis}}$$

also C3 (Gewinn in DM) multiplizert (*) mit 100, dividiert (/) durch C2
(dem Selbstkostenpreis $\Rightarrow$ Grundwert)

2.3   Zielverkaufspreis (gesamt) = 840 · 15 = 12.600,00 DM

2400 FLL	14.964,00 DM	an	5000 UEFE	12.900,00 DM
			4800 MWST	2.064,00 DM

                                                                                (5 P.)

Erklärung: Der Rabatt wird sofort gewährt, somit ergibt sich ein Nettopreis
von 12.600,00 DM. Der Nettowarenwert sowie die in Rechnung gestellte
Verpackung (12.600,00 DM + 300,00 DM = 12.900,00 DM) werden im
Haben des Kontos 5000 UEFE gebucht; die Fracht erhöht somit die Umsatzerlöse für Fertigerzeugnisse. Die anfallende Umsatzsteuer in Höhe von 16 %
ist auf dem Passivkonto Mehrwertsteuer im Haben zu buchen. Der Bruttobetrag wird im Konto 2400 FLL im Soll erfasst → Zielverkauf (Aktivkonto
nimmt zu).

2.4

5001 EBFE	1.500,00 DM			
4800 MWST	240,00 DM	an	2400 FLL	1.740,00 DM

                                                                                (4 P.)

Erklärung: Die Forderungen der Firma „FSH" vermindern sich um den
Brutto-Gutschriftsbetrag im Haben dieses Kontos (Aktivkonto nimmt ab).
Die Erlöse aus Fertigerzeugnissen müssen um den Nettobetrag
(1.740,00 DM : 116 · 100 = 1.500,00 DM) berichtigt werden, also Einbuchung im Soll dieses Kontos! Die anteilige Mehrwertsteuer wird im Soll
zurückgebucht.

2.5

Gesamtforderung	14.964,00 DM
– Gutschrift	1.740,00 DM

noch offener Restbetrag	13.224,00 DM

6951 ABF	11.400,00 DM			
4800 MWST	1.824,00 DM	an	2400 FLL	13.224,00 DM

                                                                                (5 P.)

Erklärung: Zuerst muss der offen stehende Rechnungsbetrag ermittelt
werden: Gesamtforderung 14.964,00 DM minus Gutschrift (Farbmängel)
ergibt den offenen Betrag von 13.224,00 DM. Dieser Betrag ist uneinbringlich geworden und somit abzuschreiben. Die einwandfreie Forderung
erlischt also, die Ausbuchung (Bruttobetrag) erfolgt im Haben dieses Kontos (Aktivkonto nimmt ab). Der Forderungsverlust ist also abzuschreiben; er
wird mit dem Nettobetrag im Konto „6951 ABF" im Soll verbucht; die
entsprechende MWST (erhalten wir vom Kaufhaus nicht mehr) wird gleichfalls im Soll korrigiert.

Aufgabe 3

3.1 Zutreffende Aussagen: A, B, F (3 P.)

Erklärung:
A: Bürstenaufsätze sind Handelswaren (siehe Informationen zur Fa. „FSH").
B: Das Rechnungsdatum ist der 7. Juni 1999 plus Zahlungsziel 30 Tage netto = Zahlungszieldatum 7. Juli 1999.
F: Der Eigentumsvorbehalt steht unten auf der Rechnung.

3.2.1

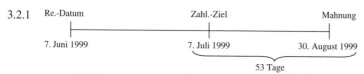

$$\text{Verzugszinsen} = \frac{3.549,60 \cdot 12 \cdot 53}{100 \cdot 360} = 62,71 \text{ DM}$$

Urspr. Rechnungsbetrag	3.549,60 DM
+ Verzugszinsen	62,71 DM
Gesamtforderung am 30. August 1999	3.612,31 DM

(4 P.)

Erklärung: Das Zahlungsziel endet am 7. Juli 1999 (siehe auch 3.1A). Somit werden vom 7. Juli 1999 bis zum 30. August 1999, also für 53 Tage, Verzugszinsen berechnet. Die Berechnung erfolgt mittels der allgemeinen Zinsformel:

$$Z = \frac{K \cdot p \cdot t}{100 \cdot 360}$$

Die Gesamtforderung der Fa. „FSH" gegenüber dem Unternehmen Elektrohaus Stromlos ergibt sich aus dem ursprünglichen Bruttorechnungsbetrag sowie den in Rechnung gestellten Verzugszinsen.

3.2.2 2400 FLL   an 5710 ZE   62,71 DM (2 P.)

Erklärung: Die Verzugszinsen stellen für die Fa. „FSH" einen Ertrag dar, deshalb Einbuchung im Konto 5710 ZE im Haben. **Vorsicht:** Zinsen sind **umsatzsteuerfrei!** Die Belastung des Elektrohauses Stromlos führt bei der Fa. „FSH" zu einer Zunahme der Forderungen, deshalb Einbuchung im Soll des Kontos 2400 FLL (Aktivkonto nimmt zu).

3.3 2800 BK   an 2400 FLL   3.612,31 DM (2 P.)

Erklärung: Die Banküberweisung durch das Elektrohaus Stromlos erhöht das Bankguthaben bei der Fa. „FSH", deshalb Einbuchung im Soll des Kontos 2800 BK (Aktivkonto nimmt zu). Außerdem vermindern sich die Forderungen der Fa. „FSH" gegenüber dem Elektrohaus Stromlos um 3.612,31 DM, deshalb Einbuchung im Haben des Kontos 2400 FLL (Aktivkonto nimmt ab).

Aufgabe 4

4.1

2880 K	348,00 DM	an 5410 EAAV	300,00 DM
		4800 MWST	48,00 DM
5410 EAAV	300,00 DM		
6960 VAVG	1.200,00 DM	an 0700 M	1.500,00 DM

(7 P.)

Erklärung: Die Buchung eines Anlagenverkaufs erfolgt immer in zwei Schritten:

Beim ersten Buchungsschritt wird der Verkaufserlös verbucht. Das Konto 5410 EAAV dient hierbei als Interimskonto (= Übergangskonto), um das umsatzsteuerpflichtige Entgelt beim Anlagenverkauf aufzunehmen, Einbuchung des Nettoverkaufserlöses (Schrottpreis) im Haben dieses Kontos. Die anfallende Umsatzsteuer (von NVP zu berechnen) wird als MWST (= Verkauf) im Haben gebucht. Der Bruttoverkaufspreis erhöht das Bankguthaben der Fa. „FSH", deshalb Buchung im Soll von 2800 BK (Aktivkonto nimmt zu).

Beim zweiten Schritt wird das Interimskonto (= Übergangskonto) aufgelöst und der Buchwert ausgebucht. Vor Erstellen dieses Buchungssatzes muss immer geprüft werden, ob mit Gewinn (= Ertrag) oder Verlust (= Aufwand) verkauft wurde. Verglichen werden der Nettoverkaufspreis und der Buchwert.

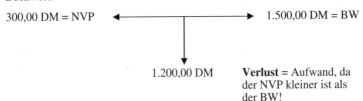

300,00 DM = NVP ← → 1.500,00 DM = BW

1.200,00 DM   **Verlust** = Aufwand, da der NVP kleiner ist als der BW!

Nun wird das Konto 5410 EAAV wieder aufgelöst, also Einbuchung im Soll mit 300,00 DM. Im Anlagenkonto 0700 M wird der Buchwert (Verkauf der alten Fertigungsmaschine) im Haben eingebucht (Abnahme eines Aktivkontos), die Fertigungsmaschine ist also in unserer Anlagenkartei nicht mehr vorhanden. Der erzielte Verlust (= Aufwand), als Differenz zwischen NVP und BW, wird im Konto 6960 VAVG im Soll erfasst.

4.2.1 $\text{Damnum} = \dfrac{1.200,00 \cdot 100}{60.000,00} = 2,00\,(\%)$ (2 P.)

Erklärung: Das Damnum in Prozenten kann mittels Dreisatz berechnet werden, wobei der Kreditbetrag von 60.000,00 DM (= 100 %) den Grundwert darstellt.

4.2.2

Zinsen/6 Monate	1.440,00 DM
+ Damnum	1.200,00 DM
tatsächliche Kreditkosten	2.640,00 DM

$\text{Effekt.Verzinsung} = \dfrac{2.640,00 \cdot 100 \cdot 12}{58.800,00 \cdot 6} = 8,98\,(\%)$ (3 P.)

Erklärung: Für die Berechnung der effektiven Verzinsung ist folgende Formel anzusetzen:

$$\text{EV (Kredit)} = \frac{\text{tatsächliche Kreditkosten} \cdot 100 \cdot 12 \,(360)}{\text{Auszahlung} \cdot \text{Kreditlaufzeit}}$$

Die tatsächlichen Kreditkosten für das Kreditangebot der Genossenschaftsbank Tannenberg ergeben sich, wenn zu den gegebenen Zinsen in Höhe von 1.440,00 DM das Damnum in Höhe von 1.200,00 DM (= Differenz zwischen Kreditbetrag 60.000,00 DM und Auszahlungsbetrag 58.800,00 DM) addiert wird. Die Kreditlaufzeit wird mit 6 Monaten angegeben.

4.3.1
2800 BK	58.800,00 DM			
7510 ZAW	1.200,00 DM	an	4200 KBKV	60.000,00 DM	(3 P.)

Erklärung: Der bereitgestellte Kredit erhöht das Bankguthaben der Fa. „FSH". Nachdem 2 % Damnum anfallen, werden auf dem Bankkonto 58.800,00 DM (= Auszahlungsbetrag 98 %) im Soll gebucht (Aktivkonto nimmt zu). Das Damnum in Höhe von 1.200,00 DM (= Differenz zwischen Kreditbetrag 60.000,00 DM und Auszahlungsbetrag 58.800,00 DM) gilt als zinsähnlicher Aufwand und wird im Konto 7510 ZAW ebenfalls im Soll erfasst. Auf Grund der Bereitstellung erhöhen sich die kurzfristigen Bankverbindlichkeiten der Fa. „FSH", der Kreditbetrag wird im Haben des Kontos 4200 KBKV (Laufzeit übersteigt 1 Jahr nicht!) eingebucht.

4.3.2
4200 KBKV	60.000,00 DM			
7510 ZAW	1.440,00 DM	an	2800 BK	61.440,00 DM	(3 P.)

Erklärung: Die Rückzahlung (= Tilgung) des Kredits bewirkt, dass die kurzfristigen Bankverbindlichkeiten abnehmen, Buchung im Konto 4200 KBKV im Soll (Passivkonto nimm ab). Die zu zahlenden Zinsen werden als Aufwand im Soll des Kontos 7510 ZAW erfasst. Aufgrund der Tilgung wird unser Bankkonto belastet, Buchung im Konto 2800 BK im Haben (Aktivkonto nimmt ab).

Aufgabe 5

5.1
2800 BK	9.801,00 DM	an	2700 WPUV	8.484,00 DM	
			5784 EWPUV	1.317,00 DM	(4 P.)

Erklärung: Die Bank (Aktivkonto) nimmt um den Gutschriftsbetrag im Soll zu. Der Bestand an Aktien wird um den Buchwert (zu Buche stehen) von 8.484,00 DM weniger, die Einbuchung erfolgt im Konto 2700 WPUV im Haben (Aktivkonto nimmt ab). Somit ist die Differenz als „Ertrag aus dem Abgang von Wertpapieren des Umlaufvermögens" im Konto 5784 EWPUV im Haben zu buchen.

5.2
Rechnungsbetrag	4.872,00 DM	100 % ↑
– Brutto-Skonto	97,44 DM	2 %
Überweisungsbetrag	4.774,56 DM	98 %

Netto-Skonto = 97,44 : 116 · 100 = 84,00 DM

4400 VLL	4.872,00 DM	an	2800 BK	4.774,56 DM	
			6002 NR	84,00 DM	
			2600 VST	13,44 DM	(7 P.)

Erklärung: Die Formulierung „nach Abzug von 2 % Skonto" bedeutet, dass der Überweisungsbetrag 98 % entspricht. Somit kann mittels Dreisatz (4.774,56 DM : 98 · 100 = 4.872,00 DM) der Rechnungsbetrag brutto berechnet werden. Der Bruttoskontobetrag muss in Netto und Umsatzsteuer aufgespalten werden. Anschließend kann der Buchungssatz erstellt werden. Die Verbindlichkeiten werden im Soll um den Bruttorechnungsbetrag vermindert, das Bankkonto der Fa. „FSH" nimmt im Haben um den Überweisungsbetrag ab. Da 84,00 DM Netto-Skonto (= 2 % → Bruttoskonto auf Netto und Umsatzsteuer aufgespalten) abgezogen werden, wird dieser Betrag als Nachlass für Rohstoffe (Kunststoffgranulat = Rohstoffe – siehe Firmeninfo) im Konto 6002 NR im Haben eingebucht. Die anteilige Umsatzsteuer wird ebenfalls im Haben des Vorsteuerkontos (hier Bezahlung der gekauften Rohstoffe) gebucht.

| 5.3 | 2470 ZWF | an | 2400 FLL | 6.380,00 DM | (2 P.) |

Erklärung: Forderungen sind mit einem bestimmten Ausfallrisiko behaftet. Die Zeitungsnotiz besagt, dass ein Kunde der Fa. „FSH" überschuldet und zahlungsunfähig ist. Es ist aus Gründen der Vorsicht, Wahrheit und Klarheit wichtig, diese nun zweifelhafte Forderung von den einwandfreien Forderungen zu trennen und auf ein separates Konto umzubuchen.

Vorsicht: Keine Umsatzsteuer ansetzen!

| 5.4.1 | 2800 BK | an | 3001 P | 1.315,00 DM | (2 P.) |

Erklärung: Der vorliegende Kontoauszug (Buchung mit Wertstellung 09.09.) besagt im Verwendungszweck, dass eine Einkommensteuerrückerstattung gutgeschrieben wird. Diese Rückerstattung gilt als Privateinlage und wird deshalb im Konto 3001 P im Haben verbucht. Das Bankkonto (Aktivkonto nimmt zu) erhöht sich im Soll (H = Gutschrift) um 1.315,00 DM.

| 5.4.2 | 4400 VLL | an | 2800 BK | 4.312,50 DM | (2 P.) |

Erklärung: Der vorliegende Kontoauszug (Buchung mit Wertstellung 10.09.) besagt im Verwendungszweck, dass die Rechnung Nr. 12 vom 30.08.1999 an den Brennstoffhandel Fritz Feuerstein überwiesen wird. Die Verbindlichkeiten nehmen im Soll um den Überweisungsbetrag (= Bruttobetrag) von 4.312,50 DM ab (Passivkonto nimmt ab). Das Bankkonto (Aktivkonto nimmt ab) vermindert sich im Haben (S = Lastschrift) um 4.312,50 DM

Vorsicht: Keine Umsatzsteuer verbuchen, USt wurde bereits bei der Rechnungsstellung erfasst. Es handelt sich hier um einen reinen Zahlungsvorgang!

| 5.5 | 0890 GWG | 750,00 DM | | | |
| | 2600 VST | 120,00 DM | an 2880 K | 870,00 DM | (3 P.) |

Erklärung: Der Aktenvernichter zählt zu den Gegenständen des Anlagevermögens, der Nettowert überschreitet 800,00 DM netto nicht, somit spricht man von GWG (geringwertigen Wirtschaftsgütern). Die Einbuchung des Nettowertes erfolgt auf dem Aktivkonto 0890 GWG im Soll, die anfallende USt wird als Vorsteuer verbucht. Das Konto 2880 K mindert sich im Haben um den Bruttobetrag.

5.6   4840 VSV   an   2800 BK   84.252,50 DM   (2 P.)

Erklärung: Die Verbindlichkeiten gegenüber Sozialversicherungsträgern werden weniger (**Vorsicht:** Es liegt bereits der gesamte Betrag = ANA + AGA), deshalb Einbuchung im Konto 4840 VSV (Passivkonto nimmt ab) im Soll. Vermindert wird ebenfalls das Konto 2800 BK (Aktivkonto nimmt ab), hier Einbuchung im Haben.

5.7   4400 VLL   1.044,00 DM an 6032 NB   900,00 DM
                                        2600 VST   144,00 DM   (3 P.)

Erklärung: Die Gutschriftanzeige des Lieferers Fritz Feuerstein Brennstoffhandel bedeutet für die Fa. „FSH", dass sie weniger Verbindlichkeiten hat, also Buchung des Bruttobetrages (Bonus) bei VLL im Soll (Abnahme des Passivkontos). Der Bonus für Mineralölprodukte wird bei der Fa. „FSH" im Konto 6032 NB (Nachlässe für Betriebsstoffe) im Haben erfasst. Die Vorsteuer wird entsprechend im Haben gebucht, also berichtigt.

Aufgabe 6

6.1   6520 ABSA   an   0700 M   16.500,00 DM   (3 P.)

Erklärung: Abschreibungen stellen einen betrieblichen Aufwand dar – Buchung bei 6520 ABSA im Soll –, der das Anlagevermögen im Haben vermindert. Degressiv abschreiben bedeutet, dass vom Restbuchwert abgeschrieben wird. In diesem Beispiel liegt jedoch die Abschreibung im **1. Jahr** vor und wird deshalb von den Anschaffungskosten netto berechnet.

6.2   6540 ABGWG   an   0890 GWG   1.300,00 DM   (2 P.)

Erklärung: Geringwertige Wirtschaftsgüter können am Jahresende zu 100 % (also voll) abgeschrieben werden. Die 1.300,00 DM besagen, dass es mehrere Anlagegüter sind, die jeweils 800,00 DM netto nicht überschreiten.

Vorsicht: Eigenes Abschreibungskonto für GWG: 6540 ABGWG

6.3

Kunde	ZWF brutto (DM)	UST DM	ZWF netto (DM)	gesch. Ausfall	Ausfall (DM)
Bruckhuber	6.380,00	880,00	5.500,00	80 %	4.400,00
Kotton	5.220,00				1.350,00
					5.750,00

6952 EEWBF   an   3670 EWBF   5.750,00 DM   (6 P.)

Erklärung: Für den Kunden Bruckhuber muss der geschätzte Ausfall in DM berechnet werden. Die zweifelhafte Forderung gegenüber Bruckhuber (siehe Aufgabe 5.3) beträgt brutto 6.380,00 DM, netto entspricht das 5.500,00 DM (6.380,00 : 116 · 100).
Weil diese ZWF mit 20 % bewertet wird, beträgt der geschätzte Ausfall 80 % (100 % – 20 %) oder 4.400,00 DM (5.500,00 : 100 · 80). Für den Kunden Robert Kotton liegt der geschätzte Ausfall in DM (= 1.350,00 DM → siehe Aufgabe 6.3) bereits vor. Insgesamt beträgt dann die Einzelwertberichtigung auf die zweifelhaften Forderungen 5.750,00 DM; dieser Betrag

wird als Aufwand im Konto 6952 EEWBF im Soll erfasst. Die Gegenbuchung erfolgt im Haben des Passivkontos 3670 EWBF, um diese indirekte Abschreibung auf ZWF auszuweisen.

6.4

```
        4 Monate
  |--------------------|--------------------------------|
1. Sept.             31. Dez.                        31. Aug.
                        _____  _____/
                                         \/
                                     8 Monate
```

| 2900 ARA | an 7030 KFZST | 1.600,00 DM | (3 P.) |

Erklärung: Wenn ein Teil des vorausbezahlten Aufwands das neue Geschäftsjahr betrifft, muss er abgegrenzt werden. Die Abgrenzung der zu viel gezahlten Kfz-Steuer erfolgt auf dem Konto 7030 KFZST im Haben (2.400,00 DM : 12 · 8 = 1.600,00 DM), d. h. der Aufwand wird korrigiert, damit für das alte Jahr der entsprechende Aufwand in die Erfolgsrechnung eingeht. Als Gegenkonto für die Abgrenzung von Aufwendungen dient das Konto „Aktive Rechnungsabgrenzung" 2900 ARA.

Aufgabe 7

7.1 $\quad$ Einzugsliquidität $= \dfrac{(97.700,00 + 184.000,00) \cdot 100}{74.800,00} = 376,60\ (\%)$ $\qquad$ (2 P.)

Erklärung: Bei dieser Kennzahl werden beide Seiten der Bilanz betrachtet. Folgende allgemeine Formel gilt zur Berechnung:

$$\text{Einzugsliquidität} = \frac{(\text{flüssige Mittel} + \text{Forderungen}) \cdot 100}{\text{kurzfristiges Fremdkapital}}$$

Aus der aufbereiteten Bilanz können die einzelnen Positionen entnommen werden.

7.2 $\quad$ z. B.: Die Einzugsliquidität ist zu hoch. Es ist anzunehmen, dass flüssige Mittel nicht wirtschaftlich angelegt sind („totes Kapital"). $\qquad$ (1 P.)

Erklärung: Die Zahlungsbereitschaft ist um so größer, je mehr flüssige Mittel den kurzfristigen Verbindlichkeiten gegenüberstehen. Anhaltspunkte für die Bewertung der Einzugsliquidität:

L = 100 % $\quad$ die kurzfristigen Zahlungsverpflichtungen können erfüllt werden.

L > 100 % $\quad$ vermutlich totes Kapital, dies liegt in dieser Aufgabe vor, d. h. die flüssigen Mittel sind nicht wirtschaftlich angelegt.

L < 100 % $\quad$ Zahlungsschwierigkeiten können auftreten.

7.3

Eigenkapital (Anfangsbest.)	758.000,00 DM
+ Jahresüberschuss	158.000,00 DM
+ Privateinlagen	1.315,00 DM
– Privatentnahmen	97.135,00 DM
Eigenkapital (Schlussbestand)	820.000,00 DM

$$\text{Eigenkapitalrentabilität} = \frac{158.000,00 \cdot 100}{758.000,00} = 20,84\ (\%)$$

(4 P.)

Erklärung: Für die Berechnung der Eigenkapitalrentabilität benötigt man das Eigenkapital am Jahresanfang (= Anfangsbestand). Ausgehend vom gegebenen Schlussbestand (aus Bilanz zum 31.12.1999) des Eigenkapitals, wird in Form einer Rückwärtsrechnung der Anfangsbestand des Eigenkapitals berechnet. Die Privatentnahmen werden hierbei rückwärtsschreitend addiert, die Privateinlagen substrahiert. Der Jahresüberschuss wird ebenfalls in Form einer Rückwärtsrechnung abgezogen. Anschließend kann mit folgender Formel die Eigenkapitalrentabilität berechnet werden:

$$\text{Eigenkapitalrentabilität} = \frac{\text{Gewinn (Jahresüberschuss)} \cdot 100}{\text{EK (AB)}}$$

7.4   z. B.: Die Eigenkapitalrentabilität ist im Vergleich zu anderen Anlageformen (z. B. aktuelle Umlaufrendite) sehr günstig.

(1 P.)

Erklärung: Als eine Vergleichsmöglichkeit für die Eigenkapitalrentabilität gilt u. a. die aktuelle Umlaufrendite (natürlich müssen auch andere Vergleichsmöglichkeiten herangezogen werden), jedoch sollte die Rentabilität die aktuelle Umlaufrendite übersteigen. Der Gewinn soll mehrere Bereiche abdecken, wie z. B. Unternehmerlohn, Risiko, Zinsen usw.

Notizen

Ihre Meinung ist uns wichtig!

Ihre Anregungen sind uns immer willkommen.
Bitte informieren Sie uns mit diesem Schein über Ihre
Verbesserungsvorschläge!

Titel-Nr.	Seite	Fehler, Vorschlag

STARK

10-V29

Bitte ausfüllen und im frankierten Umschlag
an uns einsenden. Für Fensterkuverts geeignet.

Zutreffendes bitte ankreuzen!

Die Absenderin/der Absender ist:

- ☐ Lehrer/in
- ☐ Fachbetreuer/in
  Fächer: _____
- ☐ Seminarlehrer/in
  Fächer: _____
- ☐ Regierungsfachberater/in
  Fächer: _____
- ☐ Oberstufenbetreuer/in
- ☐ Schulleiter/in

- ☐ Referendar/in, Termin 2. Staats-
  examen: _____
- ☐ Leiter/in Lehrerbibliothek
- ☐ Leiter/in Schülerbibliothek
- ☐ Sekretariat
- ☐ Eltern
- ☐ Schüler/in, Klasse: _____
- ☐ Sonstiges: _____

Unterrichtsfächer: (Bei Lehrkräften!)

STARK Verlag
Postfach 1852
85318 Freising

Kennen Sie Ihre Kundennummer?
Bitte hier eintragen.

☐☐☐☐☐☐☐

Absender (Bitte in Druckbuchstaben!)

Name/Vorname

Straße/Nr.

PLZ/Ort

Telefon privat
für Rückfragen   Geburtsjahr

E-Mail-Adresse

Schule/Schulstempel (Bitte immer angeben!)

✂

Sicher durch alle Klassen!

Faktenwissen und praxisgerechte Übungen mit vollständigen Lösungen.

Mathematik

Mathematik Training Funktionen
8. – 10. Klasse .... Best.-Nr. 91408
Übungsaufgaben Mathematik I
9. Klasse – Realschule Bayern ....Best.-Nr. 91405
Übungsaufgaben Mathematik II/III
9. Klasse – Realschule Bayern ....Best.-Nr. 91415
Bayerischer Mathematik Test
9. Klasse – Realschule Bayern ....Best.-Nr. 91404
Mathematik Training 8. Klasse ....Best.-Nr. 91406
Mathematik Training Aufgaben mit Lösungen
Probezeit 7. Klasse ....Best.-Nr. 91407
Formelsammlung Mathematik Realschule
Baden-Württemberg 7.–10. Kl. .... Best.-Nr. 81400
Lineare Gleichungssysteme ....Best.-Nr. 900122
Strahlensätze und
zentrische Streckung .... Best.-Nr. 900231
Satzgruppe des Pythagoras ....Best.-Nr. 900232
Bruchzahlen und Dezimalbrüche .... Best.-Nr. 900061
Mathematik Training
Übertritt Realschule 6. Klasse .... Best.-Nr. 93406
Mathematik Training
Übertritt ins Gymnasium 4. Klasse .... Best.-Nr. 90001

Englisch/Französisch

Englisch Training –
Wortschatzübung Realschule ....Best.-Nr. 91455
Englisch Training 10. Klasse ....Best.-Nr. 90510
Englisch Hörverstehen 10. Klasse
mit CD .... Best.-Nr. 91457
Comprehension 3 / 10. Klasse .... Best.-Nr. 91454
Translation Practice 2 / 10. Kl. ....Best.-Nr. 80452
Leseverstehen 10. Klasse .... Best.-Nr. 90521
Englische Rechtschreibung –
9./10. Klasse .... Best.-Nr. 80453
Englisch Training 9. Klasse .... Best.-Nr. 90509
Translation Practice 1 / ab 9. Kl. .... Best.-Nr. 80451
Comprehension 2 / 9. Klasse .... Best.-Nr. 91452
Englisch – Hörverstehen 9. Klasse
mit CD .... Best.-Nr. 90515
Englisch Training 8. Klasse .... Best.-Nr. 90508
Leseverstehen 8. Klasse ....Best.-Nr. 90522

Comprehension 1 / 8. Klasse .... Best.-Nr. 91453
Englisch Training 7. Klasse .... Best.-Nr. 90507
Englisch Hörverstehen 7. Klasse
mit CD .... Best.-Nr. 90513
Englisch Training 6. Klasse .... Best.-Nr. 90506
Englisch Hörverstehen 6. Klasse
mit CD .... Best.-Nr. 90511
Englisch Rechtschreibung und Diktat
6. Klasse mit CD .... Best.-Nr. 90532
Englisch Training 5. Klasse .... Best.-Nr. 90505
Englisch Hörverstehen 5. Klasse
mit CD .... Best.-Nr. 90512
Englisch – Rechtschreibung und Diktat
5. Klasse mit CDs ....Best.-Nr. 90531
Englisch Wortschatzübung 5. Klasse
mit CD .... Best.-Nr. 90518
Französisch – Sprechsituationen
und Dolmetschen mit 2 CDs ....Best.-Nr. 91461
Französisch –
Wortschatzübung Mittelstufe ....Best.-Nr. 94510

Deutsch

Realschule Training
Textgebundener Aufsatz
9./10. Klasse ....Best.-Nr. 80401
Realschule Training Deutsch – Aufsatz
7./8. Klasse .... Best.-Nr. 91442
Grammatik und Stil 7./8. Klasse .... Best.-Nr. 90407
Deutsche Rechtschreibung
5.–10. Klasse .... Best.-Nr. 93442
Deutsch – Übertritt an weiterführende
Schulen 4. Klasse mit CD .... Best.-Nr. 994402
Lexikon Kinder- und
Jugendliteratur ....Best.-Nr. 93443

Rechnungswesen

Realschule Training Rechnungswesen
9. Klasse ....Best.-Nr. 91470
Realschule Training Rechnungswesen
9. Klasse – Lösungen .... Best.-Nr. 91470L

(Bitte blättern Sie um)